ROBERTO SIENI

DELEUZE
secondo
DELEUZE

un saggio archeologico

YOUCANPRINT

Titolo | Deleuze secondo Deleuze

Autore | Roberto Sieni
             sieni.r@tiscali.it

ISBN 978-88-31641-67-8

© 2019 - Tutti i diritti riservati all'Autore
Questa opera è pubblicata direttamente dall'Autore tramite la piattaforma di selfpublishing Youcanprint e l'Autore detiene ogni diritto della stessa in maniera esclusiva. Nessuna parte di questo libro può essere pertanto riprodotta senza il preventivo assenso dell'Autore.

Youcanprint
Via Marco Biagi 6 - 73100 Lecce
www.youcanprint.it
info@youcanprint.it

in quarta di coperta: Roberto Sieni, "Paris. 1bis, Rue de Bizerte".

INDICE

Prefazione	5
INATTUALITÀ DI GILLES DELEUZE E DELLO SCRIVERE SU DI LUI	
LO SCIENTISMO E UN PROBLEMA PIÙ GENERALE	
• Giorgio Agamben, *Deleuze*.	22
Note biografiche	**23**
DA PARIGI A SAINT-LÉONARD-DE NOBLAT	
L'apprendistato. Sartre, il maestro. Tristezza delle generazioni senza "maestri".	23
Félix Guattari, il "buon incontro".	36
L'epoque n'y était plus.	38
• Enrico Palandri, *Gilles Deleuze. L'intuizione, 1977 e i telequiz*.	44
Introduzione	**45**
IL PROBLEMA-DELEUZE	
Un'anti-psicanalisi?	45
Come leggere gli scritti monografici deleuziani. I dialoghi di Platone.	50
• Michel Foucault, *Arianna si è impiccata*.	54
Capitolo Primo	**55**
IL FORMARSI DELLA CONOSCENZA E IL FORMARSI DELL'EVENTO	
DIFFERENZA E RIPETIZIONE	
Il problema gnoseologico. Differenza e opposizione.	55
Il metodo schizoanalitico.	60
Una digressione. Prima faglia: il movente e il futuro. L'immaginazione e il parziale.	65
Il problema pratico. Dal piano teoretico a una prima conseguenza (morale) sul pratico.	67
Il piano pratico. La ripetizione ontica e la ripetizione ontologica.	71
Ontologia e logica dell'evento.	80
Un'altra digressione. Seconda faglia: il movimento.	83
• Laurent Binet, *La settima funzione del linguaggio*.	88
Capitolo Secondo	**89**
L'ARTIFICIO PRATICO	
L'annullamento, il nichilismo.	89
Il contratto.	94
Il processo celibe.	99
Il possesso. Selvaggi, barbari, civilizzati.	103
Il procedimento estensivo.	104
La passione triste.	113
• Michel Foucault, *Introduzione alla vita non fascista*.	116
Capitolo Terzo	**117**
CELEBRE PER UN (PRIMO) MALINTESO	
Lo schizo.	117
Mais un schizophrène, vous en avez déjà vu?	119
Irrazionalismo. Desiderio e ragione.	124
Un altro Edipo.	128
Capitolo Quarto	**131**
SECONDO MALINTESO: ESTREMISMO DI DESTRA	
Immoralità. Irresponsabilità. Fascismo.	131
Il soggetto e la molteplicità dei soggetti.	138
Al di là del bene e del male. Il "buono" e il "cattivo".	147
Un'altra digressione ancora. Terza faglia: legge e giurisprudenza.	151
Capitolo Quinto	**155**
TERZO MALINTESO: ESTREMISMO DI SINISTRA	
La rivoluzione sarà una festa.	155
Molteplicità.	169
Il nomade.	173
A latere	**183**
GRANDEUR DE MARX	
Desiderio e bisogno.	183
Free-lance. Il nuovo proletariato.	187
L'"altro": il nero, l'arabo, l'islamico. Il nuovo sottoproletariato.	190

(segue)

Conclusione   **195**
LA PASSIONE GIOIOSA E L'INCONTRO
ESSERE ALL'ALTEZZA DEL DESTINO
QUARTA FAGLIA
Appendice 1 (1978)   **201**
L'anti-Edipo e *Arancia meccanica*. Un'apologia della violenza?
Appendice 2 (1985)   **203**
Un'analisi schizoanalitica: l'*Otello* di Carmelo Bene.
Appendice 3 (1986)   **206**
Come dare alle macchine un'intelligenza umana (e che cos'è l'intelligenza umana).
Corto circuito di John Badham: le macchine desideranti non funzionano se non guastate.
Appendice 4 (2016)   **209**
Umberto Eco e Gilles Deleuze, il *fuori* del filosofo.
Appendice 5 (2017)   **213**
Marie triste et Marie joyeuse. Scientismo e filosofismo.
Appendice 6 (2018)   **216**
Ultime notizie dalla società di controllo.
Appendice 7 (2019)   **225**
Ontologia parmenidea e ontologia della differenza.
Bibliografia generale   **228**
Indice dei nomi citati   **236**

ABBREVIAZIONI USATE:
Gilles Deleuze
ABC   *Abecedario di Gilles Deleuze*, Derive/Approdi, Roma, 2004.
B   *Il bergsonismo*, Feltrinelli, Milano, 1983.
CeC   *Critica e clinica*, Cortina, Milano, 1996.
DeR   *Differenza e ripetizione*, Il Mulino, Bologna, 1971, con "Introduzione" di Michel Foucault.
DRF   *Due regimi di folli*, Einaudi, Torino, 2010.
ES   *Empirismo e soggettività*, Cappelli, Bologna, 1981.
F   *Foucault*, Feltrinelli, Milano, 1987.
FCrK   *La filosofia critica di Kant*, Cappelli, Bologna, 1979.
ID   *L'isola deserta e altri scritti*, Einaudi, Torino, 2007.
I-M   *L'immagine movimento - Cinema 1*, Ubulibri, Milano, 1984.
I-T   *L'immagine-tempo - Cinema 2*, Ubulibri, Milano, 1989.
HSF   *Hume* in F. Châtelet (direzione di), *Storia della filosofia*, Rizzoli, Milano, 1976.
LdS   *Logica del senso*, Feltrinelli, Milano, 1975.
MPS   *M. Proust e i segni*, Einaudi, Torino, 1986.
N   *Nietzsche*, Bertani, Verona, 1973.
NF   *Nietzsche e la filosofia*, Colportage, Firenze, 1978.
PLB   *La piega. Leibniz e il barocco*, Einaudi, Torino, 1990.
PPA   *Pourparlers*, Quodlibet, Macerata, 2000.
SM   *Presentazione di Sacher-Masoch*, Bompiani, Milano, 1978.
SP   *Spinoza. Filosofia pratica*, Guerini e Associati, Milano, 1991.
Gilles Deleuze - Félix Guattari
AE   *L'anti-Edipo. Capitalismo e schizofrenia*, Einaudi, Torino, 1975.
K   *Kafka, per una letteratura minore*, Feltrinelli, Milano, 1975.
Gilles Deleuze - Carmelo Bene
SVR   *Sovrapposizioni*, Feltrinelli, Milano, 1978.
Gilles Deleuze - Claire Parnet
CNV   *Conversazioni*, Feltrinelli, Milano, 1980

NOTE:
1 - dove si fa riferimento a un tema trattato in tutta l'opera citata e non facendo citazione puntuale, si usa Cfr come nel valore di *passim*;
2 - dove viene citata una rivista, un giornale, un periodico, anziché usare il corsivo come per i titoli di libri o volumi, si mette l'intestazione fra virgolette singole, es.: 'Critique';
3 - generalmente dove sono citati gli autori classici i riferimenti non rimandano a edizioni specifiche delle opere, essendo che di tali opere ci sono state molte edizioni al punto da rendere problematica la scelta di una in particolare per cui, di esse, si indica la prima edizione originale e la prima traduzione italiana (dove esista). Si rimanda quindi alle parti, capitoli, sezioni dell'opera da cui è tratta la citazione. Per i classici greci si indica direttamente il titolo o in italiano o nella versione più nota in latino senza ulteriori specifiche del periodo di apparizione dell'opera in questione. Relativamente ai testi di Nietzsche si fa direttamente rimando all'edizione di Colli-Montinari edita in Italia da Adelphi;
4 - le annotazioni siglate con (*) segnalano una nota quando all'interno di una citazione.

Prefazione

INATTUALITÀ DI GILLES DELEUZE E DELLO SCRIVERE SU DI LUI LO SCIENTISMO E UN PROBLEMA PIÙ GENERALE

Questo studio su Gilles Deleuze è profondamente inattuale.

È innanzitutto e sostanzialmente ancorato a un tempo che è improvvisamente diventato lontano. Il tempo de *L'anti-Edipo* (salvo alcune necessarie note più attuali che cambiano di poco il contesto) o, al massimo, dell'altra opera, posteriore ma assai vicina cronologicamente, ovvero *Kafka, per una letteratura minore*. Quando pure si usi, in forma pur minima, come si vedrà, di scritti editi successivamente e perfino in tempi anche recenti, altrettanto si vedrà che gli originali erano già apparsi, in varia forma, allora. Analogamente possiamo dire di *Dialogues*, con Claire Parnet, posteriore sì ai due testi citati, ma che era solo una spiegazione di quanto già si sarebbe dovuto cogliere leggendo la produzione deleuziana fino a questi due testi.

Questa temporizzazione, peraltro, potrebbe essere accettabile, poiché possiamo anche convenire sul fatto che *L'anti-Edipo* faccia da protagonista nel raccontare Gilles Deleuze. Ma, vogliamo insistere, qui ci si riferisce anche per una seconda ragione a "quel tempo", ovvero agli scritti su Deleuze che apparvero su *L'anti-Edipo*, salvo sparuti riferimenti più recenti. Il perché è presto detto. Quegli errori che leggeremo nella critica che affiancò Deleuze al suo assurgere a notorietà, sono fondanti dell'incomprensione, tutt'oggi ben robusta, del pensiero deleuziano, sia, ancora oggi, quando si trovano a combatterlo gli avversari o a magnificarlo i suoi partigiani. In questo, quegli errori sono, quindi, attualissimi, e necessitanti di ancora una sconfessione.

Ecco perché si può parlare "di allora". Fare *un saggio archeologico*.

Ritornare come un archeologo a visitare le fondamenta più antiche. Forse perché ci dicono dell'oggi, nel tentativo di arrivare (perlomeno vicino) a Deleuze. O ci dicono della incomprensione e della colpevole sottovalutazione, nonostante bagliori fin troppo iperbolici, che tutt'oggi avvolgono Deleuze.

Che qui si tenta di spiegare. Spiegare appunto contro una critica che ne fece un altro. Spiegare nel fondamento filosofico, che è rigorosissimo, un Deleuze *secondo* Deleuze, appunto, contro la facile lettura che credette di poter giocare sul lato "fantasioso" del linguaggio deleuziano (e anche questo, peraltro, se riferito a *L'anti-Edipo*, che la precedente produzione non aveva certo questo tipo di forma come sua cifra, pur Deleuze avendo adottato uno stile personalissimo già dai suoi primi scritti) o che, per dirla più pesantemente, prese delle straordinarie cantonate.

E può bastare quella critica "di allora". Che successivamente le cose sono anche peggiorate, sommandosi testi che nella "deriva" anziché nel rigore hanno fatto deleuzianesimi-scimmia, fra pubblicazioni fantasiose, siti web "deleuziani" solo nell'ammiccamento,[1] o testi tanto in cartaceo che, ancora, sul web, grondanti di impreci-

---

(1) Nel 2007, Pier Aldo Rovatti esprime bene questo disagio nel presentare l'edizione italiana de *L'isola deserta* (raccolta di testi e interviste dal 1953 al 1974), che definisce strumento prezioso sia per chi ha conosciuto, a suo tempo, Deleuze, «sia soprattutto per chi non c'era e ha a disposizione solo notizie di riporto e, nel migliore dei casi, la lettura di qualcuno dei libri-evento di questo periodo. Ci sono di mezzo cinquant'anni! Deleuze è morto nel 1995 e continua tuttora a essere per molti un oggetto misterioso, un pensatore che non si sa mai da che parte prendere, perché sembra stare stretto in qualsiasi cornice. La letteratura critica, abbondante ma spesso mimetica, nel complesso — mi sento di dire — non ha costruito fin qui alcun concatenamento efficace tra la cultura di oggi e lo stile filosofico di Deleuze.

sioni, già solo di dati di fatto, quali il luogo della morte di Deleuze, come diremo anche avanti, il nome della moglie di Deleuze (anche confusa con Claire Parnet), un fantasmatico studio di un anno a Tubinga da parte sempre di Deleuze, come si legge in wikipedia.fr e in molti articoli, fra i quali quelli apparsi di recente per la morte di Claude Lanzmann[(2)] e un'immaginaria presenza di Deleuze nel '68 parigino, di cui sarebbe stato il guru, come, chi scrive, ebbe ad ascoltare qualche tempo fa ad una dotta conferenza. Deleuze, al tempo, si trovava a Lione ed era ancora solo un insegnante.[(3)]

Errori veniali? Semplici refusi?[(4)] O già, fin da qui, sintomi di una certo non commendevole approssimazione? Non sembra sproporzionato quanto dice, nel 2002, David Rabouin: «Curieux privilège que celui de Deleuze: philosophe réputé difficile, ses concepts sont pourtant partout. On ne compte plus les "devenir minoritaire", "lignes de fuite" et autres "rhizomes" qui émaillent les colonnes des magazines, quand ce ne sont pas les discours des publicitaires et des "managers"».[(5)]

E non sembra sproporzionato neppure quanto dice, più recentemente, nel 2015, Alain Pauls: «Mentre Barthes, morto, è molto più in compagnia di quando era vivo, Deleuze non fa che approfondire la sua solitudine. Timido quasi fino al silenzio, l'anniversario del suo suicidio non ha aggiunto molto alle briciole già rese pubbliche in vent'anni di posterità. Uno speciale di 'Mediapart', rivista online di solito perspicace, ha dilapidato l'eredità di Deleuze tra una mezza dozzina di stupidotti che, con dosi variabili di acne e insolenza, hanno ripetuto elegie del tipo "Non l'ho mai capito, ma l'ho sempre sentito con me"».[(6)]

L'incontro con questo autore — che pure ormai annoveriamo tra i grandissimi della contemporaneità — tarda a verificarsi per una quantità di motivi». P. A. ROVATTI, *Fare isola con Deleuze*, "Introduzione" a G. DELEUZE, *L'isola deserta e altri scritti*, Einaudi, Torino, 2007 (qui ID), pg. 7.
(2) In realtà, sono Michel Tournier e Claude Lanzmann, amici di Deleuze, che vanno a studiare a Tubinga, mentre Deleuze si limiterà a raggiungerli occasionalmente, come racconta lo stesso Lanzmann: «Michel Tournier mi convinse a seguirlo in Germania all'università di Tubinga, nella zona di occupazione francese. [...]. Deleuze [...] venne a trovare me e Tournier a due riprese». C. LANZMANN, *Le lièvre de Patagonie*, Gallimard, Paris, 2009, trad. it. *La lepre della Patagonia*, Rizzoli, Milano, 2010, pg. 215.
E, altrettanto, Tournier: «Quando io mi sono stabilito un periodo in Germania per seguire i corsi di filosofia presso l'Università di Tubinga — dove sono stato presto raggiunto da Claude Lanzmann e Robert Genton — sono riuscito ad attirarlo lì per un breve soggiorno». M. TOURNIER, *Célébrations*, Mercure de France, Paris, 1999, trad. it. *Celebrazioni*, Garzanti, Milano, 2001, pg. 288.
(3) Senza altri riferimenti, a non sollevare suscettibilità. Del pari, analoga sorte per Foucault, "cattivo maestro del '68", secondo la spaventosa topica (qui vale la pena citare) di Luc Ferry e Alain Renaut (cfr. L. FERRY-A. RENAUT, *La pensée 68: essai sur l'anti-humanisme contemporain*, Gallimard, Paris, 1985, trad. it. *Il 68 pensiero*, Rizzoli, Milano, 1987), come segnala Ferdinando Sabatino ricordando che, al tempo, «Foucault era presso l'Università di Tunisi e non [era] ancora un intellettuale». F. SABATINO, *L'omologazione selvaggia*, Libreriauniversitaria.it, Padova, 2010, pg. 223. Lo stesso Deleuze è ancora più esplicito circa Foucault nel '68: «Dunque, cominciamo dal Gip. Ma dovrete correggere tutto ciò che dirò, perché ho poca memoria ed è come se vi raccontassi una specie di sogno, in cui tutto è molto sfocato. Dopo il '68 c'erano molti gruppi, di natura alquanto diversa, ma tutti inevitabilmente ristretti. Era il dopo '68. Sopravvivevano, avevano tutti una storia. Foucault insisteva sul fatto che il '68 per lui non aveva avuto molta importanza. Aveva già un passato di grande filosofo, ma non si portava dietro un passato da sessantottino». P. RABINOW-K. GANDAL, (intervista a cura di) *Gilles Deleuze. The intellectual and politics. Foucault and the prison*, 'History of the present', 25/5/1985, DRF, pg. 224.
(4) Difficile dire perché Umberto Curi usi «popsophia» al posto di "pop'philosophie" o "pop'filosofia". U. CURI, *Prolegomeni per una popsophia*, Mimesis, Milano, 2013. Laurent De Sutter lo bacchetta apponendogli un "[sic!]" a ogni citazione. Le critiche di De Sutter sono poi ben più pesanti sul piano dell'interpretazione del concetto in Deleuze come inteso da Curi. L. DE SUTTER, *Qu'est-ce que la pop'philosophie*, Puf, Paris, 2019.
(5) D. RABOUIN, *L'effect Deleuze*, 'Le Magazine littéraire', 406, 2002.
(6) A. PAULS, *L'ultimo Deleuze*, www.commonware.org, 2015.

Come, sempre nel 2015 (a vent'anni dalla morte di Deleuze) si può leggere, grazie a Rocco Ronchi la bellezza e il senso del pensiero deleuziano, la suggestione del tempo e il teatro di follie interpretative che ebbe luogo: «Come tanti studenti di filosofia della mia generazione, io mi sono formato in un tempo – la fine degli anni '70 e gli '80 – in cui la dismissione della filosofia era moneta comune. C'erano dei maestri del pensiero, è vero. La brillantezza intellettuale dell'epoca è fuori discussione e, ad uno sguardo retrospettivo, lascia ammirati. Ma cosa insegnavano, in ultima analisi, questi maestri? Che cosa si apprendeva sui banchi di scuola del decostruzionismo di Derrida, dell'ermeneutica heideggeriana-gadameriana, della teoria wittgensteiniana dei giochi linguistici, dell'escatologia messianica ispirata a Benjamin?

Che la filosofia era "metafisica" e che la metafisica, prodotta dalla *hybris* dell'*homo europaeus*, era violenza, volontà di potenza travestita da volontà di verità per meglio colonizzare il pianeta. A chi volesse comunque fare filosofia non restava allora altro che dedicarsi ad una pratica di sistematica decostruzione dell'impianto del sapere tramandato. L'intelligenza critica ha conosciuto in quegli anni vette che resteranno forse insuperate (penso, in particolare, a Derrida). Il presupposto di tanta acribia era però una risposta negativa alla domanda-fondamentale: la filosofia non può cominciare e non è mai di fatto cominciata. [...].

Ebbene, in tale cornice antropologica e antropocentrica, antispeculativa e sostanzialmente scettica (e, aggiungerei, senza poterlo spiegare, anche gnostica), la filosofia di Deleuze era una sorta di mosca bianca.[*]

Deleuze credeva infatti nella filosofia e credeva nel reale.

Deleuze, in pieno Novecento, era un filosofo classico, che con un'alzata di spalle si scrollava di dosso l'epidemico chiaccheriiccio sulla fine della filosofia e sui nuovi inizi del pensiero. Ed era un filosofo classico senza essere ingenuo e/o dogmatico, come invece avveniva al vecchiume accademico che contestava il relativismo dilagante con la riproposizione, al limite del patetico, di metafisiche e teologiche certezze.

Anzi, ogni trascendenza (morale, religiosa, concettuale) era da lui stanata e braccata con un furore misto ad umorismo che non aveva eguali nei tanti suoi contemporanei dediti alla decostruzione.

Deleuze, insomma, bestemmiava. Proprio lui, il filosofo che morirà suicida, nel 1995, una mattina di novembre, si rifiutava di rendere omaggio al solo dio che i moderni riconoscono: non credeva al negativo, al suo primato, alla sua originarietà. Non credeva insomma in quello in cui tutti, in ultima analisi credono, tanto i dotti filosofi allevati nel culto della dialettica quanto il senso comune "progressista". Non è il no titanico rivolto all'essere a misurare la dignità "trascendente" dell'esistenza. Non è l'essere-per-la-morte a costituire la cifra dell'umano. O meglio, la morte è senz'altro l'orizzonte dell'umano modo d'essere, come negarlo?, ma l'uomo – e con lui tutti i suoi correlati: la storia, la legge, il valore – non è la prima e l'ultima parola della filosofia. Parafrasando Platone, si potrebbe dire che per Deleuze ci sono cose più rilevanti dell'uomo senza che, per questo, sia necessario tirare in ballo il buon vecchio dio che dell'uomo è solo una protesi.

Quali sono, allora, queste cose?

(*) Un "merle blanc" per Giuseppe Bianco: «le jeune Derrida, du moins jusqu'à la moitié des années soixante, est connu comme un phénoménologue, Althusser comme un épistémologue marxiste, Foucault, comme un psychologue d'orientation marxiste et phénoménologique. Deleuze semble un merle blanc». G. BIANCO. *Entre système et création. Le cas du jeune Deleuze historien de la philosophie*, 'Ipseitas', n° 1, 2015, pg. 45.

Per nominarle Deleuze ha scelto parole molto semplici ma anche molto compromesse. Ha parlato di "natura" e di "vita". Ha fissato il compito della filosofia nel pensare la natura e la vita. Ma la natura e la vita sono da pensarsi sotto il profilo del "divenire", vale a dire non come insieme di fatti costituiti, sostantivati e trasformati in oggetti, bensì come processi in atto.

Della natura è il lato *naturante* quello che interessa Deleuze e della vita il lato *vivente*. I participi presenti ribadiscono, già a livello grammaticale, che in filosofia si ha a che fare solo con delle affermazioni, con degli atti "in atto", vale a dire con quei "sì" senza ombra di no che sono gli organismi, tutti gli organismi nessuno escluso, zecche e topi compresi. [...].

Per un tale pensiero realista e anti-tragico non poteva esserci una facile udienza in un'epoca che aveva elevato finitezza e mancanza, cioè l'uomo, a fondamento ultimo.

I fraintendimenti, infatti, sono arrivati subito e hanno accomunato ammiratori e detrattori: Deleuze filosofo irrazionalista dell'immediatezza, Deleuze nichilista e anarchico, Deleuze pensatore post-moderno, Deleuze teorico del caos sessantottino e involontario apologeta del capitalismo finanziario ecc ecc. Qualsiasi sciocchezza è stata detta e continua a dirsi a suo proposito da chi in realtà fatica addirittura a leggerlo, per incompetenza e per disabitudine alla complessità della grande filosofia classica. Perché in realtà Deleuze ripeteva lo stesso gesto dei suoi riconosciuti maestri: il Platone del *Parmenide*, i filosofici medievali dell'univocità, i grandi filosofi della natura rinascimentale, l'"ebreo maledetto" Spinoza, l'"ottimista" Leibniz e poi, nella modernità, Nietzsche, Bergson, James, Whitehead, Ruyer, l'ultimo Lacan. E lo faceva perché riteneva che quel gesto fosse il gesto con il quale non una filosofia, ma *la* filosofia potesse cominciare e, insieme ad essa, la *beatitudo* che la filosofia promette agli uomini, a patto però che essi si sappiano spogliare, senza rimpianti, della loro orgogliosa forma umana (come accade nel caso del suicidio dettato dalla filosofica constatazione che non vale più la pena di continuare ad insistere in quella forma quando essa è foriera solo di dolore)».[7]

Precedentemente, Didier Eribon, nel decennale della morte di Deleuze, aveva usato parole analoghe, scrivendo: «Pour Deleuze, écrire c'est donc s'installer sur des lignes "minoritaires" afin d'inventer de l'inédit. La meilleure manière d'entrer dans sa démarche, ce serait donc de lire le livre magnifique que, avec Guattari une fois de plus, il a consacré à Kafka. Tout grand écrivain, nous disent-ils, est nécessairement un "homme politique", car il fait "bégayer la langue", fabrique une langue "mineure" dans la langue "majeure" et annonce ainsi de nouvelles perspectives jusqu'alors inaperçues: "L'écrivain est une montre qui avance". C'est la même idée qu'on retrouve dans les entretiens qu'il donnera à la parution de son *Foucault*: penser, c'est se situer sur une "ligne de sorcière", c'est-à-dire apercevoir de nouvelles possibilités de vie, imaginer de nouveaux modes de subjectivation, individuels ou collectifs, et se préoccuper de les faire advenir.

Si Deleuze remarque que les grands philosophes ont souvent une santé fragile, c'est pour préciser aussitôt que c'est cette faiblesse même qui leur donne leur aptitude à insuffler une "grande santé" dans la pensée. Et si les mots "faible", "mineur", "minoritaire" font paradoxalement partie des mots-clés de sa philosophie "vitaliste",

---

(7) R. RONCHI, *Un filosofo classico. Gilles Deleuze a vent'anni dalla morte*, www.doppiozero.com, 3/11/2015. Ronchi sottolinea, come vedremo poi in Agamben, l'irruzione dell'"esistenza" nella riflessione filosofica, l'inizio "plumbeo" con Heidegger, riscattato dalla gioia e dalla "vita" di cui scrive Deleuze.

c'est parce qu'ils ne signifient rien d'autre pour lui que "vie", "création" et "nouveauté". Être "minoritaire", c'est vouloir "libérer la vie là où elle est emprisonnée"».[8]

No, non è il caso di guardare anche a contributi critici e analitici più vicini, posteriori a quelli indicati. Spesso anche di grande sottigliezza analitica, di grande specializzazione, ma privi di vita. Già ci basta l'errore al fondamento.

Forse commettendo un errore, si dichiara, fin da subito, che non saranno considerati testi quali quelli di Philippe Mengue, Pierre Bourdieu, Slavoj Žižek e Michel Onfray, fra gli altri. Si userà di pochi riferimenti attuali: Fabio Treppiedi, Rocco Ronchi, Giuseppe Bianco, Fabio Polidori, anche e non solo per l'impegno di traduttore e di curatore di vari scritti deleuziani, Didier Eribon, quell'anima candida che fu François Zourabichvili, David Lapoujade e François Dosse, soprattutto per le informazioni di carattere biografico e storico.[9]

Circa Alain Badiou, che gli fu nemico ostile a Vincennes, e che poi si avvicinò a Deleuze e sul quale ha scritto un testo ritenuto importante, *Deleuze. La clameur de l'Être*,[10] (testo peraltro molto ambiguo per cui verrebbe di preferire il Badiou ostile a questa strana reincarnazione dell'ultimo Badiou, e in particolare per l'affermazione che il pensiero di Deleuze è «un inno alla morte»,[11] che è irricevibile sia sotto l'aspetto analitico-scientifico che filosofico-umano della figura di Deleuze), circa Badiou, dicevamo, qui accenneremo solo allo scontro a Vincennes, e non agli scritti di Badiou su Deleuze, ma nondimeno vogliamo segnalare il primo capitolo del testo citato, una sorta di *incipit*, di poche pagine ma di grande spessore, dove appare e una grande onestà intellettuale nel rievocare quegli eventi di contesa e una grande sensibilità umana da parte dello stesso Badiou (vi torneremo brevemente in seguito).

In buona sostanza: denunciamo la critica, quella ostile e quella fiancheggiatrice, di ignoranza, al minimo, o di malafede, al massimo, e il "vizio" di una mancanza di lettura dell'intera opera deleuziana precedente *L'anti-Edipo* – il tema invece di questo saggio – dov'erano le basi de *L'anti-Edipo* stesso. Per questo, insistiamo, non traggano in inganno precisazioni a seguito di opere edite recentemente. Si vedrà che esse contengono scritti, magari minori, articoli su riviste e altro, che erano di quel tempo, e di ancor prima. Inaccettabile la loro non-conoscenza allora.

---

(8) D. ERIBON, *Deleuze. La pensée sorcière*, 'Le nouvel observateur', 17/11/2005.
(9) Specificheremo i testi degli autori qui citati quando all'occasione puntuale. Circa Polidori, segnaliamo già qui anche *Deleuze. L'invenzione della filosofia*, "aut aut", n° 277-8, 1997, un numero interamente dedicato a Deleuze con vari contributi e, non essendo capitata, poi, in questo studio, occasione per una citazione puntuale, è giusto ricordare, per l'impegno di cura e di traduzione di opere di Deleuze, anche l'"allievo" Giorgio Passerone (si veda anche G. PASSERONE, *La linea astratta: pragmatica dello stile*, Guerini, Milano,1991 con "Prefazione" di Gilles Deleuze dal titolo *Una nuova stilistica*, DRF) e Enzo Melandri, anche e non solo per la cura delle edizioni di Deleuze presso Quodlibet. Infine, una parola per Jean-Paul Manganaro, studente a Vincennes che così ricorda: «C'era stato il maggio. L'atmosfera era incredibile: tutto sembrava possibile. Se penso a come è oggi Parigi, ripiegata su di sé, quasi affranta, la distanza si fa incolmabile. Mi iscrissi a un corso di italianistica e contemporaneamente volevo specializzarmi in urbanistica a Vincennes». Manganaro, autore di molti scritti sul teatro "deleuziano" di Carmelo Bene (vedi Appendice 2), già in rapporti con Bene, conobbe più tardi Deleuze e favorì il contatto fra i due: «Ci incontrammo anni dopo, nel 1976. Fu Claire Parnet a presentarmelo. L'anno seguente lo invitai a vedere dei film di Carmelo Bene. Ne restò colpito, fino all'entusiasmo. Del resto, aderiva con grande intelligenza al cinema». Antonio Gnoli (intervista a cura di), *Jean-Paul Manganaro: nella Parigi di Sartre, Barthes, Deleuze e Klossowski ho imparato che tradurre è accompagnare qualcuno o qualcosa sull'altra riva, una forma di immedesimazione*, 'Repubblica,' 22/1/2017.
(10) A. BADIOU, *Deleuze. La clameur de l'Être*, Hachette, Paris, 1997, trad. it. *Deleuze. Il clamore dell'essere*, Einaudi, Torino, 2004.
(11) Idem, pg. 24.

Spiegare, abbiamo detto. Una pretesa immodesta. Certo il rischio d'immodestia c'è. Ma è nulla rispetto ad altri rischi, come quello di ridurre, soprattutto.

Ridurre: in questo senso si intenda quello che peraltro accade normalmente a ogni filosofo quando, appunto, lo si "spiega". Lo si riduce, lo si scheletrizza e si va a scartare, con una perdita enorme, tutta quella polpa che non è solo di quantità (il filosofo avrebbe detto di più e anche di altro, problema di quanto esauriente sia lo scritto su di lui) ma di ricchezza, di forza per andare oltre, per cui, allora, si ha una perdita di qualità, o di essenza essenziale, vorremmo perfino dire.

Un esempio. Laddove si parli di causa-effetto, ad esempio in *Edipo*, nel masochismo, nella struttura sociale, nelle dittature, ora, contro la percezione comune – una forza-forte soggioga il debole – in Deleuze, vedremo, i termini si ribaltano. Vedremo emergere la forza del debole che è, esso, veramente, il soggetto e non l'oggetto. Certamente avremo colto un punto vero del pensiero deleuziano, il suo "rovesciare", il suo "rovesciare il platonismo", il suo "rovesciare l'hegelismo". Ma avremmo ridotto, e perso tanto altro, in quantità, e in senso. Saremmo pur sempre all'interno di una sorta di rozza antitesi per cui, ancora e comunque, il meccanismo funziona da solo, solo cambiati i termini, trovati differenti protagonisti. Va colto invece quello che c'è nel dentro, e che è tutt'altro che un semplice rovesciamento.

È la scoperta di una forza, nel debole, che il debole non è mancante di forza, ma dotato di una forza (solo apparentemente) "debole". E questo apre un altro mondo, non cambia solo il soggetto del processo, ma il processo stesso, che rinvia alla pluralità della forza, da quella *forte* come comunemente intesa, a quella *debole*, considerata (nonostante Spinoza e Nietzsche), come mancanza di forza, mentre è una "maniera" della forza. È anch'essa forza, è un "modo" della stessa sostanza (come nell'ontologia spinoziana) e che nel caso sarebbe la *forza*, senza specifiche, o la potenza, o «ciò che vuole nella volontà»[(12)] come dice Deleuze della scoperta di Nietzsche.

E questo supera la causa, che non si causerebbe se non ci fosse appunto *ciò che vuole* nella volontà. Quindi la causa perde di valore ontologico, ma è la forza della forza (sia debole che forte) che fa avvenire, nella gamma modale entro la quale si avvera da forte a – percorrendo infiniti gradi – debole.

Più esattamente, poiché forte o debole è solo un'espressione esteriore, sostanzialmente essendo entrambe piene di potenza, diciamo che è la specificità, la specifica qualità della forza, la vera causa. Le scienze fisiche lo sanno: non basta dire che il corpo **B** è spinto in avanti dalla spinta del corpo **A** se non si specifica che il corpo **A**, di peso superiore può, e perché di peso superiore *può*, o che due corpi raggiungono un equilibrio fra di loro a seguito dell'attrazione, anch'essa causata dalle proprie masse.[(13)]

Ma negli avvenimenti umani, cosa sostituisce il peso, affinché si generi un avvenimento? Niente, è la triste riposta che sa dare, in particolare, il determinismo filosofico, e il freudismo come ultima ri-presentazione del determinismo, dato che nell'astrattezza schematica si prende solo **A** e **B** come concetti sufficienti in sé e non determinati

---

(12) N pg. 29: «La Potenza, come volontà di potenza, non è ciò che la volontà vuole, ma *ciò che* vuole nella volontà». E ciò che vuole nella volontà è, da Spinoza, e in Nietzsche discepolo di Spinoza, la Potenza. Differenziantesi nei modi. Ma sempre unica, non ammettendo un contrario, o un opposto per mancanza rispetto all'Uno.
(13) «Questa parte dello sviluppo [Copernico] è infine condotta conseguentemente a termine dal genio di Newton, che unisce formalmente insieme in un'unica legge [...] i movimenti degli astri nel cielo e la gravità dei corpi sulla terra». W. HEISENBERG, *Wandlungen in den Grundlagen der Naturwissenschaft*, Hirzel, Stuttgart, 1947, trad. it. *Mutamenti nelle basi della scienza*, Bollati Boringhieri, Torino, 1978, pg. 12.

dal loro "specifico", o l'equivalente del peso visto sopra. A questa domanda dovrebbe rispondere la filosofia. Ma la filosofia tace, o si camuffa essa stessa in una sorta di imitazione del "metodo" scientifico, o supposto tale.

O si fa sopravanzare da scienze non fisiche ma, beninteso, neppure filosofiche, anzi, queste ben orgogliose di dirsi scienza e non filosofia.

Così, in quello che era lo spazio della filosofia, c'è la sociologia, c'è la psicologia e c'è perfino la statistica. Di quello che vogliamo sapere oggi, vogliamo saperlo attraverso "dati", una sorta di pretesa scientifica, uno scientismo, mille volte più robusto ogni volta e sempre più in marcia.

Uno scientismo che esclude la sintesi (chi la fa è un filosofo, non uno scienziato serio), perché vuole l'analisi. E vuole non la sintesi, ma la somma. La statistica è in questo regina.[14]

Che cos'è quel che chiediamo cosa sia? Al 90%, al 60%, secondo i casi, è ciò che emerge statisticamente, quantitativamente. È la quantità. Non un concetto.

Con buona pace della distinzione bergsoniana fra quantitativo e qualitativo.

Nell'intervista, oggi nota e famosa, concessa da Martin Heidegger a 'Der Spiegel', nel 1966, col patto che fosse resa nota dopo la sua morte e infatti pubblicata nel 1976,[15] il tema è innanzitutto l'adesione al nazismo da parte di Heidegger, ma la discussione va oltre e tocca il presente, allora (e sfortunatamente quel presente è ancora il nostro), della filosofia.

Già qui, Heidegger dice: «Quella che è stata la funzione della filosofia fino a oggi è stata ereditata dalle scienze. Per un chiarimento sufficiente dell'"efficacia" del pensiero dovremmo discutere a fondo che cosa possano significare qui "efficacia" e "influire". Qui sarebbero necessarie più accurate distinzioni tra pretesto, impulso, promozione, ausilio, impedimento e cooperazione, se, almeno, la nostra discussione del principio di ragione è stata sufficiente. La filosofia si dissolve in singole scienze: la psicologia, la logica, la politologia».

Per cui i giornalisti dello 'Spiegel' chiedono: «E ora chi prende il posto della filosofia?». Alla domanda, Heidegger risponde: «La cibernetica».

La psicologia, la logica, la politologia, la cibernetica. Si prenda in esame anche la storia, come vedremo poi in Deleuze e Guattari,[16] la sociologia, l'economia, e per tutte proviamo a domandare: scienza o scienza scientista?

---

(14) E la statistica diventa determinante se quel numero che produce diventa l'Essere, come, con il suo genio, nota Erik Satie: «Il mio medico mi ha sempre detto di fumare. Aggiunge ai suoi consigli: Fumi amico mio, altrimenti, un altro fumerà al suo posto». E. SATIE, *La journée du musicien*, 'Revue musicale S.I.M.', 15/2/1913, trad. it. in *Quaderni di un mammifero*, Adelphi, Milano, 1980, pg. 99.
(15) *Nur noch ein Gott kann uns retten*, 'Der Spiegel', 13/5/1976, trad. it. M. HEIDEGGER, *Ormai solo un dio ci può salvare*, Guanda, Parma, 1987, pgg. 139-140. L'intervista ebbe luogo il 23/9/1965 a cura di Rudolf Augstein, Georg Wolff e Heinrich Wiegand Petzet e fu soggetta a varie revisioni.
(16) Più avanti vedremo la posizione di Deleuze e Guattari circa la metodologia della ricostruzione storica che, diciamo fin da ora, è denunciata come un'applicazione di griglie che snaturano il reale avvenuto, per cui verrà contestato anche il materialismo storico-dialettico marxiano. Tema questo di enorme ampiezza, che non possiamo qui trattare per intero. Gioverà ricordare, tuttavia, come negli anni '70 si sviluppò una fortissima indagine critica e, sovente, ideologica, sulla natura del materialismo storico-dialettico. Althusser ne fu crocevia importante e dovette subire forti attacchi per aver presentato il materialismo storico-dialettico come una scienza della storia mentre i suoi avversari lo volevano invece teoria per la prassi, da cui divergerebbe quindi l'esito e il "che fare", poiché, se scienza, l'esito, essendo previsto, è in sé ineluttabile, e non abbisogna di prassi, se teoria, l'esito deve essere compiuto dalla prassi e, in mancanza, non può realizzarsi. Anche Sartre, e proprio quando si voltò verso il marxismo, iniziò da un percorso critico e sostanzialmente confutò i dati storici addotti da Marx e Engels come genesi

In un recente successo editoriale, *Freakoconomics*,[17] i due autori, Steven D. Levitt e Stephen J. Dubner, mostrano infinite posizioni molto imbarazzanti, assolutamente scientiste, dell'economia e della sociologia.

Prendiamo alcuni casi. Il primo: dalla predizione che gli omicidi sarebbero saliti vertiginosamente negli Usa (da cui anche una dichiarazione in questo senso dell'allora Presidente Clinton), all'abbassamento enorme conseguente che si ebbe, invece, a registrare. La spiegazione fu che proprio quell'allarme fatto dagli esperti aveva scongiurato quello stesso aumento. Accadde che ci fu un ricorso in tribunale contro la proibizione dell'aborto (Texas anni '70), da parte di una donna di bassissima estrazione sociale, già madre di due figli dati in adozione per la sua incapacità a sostenerli, e per questa ragione e con questi precedenti, la donna richiedeva il permesso di abortire. La causa fu vinta, il permesso fu accordato e infiniti altri casi di aborto vennero permessi, esattamente per quelle condizioni, donne di basso livello sociale, e quindi si ebbe che diminuì drasticamente la popolazione minorile di bassa estrazione, ovvero i più esposti a diventare criminali. Si potrà dire che gli esperti avevano fatto un errore, veniale, l'errore di non analizzare i dati, reali, della situazione, o del teatro della diminuzione dei crimini, dimenticando questo elemento. Errore per pochezza o insufficienza di indizi, come può accadere in ogni procedimento analitico-sintetico. Ma il problema, come ci ammoniscono gli autori, è ben più grave ed è strutturale al metodo, anziché essere una sbavatura dell'analisi, o della ricognizione, empirica.

È strutturale perché, qui, la risposta (errata) è per coerenza e non per errore del metodo, ovvero, formulata l'ipotesi, o il problema, sempre entro quell'ipotesi, o quel problema, deve esserci la soluzione. Gli esperti non hanno mancato di vedere un dato, è che non potevano vederlo perché era fuori dall'orizzonte problematico come costruito. Lo hanno dedotto dalle loro stesse premesse. *Petitio principii*.

Il secondo caso: si dice che il vincitore delle elezioni (ancora in America) è colui che spende di più per la campagna elettorale. L'economista è soddisfatto, egli può affermare le ragioni economiche come le produttrici dell'evento. Gli autori però osservano un ulteriore elemento, dietro questo punto dato dall'economista, come il punto di partenza (e come tale, genuina ragione causale). Ricordando che in America le spese a effettuarsi da parte del candidato sono in gran parte sostenute dalle donazioni, chi ha più soldi li ha perché ha avuto più donazioni. Ovvero, il maggior *carisma* del candidato **A** rispetto al minor carisma del candidato **B** ha dato al candidato **A** quei maggiori introiti che ne hanno fatto la sua maggiore capacità di investimento.

Sul piano logico la questione si ribalta, diventando, la spiegazione degli economisti, ancora una volta, una *petitio principii*. Il vincitore aveva più risorse perché più cittadini lo hanno finanziato, ergo, era già preferito altrimenti non avrebbe avuto questi, maggiori, finanziamenti. Si potrebbero citare altri contributi in questo senso, come quando Karl Popper, circa la possibilità delle previsione dell'andamento dei titoli in borsa, curiosamente, cita anch'esso, benché non in senso psicoanalitico, *Edipo*: «L'i-

---

del potere borghese e del capitalismo e volle sottolineare come l'applicazione meccanica dello schema dialettico-materialista da parte di molta letteratura sociologica, storica e politica, fosse una forzosa costruzione, riduzionista, dove si perdeva il senso della realtà delle cose. Cfr. J.-P. SARTRE, *Critique de la raison dialectique*, Gallimard, Paris, 1960, *Critica della ragion dialettica*, il Saggiatore, Milano, 1960. Cap. *Questioni di metodo*, capitolo che è anche pubblicato a solo, essendo uscito in precedenza come *Questions de méthode*, Gallimard, Paris, 1957, trad. it. *Questioni di metodo*, il Saggiatore, Milano, 1976.
(17) S. J. DUBNER, S. LEVITT, *Freakoconomics*, William Morrow and Company, New York, 2005, trad. it. *Freakoconomics. Il calcolo dell'incalcolabile*, Sperling e Kupfer, Milano, 2008.

dea che una previsione può influenzare l'avvenimento previsto è molto antica. Edipo, nella leggenda, uccise suo padre che egli non aveva mai veduto, ma quest'azione era il risultato diretto della profezia che aveva spinto suo padre ad abbandonarlo. Per questo motivo suggerirei di denominare "effetto di Edipo" l'influenza della previsione sull'evento predetto (o, più generalmente, l'influenza di un elemento di informazione sulla situazione cui l'informazione si riferisce), sia nel caso che l'influenza in questione tenda a favorire l'evento predetto, sia nel caso che tenda a impedirlo. [...]. L'ipotesi secondo la quale le scienze sociali potranno progredire fino a rendere possibile la previsione esatta di fatti ed avvenimenti d'ogni specie porta a conseguenze assurde, e pertanto questa ipotesi può essere confutata con ragionamenti di pura logica. Infatti se fosse fabbricato e divulgato un nuovo tipo di almanacco delle previsioni sociali [...], esso certamente causerebbe atti che ne invaliderebbero le previsioni. Supponiamo fosse previsto, per esempio, che il prezzo delle azioni dovesse salire tre giorni e poi scendere. Evidentemente, ognuno che avesse rapporti con il mercato venderebbe nel terzo giorno, causando una caduta dei prezzi in quel giorno stesso e rendendo false le previsioni. In breve: l'idea di una previsione esatta e attendibile nel campo sociale contiene una contraddizione interna: le previsioni sociali esatte sono impossibili».[18]

E con ancora più inquietudine si vedono casi in cui il soggetto osservante è agente attivo del fenomeno che prevederebbe, come nell'aspra analisi di Alain sulla decisione/previsione della guerra: «Venez donc une bonne fois à apercevoir que la guerre est un fait humain, purement humain, dont toutes les causes sont des opinions. Et observons que l'opinion la plus dangereuse ici est justement celle qui fait croire que la guerre est imminente et inévitable. Sans qu'on puisse dire pourtant qu'elle soit jamais vraie, car si beaucoup d'hommes l'abandonnaient, elle cesserait d'être vraie. Considérez bien ce rapport singulier, que l'intelligence paresseuse ne veut jamais saisir. Voilà une opinion assurément nuisible, et qui peut-être se trouvera vraie, seulement parce que beaucoup d'hommes l'auront eue. C'est dire que, dans les choses humaines qui sont un tissu d'opinions, la vérité n'est pas constatée, mais faite. Ainsi il n'y a point seulement à connaître, mais à juger, en prenant ce beau mot dans toute sa force.

Pour ou contre la guerre. Il s'agit de juger; j'entends de décider au lieu d'attendre les preuves. Situation singulière; si tu décides pour la guerre, les preuves abondent, et ta propre décision en ajoute encore une; jusqu'à l'effet, qui te rendra enfin glorieux comme un docteur en politique. "Je l'avais bien prévu". Eh oui. Vous étiez milliers à l'avoir bien prévu; et c'est parce que vous l'avez prévu que c'est arrivé».[19]

Ha perfettamente ragione, per questa volta, il già citato Žižek a dichiarare: «Come le dicevo, penso ancor oggi che i migliori risultati raggiunti dalla filosofia nel dopoguerra provengano da quella corrente che ai tempi chiamavamo strutturalismo. La maggior parte di ciò che è venuto dopo è stato un gioco, un passo indietro, una sorta di relativismo storicista che lascia svanire le grandi questioni ontologiche. Oggi che tutto si è ridotto ad analisi del discorso, se uno chiede: "l'uomo ha un'anima?", la tipica risposta postmoderna sarà: "Si può affermare soltanto in quale regime di discorso è legittimo porre una domanda del genere". Come se non restasse altro da fare che portare alla luce l'orizzonte di significato entro cui certe affermazioni sono comprensibili... E se poi si insiste: "Ok, ma è vero o no che l'uomo ha un'anima?", il

---

(18) K. POPPER, *The poverty of historicism*, Routledge, London, 1957, trad. it. *Miseria dello storicismo*, Feltrinelli, Milano, 1975, pg. 27.
(19) ALAIN (Émile-Auguste Chartier), *Mars ou la guerre jugée*, Gallimard, Paris, (1921) ed. 1936, pg. 196-7.

postmodernista replicherà: "È una domanda metafisica priva di significato". Ecco la ragione per cui oggi la filosofia ha perso così tanto credito popolare, lo stesso che ha guadagnato la scienza. La gente si rivolge ai darwinisti o al biologo Richard Dawkins, al cosmologo Stephen Hawking o al neuroscienziato Steven Pinker, proprio per rispondere alle grandi domande metafisiche, come: l'uomo è libero? l'universo ha un inizio e una fine? la storia è casuale o nasconde un destino?».[20]

Oppure si può parlare dell'uomo, fuori dalla fisica, ma – al massimo – con la psicologia, che è scientifica, con la sociologia, l'antropologia, ma non con la filosofia.[21]

È lo scientismo che considera il pensiero filosofico come un arcaico retaggio prescientifico e antiscientifico. Lo troviamo, in prima battuta, negli scienziati delle scienze fisiche che ritengono inutile la filosofia stessa,[22] ma c'è lo scientismo degli scienziati delle scienze sociali che – più realisti del re – ritengono si debba parlare, nel campo dei loro oggetti, come parlano (sarebbe più giusto dire, parlerebbero) gli scienziati delle scienze fisiche nel campo dei loro oggetti. Ma c'è infine anche uno scientismo del pensiero filosofico stesso che ritiene di doversi liberare da istanze che appaiono, altrettanto, come un retaggio prescientifico e antiscientifico, insomma, un pensiero filosofico secondo cui il pensiero filosofico deve purgarsi di se stesso.[23]

Così avviene allora che le scienze umane (e con esse anche la filosofia), non potendo contare sul "peso", come dall'esempio che facevamo sopra, finiscono nella più astratta astrazione perché elaborano il rapporto senza la ragione che costituisce questo stesso rapporto, ora non avendo un equivalente del peso, e così lasciano solo uno schema. Vuoto. Ma mai vogliono accettare che insorge, anche lì, un qualcosa, perché questo qualcosa non è quantificabile e dunque non esiste.

Eppure, al contrario, esiste e attua l'evento. È altra cosa, non data dal suo in sé, ma dal suo per sé, dove il corpo **B** immette "un qualcosa di suo" nell'incontro (accettarlo, resisterlo) col corpo **A**, tale da spostare nell'imprevedibilità il risultato.[24]

(20) G. AZZOLINI (intervista a cura di), *L'ideologia continua. Intervista a Slavoj Žižek*, 'Micromega', 25/12/2013.
(21) Al contrario, Sartre dichiara: «per me la filosofia era psicologia. Mi sono liberato di questa concezione più tardi. C'è la filosofia, e quindi non c'è la psicologia. Quest'ultima non esiste; è una chiacchiera oppure è uno sforzo per cercare di stabilire che cos'è l'uomo a partire da nozioni filosofiche». M. RYBALKA, (intervista a cura di), *Une vie pour la philosophie*, 'Magazine littéraire', n° 384, 2/2000, trad. it. *Una vita per la filosofia*, Segni e Comprensione-Università del Salento, 2011, pg. 7.
(22) Si veda, in questo senso, S. HAWKING-L. MLODINOW, *The grand design*, Bantam Books, New York, 2010, trad. it. *Il grande disegno*, Mondadori, Milano, 2011.
(23) O una nuova destinazione da dare alla filosofia come subalterna, "ancella" della tecnica, come una volta della teologia. Così la vorrebbe l'industria, che cerca "complementari" da affiancare ai tecnocrati, strano modo di portare degli infermieri per dare medicine di "senso" a processi alienanti, e di capovolgere il percorso, non il filosofo che pone il problema, ma il filosofo a risolvere il problema. Per correttezza, dobbiamo pure dire che esiste un opposto, un fideistico credere nelle possibilità e nella centralità assoluta, dell'ente non fisico, la "volontà", lo "spirito", o altre figure, tendenziali eredità dell'antica "anima", o di concetti filosofici follemente caricaturati. Un "filosofismo"? Sul tema vedi Appendice 5.
(24) Dice Heisenberg: «La descrizione moderna si distingue da quella antica per tre tratti caratteristici: perché pone enunciati quantitativi al posto di enunciati qualitativi; perché riconduce fenomeni differenti alla stessa origine, e perché rinuncia a chiedersi il "perché"». W. HEISENBERG, *Mutamenti*, cit., pg. 13. Lo scientismo è l'applicazione di questi principi, validissimi a livello di corpi inanimati, al mondo dei corpi animati, invece qualitativi e non quantitativi e dotati di un *perché* (un movente, un'intenzione, come diremo oltre) *un qualcosa di suo* (un'affettività, come altrettanto diremo oltre) che i corpi inanimati non hanno. Da qui l'errore di intendere un'azione umana come una meccanica la cui descrizione sarebbe descrizione sufficiente. L'*Edipo* è una descrizione della meccanica, ma non spiega il "perché", proprio perché non dice della ragione, dello scopo, del soggetto, anzi, fa di questa obliterazione il suo "vanto" di scientificità, che la scienza, come appunto ci dice Heisenberg, si basa sul non chiedere il "perché".

Che cos'è questo "qualcosa di suo"? Riprendiamo dall'esempio del vincitore delle elezioni e domandiamoci dove possiamo trovare il vero motivo per cui quel vincitore delle elezioni, di cui dicevamo, aveva fin dall'inizio un vantaggio? O, meglio, su quale piano aveva un vantaggio? Non sul piano logico, evidentemente, che il carisma, posto come causa, non appartiene a questo piano. Il carisma rimanda al piano emozionale. Desiderante, libidinale. Perché la spiegazione è qui, ed è fuori dalla recinzione che delimita il piano realizzato (nel caso) dagli economisti. La spiegazione si trova "sfondando" quel piano per immettere un altro piano: la volontà-possibilità del corpo **B** di relazionarsi a "modo suo" nell'incontro con il corpo **A**, dove – trasponendo il caso – può decidere di farsi spingere, come di resistere e perfino di respingere.

È quanto avviene nella partita di croquet di *Alice nel paese delle meraviglie*,[25] forse il più grande manifesto anti-scientista, dove le mazze sono dei fenicotteri e le palle sono dei porcospini, per cui è impossibile avere certezza dell'esito dell'incontro della mazza con la palla, come ricorda Gregory Bateson, nel suo dialogo con la figlia:

«Padre: Sì, stavamo parlando dei fenicotteri. Il fatto è che l'uomo che scrisse *Alice* pensava alle stesse cose cui pensiamo noi. E si divertì con la piccola Alice immaginando una partita a croquet che fosse tutto un pasticcio, un assoluto pasticcio. Così stabilì che si dovessero usare fenicotteri invece di mazze, perché i fenicotteri potevano piegare il collo e così il giocatore non avrebbe saputo se la sua mazza avrebbe colpito la palla né come.

Figlia: D'altra parte la palla poteva andarsene per conto suo, perché era un porcospino».[26]

La lezione di Carroll è semplice: un fenicottero non è una mazza e un porcospino non è una palla. Ma, orrore per il pensiero scientista, ammettere questo.

---

(25) L. CARROLL, *Alice's adventures in wonderland*, 1865, trad. it. *Le avventure di Alice nel paese delle meraviglie*, Cap. VIII, *Il croquet della Regina*.
(26) G. BATESON, *Steps to an ecology of mind*, University of Chicago Press, Chicago, 1972, trad. it. *Verso un'ecologia della mente*, Adelphi, Milano, 1977. Insieme a Carroll possiamo ricordare la "Patafisica", invenzione di Alfred Jarry – protagonisti principali Ubu roy (Ubu re) e il dottor Faustroll – movimento al quale hanno poi partecipato moltissimi personaggi fra i quali Marchel Duchamp, Man Ray, Jacques Prevert, Raymond Queneau, Boris Vian, Edoardo Sanguineti, Umberto Eco. Definita dallo stesso Jarry come «la scienza delle soluzioni immaginarie» (A. JARRY, *Gestes et opinions du docteur Faustroll, pataphysicien*, Fasquelle, Paris, 1911, trad. it. *Il dottor Faustroll*, Giordano, Milano 1966 e (insieme a *Ubu re*), *Gesta e opinioni del dottor Faustroll, patafisico*, Mondadori, Milano, 1976, pg. 81), ma anche una "neo-scienza", come nel sottotitolo dello stesso *Faustroll*, *Un romanzo neo-scientifico*, ovvero una scienza delle eccezioni che sempre si manifestano in un dato di fatto (o presupposto tale). Un'*altra* scienza per vocazione d'indirizzo e analisi "minore" o, come ancora dichiara Jarry: «Un epifenomeno è ciò che si aggiunge a un fenomeno. La patafisica, [...] è la scienza di ciò che si aggiunge alla metafisica, sia in essa, sia fuori di essa, estendendosi così lontano al di là di questa quanto questa al di là della fisica. Es.: l'epifenomeno essendo spesso l'accidente, la patafisica sarà soprattutto la scienza del particolare, per quanto si dica che non vi è scienza se non del generale. Studierà le leggi che reggono le eccezioni e spiegherà l'universo supplementare a questo; o meno ambiziosamente descriverà un universo che si può vedere e che forse si deve vedere al posto del tradizionale, poiché anche le leggi dell'universo tradizionale che si è creduto di scoprire sono correlazioni di eccezioni, per quanto più frequenti, in ogni caso fatti accidentali che, riducendosi a eccezioni poco eccezionali, non hanno nemmeno l'attrattiva della singolarità». Ibidem. Per Deleuze, Jarry anticipa la fenomenologia e anticipa Heidegger. G. DELEUZE, *En créant la pataphysique Jarry a ouvert la voie à la phénoménologie*, 'Arts', 27/5-2/6/1964, in ID e *Un précurseur méconnu de Heidegger, Alfred Jarry*, in CeC. Possiamo ricordare anche la teoria gravitazionale di Albert Einstein dove si ipotizza che i campi gravitazionali degli oggetti causino una deformazione dello spazio-tempo stesso per cui non sarebbero quindi alle dipendenze esclusive del semplice meccanicismo (per attrazione) come in Newton ma, modificando quello stesso ambiente, da quella modifica subirebbero ulteriori conseguenze. Un altro esempio lo fornisce Jaques Monod (allievo di Michel Serres a

O ricorrere, ad esempio, a "immaginazione", come in Hume.

O, sempre a titolo d'esempio, a "intuizione", come in Bergson che, vedremo meglio dopo, non sono concetti che, in nessuno dei due casi, gli autori vollero coniare ad alternativi, come una suggestione poetica che volesse essere superiore al razionale o una sorta di cultura sapienziale, ma come concetti-base del razionale e suoi livelli metacritici, tanto che, lo scientismo, pur di scongiurarli, preferisce incappare nel "paradosso del mentitore". Perché, proprio dalla struttura logica del paradosso, si sa che non può giudicarsi quello stesso da se stesso e, a seguire, soprattutto con David Hilbert,[27] non può un sistema giudicarsi da se stesso con la materia di se stesso, ma gli occorre un "altro", un "fuori", un livello metacritico che lo giudichi (così la matematica per la fisica, fra i vari esempi possibili).

Per cui, e correttamente, si sarebbe potuto invocare un piano emozionale come piano metacritico. Ma, ancora a ripetere, orrore per il piano emozionale, questo lo si amputa, lo si getta via come una sopravvivenza preistorica, "filosofica", e il sistema è assurdo logicamente. È autoreferente.

Non è solo un problema di oggi. Infatti, come diremo più avanti, già Kant ebbe timore che Hume portasse verso una strada di esperienza comune priva di un fondamento teoretico autentico. Bergson subì attacchi di ogni tipo (dove si distinse proprio quel Benda che ora a seguire citeremo, sorprendentemente, per la sua denuncia dello scientismo) e patì una lunga rimozione, quella che Deleuze constaterà con stupore.

Su Nietzsche non gravò solo l'ipoteca nazista, peraltro falsa, come oggi sappiamo grazie al lavoro di Colli e Montinari, di Klossowsky, Derrida e Bataille, di Foucault e dello stesso Deleuze, ma anche una riserva pesantissima, già nel merito dell'opera, che produsse un'autentica dichiarazione di esclusione *dalla* filosofia di questo pensatore, come dimostra l'odissea delle edizioni critiche degli scritti nietzschiani.

Vicenda da apparire incredibile.

Tutte questioni sulle quali, come detto, torneremo più avanti.[28]

Cosa si perde allora con lo scientismo? Ma, soprattutto, cosa si introduce, quando, come avanti detto, si introduce un qualcosa che valga come il "peso", ovvero il

---

Vincennes) che descrive il sistema del DNA come capace di assoluta conservazione, eppure suscettibile di perturbazione per effetto di un "errore" nella trasmissione genetica: «la senescenza e la morte degli organismi pluricellulari si spiegano, almeno in parte, con l'errore di traduzioni accidentali i quali alterando soprattutto certe componenti responsabili della fedeltà della traduzione stessa, aumentano la frequenza di quegli errori che degradano a mano a mano la struttura di tali organismi. J. MONOD, *Le hasard et la nécessité*, Seuil, Paris, 1970, trad. it. *Il caso e la necessità*, Mondadori, Milano, 1970, pg. 112. Una tesi che riecheggia Lucrezio quando dice: «Perciò è sempre più necessario che i corpi deviino un poco; ma non più del minimo, affinché non ci sembri di poter immaginare movimenti obliqui che la manifesta realtà smentisce. Infatti è evidente, a portata della nostra vista, che i corpi gravi in se stessi non possono spostarsi di sghembo quando precipitano dall'alto, come è facile constatare. Ma chi può scorgere che essi non compiono affatto alcuna deviazione dalla linea retta del loro percorso?». LUCREZIO, *De rerum natura*. Il *clinamen*, come "minore" e mossa di scarto dall'ordine dato. Infine, troviamo il "falsificazionismo" di Popper, quando, per mostrare come si possa aggredire un postulato certo, viene fatto ricorso a fatti minori, di assoluta eccezionalità, quale, fra gli esempi proposti, l'assioma "il pane nutre" sconfessato in e da una circostanza: «quando delle persone che mangiavano il loro pane quotidiano morirono di avvelenamento da segale cornuta, come avvenne tragicamente in un villaggio francese non molto tempo fa». K. POPPER, *Objective knowledge. An evolutionary approach*, Clarendon Press, Oxford, 1972, trad. it. *Conoscenza oggettiva. Un punto di vista evoluzionistico*, Armando, Roma, pg. 30.

(27) Cfr. D. HILBERT, *Mathematical problems*, 'Bulletin of the american mathematical society', Vol. n° 37.
(28) Circa le riserve kantiane su Hume si rimanda a pg. 140, relativamente a Benda *versus* Bergson a pg. 87, infine, per la "Nietzsche Renaissance" e le difficoltà incontrate da Giorgio Colli per l'edizione critica delle opere di Nietzsche alla nota n° 28 a pg. 29.

"ciò che vuole nella volontà"? Introduciamo la morale (lo diciamo in senso lato), saltiamo dalla fisica alla morale, dato che la differenza di peso per cui un soggetto vuole imporre, o un soggetto vuole subire – e vari gradi di quanto voglia imporsi o subire – rimanda a un comportamento morale, non ad un dato fisico. È, dunque, la specificità di quella forza, che si misura non estensivamente, come quantità, come nel corpo fisico-inerte, ma intensivamente, come qualità (o quantità intensiva), ovvero per quanto sia ora una forza **A** e ora una forza **B**, ad agire. Entrambe forze, nonostante l'apparente differenza – come abbiamo detto – da forte a debole.

Si inserisce quindi il principio di individuazione: "È **A**, questa volta è **A**, è **B**, questa volta è **B**", potremmo dire, individuazione *hic et nunc* e che, pertanto, non rimanda a un soggettivismo, semmai a una soggettività. La morale, individualizzando, punta il dito nel modo più severo: **B** non è **B** perché nel processo **A-B** non può essere che **B**, ma è **B** per la quantità intensiva per cui si costituisce a essere **B** nell'incontro con **A**.

Ed è un **B** specifico, non un modello, non tutti i **B** sono **B**, ma quanto nella variazione delle intensità. È un'individuazione che scopre il soggetto come "è lui", non un appartenente a una possibile generalità. E se **B** non ha responsabilità come corpo fisico **B**, ha responsabilità come corpo psichico **B**. Il discorso perde allora della sua "innocenza", tanto cercata dai filosofi, dal freudismo, dal determinismo, e assume valenza morale (come Nietzsche, Deleuze è un grande moralista che non ama la morale, ma lo è o, come si potrebbe dire, di Deleuze e di Nietzsche, *malgré eux*).

Ma il nemico è forte, e si ripropaga con forza, e riafferma l'"oggettivo". Impera, lo scientismo. L'errore per l'orrore di istanze ritenute non degne di valore scientifico.[29]

Vi combatté Pascal, che mandò *l'esprit de finesse* a guerreggiare contro *l'esprit de géométrie*.[30] Vi combatté Spinoza. Vi combatterono, per dire solo di alcuni, Heidegger (come, ma non solo, nell'affermazione sopra), Gentile (grande danno che gravi a tutt'oggi su di lui l'ombra della sua adesione al fascismo così da esser stato boicottato e aver perso, noi, questo grandissimo pensatore), Hume, Nietzsche, Husserl, Sartre. Vi hanno combattuto James, Bachelard, Bergson, Deleuze.[31]

E non si tratta solo di teoretica.

Le conseguenze sono disastrose sul piano etico. Perché il problema ben più grave è che lo scientismo non è un semplice errore teoretico, è la teoretica, ben cosciente, di un fine immorale: negare la libertà del soggetto è dare al soggetto la sua agognata quiete:

---

(29) Jean Lacroix ricorda un passo di Freud: «Je me suis refusé plus tard la lecture de Nietzsche, et je l'ai fait en pleine conscience des raisons de mon abstention: je voulais me soustraire, dans l'élaboration des impressions que me fournissait la psychanalyse, à toute influence extérieure. Aussi devais-je être prêt, et je le suis volontiers, à renoncer à toute revendication de priorité dans les cas, assez fréquents, où les pénibles recherches psychanalytiques ne font que confirmer les aperçus intuitifs des philosophes». J. LACROIX, *Philosophie de la culpabilité*, Puf, Paris, 1977, pg. 16. Lacroix fa qui riferimento alla versione francese (con cura e traduzione di Jankélévitch del testo pubblicato nel 1904 in lingua tedesca) di S. FREUD, *Contribution à l'histoire du mouvement psychanalytique*, Payot, Paris, 1927.
(30) Cfr. B. PASCAL, *Pensée*, 1670, postumo, trad. it. *Pensieri* (sul tema ritorneremo più avanti).
(31) O Edgar Morin, come si legge in un'intervista: «"Pascal diceva che è meglio sapere un po' di tutto piuttosto che tutto di una sola cosa, perché sentiva quanto fosse necessario poter legare tra loro le conoscenze. Invece si è preferito dare retta a Cartesio...". Cartesio, ovvero "l'uso degradato della ragione": tra le cause che ci hanno portato all'intelligenza cieca, questa è la più grave a giudizio del professar Morin: "È stato Cartesio a gettare le basi di quel 'paradigma di semplificazione', come lo chiamo io, di cui è vittima il pensiero occidentale. Creando un dualismo tra pensiero e materia, teorizzando che non può esservi dialogo tra la filosofia che si occupa dello spirito e la scienza che si occupa delle cose materiali, ha finito per far prevalere la disgiunzione sulla congiunzione e dunque per ridurre a semplice ciò che invece è complesso. Ma questa incapacità di concepire quanto è complessa la realtà antroposociale, o

non avrà da pensare, da fare, da scegliere. Il determinismo, che ne deriva, mondo del determinato, o determinabile, come nella fisica, permetterà al soggetto la sua ignavia. Permetterà al soggetto l'agognata "tristezza", maniera dell'inazione, permetterà al soggetto di vivere nella "colpa". La colpevolezza come espressione dell'inazione, il soldo per acquistarla. Lo scientismo è lo strumento legale dell'ignavia, della spinoziana "passione triste". E sta a Deleuze (e a Deleuze e Guattari) aver oltrepassato il piano solo teoretico per mostrare, sul piano etico, questo disastroso effetto. Questa malafede, che vuol passare per pura teoretica. Come già ebbe a dire Julien Benda, sia di questo errore teorico, di questa deriva verso il "culto della scienza", quanto della non commendevole ragione che vi era sottesa: «Questa povertà assume anche un'altra forma: la convinzione (formulata con il massimo rigore da Maurras) che, in politica, si possono trovare delle leggi di causa a effetto tanto sicuramente valide quanto quelle della gravità o dell'elettricità. ("La politica è una *scienza*").

È la superstizione della scienza, considerata competente in tutti i campi, compreso quello morale; superstizione che, ripeto, è un lascito del secolo XIX.

Rimane tuttavia da sapere se quelli che impugnano questo dogma ci credono o se non vogliono semplicemente dare il prestigio della scientificità a passioni dell'animo che essi sanno benissimo essere solo passioni. C'è da sottolineare che questo dogma secondo il quale la storia obbedisce a leggi scientifiche è predicato soprattutto da alcuni partigiani dell'autoritarismo; cosa naturale poiché elimina le due realtà che più essi hanno in odio: la libertà umana e l'azione storica dell'individuo».[32]

E c'è da notare come la "colpevolezza", dal classico ricorso a categorie metastoriche (disobbedienza di Adamo a Dio, parricidio originario), sia sopravvissuta nell'epoca moderna, usando la ragione stessa per trovare nuove cause, ora "oggettive".

Come dice acutamente Jean Lacroix su Nietzsche, e sulla sua denuncia della colpevolezza, «C'est sans doute Nietzsche qui a dénoncé le sentiment de culpabilité de la manière à la fois la plus forte et la plus incisive. [...]. Ses attaques portent surtout contre le christianisme qui, suivant lui, en rompant avec la tradition grecque, a fait de la plupart des hommes des coupables. En privilégiant le sentiment de culpabilité, en le mettant à l'origine même de la vie humaine, il a fait le malheur de l'homme. Non pas proprement le christianisme de Jésus, mais celui de Paul. En voyant dans la mort du Christ le principe du salut, Paul a perverti l'humanité: ce n'est plus la vie, mais la mort qui sauve. La vie de tout homme, depuis l'origine des temps, ne peut être que la vie d'un coupable. Ainsi a-t-on bâti l'Eglise avec l'opposé de l'Evangile: Jésus est mort sur la croix. Paul a substitué à l'existence un au-delà de l'existence – et cet au-delà est moins la vie future qu'une division de notre vie terrestre. L'arrière-monde nietzschéen c'est ce monde-ci, vécu dans le refus et la dénégation: c'est un "tenir en arrière" du monde et de l'existence. L'arrière-monde pour Nietzsche c'est essentiellement le sentiment de la culpabilité. Le Christ ne l'avait pas. Eprouver le

---

se si vuole il nostro bisogno malato di semplificare tutto, è all'origine di un numero infinito di tragedie: le idee che sono degenerate in idealismo, le teorie in dogmatismo, e la ragione in razionalizzazione. "Alla razionalizzazione", prosegue Morin, "io contrappongo la razionalità". E che cos'è la razionalità? È l'intelligenza dell'uomo che cerca di adattare le sue capacità logiche ai fenomeni che osserva per arrivare alla conoscenza del mondo reale». G. INVERNIZZI, *Tutta colpa di Cartesio*, 'L'Espresso', 4/4/1993, a presentazione della traduzione italiana di *Introduzione al pensiero complesso*, Sperling & Kupfer, Milano, 1993, dall'originale E. MORIN, *Introduction à la pensée complexe*, Seuil, Paris, 1990.
(32) J. BENDA, *La trahison des clercs*, Grasset, Paris,1927, riedita 1946, trad. it. *Il tradimento dei chierici*, Gentile, Milano, 1946, Einaudi, Torino, 1976, ivi nota M, pg. 223.

sentiment de filiation divine signifiait pour lui entretenir un sentiment plénier avec la totalité du réel, l'innocence étant l'absence d'accusation contre la réalité et le sentiment d'universelle amitié. Mais en fait, et à cause de Paul, la culpabilité est devenue le fondement et le centre du christianisme: elle seule compte. [...]. La source de cette corruption, c'est la notion du Dieu saint envers lequel on aurait une dette. Cette idée d'une obligation envers Dieu est devenue le pire instrument de torture, qui transforme les instincts eux-mêmes en faute envers lui. [...]. L'homme de la culpabilité est jaloux de la vie: c'est l'homme du ressentiment».[33]

E a ciò va aggiunto che, quand'anche sia stata abbandonata la strada del ricorso al metastorico, un nuovo pensiero, il determinismo, è apparso per svolgere la stessa funzione. *È colpa tua*, come vedremo più avanti, è il motto dell'*Edipo*, o il motto del determinismo, della passione triste.

Ma contro lo scientismo, e la sua conseguenza, per derivato, o per causa prima che fosse, la filosofia si è fatta da parte. Quantomeno.

Naturalmente, è lecita la domanda sul perché o che senso abbia, allora, scrivere su Deleuze. Questione, tuttavia, di poca importanza. Più importante è il *come*. Come si scrive "di filosofia" o "di un filosofo". Prendiamo a prestito da Deleuze: «la storia della filosofia non deve ridire ciò che un filosofo dice, ma dire ciò che egli sottintendeva necessariamente, ciò che non diceva e che però è presente in quello che dice».[34]

O, come ancora ci dice Deleuze del suo modo di scrivere: «Non scrivo contro qualcosa o qualcuno. Per me scrivere è un gesto assolutamente positivo: significa dire ciò che si ammira, non combattere ciò che si detesta. Scrivere per denunciare è il più basso livello di scrittura».[35]

Si potrebbe obiettare che Deleuze ha scritto "contro". Contro il platonismo, *Logica del senso*, contro la dialettica, *Differenza e ripetizione*, contro Freud, *L'anti-Edipo*. Non sarebbe inesatto. Ammette lo stesso Deleuze che esiste un "contro", quando si inizia a scrivere: «bisogna riconoscere che scrivere implica il fatto che vi sia qualcosa che non funziona nello stato del problema che si vuol trattare. Che non si è soddisfatti. Direi dunque che scrivo contro l'idea toute faite. Si scrive sempre contro le idee toutes faites».[36]

---

(33) J. LACROIX, *Philosophie de la culpabilité*, cit., pgg. 12-3. Alla veglia del sabato santo 2019, Papa Francesco ha lanciato un monito affinché si debba stare con Cristo e non con Paolo, per stare a Lacroix, esortando a non cedere alla «psicologia del sepolcro», culto del feticcio della morte per riprendere il messaggio del *Vangelo* verso e per la vita, citando da Luca, «Perché cercate tra i morti colui che è vivo?». (LUCA, 24). www.vaticannews.va/it/papa/news/2019-04.
(34) R. BELLOUR-F. EWALD (intervista a cura di), *Signes et evènements*, 'Magazine littéraire', n° 257, 1988, trad. it. in PPA.
(35) D. ERIBON (intervista a cura di) *Inedit: quand le grand philosophe disparu pensait a voix haute. Le "Je me souviens" de Gilles Deleuze*, 'Le nouvel observateur', 16-22/11/1995, trad. it. in (Appendice) A. BADIOU, *Oltre l'uno e il molteplice*, Ombre corte, Verona, 2007, pgg. 111-2.
Aveva anche scritto, Deleuze, a Châtelet, nell'autunno 1966, a proposito di un articolo richiestogli su Painter e la sua biografia di Proust (G. D. PAINTER, *Marcel Proust: a biography*. Vol. I, 1959, Vol II, 1965, Chatto & Windus, London, trad. it. *Marcel Proust*, Feltrinelli, Milano, 2017): «Cher François, Merci de ta lettre. Tu sais bien que je serais heureux, le cas échéant, d'écrire pour la 'Quinzaine'. Hélas je ne peux pas dans le cas Painter. Car je suis comme toi, je trouve ce livre tantot exécrable, tantot insignifiant, et mauvais dans son principe. Or je ne veux pas faire d'article "contre" quelque chose ou "d'éreintement" (là aussi je crois être comme toi, puisque tu n'as jamais fait d'article à ma connaissance uniquement pour dire que quelque chose était mauvais). Pour pouvoir écrire, faut bien admirer un tout petit peu. Painter était une merde américaine vaguement policière, vaguement ethnographique, vaguement érudite... on ne peut pas en parler». G. DELEUZE, *Lettres et autres textes*, Minuit, Paris, 2015, pg. 27.
(36) Idem, pg. 111.

Anche per questo Deleuze amerà maggiormente *Mille piani* de *L'anti-Edipo* (come diremo avanti).

È con *Mille piani* che, con Guattari, Deleuze arriva a una scrittura, ora, nemmeno più turbata da idee toutes faites, come dichiarerà a Cressole: «Faremo il seguito [di AE] perché ci piace lavorare insieme. Ma non sarà affatto una continuazione. Sarà qualcosa di così diverso nel linguaggio e nel pensiero – con l'ausilio del fuori – che quanti ci "aspettano" saranno costretti a dire o sono diventati pazzi, o sono dei mascalzoni, oppure non sono stati in grado di continuare».[37]

C'è poi da notare un altro aspetto della critica in negativo per come la intende e la pratica Deleuze ovvero, come nota acutamente Polidori, «Hegel, la psicoanalisi, lo stesso Platone non sono di per sé qualcosa contro cui lottare. Deleuze non ha mai disconosciuto l'importanza e la portata creativa, inventiva, addirittura rivoluzionaria di autori e opere che poi magari vengono da lui anche combattuti.

Ciò che però viene combattuto da Deleuze non è appunto l'autore o il suo pensiero, ma quello che lui chiama il suo divenire, quando si tratta di un divenire-reattivo (per usare ancora un termine che ricorre a proposito delle forze in Nietzsche): quando cioè la carica eversiva di un pensiero si depotenzia, si esaurisce o si trasforma in una nuova e magari più forte legittimazione dell'esistente.

Oppure quando il suo divenire cessa di produrre quegli effetti di sottrazione al dominio del senso comune e si presta a quella che Deleuze chiama una codificazione, una ricodificazione (come nel caso della psicoanalisi, come nel caso del marxismo): quando cioè il sistema di enunciati prodotti da un nuovo pensiero si mette al servizio di quelle medesime forze reattive contro cui in origine era stato allestito. In questo allora si può riconoscere una precisa istanza critica, che Deleuze cerca sempre più di descrivere in termini di movimento, di mobilità, contro quegli assestamenti e quelle omologazioni che riconducono la capacità eversiva di un pensiero all'interno di una cornice, a un dentro immobile».[38]

Quanto scrive Polidori è fondamentale per comprendere un senso "politico" (non l'unico) de *L'anti-Edipo*, o l'obiettivo che non è solo quello che si può ritenere sia indicato in massimo grado ma, anche e soprattutto, di quell'obiettivo, la possibile (sua) sclerotizzazione. Sclerotizzazione dell'esistente e attenzione circa la possibilità di reificare un altro che si sclerotizzi, posizione che non venne compresa, come vedremo più oltre su questo aspetto.

Occorre quindi operare affinché questo non avvenga, cercare invece le forze vive che il soggetto d'osservazione può avere e offrire o, ancora da Deleuze: «Quando scrivo su un autore, il mio ideale sarebbe di riuscire a non scrivere nulla che potesse rattristarlo o, se è morto, che potesse farlo piangere nella sua tomba: pensare *a lui*, all'autore sul quale si scrive. Pensare a lui con tanta forza che non possa più essere un oggetto e che non sia neanche più possibile identificarsi con lui. Evitare la doppia ignominia dell'erudizione e della familiarità. Restituire a quell'autore un po' di quella gioia, di quella forza, di quella vita politica e di amore che lui ha saputo donare, inventare».[39]

---

(37) G. DELEUZE, *Lettre à Michel Cressole*, in M. CRESSOLE, *Deleuze*, Puf, Paris, 1973, anche in PPA.
(38) F. POLIDORI, *L'invenzione della filosofia*, "aut-aut", n° 276, 10-11/1996, pg. 8. Diceva Erik Satie: «Il n'ya pas d'école Satie. Le satisme ne saurait exister. On m'y trouverait hostile. En art, il ne faut pas d'esclavage». O. VOLTA, *Erik Satie*, Hazan, Paris, 1997, pg. 125.
(39) CNV pg. 138. Dice Alain: «La philosophie est certes une grande chose; *on peut en faire tout ce qu'on veut, excepté quelque chose de plat*. Il en est de même pour la Raison, pour la Sagesse, lesquelles

Metodo, o modo, tutt'altro che usuale se pensiamo che, nell'insegnamento in primis (Deleuze fu anche un grande insegnante), e più in generale, in un'attitudine nell'avvicinamento a un testo, a un autore, anziché fare una rianimazione, un massaggio cardiaco, si fa, forse non sempre, ma certo prevalentemente, un'autopsia.[40]

Perché, infine, se la filosofia è morta, come si sente dire incessantemente e come anche qui abbiamo detto, o in parte convenuto, e per le ragioni esposte, e perché uno Spinoza, un Sartre, un Deleuze, non nasce ogni giorno, aggiungiamo che una causa (ulteriore), anzi, una colpa, è anche data da un malcostume sempre più diffuso, dal trattare la grande ricchezza che abbiamo a disposizione in maniera totalmente errata, ovvero trattare di filosofia nel senso – come dire? – di un'erudizione autoreferente o di un sapere in senso solo storico, museale, e non vedere quanto, in essa, ci sia vita, quanto, da essa, possiamo nuovamente non tanto apprendere, ma apprendere a fare.[41]

Come nel metodo e nell'insegnamento che, altro grande lascito di Deleuze, Lanzmann ricorda così: «Le formule di Deleuze non mettevano un punto fermo al pensiero, ma al contrario lo aprivano, svelando e illuminando ogni volta un orizzonte di concetti.

A vent'anni era una gioia immensa, un beneficio di cui avevamo piena consapevolezza».[42]

---

consistent surtout dans un jeu dont il importe de conserver l'efficacité; car rien ne se perd plus aisément que la vie et la force des idées». ALAIN, *Spinoza*, Gallimard, Paris, 1949, Delaplane, Paris,1901, (dalla versione elettronica in bibliotheque.uqac.uquebec.ca/, pg. 5), "Preface" [il corsivo è nostro].

(40) Un tema che già da solo varrebbe uno studio. Sul Deleuze insegnante negli anni di docenza. Qui ci limitiamo a riportare il pensiero di Deleuze a proposito della didattica nell'Università di Vincennes (vedi Appendice 4) e rimandiamo a F. DOSSE, *Gilles Deleuze Félix Guattari, biographie croisée*, La Découverte, Paris, 2007, anche su questo argomento.
Aggiungiamo l'amaro commento di Robert Maggiori alla recente morte di Michel Serres, del quale ricorda una sua dichiarazione aggiungendo un inciso che accomuna quest'ultimo a Deleuze. Maggiori ricorda che Serres non è mai stato apprezzato dall'ambiente universitario e «au moment de son élection à l'Académie, il déclarera à 'Libération' qu'il accepte avec joie le fauteuil puisque l'université française — comme à Gilles Deleuze du reste — ne lui avait jamais offert que des strapontins». R. MAGGIORI, *Mort de Michel Serres, penseur de la nature*, 'Liberation', 2/6/2019.
Cosa può essere la filosofia (e il suo insegnamento)? Nel rimandare a quanto ci dice Deleuze più avanti, come già anticipato, diamo qui un cenno di cosa non deve essere. Di Emmanuel Macron, all'indomani dell'elezione a Presidente della Repubblica Francese, la stampa ricerca un suo profilo "privato". Una sua ex compagna di studi, Alexandrine Brami, ricorda un episodio, dove il professore di filosofia diventa, suo malgrado, il protagonista, e poco ci interessa qui il profilo agiografico di Macron ma, appunto, la concezione espressa dall'insegnante, non certo un caso unico: «Nous étions en classe de prépa pour le concours d'entrée à l'Ecole normale supérieure au Lycée Henri IV. [...]. Le jour où le philosophe Gilles Deleuze est mort, un élève a collé une coupure de journal en guise d'hommage sur le mur de la classe. Notre prof de philo, dur et méprisant, l'a arrachée en nous appelant à nous refermer dans notre tour d'ivoire intellectuelle pendant les deux années d'études. Emmanuel a été l'un des rares à critiquer ce geste». D. DANA (intervista a cura di), *Emmanuel était déjà dans l'écoute d'autrui*, 'L'illustré', n° 19, 10/3/2017, pg. 22.

(41) In un giorno ormai lontano, il 20 giugno 1979, a seguito della proposta di abolire la filosofia come materia d'insegnamento nei licei, Derrida convocò alla Sorbona quelli che vennero chiamati gli "États généraux de la philosophie". Momento importante per la riflessione sulla filosofia e sul come fare filosofia. Ma poco da allora è stato fatto in questo senso, e la filosofia, e il suo insegnamento, che è anche la sua dimensione maggiore di essere nella realtà, naviga come per inerzia. Sulla vicenda, si veda J. DERRIDA, *Philosophie des États généraux*, 'Libération', 20/6/1979, poi in *États généraux de la philosophie (16 et 17 juin 1979)*, Flammarion, Paris, 1979.

(42) C. LANZMANN, *La lepre della Patagonia*, cit., pg. 157.

GIORGIO AGAMBEN
Deleuze

«Nella primavera del 1987, ho seguito l'ultimo seminario di Deleuze a Saint-Denis e non dimenticherò mai il viatico generoso di cui mi provvide la sua voce, che egli stesso comparava a uno *Sprechgesang*.
Venti anni prima, durante un'estate per me altrettanto decisiva, avevo seguito il seminario di Heidegger a Le Thor.
Un abisso separa questi due filosofi, forse i più grandi del nostro secolo.
Entrambi hanno pensato con coraggio estremo l'esistenza a partire dalla fattività e l'uomo come l'essere che è la propria maniera di essere.
Ma la tonalità fondamentale di Heidegger è un'angoscia tesa e quasi metallica, dove ogni istante e ogni dote si contrae in un compito, in un avere-da-essere.
Nulla esprime invece meglio la tonalità emotiva fondamentale di Deleuze, di quella sensazione che egli chiamava, con un'espressione inglese *self-enjoyment*.
Il 17 marzo, secondo i miei appunti, per spiegare questo concetto, cominciò a esporre la teoria plotiniana della contemplazione. "Ogni essere contempla", diceva, citando liberamente a braccio: "Ogni essere è una contemplazione, sì, anche gli animali, perfino le piante (a eccezione degli uomini e dei cani — aggiungeva — che sono animali tristi, senza gioia). Direte che scherzo, che si tratta di una battuta. Sì, ma anche le battute sono delle contemplazioni... Tutto contempla, il fiore, la vacca contempla più del filosofo. E contemplando si riempie di sé e ne gioisce.
Che cosa contempla?
Contempla i propri requisiti. La pietra contempla il silicio e il calcare, la vacca contempla il carbone, l'azoto e i sali. Questo è il *self-enjoyment*. Non è il piccolo piacere d'essere sé, l'egoismo, è la contrazione degli elementi, la contemplazione dei propri requisiti che produce la gioia, la semplice convinzione che essa durerà, che senza la quale non si può vivere, perché il cuore si fermerebbe. Siamo delle piccole gioie, ed essere contenti di sé significa trovare in se stessi la forza di resistere all'abominio".
Qui terminano i miei appunti ed è così che voglio ricordarmi di Gilles Deleuze.
La grande filosofia di questo secolo che era iniziata dall'angoscia ha il suo esito nella gioia».

G. AGAMBEN, *Deleuze*, 'DeriveApprodi', n° 9-10, 1996, pg. 55.

Note biografiche

DA PARIGI A SAINT-LÉONARD-DE NOBLAT

L'apprendistato. Sartre, il maestro. Tristezza delle generazioni senza "maestri".

Gilles Deleuze era nato a Parigi nel 1925.[1] Aveva studiato, fra gli altri, con Alquié e Hyppolite, «due professori che amavo molto», ricorda lo stesso Deleuze che però conclude dicendo che poi «tutto è andato storto».[2] In effetti il sodalizio è intenso e Deleuze dedica ora all'uno, ora all'altro, i suoi primi lavori e – come ricorda con malevola ironia Jean-Paul Aron – a proposito di Deleuze «era sulla bocca di tutti il detto di Alquié, secondo il quale nella classe d'ammissione all'École Normale al Liceo Louis-le-Grand, non avrebbe mai avuto, con la sola eccezione di Deprun, allievo tanto dotato».[3] Di breve durata, però e, allontanatosi dai suoi maestri, «fino al '68» – come ricorda ancora Aron – «la sua carriera si svolge fra l'oscurità e la convenzione: professore di scuola media, docente universitario di provincia».[4]

Parigi. 1bis, Rue de Bizerte. La casa dove Deleuze ha abitato per molto tempo.
fonte: Gaia Blandina

Alcuni momenti. Nel 1940, a Deauville dove la famiglia è sfollata per la guerra, insegna Pierre Halbwachs, figlio del celebre filosofo e sociologo Maurice, «un rencontre que va surgir l'éveil intellectuel et une curiosité sans limites»,[5] nel giovane e apatico studente qual è Deleuze al momento. Nel 1941 studia al Lycée Carnot, a Parigi, dove incontra Michel Tournier, nel 1944 il fratello maggiore Georges, catturato dalla Gestapo, muore su un treno avviato ai campi di concentramento, nel 1945 completa gli studi al Lycée Louis-le-Grand, ancora a Parigi.

Negli anni dell'occupazione tedesca conosce Georges Bataille, Pierre Klossowski, Michel Butor. Quindi, i fratelli Jacques e Claude Lanzmann. Il primo diverrà uno

---

(1) «1925: Naissance à Paris, XVIIème, le 18 Janvier à 2h 45, de Gilles (Louis, René) Deleuze. Son père (Louis) est ingénieur, sa mère, Odette Camaüer, est sans profession. Gilles Deleuze est le second fils d'une famille de deux enfants». P. MENGUE, *Gilles Deleuze ou le système du multiple*, Kimé, Paris, 1994, pg. 293.
(2) CNV pg. 16.
(3) J.-P. ARON, *Les modernes*, Gallimard, Paris, 1984, trad. it. *I moderni. Per farla finita con i "maîtres à penser"*, Feltrinelli, Milano, 1985, pg. 229.
(4) Idem.
(5) F. DOSSE, *Deleuze Guattari*, cit., pg. 114.

scrittore, il secondo, che ha partecipato alla Resistenza, pur giovanissimo al tempo, sarà poi compagno di Simone de Beauvoir, per un certo periodo, e direttore di 'Les temps modernes', nonché autore di *Shoa*,[6] straordinario lungometraggio sullo sterminio degli Ebrei nei campi nazisti. Con la sorella dei Lanzmann, Éveline Rey, questo il nome d'arte nella sua carriera di attrice, che più tardi entrerà nella corte delle amanti di Sartre, Deleuze avrà una non trascurabile storia d'amore scandita in due momenti. Il secondo dei quali segnerà la fine del matrimonio della Rey con Serge Rezvani.[7]

Conosce Jacqueline Duhême, pittrice e assistente di Matisse, che realizzerà un libro dove accompagna con suoi disegni alcune frasi di Deleuze.[8]

Malgrado gli ottimi risultati nell'anno di "khâgne", la preparazione all'ammissione universitaria, non riesce ad entrare all'École Normale Supérieure (ENS) di rue d'Ulm, ma ottiene una borsa di studio dell'Université de Strasbourg che gli permetterà di seguire gli studi alla Sorbona, dove, nel '47, consegue il Diplôme d'Études Supérieurs con Maurice de Gandillac. Qui segue anche i corsi di Gaston Bachelard, Jean Hyppolite, Jean Wahl e Georges Canguilhem.

Si manifesta l'inizio di una malattia polmonare che lo seguirà tutta la vita. Manca a molte lezioni per questa ragione, e sarà François Châtelet, al tempo suo compagno di studi, a spingerlo a presentarsi agli esami.

Conosce l'altra grande amicizia della sua vita: Jean-Pierre Bamberger, anch'egli attivo nella Resistenza, fra i fondatori di 'Liberation', poi cineasta vicino a Jean-Luc Godard. Si stabilisce nel molto *bohémien* Hôtel de la Paix nell'Île Saint-Louis a Parigi, dove ritrova Michel Tournier.[9]

---

(6) C. LANZMANN (regia di), *Shoa*, Les aleph, Historia film, Ministère de la Culture de la République Française, 1985, versione it. *Shoah*, Einaudi DVD, Torino, 2007.
(7) Su questo periodo, su Éveline Rey, suicida nel 1966 all'età di 36 anni, i suoi rapporti con Deleuze, quindi con Sartre si veda: C. LANZMANN, *La lepre della Patagonia*, cit. In realtà questo libro vale ben più che per questi riferimenti. Si tratta di un testo bellissimo, dove parla un testimone attivo del secolo scorso, concretamente presente in quelli che sono stati i fatti più importanti del tempo. Le posizioni, o certi giudizi, di Lanzmann potrebbero non essere condivisibili, ma è proprio qui l'autenticità dello scritto e della persona Lanzmann, che non cerca l'universale consenso, ma si schiera.
(8) J. DUHÊME. *L'oiseau philosophie*, Seuil, Paris, 1977, trad. it. *L'uccello filosofia*, Junior, Bergamo, 2010.
(9) «Nous étions une bande de saltimbanques logés ensemble dans un drôle de garni, l'Hôtel de la Paix, 29, quai d'Anjou. Il y avait là Yvan Audouard, le fils de Daudet et de Pagnol, Georges Arnaud, l'auteur du *Salaire de la peur*, dont H. G. Clouzot devait tirer un film magistral, Pierre Boulez, Karl Flinker, Gilles Deleuze, Armand Gatti, et surtout Georges de Caunes qui jouissait d'une notoriété inouïe parce qu'il présentait le tout nouveau journal télévisé de 20 heures sur l'unique chaîne de l'époque. L'inconfort des chambres n'avait d'égal que la beauté du paysage parisien — la Seine et ses quais — qui s'encadrait dans les fenêtres. Il y a encore rue des Deux-Ponts un établissement de bains-douches municipal où nous nous rendions tous en robe de chambre et en savates, faute d'équivalent dans notre hôtel. Nous vivions pratiquement dans les bistrots, et certains en ont gardé des habitudes de nomadisme alimentaire assez peu hygiéniques». M. TOURNIER, *Voyages et paysages*, Gallimard, Paris, 2012, pgg. 55-6. Di questo periodo Alain Roger scrive: «Nous avons quitté ensemble Orléans pour Paris. Deleuze venait d'être nommé au Lycée Louis le Grand. Quant à moi, sur son conseil, j'entrais en khâgne au Lycée Henri IV, juste à côté. C'est à cette époque que j'ai pu mesurer l'amitié de Gilles et son extrême sollicitude. Me sachant impécunieux, il m'invitait souvent au restaurant et m'encourageait à surmonter mes déconvenues dans cette khâgne parisienne, beaucoup plus âpre que l'hypokhâgne orléanaise. Lors de l'hiver 1956, j'ai été victime d'une pleurésie, qui m'a cloué à l'infirmerie du lycée, où je bénéficiais d'un régime spécial et tentais, malgré tout, de travailler. Deleuze vint m'y voir à plusieurs reprises et je ne sais pas si, sans lui, je n'aurais pas capitulé devant l'adversité. Je ne pouvais imaginer qu'il souffrirait, plus tard, de graves ennuis respiratoires, qui le conduiraient au suicide. Il habitait alors une petite chambre, à l'Hôtel de la Paix, quai d'Anjou, dans l'Île Saint-Louis. Il y avait des livres partout, du plancher au plafond. J'abusais de son amitié, de son temps, de sa patience. Par exemple, je n'avais pas bien compris, dans la *Critique de la raison pure*, les "axiomes de l'intuition" et les "anticipations de la perception". Il m'a tout expliqué; comme

Un altro importante milieu frequentato dal giovane Deleuze è il salotto di Marie Madeleine Davy, dove è introdotto da Hyppolite: «Ces rencontres se déroulent dans l'appartement de Moré ou dans le château de la Fortrelle, près de Rosay-en-Brie. Gandillac tente de recréer, en ce château qui appartenait à Davy, l'atmosphère des décades de Pontigy. Il y réunit une partie des auditeurs des cours de Kojève, mais encore des personnages aussi différents que Jean-Paul Sartre, Georges Bataille, Maurice Blanchot, Simone de Beauvoir, Albert Camus, Jacques Couturier, Jean Daniélou, Dominique Dubarle, Pierre Klossovski, Jacques Madaule, Jean Prévost, Jacques Lacan, et de jeunes étudiants comme Gilles Deleuze, Michel Butor ou Michel Tournier».[10]

Dal '48 al '52 insegna al Lycée d'Amiens, dal '53 al '55 al Lycée d'Orléans; dal '55 al '57 al Lycée Louis-le-Grand, a Parigi. Dal '57 al '60 è assistente alla Sorbona; dal '60 al '64 è ricercatore al CNRS. Nel 1952, a Lille, Deleuze incontra per la prima volta Michel Foucault, assistente di psicologia in quell'università, andando ad ascoltare una sua conferenza. È Bamberger che li presenta. L'incontro non sortisce effetto e solo nel 1962 Deleuze e Foucault si ritroveranno e inizieranno la loro amicizia. È Foucault a proporre Deleuze a Jules Vuillemin come suo successore alla cattedra dell'Université de Clermont-Ferrand.[11]

Nell'agosto del 1956 sposa Denise Fanny Grandjouan, con la quale avrà due figli: Julien, nato nel '60 e Émilie, nel '64. Julien sarà traduttore dall'inglese, Émilie regista cinematografica.

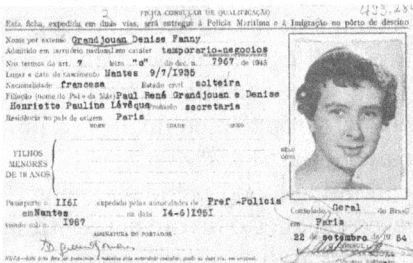

Ritratto di una giovanissima Denise Fanny Grandjouan, non ancora signora Deleuze, in un visto di ingresso in Brasile.
fonte: "FamilySearch", Arquivo Nacional, Rio de Janeiro, 1954.

Dal '64 al '69 è insegnante all'Université de Lyon. Nel '69, anno in cui incontra Félix Guattari, ottiene il Doctorat d'État. La tesi principale è *Différence et répétition* (direttore Maurice de Gandillac), la tesi secondaria è *Spinoza et le problème de l'expression* (direttore Ferdinand Alquié). Quindi, dal '69 fino alla pensione, '87, in-

---

il a analysé, devant moi, le fameux épisode du "morceau de cire", qui, avec lui, devenait une véritable aventure orientale, dans le style des *Mille et une nuits*... Je suis souvent revenu dans l'Île Saint-Louis, pour revoir cet Hotel de la Paix, où j'ai même passé la nuit précédant ma "grande leçon" d'agrégation, pour trouver le calme (j'habitais à Bondy, une banlieue bruyante), mais aussi par quelque superstition, comme si la *présence* récente de Deleuze, qui n'habitait plus cet hôtel, allait me donner des forces et me porter bonheur...». A. ROGER, *Hommage à Gilles Deleuze ou les trois reniements du disciple*, in (direction de) V. DESHOULIÈRES-M. CONSTANTINESCU, *Les funambules de l'affection. Maîtres et disciples*, Presses Universitaires Blaise Pascal, Clermont-Ferrand, 2009, pg. 269. Ricordiamo infine che Tournier ha fatto praticamente l'editing di *Empirisme et subjectivité*: Deleuze, non sapendo scrivere a macchina, incaricò l'amico di realizzare la versione dattiloscritta e Tournier fece ampia sintesi del manoscritto. Deleuze scrisse questa dedica sulla copia che regalò a Tournier: «Pour Michel, ce livre qu'il a tapé, et aussi critiqué, durement rallié, peut-être même diminuè, parce que je suis sûr qu'il était plus gros, mais qui est un peu le sien dans la mesure où je lui dois beaucoup (pour Hume) en philosophie». M. TOURNIER, *Célébrations*, Gallimard, Paris, 2016, pgg. 422-3

(10) G. BIANCO, *Jean Hyppolite. Entre structure et existence*, Editions rue d'Ulm, Paris, 2013.
(11) F. DOSSE, *Deleuze Guattari*, cit., pg. 365.

segna all'Université Paris 8-Vincennes (creata nel 1969 a Vincennes, la sede viene poi trasferita nel 1980 a Saint-Denis). Nel 1973 interpreta de Lamennais nel film *George qui?*[12] di Michèle Rosier, moglie di Bamberger.

A Parigi, dunque, Deleuze potrà tornare stabilmente solo quando gli verrà offerta una cattedra all'Université de Vincennes, unendosi agli intellettuali dell'*aprés-mai*, fra i quali François Lyotard, Jacques Derrida e il vecchio compagno di studi François Châtelet, che sono gli altri docenti di quella scuola che aspira a essere l'incarnazione del '68 e che crollerà con la restaurazione degli anni '80.

Prima di Vincennes, pertanto, Deleuze deve sostare in provincia, come Foucault. Nei loro primi incarichi universitari, Deleuze è a Lione, Foucault a Clermont-Ferrand. Foucault non era riuscito a far avere a Deleuze quell'incarico a Clermont-Ferrand proposto a Vuillemin: il PCF aveva imposto un "suo" uomo, almeno al momento e prima delle sue varie conversioni: Roger Garaudy.[13]

Nonostante la posizione ancora di retroguardia, Deleuze ha già maturato le sue simpatie e le sue antipatie: «Detestavo sopra ogni cosa l'hegelismo e la dialettica»,[14] confiderà a Michel Cressole e, più ancora, confesserà a Claire Parnet: «non sopportavo Cartesio, i dualismi e il Cogito, né Hegel, le triadi e il lavoro del negativo».[15]

Netta è anche la distanza dalla moda culturale del tempo, l'esistenzialismo, mentre viene salvato Sartre: «Con la Liberazione si rimase singolarmente impigliati nella storia della filosofia. Si entrava semplicemente in Hegel, Husserl, Heidegger; come tanti cuccioli ci eravamo precipitati in una scolastica peggiore di quella medioevale [...] io non mi sentivo attratto dall'esistenzialismo, in quel periodo, e nemmeno dalla fenomenologia; in realtà, non so veramente il perché, ma queste cose facevano già storia appena ci si arrivava, c'era troppo metodo, troppa imitazione, commento, interpretazione, salvo che da parte di Sartre».[16]

Sartre resta comunque un modello; sorprendentemente, le confessioni deleuziane offrono come una piega nascosta, questo favore nei confronti di Sartre – «per fortuna c'era Sartre, Sartre era il nostro al di fuori»[17], oppure «Sartre è sempre stato così, non un modello, un metodo o un esempio, ma un po' d'aria pura, una corrente d'aria anche quando arrivava dal Café de Flore, un intellettuale che mutava singolarmente la situazione dell'intellettuale»[18] – favore che non si ritrova più di tanto negli scritti di Deleuze, piuttosto parchi di citazioni sartriane.[19]

---

(12) M. ROSIER (regia di), *George qui?*, Go-Film, Nouvelles Editions du Film, SIS, Studio Cinéma, 1973.
(13) F. DOSSE, *Deleuze Guattari*, cit., pg. 365.
(14) G. DELEUZE, *Lettre à Michel Cressole*, cit., PPA pg. 14. Ancora: «[...] il est évident à tout lecteur, que Hegel fait un tour de passe-passe, un tour de saltimbanque, qu'il appellera effrontément, dialectique». Corso 3/6/80 a Paris 8. www2.univ-paris8.fr/deleuze/article.php3?id_article=214.
(15) CNV pg. 20.
(16) Idem pg. 17.
(17) Ibidem.
(18) Ibidem.
(19) Per quanto un'eco sartriana si trovi in Deleuze, dall'affermazione della libertà al soggetto che non è ma si realizza, un'esistenza che precede l'essenza, e quanto dirà poi Deleuze del concetto sartriano di "immanenza": «Presupponendo un campo trascendentale impersonale, Sartre restituisce all'immanenza i suoi diritti. Solo quando l'immanenza è immanente esclusivamente a se stessa si può parlare di un piano di immanenza. Tale piano è forse un empirismo radicale, nel senso che non contemplerebbe un flusso del vissuto immanente a un soggetto che si individualizzerebbe in ciò che appartiene a un io. In esso si danno soltanto eventi, ossia mondi possibili in quanto concetti, e "altri" in quanto espressioni di mondi possibili e di personaggi concettuali». G. DELEUZE-F. GUATTARI, *Qu'est-ce-que la philosophie?*, Minuit, Paris, 1991, trad. it. *Che cos'è la filosofia?*, Einaudi, Torino, 1996, pg. 99.

Cosa che non è in contraddizione. Circa la dottrina di Sartre, effettivamente, Deleuze non è particolarmente attratto, ma è attratto dalla figura del filosofo come Sartre la impersona, e dalla forza – nell'opera di Sartre – di un pensare "oltre", in un "fuori".

Parigi. 42, Rue Bonaparte, ingresso dell'abitazione di Jean-Paul Sartre.
Sartre se ne andrà dopo il secondo attentato dinamitardo ai suoi danni compiuto dall'OAS il 7 gennaio 1962.
fonte: Gaia Blandina

Come Deleuze dichiara: «Tristezza delle generazioni senza "maestri". I nostri maestri non sono solo i professori pubblici, sebbene ci sia un grande bisogno di professori. Nel momento in cui diventiamo adulti, i nostri maestri sono quelli che ci colpiscono per una radicale novità, quelli che sanno inventare una tecnica artistica o letteraria, e trovare i modi di pensare che corrispondono alla nostra modernità, ovvero alle nostre difficoltà e ai nostri entusiasmi diffusi. Sappiamo che c'è soltanto un valore d'arte e di verità: la "prima mano", l'autentica novità di ciò che si dice, la "piccola musica" con cui la si dice. Sartre è stato questo per noi (per la generazione che aveva vent'anni al momento della Liberazione). Chi seppe dire qualcosa di nuovo allora, se non Sartre? Chi ci insegnò dei nuovi modi di pensare? Per quanto fosse brillante e profonda, l'opera di Merleau-Ponty era professorale e per molti aspetti dipendeva da quella di Sartre. (Sartre amava paragonare l'esistenza dell'uomo al non-essere di un "buco" nel mondo: piccoli laghi di nulla, diceva. Merleau-Ponty li considerava delle pieghe, semplici pieghe e pieghettature. In questo modo si distingueva un esistenzialismo duro e penetrante da un esistenzialismo più tenero e riservato). Camus, purtroppo, era a volte il virtuosismo gonfiato, a volte l'assurdità di seconda mano; si richiamava ai pensatori maledetti, ma tutta la sua filosofia ci riportava a Lalande e a Meyerson, autori già molto noti nelle scuole. I temi nuovi, invece, un certo nuovo stile, una nuova maniera polemica e aggressiva di porre i problemi venivano da Sartre. Nel disordine e nelle speranze della Liberazione si scopriva e si riscopriva tutto: Kafka, il romanzo americano, Husserl e Heidegger, le infinite precisazioni sul marxismo, lo slancio verso un nuovo romanzo... Tutto è passato per Sartre, non solo perché, in quanto filosofo, aveva il genio della totalizzazione, ma perché sapeva inventare il nuovo».[20]

---

(20) G. DELEUZE, *Il a été mon maître*, 'Arts', 28-10/3-1,1964, trad. it. in ID, pg. 95-6. Dirà successivamente Deleuze: «Sartre è stato tutto per me. Sartre è stato qualcosa di fenomenale. Durante l'Occupazione era un modo di esistere nell'ambito spirituale. Le persone che gli rimproverano di aver fatto rappresentare le sue opere durante l'Occupazione semplicemente non le hanno lette. Bisognerebbe paragonare la messa in scena de *Le mosche*, in quell'epoca, a Verdi che si fa rappresentare davanti agli austriaci. Tutti gli italiani capivano e gridavano bravo. Sapevano che si trattava di un atto di resistenza. È esattamente la stessa cosa per Sartre. *L'Essere e il nulla* è stato una bomba, e questo non perché vi

In questa strada che sembra essere marcata, in questo periodo in cui tutto sembra obbligato – «dopo la Liberazione, la storia della filosofia si richiuse su di noi senza che ce ne rendessimo neanche conto [...] ho cominciato con la storia della filosofia nel periodo in cui essa ancora si imponeva. Non vedevo come avrei potuto tirarmene fuori per conto mio»[21] – le scelte di Deleuze sono, nondimeno, fortemente personali: «A quel tempo amavo degli autori che avevano l'aria di far parte della storia della filosofia, pur sfuggendone da un lato o da tutte le parti: Lucrezio, Spinoza, Hume, Nietzsche, Bergson».[22]

Rispetto agli autori appena citati, c'è da notare un aspetto importante, e certamente sottaciuto, riguardo all'importante attività di Deleuze nel campo più strettamente scientifico della filosofia.

Si deve a Deleuze una ripresa dell'attenzione su Bergson, pensatore messo ai margini perché considerato "spiritualiste poussiéreux"[23] come si deve a Deleuze anche un ruolo in quella che fu la "Nietzsche Renaissance" degli anni '70, e quando, ancora prima, si liberò Nietzsche dall'ipoteca nazista in cui era stato confinato sia dall'arbitraria assunzione del pensiero nietzschiano da parte del nazismo, sia dai falsi operati dalla sorella, Elisabeth Förster-Nietzsche, e dal cugino, Richard Oehler (i due «Giuda», come li definirà Bataille nell'articolo qui a seguire), sugli stessi scritti nietzschiani.

L'atto fondatore della "Nietzsche Renaissance", ancora all'indietro, è l'apparizione del numero 2, nel gennaio del 1937, della rivista 'Acéphale' (diretta da Bataille e Klossowski), interamente dedicato a una *Réparation à Nietzsche*, come nel titolo-pro-

---

si sarebbe potuto vedere un atto di resistenza come ne *Le mosche*, ma perché è stato uno stordimento/abbagliamento. Un intero libro, enorme, di pensiero nuovo. Che choc! L'ho letto quando è stato pubblicato la prima volta. Mi ricordo che ero con Tournier ed eravamo andati a comprarlo. L'abbiamo divorato. Sartre ha ossessionato i giovani della mia generazione: scriveva romanzi, teatro, e allora tutti che volevano scrivere romanzi e teatro. Tutti lo imitavano, o erano gelosi di lui e arrabbiati... Io ero affascinato da Sartre, sono stato conquistato da lui. E secondo me in Sartre c'è qualcosa di nuovo che non si perderà mai, qualcosa di nuovo per sempre. È come Bergson. Non si può leggere un grande autore senza trovarci una novità eterna. E se oggi trattiamo Sartre o Bergson come qualcosa di superato è perché non siamo in grado di ritrovare la novità che rappresentavano per il loro tempo. E le due cose sono una sola: se non sappiamo ritrovare la novità di un autore per la sua epoca, perdiamo l'eterna novità che porta in lui. Non sappiamo più ritrovare ciò che sarà per sempre. A quel punto trionfa il regno dei copiatori, che sono i primi a gettare nel passato ciò che hanno copiato». D. ERIBON, *"Je me souviens"*, cit., pgg. 111-2.
Sulla *tristezza delle generazioni senza "maestri"*, concorda Giorgio Colli quando scrive su Schopenhauer scelto come maestro da Nietzsche: «È scegliendo un maestro, che cominciamo a diventare qualcosa, e ciò per la modestia dell'atto, che attenua l'orgoglio giovanile, e per la fiducia nel sostegno, che dà fermezza al nostro incedere». G. COLLI, *Scritti su Nietzsche*, Adelphi, Milano, 1980, pg. 31.
Necessario aggiungere che è grande l'ammirazione di Deleuze per Sartre, ma è anche enorme la delusione a seguito della conferenza *L'existentialisme est un humanisme* (29/10/1945, Club Maintenant, Salle des Centraux, 8, rue Jean-Goujon, Paris, da cui la pubblicazione, con lo stesso titolo, non autorizzata da Sartre, edita da Nagel, Paris, 1946, trad. it. *L'esistenzialismo è un umanismo*, Mursia, Milano, 1978) dove questo pensiero "nuovo" sembra ripiegarsi su se stesso e sulla tradizione, tanto che Tournier scriverà: «Nous étions atterrés. Ainsi notre maître ramassait dans la poubelle où nous l'avions enfouie cette ganache éculée, puant la sueur et la vie intérieure, *l'Humanisme*». M. TOURNIER, *Le vent Paraclet*, Gallimard, Paris, 1978, pg. 160 (anche in F. DOSSE, *Deleuze Guattari*, cit., pg. 120) trad. it. *Il vento Paracleto*, Garzanti, Milano, 1992 (si preferisce qui mantenere l'originale francese). Si veda come Boris Vian narra l'avvenimento, cronaca stralunata che pure rende la dimensione e l'eccitazione del fatto in B. VIAN, *L'écume des jours*, Gallimard, Paris, 1947, trad. it. *La schiuma dei giorni*, Rizzoli, Milano, 1965.
(21) CNV pgg. 17-20.
(22) Idem pg. 20.
(23) F. DOSSE, *Deleuze Guattari*, cit., pg. 123.

gramma, con scritti di Bataille,[24] Klossowski, Jean Wahl, Jean Rollin, Karl Jaspers e Karl Löwith e la pubblicazione di *Le rire de Nietzsche*, ancora di Bataille.[25]

Importanti poi furono due convegni: il "Convegno di Royaumont" (1964), con Deleuze, Wahl, Marcel, Foucault, Klossowsky e la "Decade" al Centre culturel international di Cerisy-la-Salle (1972), con Deleuze, Foucault, Derrida, Klossowsky, de Gandillac e Lyotard.[26]

Parigi. 17, Rue de l'Estrapade.
"Lisez Nietzsche".
fonte: Chiara Blandina

Importantissima è stata infine l'opera congiunta di Giorgio Colli e Mazzino Montinari per l'edizione critica dei testi di Nietzsche[27] alla quale parteciparono, ristrettamente, anche Foucault e Deleuze, come quest'ultimo ci dice circa il loro contributo: «Molto piccolo. Lei sa che l'interesse di questa edizione consiste nel pubblicare in ordine cronologico la massa dei frammenti postumi, molti dei quali sono inediti, suddividendoli secondo i libri che Nietzsche stesso ha pubblicato. Così *La gaia scienza*, tradotta da Klossowsky, comprende i frammenti postumi del 1881-82. Gli autori di questa edizione sono, da una parte, Colli e Montinari, che hanno stabilito i testi, e dall'altra i traduttori (lo stile e le tecniche di Nietzsche pongono infatti grossi problemi di traduzione).

Il nostro ruolo è stato soltanto quello di mettere insieme le due parti».[28]

---

(24) L'intervento di Bataille, *Nietzsche et les fascistes*, trad. it. *Nietzsche e i fascisti*, in 'Appendice' a G. DELEUZE, *Nietzsche*, Bertani, Verona 1973 (qui abbreviato in N).

(25) G. BATAILLE, *Le rire de Nietzsche*, 'Exercice du silence', Bruxelles, 1942, trad. it. *Il riso di Nietzsche*, in G. BATAILLE, *L'amicizia*, SE, Milano, 1973.

(26) Gli atti sono pubblicati in *Nietzsche aujourd'hui?*, UGE Paris, 1973. L'intervento di Deleuze è *Pensée nomade*, trad. it. *Pensiero nomade*, 'aut-aut', n° 276, 1966, ID e in G. DELEUZE, *Divenire molteplice*, Ombre Corte, Verona, 1996.

(27) *Opere di Friedrich Nietzsche*, Adelphi, Milano-de Gruyter, Berlin-Gallimard, Paris.

(28) J.-N. VUARNET (intervista a cura di), *À propos de l'édition des œuvres complètes de Nietzsche*, 'Les lettres françaises', 5/3/1968, trad. it. *A proposito dell'edizione completa delle opere di Nietzsche*, in G. DELEUZE, *Divenire molteplice*, cit.

Circa la "Nietzsche Renaissance" ma soprattutto l'avversione degli ambienti accademici, in particolare in Italia, nei confronti di Nietzsche, si rimanda al sito "giorgiocolli.it" per una lettura della dolorosa odissea di Colli e di Montinari a proposito della pubblicazione delle opere di Nietzsche. In particolare, riportiamo la conclusione della vicenda come nel sito sopracitato si può leggere: «1961 maggio-ottobre. Nel frattempo era scoppiata una "polemica culturale", tipica dell'Italia di quegli anni. Cesare Vasoli "principale assistente di Garin" (lettera di Colli a Solmi del 24.4.56, in cui di Vasoli si parla in termini più che positivi), in un articolo su 'Itinerari' del maggio 1961, denunciava il fatto che nella nostra cultura filosofica

Su queste premesse, inizia a costituirsi così un universo tipicamente deleuziano, popolato da figure molto particolari, certo distanti fra loro, ma tra le quali Deleuze intuisce un possibile legame, un fondo comune, anche se una sintesi di contributi così differenti è certo ardita e non immediatamente evidente: «Questi pensatori hanno pochi rapporti gli uni con gli altri e tuttavia» – dice infatti Deleuze – «ne hanno. Si direbbe che avviene fra loro, con velocità e intensità differenti, qualcosa che non si trova né negli uni né negli altri ma, per la verità, in uno spazio ideale che non fa più parte della storia e tantomeno è un dialogo fra morti: si tratta piuttosto di una conversazione interstellare, tra stelle molto ineguali i cui diversi tipi di divenire formano un blocco mobile che si tratta di catturare, un volo interspaziale, anni luce...».[29]

È la caratteristica della filosofia deleuziana, come già detto: una sintesi fra personaggi e pensieri differenti, catturati nel loro possibile sviluppo, in un legame non dato, non limitato a un accostamento soltanto.

Costume di Arlecchino composto di pezzi parziali ricavati dovunque sia possibile, la filosofia deleuziana è – come scrive Foucault – «pensiero genitale, intensivo, affermativo, a-categorico, aspetti tutti che non conosciamo, maschere che non avevamo mai visto, differenza che nulla lasciava prevedere e che tuttavia fa ritornare come maschere delle proprie maschere, Platone, Duns Scoto, Spinoza, Leibniz, Kant, tutti i

---

si stavano diffondendo sempre più tematiche irrazionaliste che si indirizzavano "verso una nuova fuga dalla realtà e dalla storia". [...]. Era un attacco diretto a Colli. Vasoli (o Garin, se si preferisce) nel 1956 chiedeva l'appoggio di Colli (il Colli – non dimentichiamolo – di Aristotele e di Kant) presso Einaudi, per pubblicare nei 'Classici della filosofia' il Giordano Bruno latino; Vasoli (o Garin) nel 1961 accusava Colli di "riproporre alle nostre letture le pagine del più coerente filosofo reazionario [Nietzsche], accompagnate da 'alate' introduzioni encomiastiche". L'attacco influì sicuramente sulle decisioni del consiglio editoriale Einaudi. Delio Cantimori – uno dei più ascoltati consulenti di Einaudi – dette, sulla stessa rivista 'Itinerari', una risposta assai ambigua all'articolo di Vasoli, nonostante quanto abbia cercato di sostenere Montinari e, sulla sua scia, Giuliano Campioni. Disse che è opportuno conoscere Nietzsche non già per un ampliamento di vedute, ma per "vaccinarsi" contro "gli esiti più temibili dell'irrazionalismo contemporaneo", concludendo: "naturalmente non terrò Nietzsche sullo stesso scaffale del Gramsci di Einaudi e del Salvemini di Einaudi e di Feltrinelli, e neanche del Nitti di Laterza, e neanche di Marx e neanche di Platone; lo terrò coi poeti e coi tragici e coi romanzieri, lo metterò nello *scaffale delle mostruosità o in quello degli astrologi?*". Per la cultura accademica italiana (e parliamo di Garin e di Cantimori!) bisogna ancora aspettare per tirare Nietzsche giù dallo "scaffale delle mostruosità". [...]. 1962, giugno. Luciano Foà fonda la casa editrice Adelphi dopo trattative finanziarie sia con Roberto Olivetti che con Paolo Boringhieri. L'Adelphi è decisa a fare l'edizione critica delle opere di Nietzsche. [...]. Ha già in corso comunque trattative con Gallimard di Parigi. In Francia l'interesse per Nietzsche è già notevole».
Curiosa scoperta in un testo di altro soggetto, S. GALLERINI, *Antifascismo e resistenza in Oltrarno*, Zella, 2014, dove l'autore, ricorrendo a due fonti, ci informa degli autori letti in un ritrovo fiorentino di radicali antifascisti, tutti artigiani, presso la "bottega" di Ugo Fallaci (il padre di Oriana, la giornalista): «Così noi si poteva leggere Marx, Nietzsche, Dostoevskij, Cechov, Tolstoj, Darwin, il suo contemporaneo Spencer e i libri dell'anarchico Bakunin». (S. MINIATI, *Il Conventino. Note e documenti sulla lotta antifascista*, Gonnelli & figli, Firenze, 1978, pg. 19). Per cui, sempre il Gallerini, sottolinea, con la seconda fonte, «la predilezione particolare per un Nietzsche maestro di libertà che è ancora quello della vulgata socialista e anticristiana del primo del secolo e che non ha punti di contatto con il filosofo reazionario riproposto [...] dalla cultura ufficiale del nazismo e del fascismo». (G. SANTOMASSIMO, *Antifascismo e dintorni*, Manifestolibri, Roma, 2004, pg. 51). Sorprendente quanto, fuori dall'accademismo, esistesse una conoscenza più veritiera di Nietzsche.
Analogamente avviene in Francia, peraltro, dove il dibattito è assai ampio e per il quale si rimanda a www.nietzsche-en-france.com, nonché a D. LONGO, *La presence de Nietzsche dans les débats politiques et culturels en France pendant l'entre-deux-guerres, 1919–1940*, tesi di dottorato, Université Paris 8, limitandoci poi a citare qui C. ANDLER, *Nietzsche, sa vie et sa pensée*, Bossard, Paris, 1920-1931 (6 Voll.), riedizione Gallimard, Paris, 1979 (3 Voll.).
(29) CNV pg. 21.

filosofi. È la filosofia non come pensiero, ma come teatro: teatro di mimi dalle scene multiple, fuggevoli e istantanee dove i gesti, senza vedersi, si fanno segno: teatro in cui, sotto la maschera di Socrate, sfolgora improvviso il riso del sofista; dove i modi di Spinoza intrecciano una gagliarda discentrata mentre la sostanza gira attorno a essi come un folle pianeta; in cui un Fichte storpio annuncia 'io incrinato ≠ Io dissolto', e Leibniz, giunto al sommo della piramide, intravede nell'oscurità che la musica celeste è il *Pierrot lunare*. Nella garitta del Lussemburgo, Duns Scoto infila la testa nella lunetta circolare; i suoi mustacchi imponenti sono quelli di Nietzsche travestito da Klossowski»,[30] forse l'immagine migliore dell'universo deleuziano e delle sue figure, dei personaggi sui quali Deleuze ha scritto per molto tempo. «Infine» – come ancora Deleuze ricorda – «Nietzsche e Spinoza mi prosciolsero. Così scrissi libri più per conto mio».[31]

Arriva il '68: Deleuze non appartiene ancora all'élite e non è presente nell'empireo del padri della rivolta. Al momento è a Lione, dove è fra i non molti professori a sostenere le proteste studentesche. Verrà celebrato in epoca immediatamente successiva, in particolare in quel rigurgito sessantottesco che è il '77. È già iniziata la collaborazione con Guattari, sono già usciti *L'anti-Edipo* e *Kafka. Per una letteratura minore*. Soprattutto sono già stati consumati voracemente (anche se non necessariamente letti) Marx, Sartre e Marcuse; i nuovi attori sulla scena, oltretutto, vogliono ideologi freschi, non quelli di seconda mano sui quali già si sono beati i loro fratelli maggiori. C'è chi vede in Deleuze, nel linguaggio "folle" de *L'anti-Edipo*, nella appena percepita nozione di *desiderio*, della materia da poter usare.

Anche in Italia si ha un momento di particolare interesse: a Bologna, Bifo Berardi, si situa al centro di uno dei luoghi d'attenzione del pensiero deleuziano. Dai suoi sforzi nascono 'Radio Alice' (in omaggio alla *Alice* di Lewis Carroll, materia della deleuziana *Logica del senso*), nonché la rivista 'A/traverso'. È, però, il momento in cui cominciano i malintesi. La critica prende per buona la dichiarazione di amore che si è levata da studenti e autonomi nei confronti di Deleuze e deduce che Deleuze debba essere il loro ispiratore ma soprattutto che la filosofia deleuziana dica ciò che vien detto dai cortei in piazza, che Deleuze sia il nuovo Marcuse di questo nuovo '68.[32]

---

(30) M. FOUCAULT, *Theatrum philosophicum*, 'Critique', n° 282, 11/1970, e *Dits et écrits 2*, Gallimard, Paris, 1994, trad. it. *Theatrum philosophicum*, 'aut-aut' n° 277-278, 1-4/1997 e www.engramma.it. Un parziale è nell'"Introduzione" all'ediz. it. di DeR.
(31) CNV pg. 20.
(32) Per un pensatore sempre "politico", come Deleuze sembrerebbe ozioso dover segnalare interventi spiccatamente "politici". Sicuramente meno "pubblico" di Sartre, Deleuze ha sfidato da uomo coraggioso, come vedremo più avanti lo definisce Marco Palandri, tabù intellettuali, istituzioni, consorterie politiche, poteri. Ricordiamo l'adesione al GIP, "Groupe d'information sur le prison", costituito da Jean-Marie Domenach, Michel Foucault e Pierre Vidal-Naquet nel 1970; con Catherine von Bülow, Jean Genet, Daniel Defert e Foucault scrive *L'assassinat de George Jackson*, Gallimard, Paris, 1971, con Michelle Vian, Sartre, Claude Mauriac, Jean Chesnaux, Alain Jaubert e altri partecipa al sit-in organizzato da Foucault al Ministero della Giustizia, il 18/1/1972, per presentare le rivendicazioni pervenute da numerose prigioni e, con Sartre, Foucault, Yves Montand, Simone Signoret, Genet, Michel Leiris alle proteste per il "caso Djellali", un immigrato, il quindicenne Djellali Ben Ali, ucciso dalla polizia. Ricordiamo poi il sostegno a Klaus Croissant, avvocato della Baader-Meinhof quando verrà estradato in Germania. Nell'occasione scrive, con Guattari, *Le pire moyen de faire l'Europe*, 'Le monde', 2/11/1972, trad. it. *Il modo peggiore di fare l'Europa*, DRF, amara anticipazione delle incongruenze dell'Unione Europea e profetica visione del dominio tedesco, quindi l'appoggio all'attore comico Coluche candidatosi alla Presidenza della Repubblica Francese nel 1981 e il favore, poi, all'elezione di Mitterrand, dopo la rinuncia dello stesso Coluche, che porta a Deleuze qualche distanza dai suoi compagni di strada. Su

Ma si accende anche un'avversione altrettanto determinata. In Italia – vedremo poi – e in Francia. In primo luogo proprio a Vincennes. Il monopolio della sinistra non ama l'eterodossia, domina il maoismo e proporsi sul tema della società e della sua trasformazione quando c'è il dogma del "Libretto rosso", non è facile.

Anche rivalità personali influiscono. Il caso emblematico è Alain Badiou, figura di rilievo a Vincennes. Ci resta difficile parlare della vicenda, oltre quanto detto precedentemente per cui, e sommariamente, ci limitiamo a dire che gruppi maoisti-badiouani provocano Deleuze alle sue lezioni, spesso interrompendolo, e Badiou scrive un libello semplicemente incredibile,[33] poi vorrà, siamo ormai agli anni '90, come abbiamo già detto, rivedere le sue posizioni, ma rimandiamo ancora a Dosse e alla sua puntigliosa opera apparsa recentemente per chi voglia approfondire.[34]

Insorgono poi i "nouveaux philosophes", Deleuze è un bersaglio nel mirino di Bernard-Henri Lévy, nel segno di una polemica che serve solo a creare equivoci.[35]

---

queste vicende si rimanda a F. DOSSE, *Deleuze Guattari*, cit. Inoltre va ricordato G. DELEUZE, *Grandeur de Yasser Arafat*, 'Revue d'études palestiniennes', n° 10, 1984, trad. it. *Grandezza di Yasser Arafat*, Cronopio, Napoli, 2002, e DRF, presa di posizione sul conflitto israelo-palestinese, scritto due anni dopo il massacro di Sabra e Chatila, testo su cui torneremo in seguito. Si rimanda altrettanto più avanti per gli interventi circa la situazione italiana degli anni '70 mentre si segnala l'articolo *La guerre immonde*, con René Scherer, in 'Liberation', 4/3/1991, DRF, a proposito della "guerra del golfo".
Citiamo infine, da ABC (su questa serie di video-interviste, si veda più oltre alla nota 61, pg. 39), *G comme Gauche*, cosa dirà Deleuze circa "l'essere di sinistra": «Se mi si chiede come definire la sinistra, essere di sinistra, direi due cose. Ci sono due modi. E anche qui è innanzitutto una questione di percezione. C'è una questione di percezione: cosa vuol dire non essere di sinistra? È un po' come un indirizzo postale. Partire da sé, la via dove ci si trova, la città, lo Stato, gli altri Stati e sempre più lontano. Si comincia da sé nella misura in cui si è privilegiati, vivendo in paesi ricchi, ci si chiede: come fare perché la situazione tenga? È chiaro che ci sono dei pericoli, che tutto questo non può durare, che è demenziale. Bene, ma come fare perché duri? Si dice: "I cinesi sono lontani, ma come fare perché l'Europa duri ancora". Essere di sinistra è il contrario. È percepire... Si dice che i giapponesi percepiscano così. Non percepiscono come noi, ma percepiscono prima di tutto il perimetro. Dunque direbbero: il mondo, il continente, l'Europa, la Francia, la rue Bizerte... io. È un fenomeno di percezione. Si percepisce innanzi tutto l'orizzonte, si percepisce all'orizzonte». Si veda inoltre G. DOSSE, *Les engagements politiques de Gilles Deleuze*, 'Cité', n° 40, 2009 e sul GIP: C. MAURIAC, *Le temps immobile. Et comme l'espérance est violente*, Vol. 3, Grasset, Paris, 1976.
(33) Ricorda lo stesso Badiou: «Vennero gli "anni rossi", il Sessantotto, l'università di Vincennes. Per un maoista come me, Deleuze, l'ispiratore filosofico di coloro che definivamo gli "anarco-desideranti", era un nemico, reso ancor più temibile dal fatto che era interno al "movimento" e i suoi corsi erano tra i più prestigiosi dell'università. [...]. Lo attaccai con le parole dell'artiglieria pesante di allora. Guidai addirittura una "brigata" d'intervento durante una sua lezione. Scrissi, con il titolo *Le flux et les parti* [*Le flux et le parti (dans les marges de l'Anti-Œdipe)*, in A. BADIOU-S. LAZARUS (dirigés par), *La situation actuelle sur le front philosophique*, 'Cahier Yenan', n° 4, 1977, pgg. 24-41], un articolo furibondo in cui attaccavo animosamente le sue idee (o supposte tali) sul rapporto tra il movimento di massa e la politica. Deleuze non si scompose e rimase quasi paterno. Parlò, a proposito del sottoscritto, di "suicidio intellettuale"». A. BADIOU, *Il clamore*, cit., pg. 5. Nello stesso numero della rivista Badiou raddoppia con *Le fascisme de la pomme de terre*, firmandosi Georges Peyrol.
Un piccolo ricordo personale. Nel 1979 ero andato a Vincennes a cercare Deleuze. L'università era nel pieno del suo fermento e del suo dinamismo. All'ingresso, un tavolo piuttosto essenziale fungeva da reception. Dietro, due ragazze. Chiesi se potevo incontrare Deleuze. Lapalissianamente, ma a voler essere sgarbo, la prima rispose "Se c'è". Prendendo, poi, il telefono per collegarsi a un interno, chiese all'altra se Deleuze era un filosofo. L'altra rispose con sorriso irridente: "Lui crede di sì" (cito e traduco a memoria). Ero capitato da due badiouiane. Evidentemente.
(34) F. DOSSE, *Deleuze Guattari*, cit., il capitolo *1977: l'année de tous combats*. Nel 1973, Deleuze raccontava: «ho parlato perché lo desideravo molto, sono stato sostenuto, insultato, interrotto da militanti, falsi pazzi, veri pazzi, imbecilli, gente intelligentissima». G. DELEUZE, *Lettre à Michel Cressole*, cit., PPA pg. 19.
(35) Cfr. B.-H. LÉVY, *La barbarie à visage humain*, Grasset, Paris, 1977, trad. it. *La barbarie dal volto umano*, Marsilio, Venezia, 1977.

Il resistibile successo dei "nouveaux philosophes" piomba sulla scena: si vedono personaggi eterogenei, il succitato Lévy, André Glucksmann, Philippe Nemo, Jean-Marie Benoist, Christian Jambet, Guy Lardreau, Jean-Paul Dollé, sostenuti da Philippe Sollers, ergersi a una critica, si dice, in inizio, dei totalitarismi, per poi colpire qua e là. Sotto questi colpi Marx, oltre a Deleuze e Guattari. Di questo movimento si perde presto ogni traccia, ma nasce qui un astro incredibilmente destinato a durare fino a oggi e oggi tantopiù: Bernard-Henri Lévy, o come dice Dosse «celui qui est vite devenu une marque: "BHL"»,[36] perché, come ancora dice Dosse, «le reste c'est un affaire de marketing et de réseau qui permettent de passer sans transition des plateaux de la télévision aux dossier de presse et réciproquement»,[37] tuttora, aggiungiamo.

Divertentissimo il ritratto che fa Umberto Eco dei "nuovi filosofi" e di Bernard-Henri Lévy: «I nuovi filosofi vengono da altre origini, certo; ma parlano della Storia che non esiste, ovvero della sua invenzione da parte dei socialisti per negare il Male radicale. Polemizzano con lo spirito dell'Enciclopedia e l'idea di progresso... Evvia, questi sono temi demaistriani, ripensati dopo Marx! Naturalmente Lévy è più abile nel gioco delle negazioni: non esiste il potere, non esiste il desiderio, non esiste il capitalismo, non esiste la natura, non esiste l'individuo, e così via... Qual è la genesi di questa scoperta e di questo rovesciamento di carte?

Vediamo il punto in cui Lévy si accorge che non esiste la classe, ovvero il Proletariato come soggetto della storia e della rivoluzione.

Com'è che Lévy si rende conto, e con deluso stupore, che la classe non esiste? Perché scopre che non l'ha mai incontrata per strada. E ha ragione: avete mai preso un caffè al bar col Proletariato? Così Lévy fa una scoperta folgorante: la classe l'ha

---

(36) F. DOSSE, *Deleuze Guattari*, cit., pgg. 442.
(37) Idem pg. 442-3. Il termine *marketing* è proprio Deleuze, qui molto debordiano, a usarlo, nell'unica dichiarazione che rilascia sull'argomento, a seguito dell'uscita di F. AUBRAL, X. DELCOURT, *Contre la nouvelle philosophie*, Gallimard, Paris, 1977. Da G. DELEUZE, *À propos des nouveaux philosophes et d'un problème plus général*, supplemento al n° 24, maggio 1977, di 'Minuit', trad. it. DRF: «Era da tempo che desideravo parlare dei nuovi filosofi, ma non sapevo come. Avrebbero subito detto: guardate, è geloso del nostro successo. È il loro mestiere attaccare, rispondere, rispondere alle risposte. Per quanto mi riguarda, io posso farlo una sola volta. E dopo questa non risponderò più. Ciò che mi ha convinto a intervenire è stato il libro di Aubral e Delcourt. Aubral e Delcourt tentano realmente di analizzare quel pensiero, e giungono a risultati molto comici. Il loro è un libro corroborante, sono stati i primi a protestare sul serio. [...]. Ci sono molti problemi, di natura molto differente. In primo luogo, si è per molto tempo vissuto in Francia sulla moda letteraria delle "scuole". E una scuola è già di per sé terribile [...]. In ogni caso, quale che sia la miseria delle scuole, non si può dire che i nuovi filosofi abbiano costituito una scuola: hanno fatto di più. La novità reale è che essi hanno introdotto in Francia il marketing letterario e filosofico. Altro che scuole! [...]. Il marketing ha i suoi particolari principi: bisogna che si parli di un libro (o che se ne faccia parlare) più di quanto il libro parli o abbia da dire di per sé. Al limite, è necessario che la moltitudine di articoli di giornale, interviste, colloqui, trasmissioni radiotelevisive rimpiazzi completamente il libro, che a quel punto potrebbe non esistere affatto». Recentemente, Yann Lagarde ha descritto l'intellettuale oggi in vigore e, ricordando quanto dichiarato da Deleuze sui nuovi filosofi, conviene che lì nasce questa nuova figura di intellettuale, l'intellettuale "mediatico". Due caratteristiche: la prima: «On est passé de l'intellectuel autorisé, l'auctoritas, à l'intellectuel médiatique, on l'a très bien vu au moment des nouveaux philosophes. [...]. Ce sont des intellectuels qui s'autorisent non pas de leur œuvre ou de leurs diplômes, mais de leur capacité à provoquer des polémiques». La seconda: «La personnalité de l'auteur, son histoire personnelle devient plus importante que l'œuvre, qui se réduit souvent à des articles prolongés. C'est une logique de comment construire une notoriété dans le champ intellectuel à partir de positions semblables à la construction de l'image d'un sportif ou d'un acteur». Y. LAGARDE. *La disparition des intellectuels en quatre symptômes*, www.franceculture.fr. Prodromi e antefatti sono in A. SCHOPEHNAUER, *Über die Universitäts-Philosophie*, in *Parerga und Paralipomena*, Berlin, 1851, di cui segnaliamo l'edizione italiana, *La filosofia delle università*, Adelphi, Milano, 1992.

inventata Marx, l'ha postulata a priori, costruita teoricamente e tutta l'illusione socialista si basa su questo oggetto che deve la sua esistenza solo al colpo di forza che lo profetizza.

Si vedano le magnifiche e distruttive conseguenze che potrebbero trarsi da questo procedimento di massacro epistemologico: non esiste il numero (lo hanno inventato Pitagora e Peano, mai visto il numero a spasso sul sagrato), non esistono né il triangolo (colpo di forza di Euclide), né l'Orsa Maggiore, perché è un astronomo che ha tracciato le linee di collegamento tra stelle che se ne stavano per conto proprio. Non parliamo dell'atomo di Bohr. Insomma Lévy ha scoperto che la scienza è fatta di astrazioni e concetti, ovvero che la Struttura è Assente, e i suoi nervi non hanno retto».[38]

Ma torniamo ai fatti: i malintesi, di cui dicevamo, finiscono per nutrirsi di pesante sospetto specialmente in Italia quando Guattari si tuffa ancor più nel gioco, venendo a Bologna, capitale dei "desideranti", a benedire cortei di "autonomi", tempestando le redazioni di giornali, promuovendo e firmando manifesti per invocare la libertà nell'Italia dei cosiddetti "anni di piombo", come vedremo meglio più avanti.[39]

(38) U. ECO, I nuovi filosofi, 'Corriere della sera, 27/7/1977, anche in *Sette anni di desiderio*, Bompiani, Milano, 1983, pg. 32. BHL si trova sovente in situazioni imbarazzanti come esser stato *entourté*, preso a torte in faccia varie volte e quando — dopo la pubblicazione di un suo romanzo (B.-H. LÉVY, *Le diable en tête*, Grasset, Paris, 1984, trad. it. *Il diavolo in testa*, De Agostini, Novara, 1985) — è citato in tribunale da Marie-France Barrier che sosteneva essere, quel libro, una "contrefaçon" di un suo testo inviato a Grasset, dove Lévy era lettore. Lévy è assolto e con un danno di 5.000 franchi, per quanto si fosse contraddetto parlando di non aver mai avuto sotto mano il testo e, poi, di averlo invece avuto. Cfr www.bernard-henri-levy.com. Assai comico è l'"incidente-Botul", quando Lévy, preso a una distruzione di Kant (B.-H. LÉVY, *De la guerre en philosophie*, Grasset, Paris, 2010), cita nella bibliografia critica l'inesistente Jean-Baptiste Botul — "alter-ego" di Frédéric Pagès, giornalista de 'Le canard enchaîné' — che avrebbe tenuto una conferenza a Nuova-Königsberg, in Paraguay, nel 1946, sui costumi sessuali di Kant. J.-B. BOTUL, *La vie sexuelle d'Emmanuel Kant*, Mille et une nuits, Paris, 1999, trad. it. *La vita sessuale di Kant*, Ombre corte, Verona, 2001. Più seria la questione quando Pierre Vidal-Naquet, impressionato dal «phénomène BHL», scrive al 'Nouvel observateur': «Monsieur le Directeur, Votre publication a eu récemment l'occasion de faire écho de façon favorable au livre de Bernard-Henri Lévy, *Le testament de Dieu*. [...]. Je n'entends pas fournir ici une liste complète des erreurs de Bernard-Henri Lévy, cela demanderait un gros volume; je me contenterai d'une simple anthologie de "perles" dignes d'un médiocre candidat au baccalauréat». A seguire, Vidal-Naquet elenca una serie di imprecisioni fra le quali la "deposizione di Himmler al processo di Norimberga", iniziato il 18/10/1945 mentre lo stesso Himmler si era suicidato il 23/5/1945. P. VIDAL-NAQUET, *La critique du testament de Dieu de Bernard-Henry Lévy*, 'Le nouvel observateur', 18/6/1979 e B.-H. LÉVY, *Le testament de Dieu*, Grasset, Paris, 1979, trad. it. *Il testamento di Dio*, SugarCo, Milano, 1979. È poi Cornelius Castoradis, a sostegno di Vidal-Naquet a scrivere: «sous quelles conditions sociologiques et anthropologiques, dans un pays de vieille et grande culture, un "auteur" peut-il se permettre d'écrire n'importe quoi, la "critique" le porter aux nues, le public le suivre docilement — et ceux qui dévoilent l'imposture, sans nullement être réduits au silence ou emprisonnés, n'avoir aucun écho effectif? [...]. Nous avons à lutter pour la préservation d'un authentique espace public de pensée contre les pouvoirs de l'État, mais aussi contre le bluff, la démagogie et la prostitution de l'esprit». C. CASTORIADIS, *L'industrie du vide*, 'Le nouvel observateur', 9/7/1979. Queste lettere, in pierre-vidal-naquet.net., e in *Tradition et nouvelle philologie*, 'Quaderni di storia', n° 12, Dedalo, Bari, 1980, p. 315-29. Esito peggiore per la causa intentata da Bernard Cassen, a seguito di un articolo su 'Le Point' dove BHL, confondendo quest'ultimo — professore impegnato in varie istituzioni internazionali, con forte vocazione terzomondista e fra i fondatori dell'Université de Vincennes — con Pierre Cassen, invece personaggio dell'estrema destra, lo accusa di avere legami con il "Bloc Identitaire". 'Le monde diplomatique' riporta (26/4/2013) la condanna al direttore Franz-Olivier Giesbert e a Bernard-Henri Lévy, quindi titola trionfalmente *Même la justice française condamne BHL...* (9/5/2013) e mette on-line (monde-diplomatique.fr/dossier/BHL), col titolo *L'imposture Bernard-Henry Lèvy*, una pubblicazione di tutte le "perles" di BHL.

(39) Fatto non particolarmente noto, ricordiamo che nel '68, nel pieno della contestazione, anche Sartre si era recato all'Università di Bologna, dove aveva tenuto un intervento. L. MOLINARI-L. NADALINI (a cura di), *È successo quel '68. Appunti fotografici*, Assemblea Legislativa della Regione Emilia-Romagna, 2018.

A seguire si affacceranno gli anni '80, che difficilmente si può riuscire ad aggettivare tanto pesantemente quanto meritano, e tutto si stempera.

L'*edonismo reaganiano* e, in Italia, la filosofia della *Milano da bere*, versione locale e provinciale della "società dello spettacolo", danno inizio alla controriforma (e alla sub-cultura) del *riflusso*.(40)

I "tempi" sono finiti e battuti pesantemente: un nuovo familismo, il rampantismo, un consumismo ancora più acuto e più insensato, occupano il campo. Nondimeno, anche per studiare questa nuova società sarebbero stati utili – come diremo anche in seguito – gli strumenti della filosofia definita, certe volte sprezzantemente, altre riduttivamente e generalizzando, "french theory": Deleuze, ma anche Guattari, e nei suoi scritti da solo intendiamo, quindi François Lyotard, George Bataille, Michel Foucault, Jacques Derrida e molto ci sarebbe stato (e ci sarebbe ancora) in Guy Debord ma, tutta quanta, questa filosofia, fu accantonata.

Solo una tiepida risposta è quanto si può registrare per *L'anti-Edipo II*, ovvero *Mille piani* (o forse sarebbe più corretto dire *Capitalismo e schizofrenia II*). Dirà infatti Deleuze, nella sua ultima intervista: «Ce livre [*Mille plateaux*] est le meilleur de ce que nous avons fait ensemble, Félix et moi. Et c'est le meilleur de tout ce que j'ai fait. Oui, je peux dire que c'est sûrement ce que j'ai fait de mieux. Ca n'a pas eu de succes, mais c'était un très beau livre, je crois. Pourquoi est-ce que cela n'a pas eu de succes? Le livre était trop gros peut-être. Et puis surtout, *l'epoque n'y était plus*».(41)

Silenzio e disinteresse sono ormai dominanti.

Anche la collaborazione fra Deleuze e Guattari sembra essersi esaurita quando riappaiono come direttori della rivista 'Chimères-revue des schizoanalyses' il cui primo numero (la cadenza è trimestrale) esce nella primavera '87. Successivamente scriveranno *Che cos'è la filosofia*.(42)

Ma l'interesse su Deleuze è declinato e quando pure sembra avere un qualche spunto, poi stenta ad accendersi realmente; in più, nelle rare occasioni di una qualche attenzione, si parla già con i toni dell'archiviazione e di una storicizzazione superficiale ma soprattutto sepolcrale.

E, se qualcosa intorno a quest'esperienza sembra sopravvivere, quando si torna verso *L'anti-Edipo*, e le sue tematiche, si identifica prevalentemente questo con il solo Deleuze, ingiusta e ingenerosa messa in sottordine di Guattari.

---

(40) Sul concetto di "società dello spettacolo", come concepito da Guy Debord torneremo più avanti; "edonismo reaganiano" fu un termine coniato da Roberto D'Agostino, come ancora diremo avanti, un "debordiano", osservatore dei costumi nella trasmissione Rai "Quelli della notte"; "Milano da bere" fu un infelice slogan pubblicitario di una nota marca di liquori, autentico boomerang per l'azienda stessa, dato che l'espressione venne assunta come lo stigma in negativo dei nuovi costumi vuoti del tempo.
(41) D. ERIBON, "*Je me souviens*", cit., pg. 114, qui nell'originale che rende meglio il "colore" di quanto dice Deleuze che, a otto anni dalla comparsa di AE, commentava: «*L'anti-Edipo* viene dopo il '68: era un'epoca di fermento, di ricerca. Oggi, invece, si assiste a una reazione molto forte. C'è tutta un'economia del libro, una nuova politica, che impone il conformismo attuale. C'è una crisi del lavoro, una crisi organizzata, deliberata, al livello dei libri così come ad altri livelli. Il giornalismo ha assunto sempre più potere in letteratura. E inoltre un sacco di romanzi riscoprono il più piatto tema della famiglia, dispiegando tutto un papà-mamma all'infinito: è inquietante trovarsi davanti un romanzo fatto, prefabbricato, all'interno della famiglia in cui si vive. È davvero l'anno del patrimonio, e da questo punto di vista *L'anti-Edipo* è stato un fallimento completo. Andrebbe fatta una lunga analisi, ma la situazione attuale è molto difficile e opprimente per i giovani scrittori. Non riesco a dire, ora, perché ho dei presentimenti tanto cattivi». C. BACKES-CLÉMENT (intervista a cura di), *Entretien 1980*, in 'L'Arc', n° 49, 1972 (nuova edizione 1980, solo qui l'intervista), trad. it. in DRF, pg. 138-9.
(42) G. DELEUZE-F. GUATTARI, *Che cos'è la filosofia?*, cit.

Félix Guattari, il "buon incontro".

Qui è forse il caso di fare un inciso. Certo non è facile analizzare, nei rapporti fra Deleuze e Guattari, quali siano stati esattamente i contributi dell'uno e dell'altro. Per molti Guattari avrebbe in certo modo sfruttato i vantaggi di questa collaborazione, dei due essendo il meno qualificato. Aron, che abbiamo visto essere tutt'altro che tenero nei confronti di Deleuze, tratteggia un quadro ancor più irrispettoso di Guattari che definisce «brav'uomo di tutt'altra pasta [rispetto a Deleuze] l'argento vivo addosso, cinico, agitatore di provincia, lupo feroce che si presenta con le sembianze di timido agnellino» e sottolinea che è Deleuze che «gli procura referenze e sapere».[43]

Il giudizio è forte e cattivo quanto più non potrebbe essere e, certo, è ingeneroso.

Circa i meriti e le attribuzioni, su chi sia stato più importante o meno fra i due, Deleuze, contro certe malignità, aveva fin da subito risposto col suo inconfondibile humour: «Mi domando se una delle ragioni formali dell'ostilità che viene talvolta manifestata contro questo libro [AE], non sia il fatto stesso che è stato scritto in due, perché la gente ama i litigi e le attribuzioni. Allora provano a districare l'indiscernibile o a stabilire quello che spetta a ciascuno».[44]

Mentre ci limitiamo a dire soltanto che sarebbe impegnativa l'analisi del contributo guattariano – e, peraltro, al momento, ci sembra essere assai più che esaustiva l'opera di Dosse – tuttavia sarebbe ingiusto non riconoscere i meriti e, quantomeno, l'importante funzione di stimolo che Guattari ha offerto a Deleuze in un momento importante, fondamentale – per Deleuze – un momento che non si è più ripetuto con questa ampiezza e importanza. Deleuze stesso ha sovente ben evidenziato i contributi, le originalità, i concetti di Guattari, come avremo modo di dire. Se qui ci limitiamo – nel limite analitico propostoci – a ritrovare gli elementi strettamente deleuziani de *L'anti-Edipo*, e nel notare come qui vi sia il compimento di quegli stessi, non escludiamo affatto che, nello "sviluppo" del pensiero deleuziano stesso, Guattari abbia avuto ampia importanza. Accenniamo qui un po' del suo profilo, corposo, essendo, Guattari, tutt'altro che uno sprovveduto al momento dell'incontro con Deleuze.

Pierre Félix Guattari (che adotterà il solo secondo nome), era nato il 30 marzo 1930 a Villeneuve-les-Sablons (Oise) e morirà il 29 agosto 1992 nella Clinique de La Borde a Cour-Cheverny (Loir-et-Cher), struttura che aveva realizzato insieme a Jean Oury[45] e altri nel 1963 (per un certo periodo vi lavora anche Frantz Fanon) dopo essersi distaccato dall'École freudienne de Paris e da Lacan, suo maestro.

Dopo aver partecipato al "Groupe de travail de psychothérapie et de sociothérapie institutionnelles"(GTPSI, 1960-1966) con Jean Oury e François Tosquelles, avvia il "Centre d'études, de recherches et de formation institutionnelles" (CERFI, 1965-1987), che pubblica la rivista 'Recherches'.

Partecipa al "Réseau Alternative à la psychiatrie", fondato da Mony Elkaïm, insieme a Franco Basaglia, Giovanni Jervis, Roger Gentis, Françoise e Robert Castel.

Il "Réseau" organizza convegni a Parigi, Cuernavaca, Trieste e San Francisco.

Politicamente assai attivo, oltre la sinistra istituzionale, Guattari ha partecipato al '68 con il "Mouvement du 22-Mars", ha animato il "Centre d'initiative pour de nouveaux espaces de liberté" (1977-1981), ed è stato fra i promotori delle *radio libere*.

---

(43) J.-P. ARON, *I moderni*, cit., pg. 230.
(44) G. DELEUZE, *Lettre à Michel Cressole*, cit., PPA pg. 16.
(45) Su Jean Oury, si veda: J. OURY. *Psichiatria e psicoterapia istituzionale*, Marsilio, Venezia, 1976.

Si presenterà con i "Verts" alle elezioni del 1992 ma morirà prima dell'avvio della sessione elettorale. Riposa nel cimitero parigino del Père-Lachaise.[46]

Sul piano concettuale, si può affermare che è stato Guattari "l'inventore", prima, della "macchina", con l'esposizione, destinata all'École freudienne de Paris, di un testo del 1969 la cui pubblicazione fu a lungo boicottata da Lacan e apparve in stampa solo nel 1972[47] e in altra sede, quindi, delle "macchine desideranti", come sottolinea lo stesso Deleuze: «Félix mi parlò di ciò che chiamava *macchine desideranti*: tutta una concezione teorica e pratica dell'inconscio-macchina».[48]

Ci piace poi ricordare come questa collaborazione è descritta una volta da Deleuze: «Secondo me, Félix aveva dei veri fulmini, io ero una sorta di parafulmine».[49]

Parigi. 9, Rue de Condé.
La casa dove Félix Guattari ha abitato per un certo periodo.
fonte: Chiara Blandina

Anche, la testimonianza di Alain Roger: «Après 1972, Deleuze accéda à sa seconde célébrité avec *L'Anti-Œdipe* et sa longue collaboration avec Félix Guattari. De nouveau, j'ai pu mesurer l'humour, l'humilité et la délicatesse de Gilles. Dans mon enthousiasme, je voulais tout lui attribuer, ne concédant qu'un rôle subalterne à Guattari, que je ne connaissais pas. À chaque référence, ou presque, Deleuze prenait son air malicieux et protestait doucement: "Non... c'est Félix". Évoquais-je, par exemple, cette sentence désopilante: "Papa-maman, c'est la névrose, mais la psychose, c'est mémé", il m'interrompait de la main, un geste inimitable: "Ah non... non... ça, justement, c'est pas moi, c'est Félix...". Toujours Félix, jamais lui. Il a souvent déclaré que, loin d'avoir détaché Guattari de la psychanalyse, il lui devait sa propre évolution».[50]

Dice infatti Deleuze, e il punto ci sembra particolarmente importante: «È curioso, non sono stato io a tirar fuori Félix dalla psicoanalisi, è stato lui che ha tirato fuori me. Nel mio studio su Masoch, poi in *Logica del senso*, credevo di aver raggiunto

---

(46) Per un approfondimento sulla figura di Guattari, vogliamo indicare il libro della figlia Émmanuelle: É. GUATTARI, *La petite Borde*, Mercure de France, Paris, 2012. Infine, ci piace segnalare che a Forlì è attivo il "Teatro Félix Guattari".
(47) F. GUATTARI, *Machine et structure*, 'Change', n° 1, 1972, trad. it. *Macchina e struttura* in F. GUATTARI, *Una tomba per Edipo*, Bertani, Verona, 1974.
(48) C. BACKES-CLÉMENT (intervista a cura di), *Sur capitalisme et schizophrénie*, 'L'Arc', n° 49, 1972, trad. it. AA.VV. *Deleuze*, cit. pg. 71. Nell'"Introduzione" all'edizione italiana dell'AE, Alessandro Fontana concorda nel definire Guattari come «l'inventore della macchina desiderante», AE, pg. XVIII.
(49) G. DELEUZE, *Lettre à Kuniichi Uno*, trad. it. *Lettera a Uno: come abbiamo lavorato in due*, in DRF, pg. 119.
(50) A. ROGER, *Hommage à Gilles Deleuze*, cit., pg. 270.

dei risultati sulla falsa unità sado-masochista (o piuttosto sull'evento), che non erano conformi alla psicoanalisi, ma che potevano conciliarsi con essa. Viceversa, Félix era e restava psicoanalista, allievo di Lacan, ma alla maniera di un "figlio" che sa già che non c'è conciliazione possibile».[51]

Si trattò, di fatto, si può pensare, di quel "buon incontro" come nel lessico spinoziano, che non si limita a sommare, né a dialettizzare, ma che fa esplodere le forze, altrimenti solo virtuali, seppur già in accenno, come dice ancora Roger, a seguire da quanto citato sopra: «Mais je sais bien, pour avoir lu très tôt le manuscrit de sa superbe *Présentation de Sacher-Masoch* (1967), que Deleuze avait pris congé de la psychanalyse bien avant de collaborer avec Guattari. Je crois qu'ils se sont apportés des raisons complémentaires d'en finir une fois pour toutes avec la triangulation œdipienne».[52]

L'epoque n'y était plus.

Ma, e per tornare al tema, occorre dire che i successivi scritti deleuziani non hanno ricevuto la stessa accoglienza de *L'anti-Edipo*, né quelli dedicati a un'attenzione verso la "forma del movimento"[53], né l'altro scritto che aveva visto Deleuze impegnato in un dialogo a distanza con Carmelo Bene.[54]

Della poca attenzione ricevuta da *Sovrapposizioni*, possiamo dolerci particolarmente, trattandosi di un testo fondamentale per comprendere alcune ragioni del particolare modo di fare teatro di Bene e del suo essere "deleuziano". Elementi che Bene aveva peraltro già anticipato anche nella sua autobiografia, offrendo, fra l'altro, un'immagine inedita del Deleuze "privato" che, data la riservatezza del personaggio, è cosa rara: «È un autodistruttore, Gilles Deleuze. Fuma troppo e non potrebbe affatto, questo umano *computer*. Legge il tanto che scrive e viceversa. Gilles è *la* sorpresa. Laddove in altri, la produzione talentaccia è nei casi migliori disciplina eclettica ecco, in lui è straordinario disimparare. Gilles non è l'occasione di un incontro stabile. È il divenire nelle sue occasioni. [...]. Gilles non è disponibile. È dovunque. È la più grande macchina pensante, io credo, in questa secca del nostro tempo. Egli è onnicompreso e, se un *quid* l'innamora, è detto è scritto, non gli costa nulla. È l'eccesso. E l'eccesso 'è nel mezzo (*milieu*)'. [...]. E a Jean Paul [Manganaro] che, adorabile, gli mormora 'Le monde' desiderare a tutta pagina un suo ritratto su Carmelo Bene: "Scrivo un libro, che importano i giornali!" ci non più sorprende Gilles. E lo scrive, senza vederne lo spettacolo. E *mi* scrive. E scri-

---

(51) R. BELLOUR e F. EWALD (intervista a cura di), *Signes et evènements*, cit., trad. it. PPA pg. 191.
(52) A. ROGER, *Hommage à Gilles Deleuze*, cit., pg. 270.
(53) G. DELEUZE, *Francis Bacon. Logique de la sensation*, Différence, Paris, 1981, II edizione aumentata, 1984, trad. it. *Francis Bacon. Logica della sensazione*, Quodlibet, Macerata, 1985; *L'image-mouvement. Cinéma 1*, Minuit, Paris, 1983 trad. it. *L'immagine-movimento. Cinema 1*, Ubulibri, Milano, 1984 e *L'image-temps. Cinéma 2*, Minuit, Paris, 1985, trad. it. *L'immagine-tempo. Cinema 2*, Ubulibri, Milano, 1989.
(54) SVR (unico testo a essere uscito prima in italiano e solo successivamente tradotto in francese). Oltre al teatro, molti, e diversi, sono i campi di attenzione di Deleuze, qui li possiamo solo accennare: le arti, il cinema, la letteratura, con particolare predilezione per la letteratura anglosassone (sua moglie Fanny tradurrà Lawrence e Lewis Carroll). La musica, per cui ricordiamo la serie di conferenze presso l'IRCAM, nel 1978, insieme a Foucault, Luciano Berio, Roland Barthes e Pierre Boulez (i filmati sono oggi disponibili sul sito web dell'IRCAM). Con Boulez collabora in varie occasioni, qui segnaliamo *Eclats/Boulez*, Éditions du Centre Pompidou, Paris, 1986. Circa la pittura, oltre lo studio su Francis Bacon citato sopra, va ricordato G. DELEUZE-M. FOUCAULT, *Photogenic painting: Gerard Fromanger*, Black Dog Publishing, London, 1991, sull'amico pittore Gérard Fromanger. Diciamo fin da subito, peraltro, e ci ritorneremo sopra più avanti, che non si tratta di filosofia *su* (il teatro, la musica, l'arte), ma di filosofia *con* (il teatro, la musica, l'arte), ovvero con ciò che, dal teatro, dalla musica, dall'arte, viene come stimolo al pensare.

vo il testo che lui vedrà nell'ultima mia recita romana al Teatro Quirino: quattro mesi trascorsi dalla pubblicazione del suo saggio. E alla fine m'abbraccia in camerino, siede stanco in poltrona, negli occhi l'entusiasmo scontato: "Oui, oui. C'est *la rigueur*"».[55]

Maggiore attenzione è stata forse rivolta allo scritto deleuziano dove, dopo Bene, è ancora un amico, il soggetto. Il vecchio amico Foucault, a cui si deve l'iperbolica frase «un jour, peut-être, le siècle sera deleuzien».[56] L'amico Foucault col quale, in ultimo – e vedremo questo più avanti – i rapporti si erano un po' raffreddati. Ma alla morte di Foucault, Deleuze ha sentito il bisogno di salutarlo leggendo al suo funerale una pagina dell'*Uso dei piaceri*[57] e di scrivere sull'amico di un tempo poiché «quando muore qualcuno che si ama o si ammira, talvolta si ha bisogno di tracciarne un disegno. Non per glorificarlo, ancor meno per difenderlo, ma piuttosto per trarne quell'ultima rassomiglianza che può venire solo dalla sua morte e che fa dire 'è lui'».[58]

Particolare è poi lo studio su Leibniz[59] e di grande spessore sono gli ultimi scritti, pieni ancora di una sconfinata vitalità e di una gioiosa ricerca del prodursi dell'evento, dove spicca *Che cos'è la filosofia?*, summa del pensiero deleuziano e precisa indicazione del compito della filosofia: la creazione di concetti. Quindi l'*Abbecedario*[60] e il progetto interrotto: uno studio su Marx, come aveva annunciato Deleuze stesso.[61]

Ma, con *l'anti-Edipo* finisce un tempo, un'epoca, e da quel momento, come abbiamo già detto, *l'epoque n'y était plus*. Anche l'Université de Vincennes è chiusa.

Le ruspe, mandate dalla ministra Alice Saunier-Seité[62] fanno tabula rasa.

Nella normalizzazione si parlerà di una nuova e migliore Université Paris 8 da realizzare, come detto, sul territorio di Saint-Denis.[63]

---

(55) C. BENE, *Sono apparso alla Madonna*, Longanesi, Milano, 1983, pg. 186.
(56) M. FOUCAULT, *Theatrum philosophicum*, cit. (non appare nel parziale in "Introduzione" a DeR).
(57) M. FOUCAULT, *L'usage des plaisirs*, Gallimard, Paris, 1984, trad. it. *L'uso dei piaceri*, Feltrinelli, Milano, 1984. Hervé Guibert, amico intimo di Foucault, racconta il proprio cammino verso la morte per Aids e gli ultimi tempi di Foucault stesso (che chiama Muzil, come chiama Stéphane il compagno di Foucault, Daniel Defert). Del funerale di Foucault, in una corte della Pitié-Salpêtrière, annota: «mi alzai sulla punta dei piedi, un filosofo amico di Muzil, che si sarebbe detto arrampicato su una cassa, con quel suo cappello in testa, recitava bisbigliando il testo di un omaggio che offrì poi a Stéphane. Gli gridavano di parlare più forte». H. GUIBERT, *À l'ami qui ne m'a pas sauvé la vie*, Gallimard, Paris,1990, trad. it. *All'amico che non mi ha salvato la vita*, Guanda, Parma, 1991, pg. 83. Quel filosofo era Deleuze che quando parlò non aveva in testa il cappello, ma è giusto che Guibert glielo faccia indossare a poterlo riconoscere. Difficilmente Deleuze avrebbe potuto parlare più forte, per il suo già non ottimale stato di salute. Sull'intervento di Deleuze si veda: www.ina.fr/video/PAC00018236. Guibert ha anche realizzato due interviste a Deleuze, *La peinture enflamme l'écriture*, 'Le monde', 3/12/1981, DRF, e *Portrait du philosophe en spectateur*, 'Le monde', 6/10/1983, DRF, trad. it. in G. DELEUZE, *Che cos'è l'atto di creazione*, Cronopio, Napoli, 2003.
(58) C. PARNET (intervista a cura di), *Un portrait de Foucault*, 'L'autre journal', 1986, trad. it. *Vi racconto Michel Foucault*, 'L'Espresso', n° 15, 19/4/1987 e *Un ritratto di Foucault*, PPA.
(59) G. DELEUZE, *Le pli. Leibniz et le baroque*, Minuit, Paris, 1988. Qui abbreviato in LPB.
(60) *L'Abécédaire de Gilles Deleuze-avec Claire Parnet* [qui abbreviato in ABC] è prodotto da Pierre-André Boutang e realizzato da Michel Pamart nel 1988. È trasmesso per la prima volta sul canale 'Arte' nel 1996. Varie edizioni sono state fatte in VHS e in DVD (in entrambi i casi, Editions Montparnasse, Paris, versione it. *Abecedario di Gilles Deleuze*, Derive/Approdi, Roma, 2004). Per quanto riguarda gli audiovisivi, grazie a internet, ricordiamo come suYoutube, su webdeleuze e su 2.univ-paris8.fr si possano vedere estratti e dell'ABC citato e delle lezioni all'Université di Vincennes e le relative trascrizioni, operazione garantita dalla supervisione di Fanny e di Émilie, la moglie e la figlia, rispettivamente, di Deleuze.
(61) D. ERIBON, *"Je me souviens"*, cit., pg. 116: «Il mio prossimo libro, e sarà l'ultimo, si intitolerà *Grandeur de Marx*».
(62) Alice Saunier-Seité è "Ministre des Universités" nel governo presieduto da Raymond Barre. Il presidente della Repubblica è Valéry Giscard d'Estaing. Jacques Chirac è sindaco di Parigi.
(63) Le buone intenzioni di migliorare questa facoltà con lo spostamento a Saint-Denis saranno veramente genuine? Non sono pochi ad essere scettici: «Manière radicale de dissuader les "bons" étudiants d'y aller.

Chiude quell'università che per prima ammette non-bachelier, lavoratori, ha un asilo per i figli degli studenti, introduce la psicoanalisi e il "Living theatre", è dotata di audiovisivi, all'epoca impensabili nelle università e dove le linee pedagogiche rifiutano il nozionismo a favore di una conoscenza critica.

È un'università che offre "mondi", ospitando, per brevi seminari, fra gli altri, Noam Chomsky, Dario Fo, Herbert Marcuse, Josué de Castro, ex-capo della Fao, che parlerà della deforestazione dell'Amazzonia.

Vincennes è sovente irrisa, Jean-Paul Aron la definisce «il dono gollista al Maggio '68»,[64] ed è osteggiata fin dall'inizio. Il nuovo ministro Olivier Guichard si dice contrario all'assegnazione del titolo di licenza di insegnamento per gli studenti di filosofia, progetto contro il quale reagisce vigorosamente Foucault.[65]

Di quell'*avventura del pensiero critico*,[66] non rimangono più neppure delle vestigia. Recentemente la cineasta Virginie Linhart ha realizzato un film sulla Vincennes che non c'è più documentando cosa sia stata ma anche e soprattutto come si sia voluto

---

Le calcul est simpliste: si Vincennes devient une fac de banlieue, les enfants de la bourgeoisie parisienne n'auront plus la tentation d'aller y attraper un mauvais *virus* idéologique». P. LOUBIÈRE, *Paris-VIII la fac pas comme les autres*, 'Nouvel Observateur', 31/5/2001. Già alla sua stessa fondazione, Vincennes sollevava dei dubbi, come dice Jean Lacoste in un libro dall'apparenza "leggero", in realtà ricco di tante informazioni sulla grande stagione del pensiero filosofico francese (che non a caso l'autore conclude con una *promenade* a Vincennes): «Que vouloit-on reléguer? L'extrême modernité de la pensée, la radicalité? Le geste pouvait rappeler (pouvait rappeler...) la sécession d'Abélard quittant les écoles de la Cathédrale Notre-Dame, pour einsegner la dialectique sur les hauteurs de la rive gauche, dans un ressemblement agité d'étudiants gyrovagues». J. LACOSTE, *Paris philosophe*, Bartillat, Paris, 2018, pg. 185.
(64) J.-P. ARON, *I moderni*, cit., pg. 229.
(65) Dice Foucault: «I y en a d'autres qui disent: "Il faut sauver à tout prix la classe de philosophie. Les Vincennois, avec leurs bizarreries, la compromettent; si on peut être sûr que ces étranges 'philosophes' n'auront pas accès aux lycées, nous serons plus forts pour défendre la classe de philosophie dans sa tradition légitime." Il me semble que vouloir conserver la classe de philosophie dans sa vieille forme, c'est tomber dans le piège». E ancora, ricordando quanto sia radicato il sospetto verso la filosofia: «Au début du siècle, il y a eu toute une discussion qu'il faudrait relire. L'un des plus farouches adversaires de la classe de philosophie lui reprochait alors de mettre en circulation des bandes d'"anarchistes". Déjà. C'était Maurice Pujo, l'un des fondateurs de l'Action française. Fragile royauté de la classe de philo; couronne exposée et toujours prête à tomber. Voilà plus de cent ans qu'elle survit en cette position périlleuse». P. LORIOT (intervista a cura di), *Le piège de Vincennes*, 'Le Nouvel Observateur', n° 274, 9-15/2/1970, ora in M. FOUCAULT, *Dits et écrits*, Paris, Gallimard, 1994. Foucault parteciperà all'esordio di Vincennes, ma si trasferirà, già nel 1970, al Collège de France. Per una maggiore documentazione su Vincennes, oltre al già citato testo di Djian e Soulié, si ricorda: R. FAUCHERRE, *Préhistoire de l'université de Saint-Denis*, in ipt.univ-paris8.fr/hist/article-Faucherre.htm, J. BRUNET, B. CASSEN, F. CHÂTELET, P. MERLIN, M. REBÉRIOUX, *Vincennes ou le désir d'apprendre*, Moreau, Paris, 1979, il documentario J. CONDÉ-Y. ROBVEILLE (regia di) *Vincennes, roman noir pour université rouge*, Zarafa, Pantin, 2008 e P. MERLIN, *L'université assassinée: Vincennes (1968-1980)*, Ramsay, Paris, 1980, dove si può leggere dell'*affaire* del cavallo, una *boutade*, l'autore è ancora incerto, ripresa dalla stampa, quasi tutta ostile a Vincennes (e dove si distinse l'ex-segretario di Sartre, Jean Cau, passato all'estrema destra) secondo la quale, all'università sarebbe stato iscritto un cavallo, che poi si sarebbe addirittura laureato. La ministra Saunier-Seité rilanciò in vari interventi e in una dichiarazione a 'Ouest-France' (19/7/1978) questa "bufala". Pierre Merlin, grande urbanista e geografo, ultimo "president" di Vincennes la querelò. La querela non ebbe seguito a causa dell'immunità della ministra.
(66) Così titola un bellissimo libro, ricco di documenti, J.-M. DJIAN, *Vincennes. Une aventure de la pensée critique*, Flammarion, Paris, 2009. L'Université Paris 8-Vincennes, nasce come "Centre experimental de Vincennes". E' uno degli ultimi atti di de Gaulle, reinsediatosi dopo il maggio '68 con un nuovo governo ed è il ministro dell'Educazione nazionale, Edgar Faure che, per sua competenza, realizza questa istituzione, la cui genesi non è facile a sintetizzare dato che molti documenti sono contraddittori o vaghi. Sappiamo che viene inaugurata nel novembre 1968, con 7.904 studenti iscritti (R. FAUCHERRE, si veda più avanti), nel 1979 saranno 32.969 (C. SOULIÉ, *Le destin d'une institution d'avant-garde: histoire du département de philosophie de Paris 8*, 'Histoire de l'éducation', n° 77, 1998) e prende il via nel gennaio successivo.

che essa cessasse di essere e come, a tutt'oggi, si voglia un sinistro silenzio, come niente fosse avvenuto, come Vincennes non ci fosse mai stata.[67]

Su 'journals.openedition.org' si legge: «Il ne reste plus rien de l'université de Vincennes. C'est ce constat qui ouvre le documentaire de Virginie Linhart: à la place des bâtiments qui accueillirent des dizaines de milliers d'étudiants entre 1969 et 1980, se trouve désormais un trou de verdure dont le caractère bucolique paraît d'autant plus étrange du fait de la proximité immédiate de Paris. C'est à raviver, et à réhabiliter, le souvenir de cette exceptionnelle expérimentation académique que vise ce film, basé sur de nombreux entretiens avec d'anciens étudiants, enseignants et personnels de Vincennes (filmés dans la clairière verdoyante où se trouvait autrefois le campus), ainsi que sur de riches archives visuelles (dont celles, précieuses, du département de cinéma). [...]. Consacré à ce déménagement traumatique, la fin du film livre la clé de la disparition matérielle du campus: la répulsion haineuse du gouvernement de l'époque à l'égard de tout ce que représentait Vincennes explique sa volonté de destruction totale et d'élimination des moindres traces de cet ilot de liberté critique – au point, comme le suggère Hélène Cixous, que même des archéologues effectuant des fouilles dans quelques siècles ne pourront y déceler qu'il y ait pu y avoir une vie académique en cet endroit. [...]. La formation n'y était pas conçue comme la condition de l'exercice d'un métier mais comme le moyen d'acquérir un savoir ayant valeur en lui-même, et l'appétit de connaissance pouvait s'assouvir à Vincennes dans le simple bonheur d'accéder à une meilleure compréhension du monde».[68]

Deleuze, «génie du lieu»[69] di Vincennes, concluderà la sua carriera a Saint-Denis.

Quindi, il 4 novembre 1995,[70] stremato dalla malattia ai polmoni, si suicida gettandosi dalla finestra del suo appartamento all'84 di Avenue Niel, a Parigi, e non all'1bis di Rue de Bizerte,[71] come è erroneamente indicato in "Wikipedia" edizione italiana e in altre fonti ancora, che non staremo a dire. È sepolto nel cimitero di Saint-Léonard de Noblat (luogo natale di Joseph Louis Gay-Lussac), nel Limousin, dove sua moglie aveva una casa di famiglia (le Mas Révèry), sovente "buen retiro" di Deleuze. Nello stesso cimitero riposa, adesso, anche il figlio Julien, morto nel 2012.

Fra i tanti folli articoli – soprattutto in Italia – che registrarono l'evento sperticandosi in affermazioni tanto generiche quanto approfonditamente insulse, ricordiamo,

---

Per un curioso scherzo della sorte, fra i partecipanti all'inaugurazione figurava Jerome Seité che sarà l'amministratore dell'istituto e sposerà Alice Saunier, la ministra che deciderà l'abbattimento di Vincennes. Fra i fondatori ricordiamo Hélène Cixous, Pierre Dommergues, Raymond Las Vergnas e Bernard Cassen.

(67) V. LINHART, *Vincennes, l'université perdue*, Paris, Blaq Out, 2018.
(68) L. MATHIEU, *Virginie Linhart. Vincennes, l'université perdue*, journals.openedition.org, 25/4/2018.
(69) J. LACOSTE, *Paris philosophe*, cit., 2018, pg. 185. Aggiungiamo a completamento della carriera di Deleuze che, mentre si sostiene da più parti che l'arrivo a Vincennes di Deleuze sia stato caldeggiato da Foucault, non è da escludere un interessamento di Châtelet, al quale Deleuze aveva scritto: «Mais faut à tout prix que je me case, à Vincennes ou Nanterre (s'il y en a encore) l'année prochaine. Je préfère me faire une autre caverne que de recommencer à Lyon». G. DELEUZE, *Lettres et autres textes*, Minuit, Paris, 2015. Pubblicazione assai particolare, questa, che dà conto dei pochissimi inediti di Deleuze (sua l'abitudine di non conservare scritti), ed è curata da David Lapoujade con la supervisione di Fanny ed Émilie Deleuze e di Irène Lindon, figlia di Jérôme (non esattamente, come si dice, il fondatore delle Éditions de Minuit, che rilevò l'azienda dal suo creatore, Vercors, pseudonimo di Jean Bruller, scrittore e intellettuale di grande lignaggio, ma di fatto costruì la casa editrice come la conosciamo), e sorella dello scrittore Mathieu Lindon.
(70) Lo stesso giorno il presidente israeliano Yitzhak Rabin fu ucciso dal giovane estremista Ygal Amir.
(71) Bello il pensiero di Thibaut Gress: «Comme si cette demeure incarnait la vie, c'est au 84 de l'avenue Niel que, atteint d'une grave maladie respiratoire, il se suicide en se jetant par la fenêtre, préservant la rue de Bizerte de son tragique destin». T. GRESS, *Balades philosophiques*, Ipagine, Paris, 2016, pg. 79.

di contro, quanto scrisse, con grande attenzione ed equilibrio, Anna Maria Merlo riportando la commozione di Paul Virilio, di Jean-François Lyotard, di Robert Maggiori, di Roger-Pol Droit,[72] e soprattutto ricordiamo un articolo di Enrico Palandri, apparso un anno dopo, che preferiamo riportare per intero, qui a seguire, alla fine di questo capitolo. E, ancora, riportiamo quanto ha detto, nell'occasione, Carmelo Bene: «Lo sapevo e l'ho saputo con un certo sollievo, quasi. Non aveva né bronchi né polmoni da quattro anni. Già quando venne a vedermi per il *Lorenzaccio*, sempre molto elegante, scendeva dal taxi e doveva appoggiarsi all'automobile. Viveva ormai accanto a una macchina che respirava per lui, con tutti i cannelli nella bocca e nel naso. Ha deciso di staccare la macchina e invece di morire d'asfissia s'è buttato dal sesto piano: non per narcisismo – ché il suicida è sempre un po' narcisista – ma perché non poteva più permettersi d'essere quel grande autodistruttore che è stato».[73]

Bellissima è anche l'immagine di Deleuze nelle parole di Derrida: «sì, tutti abbiamo amato la filosofia, chi può negarlo? Ma Deleuze – lo ha detto lui ed è vero – era di questa "generazione" quello che fra tutti "faceva" filosofia con più gioia, con più innocenza. Non gli sarebbe piaciuta la parola che ho usato prima, credo, "pensatore". Avrebbe preferito "filosofo". A questo proposito diceva di essere "il più innocente (il meno colpevole) di fare filosofia". Era forse la condizione per lasciare, nella filosofia di questo secolo e in profondità, quel segno che resterà il suo segno, incomparabile. Il segno di un grande filosofo e di un grande professore.

Continuerò o ricomincerò a leggere Gilles Deleuze per imparare, e dovrò vagare da solo in quel lungo colloquio che dovevamo fare insieme.

La mia prima domanda, credo, sarebbe stata su Artaud, sulla sua interpretazione del "corpo senza organi", e sulla parola "immanenza" a cui ha sempre tenuto, per fargli o lasciargli dire qualcosa che per noi resta forse ancora segreta.

E io avrei tentato di dirgli perché il suo pensiero non mi ha mai lasciato, per quasi quarant'anni. Come potrebbe lasciarmi ora?».[74]

Di quel tempo, citiamo infine le parole di "Maîtresse Françoise": «Novembre 1995, Gilles Deleuze met fin à sa vie de souffrances. Ce jour-là, la liberté se voile de noir. Et, j'ai l'impression que mon père vient de mourir une deuxième fois».[75]

Vent'anni dopo, David Lapoujade ha fatto quello che è forse il ritratto più veritiero e profondo di Deleuze. Rispondendo alla domanda: «Dans une des lettres que vous avez recueillies, Gilles Deleuze écrivait à Michel Foucault: "vous êtes celui

---

(72) A. M. MERLO, *Era seducente e ironico come Humprey Bogart*, 'il Manifesto', 7/11/1995. Piccola notazione: non vogliamo certo contestare il titolista dell'articolo citato, ma Deleuze non era, vorremmo dire, "ironico". Definizione di cui si può accettare il senso, ma Deleuze, più esattamente "aveva humour" e in LdS aveva anche opposto ironia e humour, pur stemperando in seguito la contrapposizione, e ancor più aveva preso le distanze, che manterrà, dalla satira. Differenziazione interessante e importante a definire l'ironia e la satira come un qualcosa di malevolo e, di contro, l'humour come la forza senza acredine, senza cattiveria, che smonta, anche, fosse, ma sorride. Senza irridere, senza deridere.
(73) S. CHINZARI (intervista a cura di) *L'eretico. Apologia di Carmelo Bene*, 'L'Unità', 17/11/1995.
(74) J. DERRIDA, *Je devrai errer seul...*, 'Libération', 7/11/1995, trad. it. *Dovrò vagare da solo*, 'aut-aut', n° 271-2, I-IV/1996, pg. 9-10. Anche in J. DERRIDA, *Chaque fois unique, la fin du monde*, Galilée, Paris, 2003, trad. it. *Ogni volta unica, la fine del mondo*, Jaca Book, Milano, 2005.
(75) "Maîtresse Françoise", come nel nome d'arte della sua professione di "dominatrice" per esperienze masochiste, scrittrice con il "non de plume" di Annick Foucault (A. FOUCAULT, *Françoise maîtresse*, La musardine, Paris, 2000, trad. it. *Françoise Maîtresse. La dominatrice*, Sonzogno, Milano, 1995), ha avuto contatti e scambi epistolari con Deleuze e, appena dopo la sua morte, posta un *Hommage a Gilles Deleuze* con parole di grande profondità e di commovente sensibilità umana sul proprio sito web, www.maitresse-francoise.com.

qui, dans notre génération, fait une œuvre admirable et vraiment nouvelle. Moi je me vois plutôt comme plein de "'petits trucs' bien, mais compromis par trop de morceaux encore scolaires". Alors que Foucault vient d'entrer dans la Pléiade, où en est-on avec Deleuze?», Lapoujade dice infatti: «A bien des égards, Deleuze n'a pas eu l'importance de Foucault. La fécondité de Foucault dans le champ du savoir est extraordinaire, au point que, parfois, on ne la perçoit même plus tant elle imprègne notre manière de voir. Mais elle suppose, la plupart du temps, de délaisser l'histoire de la philosophie pour un nouveau type d'histoire, extrêmement novateur: histoire de l'asile, des prisons, de la clinique, du droit, de la sexualité, etc.

Avec Deleuze, c'est différent. Il est toujours resté fidèle à l'histoire de la philosophie, donc à une forme d'éternité des problèmes philosophiques.

En ce sens, Deleuze est peut-être le plus "philosophe" de sa génération. Aimer Deleuze, c'est perpétuer cet amour pour la philosophie, de Platon jusqu'à Foucault (auquel il a consacré un livre en 1986).

G. Deleuze, *Empirisme et subjectivité*, Puf, Parigi, 1953.
G. Deleuze, *Le bergsonisme*, prima edizione, Puf, Parigi, 1953.
fonte: proprietà dell'autore

Deleuze ne vient jamais après, il n'est pas "moderne" en ce sens. Il ne vient jamais après quelque chose, mais toujours en même temps. Il n'est pas "post", mais plutôt toujours "néo"! Il est le contemporain de Platon aussi bien que de Nietzsche ou Bergson; ou plutôt, il fait de Platon, de Bergson ou de Nietzsche nos contemporains».[76]

---

(76) J. CERF (intervista a cura di), *Gilles Deleuze est mort il y a 20 ans: il n'est toujours pas "post", il est "néo"!*, www.telerama.fr, 10/11/2015. Parole che ricordando l'elogio di André Bridoux al suo maestro Alain: «Nous n'assistons pas à un exposé des idées de Platon et de Descartes, nous étions en presence de Platon et de Descartes, sans intermédiaires». A BRIDOUX, *Hommage à Alain*, 'Nouvelle revue française', 9/1952. Una precisazione per non equivocare le parole di Lapoujade: Deleuze non è rimasto entro lo stretto ambito della (storia della) filosofia, ma ha percorso, come abbiamo già detto e come vedremo, un enorme spazio "fuori", per usare un concetto caro a Deleuze stesso, toccando varie discipline. Situazioni di cui Lapoujade è ben conscio, ma se estremizza è perché vuole evidenziare come Deleuze abbia amato la filosofia. Per questa ragione, e qui Lapoujade descrive la sostanza più vera e viva del lascito deleuziano, ogni lettore di Deleuze non può che essere portato entro il grande tesoro della filosofia, dove pure ci sono bocconi avvelenati, il determinismo, l'idealismo, e dove pure ci sono nemici. E nessun lettore di Deleuze potrà dirsi deleuziano perché Deleuze non si è posto come il riferimento unico e primo, risolutivo o finale (accadde qualcosa di simile con Sartre o Marcuse che pure non lo avevano voluto), ma come l'intercessore verso i grandi lasciti della filosofia. Essere allievo è l'insegnamento di Deleuze. E forse oggi non dobbiamo lamentare solo la mancanza di maestri, pure grave e acuta, ma, anche, di allievi. E forse i maestri mancano proprio perché non hanno saputo essere allievi. Oggi dobbiamo, anche, dire: tristezza di una generazione senza "allievi".

ENRICO PALANDRI
Gilles Deleuze
L'intuizione, il 1977 e i telequiz

«Di Gilles Deleuze e dell'influenza che ha avuto sulla generazione che ha studiato negli anni Settanta sembra sia scomparso tutto oggi in Italia. A cancellare quegli anni ci hanno pensato prima le brigate rosse, con una visione primitiva e feroce del marxismo, poi le sentenze di tribunale ma soprattutto una distrazione dorata che ha fatto credere agli italiani, non meno che agli albanesi, in un sogno italiano: la nostra versione provinciale del sogno americano di ricchezza illimitata, a disposizione della buona volontà. Idea che rieccheggia, nell'aspirazione a un orizzonte infinito, anche la macchina desiderante dell'*Antiedipo* di Deleuze e Guattari, la deterritorializzazione senza limiti da contrapporre alle camicie di forza della norma borghese.
Così ricco è stato il pensiero di Deleuze che ha potuto essere frainteso persino con questo sogno italiano, che ha visto tanti attraversare disinvoltamente le frontiere politiche in un'epoca di crisi ideologica e soggettività esaltate.
Ricordando però la sua morte recente, si permetta a chi come me prova un po' di disagio di fronte a tanta disinvoltura di ricordare cosa si è perso per strada in questo equivoco. Nel superare gli orizzonti asfittici di un materialismo dogmatico, privo di quell'abilità di bricoleur, di improvvisazione e fantasia così caratteristiche del lavoro umano, Deleuze ha puntato verso il futuro. Ha lanciato una freccia, come lui ricorda citando Nietzsche, che a un certo punto, in qualche punto cade.
Ricordare che questo futuro lo aveva immaginato non partendo dal mondo senza ideologie di oggi, ma in epoche dominate da fascismi e stalinismi, ci dà la misura della straordinaria libertà e del coraggio di quest'uomo.
A rileggere il pensiero di Deleuze si arriva a capire da dove sia emerso il '77 italiano, da dove sia nato il movimento punk inglese e quali siano i problemi sul tavolo di domani. Torna in mente perché lui, Guattari, Sartre e tanti altri abbiano firmato in quegli anni un famoso manifesto contro la repressione in Italia, schierandosi con gli studenti contro l'intero arco parlamentare italiano, allora compatto nel condannare il mondo giovanile.
Chi oggi confronta cosa sia divenuta l'Italia in questi diciotto anni non può non chiedersi se le interminabili serate di giochi a premi cui sembra a volte rassegnata non siano un prezzo che si è pagato fin da allora per aver rifiutato un confronto, per essersi provincialmente chiusi in un "Voi non potete capire", così da sentirsi la coscienza a posto nell'incriminare interi dipartimenti universitari, leader studenteschi e alla fine una generazione intera. Ma al di là degli aspetti immediati e spiccioli della politica, l'intelligenza e l'intuito di Deleuze sono salutari per la semplicità, l'anti-intellettualismo che li ha caratterizzati.
Pensare, dice Deleuze, non è un'esibizione di saggezza o tanto meno di erudizione. Non c'è anzi nulla di più noioso. Si pensa invece tra amici, rivolti agli amici. Si pensa pensando l'amicizia. Non perché si è simili o si dicano le stesse cose, ma perché di alcune persone si capisce quello che dicono, di altre non si capisce invece nulla.
Deleuze è stato il filosofo amico di un'avventura spirituale e conoscitiva che chiedeva un superamento dell'orizzonte chiuso del marxismo, senza per questo reclamare una nicchia nel capitalismo.
Superare la giustapposizione del tutto ideologica dei massimi sistemi per vedere il modo reale in cui, nelle trasformazioni in cui si è immersi, il mondo ci offra possibilità di esistere all'altezza dei nostri tempi, è parte del messaggio legato alla sua freccia che deve ancora arrivare completamente a terra ma di cui si chiarisce sempre più la traiettoria. Ne parleremo certamente ancora, troppe sono le domande che sono state lasciate disattese e una volta passata la sbronza manageriale, il nostro sogno albanese, dovrà pure riemergere.
Non certo come continuazione di quei temi, al contrario, rizomaticamente, come un'imprevedibile loro trasformazione che consenta di liberare nuovi contenuti».

E. PALANDRI, *Gilles Deleuze. L'intuizione, il 1977 e i telequiz*, 'L'Unità', 11/2/1996.

Introduzione

IL PROBLEMA-DELEUZE

Un'anti-psicanalisi?

Da Laing e Cooper fino a Fromm, dalle riletture di Reich all'apparizione dei testi di Lacan, solo per dire dei momenti di maggior rilievo, la discussione sulla psicoanalisi ha sommato negli anni '70 una serie considerevole di interventi. Le critiche, le revisioni, i frettolosi anatemi, i tentativi di coniugarla al marxismo – come, pur con le dovute differenze, in Althusser[1] e Marcuse – nonché le analisi di quella che fosse la sua presenza nella realtà concreta, nella società, negli effetti su atteggiamenti e costume – fra questi, uno studio di Robert Castel[2] – costituirono uno dei filoni più massicci della situazione culturale del momento.

Un ambito nel quale fu collocata, non senza una certa inesattezza, la "schizoanalisi" proposta da Deleuze e Guattari ne *L'anti-Edipo*. Un testo che – è purtroppo il caso dire – attende ancora una seria valutazione dei suoi contenuti, avendo su di sé solo una bibliografia critica composta, per un verso, da contraddittori polemici che molto hanno attaccato la concezione antipsicoanalitica, e non solo quella, lì espressa,[3] per l'altro, da entusiastici assensi a priori che certe volte arrivano perfino a elevare a feticcio il desiderio in una visione libertario-liberatoria di nessun contenuto.

Un'analisi del pensiero deleuziano, pertanto, non può non partire da questo stato di disagio – o, comunque, non può evitare di sentirlo – sia come dato di fatto che come precisa indicazione di metodo perché è indubitabile che nei primi e fondativi scritti su Deleuze vi fosse contenuto un errore che è necessario evitare di ripetere: l'errore di identificare Deleuze nel solo *anti-Edipo*. Al loro esordio, le analisi del pensiero deleu-

---

(1) Althusser dette un grande impulso a questa ricerca, ma dobbiamo ricordare un precursore, Georges Politzer che introdusse le letture di Marx e di Lenin nel mondo universitario degli anni '30, dove non era riconosciuta loro alcuna dimensione filosofica e la psicoanalisi, pur essendo assai critico nei confronti di Freud verso il quale espresse anche giudizi pesanti. Uno fra questi: «Il suffit de feuilleter n'importe quel ouvrage psychanalytique pour se rendre compte à quelles puérilités peut aboutir la sociologie freudienne». G. POLITZER, *Les fondements de la psychologie*, in *Écrits 2*, Éditions sociales, Paris, 1972 (postumo), p. 292. Althusser, che fu molto influenzato da Politzer, dichiara che gli si debba di essere «l'origine de l'entrée de la psychanalyse dans la réflexion philosophique française». L. ALTHUSSER, *Psychanalyse et sciences humaines. Deux conférences (1963-1964)*, LGF/IMEC, Paris, 1996, p. 34-6. Politzer, di origine ungherese, si laureò alla Sorbona e fondò l'Université ouvrière de Paris. Impegnato nella Resistenza, venne catturato dalle Brigades spéciales, e sarà fucilato nel 1942. Sua moglie, Marie Larcade, venne deportata ad Auschwitz dove morirà nel 1943. Infine, una boutade: all'uscita de *L'anti-Edipo*, «scherzando, Foucault dice a Deleuze: "Bisogna sbarazzarsi del freudo-marxismo". Deleuze risponde: "A Freud ci penso io, e lei si occuperà di Marx?"». A. DEL LAGO, *Foucault: dire la verità al potere*, "Introduzione" a M. FOUCAULT, *Archivio Foucault, 2*, Feltrinelli, Milano, 2017, pg. 28, trad. it. di *Dits et écrits, 2*, cit.
(2) Cfr. R. CASTEL, *Lo psicanalismo*, Einaudi, Torino, 1975.
(3) Verso *L'anti-Edipo* Lacan mostra una totale avversione. La sua discepola Élisabeth Roudinesco, che era stata anche allieva di Deleuze, frequentando per tre anni i suoi corsi a Vincennes, "esegue", scrivendo un articolo-stroncatura. É. ROUDINESCO, *Le bateau ivre du schizo débarque chez Al Capone*, 'Les lettres françaises', 19/4/1973. Deleuze non se ne offende, ma la invita a scrivere con e per altri scopi. Racconta la stessa Roudinesco: «En 1972, Deleuze m'a dit: il faut trouver votre voie. Arrêtez d'admirer les maîtres ou de ne pas les admirer, il faut trouver votre voie, qu'est-ce que vous allez faire? C'était la question: "qu'est-ce que vous allez faire?". C'était une très bonne interprétation. J'avais critiqué Deleuze et il m'avait dit: "Au lieu de m'attaquer, sachez faire ce que vous avez à faire, vous"». F. CHAUMON, F. GROS, *Entretien avec Élisabeth Roudinesco*, 'Raisons politiques', n° 25, 2007.

ziano si limitarono a osservare questo scritto in maniera eccessivamente preminente e, di converso, ogni lettura della concezione antipsicoanalitica lì espressa non si allargò agli altri scritti della precedente produzione deleuziana nell'ipotesi – che invece qui sosterremo – di trovarvi possibili chiavi interpretative. Come risultato, pertanto, si ebbero solo delle riflessioni asfittiche e tautologiche, nonché libere – essendo prive di questo preliminare analitico di base – di giungere a qualsiasi interpretazione possibile – come vedremo – sì da cogliere in Deleuze un apologeta dell'irrazionalismo, come in Franco Rella e Laura Forti[4], un profeta del gauchismo o un nuovo Marcuse, come in Enzo Corradi[5] e, all'opposto, addirittura un profeta del neofascismo, come in Michel Clouscard[6], poiché, come ebbe a sintetizzare Danielle Grisoni, «esperienze storiche recenti avrebbero provato, secondo questi critici, l'esistenza di una sinonimia necessaria fra irrazionalismo e fascismo. Per essere chiari: ogni teoria fondata su un elemento irrazionale (e il desiderio appartiene, totalmente, all'irrazionale), prelude, necessariamente, a una realtà sociale e politica fascista».[7]

Un errore, questo, mescolato a quello altrettanto grave di una critica che ha spesso usato toni molto "impressionistici" ma poco profondi e fortemente votata alla stroncatura. Giudizi ironici quali quelli di Aron quando scrive «Non sembrava che questo chierico fosse destinato a un avvenire tanto brillante [...]. All'università di Strasburgo,[8] dove è borsista – premio di consolazione per il miglior candidato non ammesso all'École Normale Supérieure – paga il suo debito nella primavera del 1946 con uno studio sulla logica formale salutato da Canguilhem come un capolavoro. [...]. La reputazione di Deleuze nel serraglio filosofico non ha grande risonanza all'esterno...»[9] sono uno specchio assai chiaro di quello che era, ed è stato a lungo, il tono, nella forma e nella sostanza, degli scritti dedicati a Deleuze.

Un errore che, come detto, è prodotto, da un altro, dalla considerazione – espressa ampiamente dalla critica – che in Deleuze non si potessero trovare dei precedenti de *L'anti-Edipo* poiché i suoi scritti sarebbero stati, fino al '72, solo dei sommari filosofici o delle opere monografiche, semplici lavori di un docente universitario – estroso nel dedicarsi anche a Proust e Sacher-Masoch, in realtà, l'inizio di quel percorso nel "fuori" che costituirà un'altra cifra importante del pensiero deleuziano, il fuori come

---

(4) F. RELLA, *Il mito dell'altro*, Feltrinelli, Milano, 1978; L. FORTI, *L'altra pazzia*, Feltrinelli, Milano 1974.
(5) E. CORRADI, *Desiderio o norma*, F. Angeli, Milano, 1979.
(6) M. CLOUSCARD, *Néo-fascisme et idéologie du desir. Le tartuffes de la révolution*, Denoël, Paris, 1973, trad. it. *I tartufi della rivoluzione*, Editori Riuniti, 1975
(7) D. GRISONI, *Les onomatopées du désir*, in AA.VV. *Les dieux dans la cuisine*, Aubier, Paris, 1978, trad. it. *Le onomatopee del desiderio* in AA.VV. *Gli dei in cucina*, Queriniana, Brescia, 1979, pg. 240.
(8) Velenoso ma impreciso J.-P. Aron. Deleuze non frequenta Strasburgo. Ricorda Deleuze: «Quando ho sostenuto l'esame d'ingresso all'École normale supérieure, Canguilhem mi ha fatto l'esame orale di filosofia. Mi ha dato un buon voto, che però non bastava a recuperare le insufficienze nelle altre materie. Mi hanno bocciato, ma ho ottenuto ciò che chiamavano una "bourse d'agrégation". Dato che il decentramento era già in atto, la borsa era valida per un'università di provincia. Hyppolite, che era stato mio professore nel corso di preparazione all'esame e che mi voleva molto bene, mi ha proposto di andare a Strasburgo, dove gli era stata affidata una cattedra dopo aver finito la sua tesi su Hegel. Non ho preso casa a Strasburgo, ci andavo una volta a trimestre per riscuotere la mia borsa di studio. Là seguivo i corsi di Canguilhem; ci parlava di autori che non conoscevamo, che non avevamo mai sentito nominare. Quando andavo a Strasburgo, dato che non riuscivo ad abituarmici, lo frequentavo molto. [...]. Canguilhem è stato molto importante per me, sia per i suoi corsi che per i suoi libri. In realtà, Canguilhem è stato molto importante per tutte le generazioni che lo hanno studiato, a partire dalla mia. Si potrebbe addirittura sostenere che ha formato tutti, o quasi». D. ERIBON, *Le "Je me souviens"*, cit., pgg. 112-3.
(9) J.-P. ARON, *I moderni*, cit., pg. 229.

«il non rappresentabile o il fuori della rappresentazione»[10] – che niente avrebbero in comune col successivo impegno contro la psicoanalisi e la formulazione di una propria personale teoria. Nessuno lo vide come allievo di Hume, Bergson, Nietzsche e Spinoza. O degli Stoici. Poche le voci opposte, come nel caso di Patrizia Cipolletta che scrisse: «Possiamo definire [...] che ci sia uno stacco fra le analisi teorico-filosofiche di Deleuze e la formulazione della schizoanalisi di Deleuze e Guattari? Il primo Deleuze è cioè saldamente legato allo strutturalismo e solo tramite l'assimilazione delle *macchine desideranti* di Guattari si staccherà definitivamente dalle sue matrici culturali? Oppure da sempre Deleuze si presenta come uno strutturalista *sui generis* per cui si può affermare che già le critiche rivolte in *Differenza e ripetizione* alla filosofia come rappresentazione preparano il terreno filosofico alla schizoanalisi?».[11]

E, parlando dello studio di Corradi, qui avanti citato, sempre la Cipolletta, afferma: «Corradi crede di individuare una netta demarcazione fra l'opera di Deleuze precedente l'incontro con Guattari e la stesura de *L'anti-Edipo* e di *Rizoma*. Corradi vede nelle prime opere di Deleuze un interesse rivolto esclusivamente ai temi tipici dello strutturalismo quali la significazione e l'interpretazione, eludendo però la valenza rivoluzionaria già insita in Deleuze nella sua interpretazione nietzschiana della morte dell'io, nella concezione delle singolarità pre-individuali o monadi anarchiche che sono il terreno filosofico su cui cresceranno naturalmente *L'anti-Edipo* e *Rizoma*».[12]

Su questo piano anche Jean-Noël Vuarnet, più esplicito ancora nell'affermare, senza riserve, che «*L'anti-Edipo* deve essere letto non come una rottura rispetto ai lavori precedenti, ma come il prolungamento».[13]

Edimburgo. Old Calton Cemetery. La tomba di David Hume.
fonte: Gaia Blandina

Il prolungamento, occorre allora aggiungere, di un discorso che ha dietro di sé non solo *Differenza e ripetizione*, nonché, è il caso di aggiungere, *Logica del senso*, ma che passa attraverso anche gli scritti monografici, i meno considerati, invece, per questa loro forma quali elementi e singole parti di un progetto e di un processo comune.

---

(10) F. ZOURABICHVILI, *Deleuze. Une philosophie de l'événement*, Puf, Paris, 1994, trad. it. *Deleuze, una filosofia dell'evento*, Ombre corte, Verona, 1998, pg. 48.
(11) P. CIPOLLETTA, *Dall'io incrinato al desiderio come produzione*, in AA.VV., *La struttura della soggettività*, La nuova parola, Roma, 1981, pg. 164.
(12) Idem.
(13) J.-N. VUARNET, *Métamorhoses de Sophia*, 'L'arc', n° 49, 1972, trad. it. in AA.VV., *Deleuze*, Lerici, Cosenza, 1976, pg. 109.

Un'esclusione, questa, contro la quale già lo stesso Deleuze aveva protestato, facendo notare – in una lettera a Michel Cressole, il primo a scrivere su Deleuze, appena dopo l'uscita de *L'anti-Edipo* – che in quegli scritti vi erano i primi passi del suo stesso filosofare, i primi momenti di un percorso unico dal quale essi non erano esclusi, né la scelta degli autori trattati era da considerarsi casuale, essendovi una caratteristica comune fra personaggi pur tanto differenti, ovvero «tra Lucrezio, Hume, Spinoza, Nietzsche c'è, per me, un legame segreto, costituito dalla critica del negativo, la cultura della gioia, l'odio dell'interiorità, l'esteriorità delle forze e delle relazioni, la critica del potere....»,[14] autentico manifesto-programma della riflessione deleuziana, *L'anti-Edipo* compreso, e soprattutto.

La riflessione deleuziana – e la schizoanalisi che ne è il suo culmine – si costituisce interamente per una sintesi dei temi che appartengono a quegli autori sui quali Deleuze aveva scritto in precedenza, e si nutre costantemente di essi.[15]

(14) G. DELEUZE, *Lettre à Michel Cressole* cit., PPA pg. 14. Anche quegli stessi autori hanno avuto comunanze fra di loro. Bergson scrive a Jankélévitch: «Je me sens toujours un peu chez moi quand je relis l'*Ethique*, [...] et j'en éprouve chaque fois de la surpise, la plupart de mes thèses paraissant être (et étant effectivement) a l'opposition du spinozisme». In C. TRESMONTANT, *Deux métaphysiques bergsoniennes?*, 'Revue de métaphysiques et de morale', 4/5/1959, pg. 193. Nietzsche, che scrive su Spinoza nella *Genealogia della morale*, dichiara poi in una lettera a Overbeck: «Sono pieno di meraviglia e di entusiasmo! Ho un precursore e quale precursore! Io non conoscevo quasi Spinoza: per 'istinto' ho desiderato ora di leggerlo. Ed ecco che non solo la tendenza generale della sua filosofia è identica alla mia: fare dell'intelletto la passione più poderosa; [...]. *In summa* la mia solitudine [...] è ormai, per lo meno, una comunanza di due persone». F. NIETZSCHE, *Epistolario 1865-1900*. La prima parte in SP pg. 159.
(15) Importanti, a questo riguardo, anche agli "intercessori" di Deleuze, i grandi professori che incontrò nei suoi studi o, ancora, i "maestri", come detto avanti.
Scrive Dosse: «À y regarder de plus près, on peut aussi soutenir, comme le fait Giuseppe Bianco [G. BIANCO, *Trous et mouvements: sur le dandysme de Gilles Deleuze*, in (direction de) S. LECLERCQ, *Aux sources de la pensée de Gilles Deleuze*, cit.], que Deleuze a repris pour l'essentielles auteurs traités par ses professeurs. En effet, à l'université de Strasbourg Jean Hyppolite avait consacré son cours de 1946-1947 à Hume, celui de 1947-1948 à Kant et celui de 1948-1949 à Bergson. En 1949-1950, Hyppolite consacre quatre articles à Bergson dont la particularité, sur laquelle va s'appuyer Deleuze, est de diminuer la dimension psychologique de l'oeuvre de Bergson pour mieux en souligner la nature ontologique. Ferdinand Alquié, directeur de sa thèse secondaire sur Spinoza, avait donné deux cours sur Spinoza en 1958-1959. Quant à Jean Wahl, c'est très certainement lui qui, très ouvert à la philosophie anglo-saxonne dont il est un passeur majeur en France, a convaincu Deleuze d'exhumer Hume. Outre cette ouverture internationale, Wahl tient deux cours sur Nietzsche en 1958-1959 et en 1960-1961. Wahl joue aussi un rôle séminal pour Deleuze dans la réhabilitation de l'oeuvre de Bergson. C'est en effet Wahl, ancien élève de Bergson à qui il dédiera sa thèse, qui introduit ce dernier à l'université en lui consacrant un certain nombre de ses cours. Wahl en tant qu'introducteur pour Deleuze à la fois de Hume, de la littérature anglo-saxonne et de Bergson, aura joué un rôle majeur dans sa formation». F. DOSSE, *Deleuze Guattari*, cit., pg. 136. Ricordiamo che Wahl è stato fra i promotori della de-nazificazione di Nietzsche, come detto prima, e per quanto non ci siano documenti che lo provino ci sembra impossibile che Deleuze non abbia frequentato quel grande «endroit où le non-conformisme intellectuel, et même ce qui se croyait tel, était toleré et attendu» (E. LÉVINAS, *Ètique et infini*, Fayard, Paris, 1982, pg. 55) che fu il "Collège philosophique" fondato da Wahl, Bataille e la Devy nel 1946 (da non confondersi con il "Collège de philosophie" fondato nel 1974) visto che i partecipanti ricorrono in altri luoghi frequentati da Deleuze e le cronache di queste riunioni sono fatte da Butor, suo compagno di studi. Ancora Lévinas definisce Wahl «le précurseurs de certaines audacies [...] de la philosphie d'aujourd'hui» con la quale «une atteinte est porté à la structure du système, à la philosophie installé en guise d'architecture logique, château fort du domaine du philosophe, domaine héréditaire, trasmissibles aux écoles, aux disciples, aux épigones». E. LÉVINAS, *Jean Wahl et Gabriel Marcel*, Beauchesne, Paris, 1976, pg. 27. Occorre almeno accennare, l'argomento essendo troppo vasto, che nelle università francesi c'è una forte chiusura in particolare verso la filosofia anglo-sassone e la fenomenologia. Infine, ricordiamo sia lo stacco da Alquié, di cui avanti si è detto ne accenni Deleuze, sia il favore verso quello che per Deleuze sarà un altro grande maestro, Martial Gueroult, nel mentre i due maestri sono divisi su Cartesio e Spinoza (sul tema si veda K. PEDEN,

Come scrive ancora Vuarnet è una filosofia che inizia nascondendosi «sotto la maschera del critico, oppure sotto quella ancora più anonima del semplice lettore»[16] e, come scrive Clément Rosset, si compone «riprendendo per proprio conto certi temi che [Deleuze] ha messo in evidenza presso questo o quello»[17] sintetizzandosi in un «sistema di alleanze e filiazioni»[18] per usare, infine, le parole di Alessandro Fontana.

In tal modo la schizoanalisi non può essere interpretata senza essere ripensata entro il processo del pensiero di Deleuze che, a sua volta, chiede di essere ripercorso in tutte le sue componenti, in tutte le sue ascendenze, dalle quali derivano i concetti, fondamentali nella struttura logico-ontologica deleuziana, di *differenza* e di *ripetizione*.

Parigi. 47, Boulevard de Beauséjour. L'ultima abitazione di Henri Bergson.
fonte: Chiara Blandina

Per questa ragione, quindi, i testi cosiddetti "monografici" della produzione letteraria deleuziana assumono un'importanza considerevole, essendo una chiara documentazione delle radici della schizoanalisi, del suo stesso fondamento. Pur senza voler negare il contributo di Guattari. Occorre infatti aggiungere che osservare questa parte, la parte interamente, squisitamente, deleuziana, non significa voler misconoscere i meriti di Guattari, e di cui già abbiamo accennato in precedenza, anzi, e qui ricordiamo ancora, il primo, quello di aver offerto – indicandolo nella psicoanalisi – un obiettivo concreto contro il quale potesse rivolgersi l'attenzione deleuziana e il suo antideterminismo da sempre praticato, ma che, in assenza di un contraddittore

---

Descartes, Spinoza, and the impasse of french philosophy: Ferdinand Alquié versus Martial Gueroult, MIH, Cambridge, 2011). Deleuze rigetta il favore che Alquié tributa a Cartesio e non condivide la scarsa considerazione rivolta, invece, a Spinoza, accusato, da Alquié, perfino di "naivité". F. ALQUIÉ, *La nostalgie de l'Être*, Puf, Paris, 1973 e *La découverte métaphysique de l'homme chez Descartes*, Puf, Parigi,1950. Ancora, si veda G. BIANCO, *Entre système et création*, cit., dove l'autore vede purtuttavia che «ces deux positions [di Alquié e di Gueroult], contradictoires sur le plan du contenu, affichent la même méfiance aux égards des sciences sociales. Deleuze en résulte donc, malgré lui, comme le parfait héritier». Ivi, pg. 46. Un punto interessante, che forse svela una delle radici del pensiero anti-scientista di Deleuze, che si formò, dunque, con molti dei più grandi maestri di quella "scuola" francese d'inizio '900, composta da pensatori e, soprattutto, insegnanti, spesso anche le due cose insieme, di primissimo ordine e che, a loro volta, avevano avuto progenitori importantissimi. Sul panorama della scuola francese si veda il breve ma ricco articolo ancora di Bianco, *Hyppolite, intellectuel-constellation*, in (a cura) di G. BIANCO, *Jean Hyppolite. Entre structure et existence*, Editions rue d'Ulm, Paris, 2013.
(16) J.-N. VUARNET, *Metamorfosi*, cit., pg.109.
(17) C. ROSSET, *Sécheresse de Deleuze*, 'L'arc', n° 49, 1972, trad. it. *Secchezza di Deleuze*, in AA.VV., *Deleuze*, cit., pg.172.
(18) A. FONTANA, "Introduzione" all'ed. it. di AE.

preciso, sarebbe rimasto forse astratto, avulso da un impegno concreto qual è quello preso con *L'anti-Edipo*. Il secondo: quello di aver fatto intravedere, quantomeno, con l'ipotesi delle *macchine desideranti*, un modello verso il quale potesse confluire lo sforzo di Deleuze e dove potessero sintetizzarsi in una figura precisa e definita tutte le sue differenti intuizioni. Recuperare quindi – nel caso di una riflessione su Deleuze – la sola parte filosofica, i contenuti che riempiono i segni di Guattari, non significa dimenticare questi ultimi, come abbiamo già segnalato. Significa individuare l'apporto fornito da Deleuze al progetto schizoanalitico e, contemporaneamente, evidenziare quella che è la sintesi finale del pensiero propriamente deleuziano poiché è in questo momento, e per questo scopo, che Deleuze giunge a formulare una sua concezione filosofica e mette a frutto tutto il suo precedente apprendistato, componendo in una visione organica tutte le sue differenti ascendenze.

Non sarebbe inesatto affermare che trattare della schizoanalisi dalla parte di Deleuze equivale a ripercorrere l'intera opera di Deleuze poiché la schizoanalisi è il compimento – per certi versi anche cronologico – della filosofia deleuziana stessa o, comunque, di un impegno coltivato a lungo da Deleuze: l'avversione alla psicoanalisi è infatti la diretta conseguenza, in Deleuze, della sua lunga pratica sui temi dell'antideterminismo e della concezione della libertà come inderivata facoltà propria dell'uomo, sui temi dunque che Deleuze ha rintracciato ed evidenziato in quegli autori sui quali ha, per molto tempo e ripetutamente, scritto.[19]

Come leggere gli scritti monografici deleuziani. I dialoghi di Platone.

Ciò nonostante questi testi – occorre immediatamente dire – devono essere usati con estrema cautela. Non soltanto perché essi possono offrire solo delle tracce indicative e sommarie, come le sole linee direttrici, di massima, di una mappa dell'universo deleuziano ma, soprattutto, perché sarebbe sbagliato, a livello propriamente metodologico, servirsi di essi in una forma che fosse troppo "diretta".

È infatti necessario notare come, in questi scritti, Deleuze sia uno studioso di assoluto rigore, ma anche un discepolo dotato di una sua originalità. Maria Rosaria Restuccia commentando lo studio deleuziano su Bergson esprime un giudizio molto preciso – giudizio che si potrebbe estendere anche nei confronti degli altri saggi deleuziani – del particolare metodo seguito: «Siamo di fronte a un tentativo opposto a quella maniera di accedere al pensiero filosofico che vorrebbe definirsi rigorosamente "oggettiva"»,[20] l'analisi infatti avviene «attraverso il filtro di una personalissima prospettiva, influenzata dall'oggetto d'indagine e a sua volta questo influenzante»[21].

Claire Parnet, in un'intervista, dice infatti a Deleuze: «anche quegli autori sui quali hai scritto, come Hume, Spinoza, Nietzsche, Proust o lo stesso Foucault, tu non li tratti come autori, vale a dire come soggetti di ricognizione [...] si può sempre dire che cercavi di tirarli dalla tua parte».[22]

Data questa particolare maniera deleuziana di accostarsi agli autori classici è quindi successo che essi sono passati nella schizoanalisi, ma sono passati attraverso una

---

(19) G. DELEUZE, *Nota* all'ed. it. di LdS, pg. 294: «Che cosa non andava in questa *Logica del senso*? Evidentemente essa testimoniava ancora di un compiacimento ingenuo e colpevole nei confronti della psicoanalisi».
(20) M. R. RESTUCCIA, *Deleuze e Bergson*, 'il Cannocchiale', n° 1-2, 1993, pg. 167.
(21) Ibidem.
(22) CNV pg. 31.

selezione, una scelta "della parte interessante", per indicare, come si dirà dopo, quale sia l'oggetto della conoscenza, che – per Deleuze – è scegliere appunto la parte che interessa a quel processo conoscitivo.

Nondimeno, ci parrebbe eccessivo e fuori luogo, di contro, parlare di uno "stravolgimento", come ad esempio si è avuto a leggere in uno studio di Stéphan Leclerq che scrive: «Gilles Deleuze est considéré comme un grand historien de la philosophie, mais surtout par les *deleuziens*. Comme on le sait, ses ouvrages sur Spinoza, Nietzsche, Bergson ou Hume sont aujourd'hui les références incontournables de ces figures, mais, dans le même temps, trop souvent on a contesté leur manque d'*objectivité*, de fidélité à l'œuvre étudiée, ou encore l'apparition d'interprétations forcées, voire erronées. Gilles Deleuze serait alors un piètre historien quand l'histoire trouve ses valeurs dans l'authenticité de la source étudiée, dans l'objectivité de son étude, dans l'exactitude des faits avancés. [...]. Il ne s'agit plus de réfléchir la matière, mais d'exposer ses processus de création, ce qui, à son tour, appartient à la création même. Préférer la création à la réflexion, l'agencement à l'interprétation. Dès lors, il est vrai que Gilles Deleuze ne fut jamais un *historien*, mais sans cesse un créateur en acte. Toute histoire doit appartenir aux formes de création et éviter tout principe réflexif.

Ce principe n'est alors qu'une dénaturation de la matière par un processus interprétatif, donc par un ensemble de causes choisi a priori comme moyen d'analyser l'objet d'étude. À notre tour, nous essaierons d'éviter cette systématique».[23]

Eccessivo e fuori luogo, ci pare, un commento del genere, per varie ragioni.

A cominciare dalla chiusa che rifiuta sdegnata questa metodologia a favore di una pretesa di "oggettività" che è quasi imbarazzante nella sua pretenziosità, come se esistesse un'oggettività e come se si potesse dire che ci sono commentatori oggettivi e commentatori soggettivi (forse lo Spinoza – per dire – di Alquié è oggettivo? O non è anch'esso una visione di Spinoza da parte di Alquié?), e per domandarci davvero se un'opera che esprime le forze di un pensiero e non una sua tassonomica possa essere inferiore a livello già di conoscenza dell'oggetto trattato.

Riportare in vita le forze del pensiero di un autore piuttosto che puntare sull'esattezza – e di quale esattezza si dice? – di quanto questi abbia detto – e già qui è opinabile che questo non sia avvenuto nei testi deleuziani – è uno dei grandi lasciti di Deleuze. Constatiamo, e altro non vogliamo aggiungere, che Leclerq ci invita sprezzantemente a gettarlo alle ortiche.

Ma è il caso di andare oltre e di dire che Deleuze non pensa *su* (Hume, o Spinoza etc), ma *con*.[24] Anche, si potrebbe dire, *grazie a*, come Deleuze farà quando scriverà di arte, di pittura, di musica, di letteratura. Non si tratterà infatti di una filosofia dell'arte o della pittura o della musica o della letteratura, ma di ciò che, da questi ambiti, da opere di questi ambiti, viene a *dar da pensare*. Che la filosofia, per Deleuze, è ciò che si sviluppa da ciò che vien da pensare, questo da qualsiasi ambito, o campo, sia, ovvero quello che chiamerà il «*fuori* del filosofo».[25]

Pertanto, è necessario aggiungere che quella che può sembrare un'operazione di confronto fra due termini esterni fra loro – la schizoanalisi confrontata alla luce di

---

(23) S. LECLERCQ, *La reception posthume de l'œuvre de Gilles Deleuze*, in A. BEAULIEU (cordonné par), *Gilles Deleuze, heritage philosophique*, Puf, Paris, 2005, pgg. 145-6.
(24) R. RONCHI, *Gilles Deleuze. Credere nel reale*, Feltrinelli, Milano, 2015, pg. 46:«Dove finiscono Leibniz, Spinoza, ecc. e dove comincia Deleuze? Impossibile rispondere».
(25) Su questo punto si veda in particolare G. DELEUZE, *Foucault*, Minuit, Paris, 1986, trad. it. *Foucault*, Feltrinelli, Milano, 1987, e, qui, l'Appendice 4.

Nietzsche, di Bergson o di Spinoza – è invece un'operazione che si sviluppa fra termini che sono compresi in uno stesso processo. Il processo del pensiero deleuziano diviso fra il suo esito, la critica della psicoanalisi, le *macchine desideranti*, e il suo inizio, costituito dai commenti deleuziani su alcuni autori insieme ai quali inizia a formarsi una sua propria prospettiva e dai quali molto prende ma anche molto sviluppa, o la maniera deleuziana di far dire all'autore anche quello che non ha esplicitamente detto. Esattamente come confessa proprio lo stesso Deleuze: «Ma il mio modo di cavarmela, a quell'epoca, consisteva soprattutto, almeno credo, nel fatto di concepire la storia della filosofia come una specie di inculata o, che poi è lo stesso, di immacolata concezione. Mi immaginavo di arrivare alle spalle di un autore e di fargli fare un figlio, che fosse suo e tuttavia mostruoso. Che fosse davvero suo, era importantissimo, perché occorreva che l'autore dicesse effettivamente tutto ciò che gli facevo dire».[26]

Occorre, in altri termini e se il paragone può avere un valore esemplificativo, usare questi scritti nella stessa maniera in cui si sono serviti dei dialoghi platonici gli storici che hanno voluto ricostruire il platonismo. Anche gli scritti di Platone, infatti, si presentano come apparenti monografie, come sintesi del pensiero di Cratilo, di Teeteto, di Parmenide e degli altri personaggi che popolavano l'universo platonico.

E, se è innegabile che in questi scritti sia rintracciabile anche un certo spessore storiografico è però indubbio che, più in profondo, essi servivano a tutt'altro scopo, essendo in realtà dei pretesti che l'autore utilizzava per un'operazione di interesse personale, per raccogliere degli elementi da usare poi in proprio o dei temi da sviluppare ulteriormente. Erano, i dialoghi di Platone, degli scritti nei quali si veniva a costituire la filosofia, autenticamente propria, di un filosofo autentico che, per necessità o per tattica, aveva temporaneamente indossato i panni dello storico.[27]

Tenendo dunque a modello il metodo con il quale gli storici hanno ricostruito il pensiero di Platone sapendosi servire di testi che, in sé, non si presentavano come tratti di un'esposizione del *platonismo*, ma il racconto di pensieri "altri", ugualmente, nel caso di Deleuze, è necessario cogliere la schizoanalisi come l'effetto prodotto non solo da una semplice applicazione ma anche da una riflessione personale e da una composizione di temi che appartengono ad altri, che Deleuze illustra e, contemporaneamente, "sviluppa" al suo scopo, fa suoi, servendosi di Hume e di Bergson, di Spinoza e di Nietzsche, per gli argomenti della sua critica della psicoanalisi.[28]

---

(26) G. DELEUZE, *Lettre à Michel Cressole*, cit., PPA, pg. 13.
(27) Nota strettamente personale: debbo al Professor Francesco Adorno e ad una sua lezione questa chiave di lettura degli scritti platonici e del filosofo che si traveste e si compone per pezzi altri come, nel caso in questione, avviene per Platone, da cui riprendo come esempio per la composizione del pensiero di Deleuze attraverso gli autori di cui questi parla e sui quali scrive. Francesco Adorno (Siracusa, 9 aprile 1921 - Firenze, 19 settembre 2010) è stato uno dei più importanti storici della filosofia. Ha insegnato nelle Università di Bari, Bologna e Firenze. Dall'*Enciclopedia Treccani* riprendiamo: «Ha studiato il rapporto tra l'insegnamento socratico e la sofistica (*I sofisti e Socrate*, Loescher, Torino, 1961), estendendo poi i suoi interessi a Platone (di cui ha tradotto numerosi dialoghi), allo stoicismo e all'epicureismo. Autore di un'ampia storia del pensiero antico (*La filosofia antica*, 2 voll., Feltrinelli, Milano1961-65; 2ª ed., 4 voll., 1991-92), ha inoltre approfondito aspetti della cultura greco-latina e cristiana tra il 1° sec. a. C. e il 6° sec. d. C., nonché del pensiero tardomedievale e umanistico (L. Valla, C. Sacco, A. Rinuccini). Tra le altre opere: *Studi sul pensiero greco*, Sansoni, Firenze, 1966; *Introduzione a Socrate*, Laterza, Bari, 1970; *Dialettica e politica in Platone*, CEDAM, Padova, 1975; *Introduzione a Platone*, Laterza, Bari, 1978. Molti saggi sono raccolti in *Pensare storicamente*, Olschki, Firenze, 1996. Ha diretto la pubblicazione del *Corpus dei papiri filosofici greci e latini (5° sec. a. C.-8° sec. d. C.)*, CISPE, Napoli, 1984».
(28) Deleuze aveva infatti scritto: «A questo riguardo, noi possiamo sin d'ora porre il problema dell'utilizzazione della storia della filosofia. Ci sembra che la storia della filosofia debba avere una parte abba-

O, come vedremo, e in parte abbiamo anticipato, della sua critica all'imperversante determinismo che domina la cultura filosofica occidentale, e di cui la psicoanalisi ne è, perlomeno al tempo, l'ultima espressione.

Poiché, ed è il caso di sottolinearlo, la psicoanalisi, al di là della sua parte come attività terapeutica, è una filosofia.

È una filosofia, un'autentica dottrina filosofica, poiché ha, al pari di ogni dottrina filosofica, una sua precisa visione su come il soggetto recepisca l'esperienza (problema gnoseologico), come questa ne formi la coscienza (problema ontologico come definizione dell'essere del soggetto) e come da questo momento derivi poi la prassi (problema pratico). È ragion pura e ragion pratica, è visione dell'uomo.

Metafisica, nel senso classico e più ancora specificatamente kantiano, dell'essere umano. Base di un'attività (anche) terapeutica, certamente, ma anche teoria che ha senso al di là di questa, e si affaccia sul mondo nello stesso modo e per lo stesso ambito in cui si affaccia sul mondo, e "vuole", su quello stesso mondo, una teoria filosofica, una dottrina filosofica.[29]

---

stanza simile a quella del collage in pittura. La storia della filosofia è la riproduzione della filosofia stessa. Occorrerebbe che la scrittura di un'opera di storia della filosofia agisse come un vero doppio, comportando la modificazione massima propria del doppio. (Si immagini un Hegel filosoficamente barbuto, un Marx filosoficamente glabro così come si pensa a una Gioconda baffuta)». DeR pg. 7.
Aggiungiamo, sempre per parte nostra, a completamento del parallelo con i personaggi platonici, quanto Platone stesso sia "nascosto" in quel Socrate protagonista nel testo. Un Socrate sicuramente "doppio", o "glabro", che Platone forza ad essere non tanto il padre della conversazione e della maieutica, quanto colui che conduce verso l'unica verità. Di sensibilità diversa, come vero sapiente di non sapere, curioso dell'altro e tutt'altro che intenzionato a portare l'interlocutore alla sua conclusione, è invece il ritratto che ne fa Senofonte. Cfr. SENOFONTE, *I memorabili* e *Apologia di Socrate*.
Infine, ancora da Foucault, come abbiamo già visto anche precedentemente, il senso dell'uso deleuziano degli autori (e del collage): «Je voudrais que vous ouvriez le livre de Deleuze comme on pousse les portes d'un théâtre, quand s'allument les feux d'une rampe, et quand le rideau se lève. Auteurs cités, références innombrables – ce sont les personnages. Ils récitent leur texte (le texte qu'ils ont prononcé ailleurs, dans d'autres livres, sur d'autres scènes, mais qui, ici, se joue autrement; c'est la technique, méticuleuse et rusée, du "collage"). Ils ont leur rôle (souvent, ils vont par trois, le comique, le tragique, le dramatique: Péguy, Kierkegaard, Nietzsche; Aristote – oui, oui, le comique – Platon, Duns Scot; Hegel oui, encore – Hölderlin et Nietzsche – toujours).
Ils apparaissent, jamais à la même place, jamais avec la même identité: tantôt comiquement éloignés du fond sombre qu'ils portent sans le savoir, tantôt dramatiquement proches (voici Platon, sage, un peu rengorgé, qui chasse les grossiers simulacres, dissipe les images mauvaises, écarte l'apparence qui chatoie et invoque le modèle unique: cette idée de Bien qui elle-même est bonne; mais voici l'autre Platon, presque paniqué, qui ne sait plus, dans l'ombre, distinguer de Socrate le sophiste ricanant)». M. FOUCAULT, *Ariane s'est pendue*, 'Le nouvel observateur', n° 229, 31/3-6/4 1969, pgg. 36-7, ora in *Dits et écrits, 1*, Gallimard, Paris, 1994, pgg. 767-8 (un parziale qui a pg. 54).
(29) Sartre, che ha avuto anche un'attenzione positiva verso la psicoanalisi, esprime una riserva: «Io stesso d'altronde, diffido della psicoanalisi quando esce dal campo teoretico-pratico e pretende di offrire una metafisica dell'inconscio o magari le basi di una sociologia generale». Intervista con non precisato redattore, 'Rinascita', 7/9/1963, anche in J.-P. SARTRE, *Il filosofo e la politica*, Editori Riuniti, Roma, 1964, pg. 270. Interessante, qui, più che la riserva sartriana, l'individuazione della psicoanalisi come metafisica e possibile sociologia che Sartre vede essere co-insita nella sua natura.
Analogamente, si trova anche in Ludwig Marcuse l'idea che la psicoanalisi sia una filosofia, un "Bild vom Menschen", come già nel sottotitolo del suo studio su Freud. L. MARCUSE, *Sigmund Freud. Sein Bild vom Menschen*, Rowohlts Deutsche Enzyklopädie, Hamburg, 1956, trad. it. *Sigmund Freud. La sua concezione dell'uomo*, Garzanti, Milano, 1956.

MICHEL FOUCAULT
Arianna si è impiccata

«È giunto il momento di pensare la differenza e la ripetizione: non più di rappresentarle, ma di farle e metterle in movimento. Il pensiero stesso, al culmine della sua intensità, sarà differenza e ripetizione; renderà differente ciò che la rappresentazione aveva cercato di rendere simile; attiverà la ripetizione indefinita di cui la metafisica cocciutamente ha cercato l'origine. Non bisogna più chiedersi: differenza tra cosa e cosa? Per distinguere quali specie, che condividono quale grande unità iniziale? Non ci si deve più interrogare su cosa si ripete, quale evento o quale modello ultimo. Occorre pensare alla somiglianza, all'analogia o all'identità come tanti mezzi per riscoprire la differenza, e la differenza delle differenze; pensare alla ripetizione, senza l'origine di ciò che è, e senza la riapparizione della cosa stessa. Si dovranno pensare le intensità piuttosto (e prima) che le qualità e le quantità; le profondità piuttosto che le lunghezze e le larghezze; i movimenti di individuazione piuttosto che specie e generi; e mille piccoli soggetti larvali, mille piccoli io dissoluti, mille passività e brulichii laddove ieri regnava il soggetto sovrano. Ci siamo sempre rifiutati di pensare all'intensità, in Occidente. Il più delle volte, è stata la riduzione a ciò che è misurabile e al gioco delle uguaglianze; e Bergson l'ha ricondotta a ciò che è qualitativo e continuo. Ora Deleuze libera l'intensità attraverso (e in) un pensiero che sarà il più elevato, acuto, intenso.

Non bisogna confondersi. Pensare l'intensità — le sue libere differenze e le sue ripetizioni — non è una rivoluzione da poco in filosofia. È rigettare il negativo (quel modo di ridurre la differenza al nulla, a zero, al vuoto); dunque ripudiare insieme le filosofie dell'identità e quelle della contraddizione, le metafisiche e le dialettiche — Aristotele e Hegel. È ridurre il prestigio del riconoscibile (che consente al capere di trovare l'identità sotto le diverse ripetizioni e di far emergere, della differenza, il nucleo comune che non manca mai di riapparire). È rifiutare nel contempo le filosofie dell'evidenza e della coscienza, Husserl e Cartesio. Infine, è ricusare la grande figura dello Stesso che, da Platone a Heidegger, non ha smesso di racchiudere nel suo cerchio la metafisica occidentale.

È essere liberi di pensare e amare quelle cose che, nel nostro universo, sono nate da Nietzsche: differenze irriducibili e ripetizioni senza origine che scuotono il nostro vecchio vulcano estinto; che con Mallarmé, hanno disintegrato la letteratura; incrinato e moltiplicato lo spazio della pittura (le partizioni di Rothko, i solchi di Noland, le ripetizioni modificate di Warhol); che con Webern, hanno definitivamente sbriciolato la linea solida della musica. Differenze e ripetizioni che annunciano tutte le fratture storiche del nostro mondo. È infine la possibilità di pensare alle differenze di oggi, di pensare l'oggi come differenza di differenze».

M. FOUCAULT, *Ariane s'est pendue*, 'Le nouvel observateur', n° 229, 31/3-6/4,1969, pgg. 36-7, e in *Dits et écrits*, 1, Gallimard, Paris, 1994, trad. it. *Arianna si è impiccata*, da www.engramma.it.

Capitolo Primo

IL FORMARSI DELLA CONOSCENZA E IL FORMARSI DELL'EVENTO DIFFERENZA E RIPETIZIONE

Il problema gnoseologico. Differenza e opposizione.

Su come si forma la conoscenza e come questa informa, e realizza, la coscienza, Deleuze aveva, ancora e prima de *L'anti-Edipo*, fatto delle scelte, nella rilettura dei suoi autori preferiti, sintetizzando un nucleo di ragionamento, ontologico e teoretico insieme, basato sui concetti di *differenza* e di *ripetizione*.

Concetti che nascono nel primo momento della ricerca deleuziana che verte sull'aversione all'hegelismo e alla dialettica, come anticipato all'inizio. Quando Deleuze aveva inteso in primo luogo contestare il concetto e il significato del "negativo", pilastro della concezione hegeliana e della dialettica – anche non hegeliana – e aveva, quasi ricalcando il metodo delle antiche contese sofistiche, elaborato i due concetti a sfida degli equivalenti hegeliani di identità e opposizione, e a sfida della possibilità di affermazione del negativo stesso, intendendo definirli come categorie del positivo, espressioni positive.

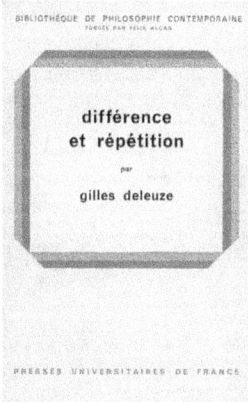

Gilles Deleuze, *Différence et répétition*, Puf, Paris, 1968.
fonte: proprietà dell'autore

La *differenza*, in primo luogo, la cui assimilazione al negativo è vista da Deleuze come un artificio, una trasformazione erronea.

Riprendendo dalla critica gnoseologica di Hume, Deleuze sostiene che soltanto a livello di riflessione del pensiero le cose possono apparire strutturate nella griglia di una connessione che distribuisce valori e modalità che, in sé, esse non hanno e solo all'interno di questa possono quindi apparire come mancanti rispetto ad altre, od opposte, o differirne negativamente, nonché, ma qui siamo già su un ulteriore piano, essere gerarchicamente disposte e che una, allora, possa essere elevata a "causa".

In sé, e anche nell'immediato apparire alla conoscenza, le cose non sarebbero che "differenze". È la coscienza che, nello sforzo di conoscenza e di organizzazione, le trasforma in relazioni e, di conseguenza, trasforma, in primo luogo, il significato stesso di differenza. In sé, la differenza non esprimerebbe un qualcosa che manca, ma la più piena essenza d'Essere, in quanto i singoli, le singole cose, ognuna per sé, si afferma come Essere proprio per quanto differisca dall'altro: «ogni cosa, ogni essere deve vedere la propria identità assorbita nella differenza, non essendo altro che differenza tra differenze».[1]

Nel secondo punto del processo di conoscenza, o nel pensiero riflesso, invece, la differenza viene a essere trasformata in senso relativo – con perdita della propria dimensione ontologica – fino a giungere all'opposizione, così modificandosi l'originario rapporto paritetico in un riferimento, in primis, relazionale e, successivamente e per conseguenza, anche, al suo limite più lontano, antitetico. In esso uno dei due termini cessa di essere, e di differire. Diviene simile ed è, quindi, ma soltanto per quanto manca nei confronti dell'altro. Così solamente la differenza diventa allora il negativo ma «la differenza non è la negazione, viceversa il negativo è differenza rovesciata»,[2] modificata quando «la si è costretta in un'identità preliminare, quando la si è posta sulla china dell'identico che la porta necessariamente dove vuole l'identità e la fa riflettere dove l'identità vuole, vale a dire nel negativo».[3]

La dimensione ontologica del problema, affermando la differenza come essenza della "cosa", stabilisce, di conseguenza, un assunto teorico: al primo livello della percezione la conoscenza non può cogliere altro che differenze e non serie logiche connesse, che verranno formate successivamente dall'attività di riflessione.

Punto che si basa – ribadiamo – principalmente sulla scepsi humeana (e sulla rivoluzione copernicana di Kant, della quale Deleuze vede la filiazione dalla stessa scepsi

---

(1) DeR pg. 98. Anche DeR pg. 65-6: «Difatti l'essenziale dell'univocità non è che l'Essere si dica in un solo e stesso senso, ma che si dica, in un solo e stesso senso *di* tutte le sue differenze individuanti o modalità intrinseche. L'essere è lo stesso per tutte queste modalità, ma le modalità non sono le stesse, è "uguale" per tutte, ma esse non sono uguali, si dice in un solo senso di tutte, ma queste modalità non hanno lo stesso senso. È proprio dell'essenza dell'essere univoco riferirsi a differenze individuanti, ma queste differenze non hanno la stessa essenza e non variano l'essenza dell'essere come il bianco si riferisce a intensità diverse ma resta essenzialmente lo stesso bianco [...]. L'essere si dice in un solo e stesso senso di tutto ciò di cui si dice, ma ciò di cui si dice differisce: si dice proprio della differenza».
(2) DeR pg. 378. Anche, DeR pg. 90: «La differenza non presuppone l'opposizione, è vero piuttosto che l'opposizione presuppone la differenza, e lungi dal risolverla, cioè dal condurla a un fondamento, tradisce e snatura la differenza».
(3) DeR pg. 90-1. Se per alcuni (fra questi G. BIANCO, *Ferdinand Alquié et Jean Hyppolite*, in AA.VV., *Aux sources de la pensée de Gilles Deleuze*, Sils Maria, Paris-Bruxelles, 2006) fra le radici della differenza deleuziana si può annoverare anche il "maestro" Hyppolite, ci sembra che Deleuze voglia ribaltare la "superiorità" della contraddizione (e allontanarsi da Hegel), sostenuta da Hyppolite (discepolo hegeliano), come lo stesso Deleuze scrive in una recensione, un po', pensiamo, imbarazzante per il maestro, a J. HYPPOLITE, *Logique et existence: essai sur la logique de Hegel*, Puf, Paris, 1953, trad. it. *Logica ed esistenza. Saggio sulla logica di Hegel*, Bompiani, Milano, 2017: «Ma c'è un punto in tutto questo in cui Hyppolite si mostra del tutto hegeliano: l'Essere può essere identico alla differenza solo nella misura in cui la differenza arrivi fino all'assoluto, cioè fino alla contraddizione. La differenza speculativa è l'Essere che si contraddice. La cosa si contraddice perché, distinguendosi da tutto ciò che non è, trova il suo essere in questa differenza stessa; si riflette soltanto riflettendosi nell'altro, poiché l'altro è il suo altro. [...]. Dopo il libro così ricco di Hyppolite, ci si potrebbe chiedere: non si può fare un'ontologia della differenza che non debba spingersi fino alla contraddizione, dal momento che la contraddizione sarebbe qualcosa di meno della differenza e non qualcosa di più? La contraddizione non è forse soltanto l'aspetto fenomenico e antropologico della differenza? Hyppolite dice che un'ontologia della differenza pura ci riporterebbe a una riflessione puramente esteriore e formale, e si rivelerebbe in fin dei conti un'ontologia dell'essenza. Tuttavia, la stessa domanda potrebbe essere posta in maniera diversa: è la stessa cosa dire che l'Essere si esprime e si contraddice? Se è vero che la seconda e la terza parte del libro di Hyppolite fondano una teoria della contraddizione nell'Essere, in cui la contraddizione stessa è l'assoluto della differenza, in compenso nella prima parte (teoria del linguaggio) e in tutto il libro (allusione all'oblio, alla reminiscenza, al senso perduto) Hyppolite non fonda una teoria dell'espressione in cui la differenza è l'espressione stessa, e la contraddizione il suo aspetto soltanto fenomenico?». G. DELEUZE, *Logique et existence*, 'Revue philosophique de la France et de l'étranger', n° 7-9, 1954, trad. it. ID, pg. 14.

humeana, come correntemente sostenuto, ma anche un'importante differenza e una sorta di irriducibilità, come vedremo) nonché su argomenti bergsoniani e, infine, su elementi rintracciabili anche in Spinoza e in Nietzsche, come vedremo.[4]

L'empirismo inglese, potremmo anche dire ampliando oltre Hume, ha infatti messo a nudo i lati critici di una conoscenza da intendersi come derivata interamente dall'esperienza e ha mostrato invece il ruolo fortemente attivo del soggetto nella realizzazione del processo di conoscenza. In particolare Deleuze sottolinea di Hume il punto per cui le relazioni non sono date dall'esperienza, ma appartengono a "interventi" del soggetto osservante: «Vedendo il sole sorgere, dico che anche domani sorgerà; avendo visto bollire l'acqua a 100 gradi, dico che a 100 gradi essa bolle necessariamente. Ora, locuzioni come "domani", "sempre", "necessariamente", esprimono qualche cosa che non può esser data dall'esperienza [...]. In altri termini, la causalità è una relazione in virtù della quale io supero il dato, dico di più di ciò che è dato, o che può essere dato, in breve inferisco e credo, mi aspetto che...».[5]

Hume – fa notare Deleuze – postula che la relazione non è in sé, non è un derivato dell'esperienza, ma è realizzata da un'azione del soggetto, che immette la sua "abitudine", il suo "voler credere", il suo "aspettarsi". O il suo utile: «Il soggetto è l'istanza che, sotto l'effetto di un principio di utilità, persegue uno scopo, un'intenzione, organizza dei mezzi in vista di un fine e, sotto l'effetto dei principi di associazione, stabilisce delle relazioni fra le idee. La collezione diviene così un sistema».[6]

---

[4] SP pg. 30: «In breve le condizioni all'interno delle quali conosciamo le cose e prendiamo coscienza di noi stessi ci condannano a non avere che delle idee inadeguate, confuse e mutile, effetti separati dalle loro proprie cause». Anche SP pg. 29: «Il fatto è che la coscienza è naturalmente il luogo di un'illusione. La sua natura è tale che essa raccoglie degli effetti, ignorando le cause». Pure in Nietzsche è presente una critica della conoscenza come derivata dalla sola esperienza in sé. «Contro il positivismo che si ferma ai fenomeni: "ci sono soltanto fatti", direi: no, proprio i fatti non ci sono, ci sono solo interpretazioni». F. NIETZSCHE, *Frammenti postumi 1885-7* e NF pg. 97.

[5] HSF pg. 44.

[6] ES pg. 101. Nota di metodo: useremo spesso il termine "intenzione". Vorremmo ricordare che la intenderemo come in Hume o come *finalità intenzionale*, come la spinta al pensare, in senso direzionale e, come qui si dice, basata su un principio di utilità. Il concetto di intenzione è riscoperto nel primo Novecento da Husserl che è allievo di Franz Brentano, a sua volta seguace di Tommaso d'Aquino, storicamente considerato il primo a parlare di intenzione. O come sintetizza Émile Bréhier: «Husserl fait usage ici de la notion d'intentionalité, déjà développée par Brentano. Qu'y a-t-il de subjectif et de proprement psychique dans la connaissance? C'est la direction vers..., l'application à... l'objet, ce que Brentano, reprenant le vocabulaire scolastique, appelle *l'intention*: tout ce vers quoi elle se dirige est objet (Gegenstand)». È. BRÉHIER, *Histoire de la philosophie*, Alcan, Paris, 1929, pg. 774. Per parte nostra, ci permittiamo evidenziare che, ancor prima, con Abelardo, si parla di intenzione, come vedremo più avanti. Sottolineiamo quindi, come, con tutte le differenze, da Tommaso a Bolzano, da Brentano e poi a Husserl, da Abelardo a Hume, e al pragmatismo, come diremo oltre, con "intenzione", si intende il processo del pensiero come il muoversi verso un oggetto (e, spesso, un fine) e non, come maggioritariamente nella storia della filosofia, un muoversi a partire dall'azione dell'oggetto, o per delle cause. È la corrente mezzi-fini, opposta alla maggioritaria corrente causa-effetto. Tema su cui ritorneremo a proposito del "movente" e del "futuro". Necessario aggiungere che in Deleuze l'intenzione non ha uno status privilegiato, non è un a priori, ma è quanto si sveglia a seguito dell'incontro. In questo Deleuze non può essere accostato a Husserl, che fa legare il patrimonio fenomenico della conoscenza a un'intenzione che lo precede metacriticamente. Forse il miglior esempio di fenomenologia non soggetta all'intenzionale, o di esperienza fenomenologica che, essa, fa nascere l'intenzione è il racconto della passeggiata di Robert Walser, passeggiata per certi versi "nomade", anche se forse più propriamente è solo "errante", dove ogni incontro fa sorgere all'autore stati e moti di pensiero non già egli avendo una griglia, ma nascendo, ad ogni incontro, un suo indirizzo di pensiero sulla e con la cosa. Lì scoprendosi della sua affettività, che non è posta all'inizio come agente né come criterio già dato. Cfr. R. WALSER, *Der Spaziergang*, Huber & Co., Frauenfeld, 1917, trad. it. *La passeggiata*, Adelphi, Milano, 1976.

Stabiliamo un punto centrale e del pensiero di Hume e di quello che è stato il nuovo volto del problema gnoseologico nell'età moderna, che Deleuze segue correttamente e che si ritroverà ne *L'anti-Edipo* stesso: in breve, il soggetto immette sue volontà, non solo categorie logiche (com'è prevalentemente in Kant), ma esattamente volontà, desideri, passioni, tutte sue. Aspettarsi che..., credere che..., realizzare delle regolarità..., appartiene a ciò che egli sente venire da sé o essere utile a sé.

Posto questo riferimento fondamentale a livello teorico, si può già cogliere il senso dell'accusa che ricorre spesso, indirettamente, ne *L'anti-Edipo*, nei confronti della psicoanalisi, l'accusa di essere *vecchia*. Che non significa affatto *tardo-ottocentesca*, come l'epoca della sua fondazione. Ma ben di più: per Deleuze e Guattari è legata a schemi superati, che già erano vecchi, superati, a livello teorico, al tempo in cui è nata la psicoanalisi stessa. Ovvero: la psicoanalisi è legata a una concezione teorica pre-kantiana o, ancor più e più precisamente, in questo caso, pre-humeana, dato che Deleuze attribuisce – come abbiamo detto – più a Hume che a Kant il merito di quella svolta soggettivistica nata dal ripensamento dell'empirismo. La psicoanalisi sarebbe infatti attestata sui principi di quell'empirismo associazionista sconfitto da Hume e l'*Edipo*, assunto da Deleuze e Guattari a simbolo dello schema psicoanalitico come schema determinista, ne sarebbe la prova più evidente.

Con l'*Edipo* si sostiene infatti che un soggetto si troverebbe ad essere obbligato verso un oggetto a causa di un'induzione esterna a sé, agìta da un oggetto precedente (madre). I due oggetti, quello passato e quello futuro, si darebbero al soggetto nei termini di una relazione: «I nostri amori futuri ripetono l'amore per la madre»[7] – e può sembrare adesso una contraddizione, invece sarà, come vedremo, il punto di svolta, o un "altro senso" di questa stessa frase – come ricorda Deleuze da Proust. La madre si legherebbe all'amore futuro in una relazione di identità/somiglianza che il soggetto percepirebbe e da cui si troverebbe a essere passivamente agìto.

Al contrario, l'identità/somiglianza madre-amore futuro, tale da dare al primo elemento un valore referente, nella specie, causale, del secondo, non può essere *in sé*, secondo Deleuze, perché – com'è nella concezione di Hume e di Kant e com'è nella concezione tutta deleuziana della differenza che da questo nucleo di riflessione, come abbiamo visto, deriva – *in sé* non è possibile percepire identità/somiglianza, che è cosa che appartiene a un'elaborazione realizzata dal soggetto. Non ci troviamo quindi di fronte alla legge alla quale è obbligato il soggetto, e che l'analisi scoprirebbe nella sua "oggettività", ma al prodotto della riflessione (intenzionale, visto che una riflessione non può che essere a seguito di un'intenzione) del soggetto stesso.

Deleuze ritrova questo principio anche in Bergson che aveva elaborato una critica assai vicina, nel metodo, a quella humeana, parlando non del mondo fisico dell'esperienza ma di quello psichico della memoria e altrettanto negando che, in questo caso, i ricordi, come nell'altro i fenomeni empirici, si dessero al soggetto già collegati in serie logiche di significato compiuto. Un concetto che Deleuze aveva evidenziato commentando insieme Hume e Bergson: «I principi d'associazione spiegano la forma del pensiero ma non i suoi contenuti singolari: l'associazione spiega solo la superficie della coscienza, la crosta»[8] cosicché tali principi sono insufficienti poiché «l'associazione di idee non spiega perché è evocata questa piuttosto che quella».[9]

---

(7) MPS pg. 70. Un ulteriore accenno è in DeR pg. 173.
(8) ES pg. 106.
(9) Ibidem.

Offre una rappresentazione del suo funzionamento ma non esprime la sua ragione. Una relazione, pertanto, non può spiegare, come ne fosse la sua legge, la volontà.

È, al contrario, proprio la volontà che può spiegare una relazione – punto dal quale parte la *pars construens* della schizoanalisi dopo la critica, o la *pars destruens* dell'associazionismo psicoanalitico – poiché dietro a ogni atto della riflessione, e perché questo avvenga, vi è una volontà – l'*aspettarsi* humeano, il *desiderio*, termine che usa lo stesso Kant[10] prima che Deleuze lo faccia proprio, l'*interesse* per Bergson[11] – come quella spinta, una «potenza» – per Nietzsche – «che forza il pensiero a pensare»[12] e alla quale si deve se il pensiero pensa, se compone i suoi pezzi, logici ed empirici, altrimenti sparsi, se formula una relazione.

Processo che non avverrebbe senza questa spinta ma anche senza questa direttiva, perché questa "volontà" offre un senso: poiché «la ragione è la facoltà di porre problemi in generale, una tale facoltà presa nel suo stato di natura, non ha ancora il mezzo per distinguere quanto ci sia di vero o di falso, di fondato o no, in un problema che essa pone»,[13] le occorre allora proprio quell'elemento extra-razionale che, ponendo un obiettivo, un fine, dà un senso, perché «l'associazione presuppone dei progetti, dei fini»[14] come Deleuze ha rintracciato in Hume, e questo è un compito che la ragione non può assumersi poiché «la ragione non può essere detta la facoltà dei fini, questi rimandano a un'affettività primaria, a una natura capace di fondarli»,[15] com'è dichiarato anche da Kant.

Questione che era apparsa anche in Proust: «Le grand thème du *Temps retrouvé* est celui-ci: la pensée n'est rien sans quelque chose qui force à penser, qui fait violence à la pensée, qui l'arrache à ses possibilités seulement abstraite».[16]

---

(10) FCrK pg. 134: «Del pensiero la parte più alta è rappresentata dall'interesse pratico della ragione, il quale corrisponde alla nostra facoltà di desiderare e al quale è subordinata la facoltà di conoscere, ovvero l'interesse speculativo». Nell'AE si riafferma l'ispirazione kantiana della concezione del desiderio: «È merito di Kant l'aver operato nella teoria del desiderio una rivoluzione critica, definendolo "la facoltà d'essere colle sue rappresentazioni causa della realtà degli oggetti di tali rappresentazioni"». AE pg. 27. Il virgolettato è tratto da I. KANT, *Kritik der Urteilskraft*, Cap. III, 1790, trad. it. *Critica del Giudizio*.
(11) B pg. 18: «Effettivamente, in virtù dello scarto cerebrale, un essere vivente può trattenere di un oggetto materiale, e delle azioni che emanano da essa, solo ciò che lo interessa». L'interesse come *parzialità*, come dice Bergson e sul quale torneremo, è particolarmente suggestivo. Si stabilisce che la conoscenza non è per la verità, o per il tutto del dato, ma per l'utilità, ovvero per una parte, ciò che è utilite. Ne consegue un diverso rapporto fra il sapere e il fare, basato solo su una parte parziale del sapere. Vediamo, e lo vedremo ancora, che il soggetto meno "forte" sul piano teorico, ha vantaggio sul piano pratico. Ovvero, nella mancanza di una conoscenza "piena", il soggetto ha una libertà che altrimenti non avrebbe: il dato, se fosse pienamente conosciuto, significherebbe, e dunque necessiterebbe, da solo. È un punto che ricorda la *Mappa dell'Impero* di Borges che, tanto più è dettagliata, e quindi più estesa, tanto meno è utile anche già per immaneggiabilità. Cfr. J. L. BORGES, *Historia universal de la infamia*, Tor, Buenos Aires, 1935, trad. it. *Storia universale dell'infamia*, il Saggiatore, 1961.
(12) NF pg. 158: «È necessario che su di esso in quanto pensiero si eserciti una violenza, che una potenza lo costringa a pensare, lo proietti in un divenire attivo».
(13) DeR pg. 273.
(14) ES pg. 128. Anche, pg. 107: «niente è più mirabile della prontezza con la quale l'immaginazione suggerisce le sue idee e le presenta nel momento in cui sono necessarie e utili». Il recupero dell'immaginazione, da parte di Hume, fa tornare alla mente un famoso aneddoto, ampiamente diffuso anche se senza fonte, a proposito di David Hilbert, quando, come si racconta, avendo saputo che un suo studente, anche dotato, aveva abbandonato l'università e, quindi, gli studi di matematica per diventare poeta, commentò: «Non sono sorpreso. Non aveva abbastanza immaginazione per diventare un matematico».
(15) FCrK pg. 53.
(16) G. DELEUZE, *Unité de "À la recherche du temps perdu"*, 'Revue de métaphysique et de morale', n° 4, 1963.

Il rapporto si modifica in senso diametralmente opposto a quello prospettato dalla psicoanalisi: non sarebbe la volontà, come atto pratico dell'andare del soggetto all'oggetto **X**, il frutto di una relazione che induce a volgersi a **X**, ma sarebbe la relazione a derivare da una volontà, già volta verso **X**, che formula – per realizzarsi, per giungere al suo scopo – un pensiero adatto a questo mediante la costruzione della relazione.

E lo stesso è, infine, nella critica spinoziana dove si sconfessa che sia una conoscenza a informare l'azione, dove la gerarchia si ribalta e il piano gnoseologico perde il primato. Non siamo in azione dopo aver conosciuto, ma semmai stabiliamo di aver conosciuto quello per cui saremmo in azione: «noi non tendiamo a una cosa perché riteniamo sia buona, ma chiamiamo buona la cosa a cui tendiamo».[17]

È su queste basi che, per Deleuze, si potrà quindi affermare ne *L'anti-Edipo* che la psicoanalisi non avrebbe trovato l'*inconscio*,[18] quella regione precedente e causa della volontà ma avrebbe capovolto il percorso facendo apparire precedente e causa della volontà ciò che ne è, invece, posteriore ed è il suo mezzo o il suo strumento. È in tal senso che Deleuze e Guattari affermano: «Agli psicoanalisti noi diciamo, l'inconscio non lo possedete mica, né l'avrete mai».[19]

Parlare di un inconscio strutturato in serie logiche è infatti un controsenso, è la palese dimostrazione che l'analisi non è affatto penetrata fin dentro l'inconscio ma è invece ben ferma entro la soglia del pensiero cosciente, infatti, «si può credere che all'inizio (?) lo stimolo induttore edipico sia un vero e proprio organizzatore. Ma credere è un'operazione della coscienza o del preconscio, una percezione estrinseca e non un'operazione dell'inconscio su se stesso».[20]

Il metodo schizoanalitico.

Il primo punto della schizoanalisi può pertanto essere così espresso: non è il soggetto un ente posto fra **P** (oggetto passato) e **X** (oggetto futuro) e indotto, da **P** ad **X**, per effetto di una categoria logica, nel caso l'identità o somiglianza (della persona dell'amore futuro alla madre), che è regola in sé, secondo lo schema:

$$P \rightarrow \text{soggetto} \rightarrow X.$$

È, invece, il soggetto, una volontà (un desiderio) di **X** (oggetto), ovvero **x** (inteso come volontà o desiderio di **X**) che, al momento, possiamo leggere come indica Hume nella citazione alla lettera che ne fa Deleuze: «"Se voi spingete più in là le vostre ricerche e desiderate conoscere la ragione per cui la persona in questione odia il dolore, è impossibile che essa vi dia mai qualche risposta. Questo è un fine ultimo che non si riferisce mai ad alcun altro oggetto"»[21] e appartiene al soggetto come dato suo proprio, una volontà che, allo scopo di raggiungere **X**, cerca, nell'osservazione – caso humeano – o nella memoria – caso bergsoniano – un elemento, **P**, che sia di ausilio e lo collega a **X** in una relazione utile a questo scopo.

---

(17) SP pg. 31. Il virgolettato è tratto da B. SPINOZA, *Ethica*, Parte III, Prop. 8, 1677, trad. it. *Etica*.
(18) Il concetto di "inconscio" è ormai accettato come conio di Freud. In realtà il "brevetto" è di Pierre Janet, compagno di studi di Freud ai corsi di Jean-Martin Charcot nell'ospedale parigino della Salpêtrière. Janet rivendicò la primogenitura della definizione di inconscio al Congresso di medicina di Londra nel 1913. L'intervento è stato da poco pubblicato: P. JANET, *La psicoanalisi*, Bollati Boringhieri, Torino, 2014.
(19) CNV pg. 91.
(20) AE pg. 101.
(21) ES pg. 134.

Di questo processo, un primo schema, da perfezionare, ma, per adesso:
$$\text{soggetto: } x \to (P \to X) = X.$$
Dove si deve intendere con **x** il desiderio di **X** in quanto oggetto reale, come detto, o immaginazione di **X**, **P** come mezzo per lo scopo, e (**P → X**) come il ragionamento strumentale in funzione del raggiungimento di **X**. I tre passaggi che ne *L'anti-Edipo*, saranno chiamati *Libido*, *Numen*, *Voluptas*.

Sottolineiamo l'importanza del *Numen*, ovvero (**P → X**) in questo caso, come ciò che legifera a favore della realizzazione del desiderio, *Libido*, tale è l'*Edipo*, e tali saranno gli altri "artifici" che vedremo.[22]

Perfezioniamo peraltro lo schema. Nell'indicare con **X** lo scopo, il fine, possiamo cadere nell'inganno di indicare esattamente e concretamente un oggetto, ovvero che il desiderio sia rivolto all'oggetto e che questo sia il limitato fine ultimo.

Non è esattamente la posizione deleuziana (e poi deleuze-guattariana). L'oggetto del desiderio, se tolto dall'elemento causante come oggetto che spinge a volerlo, tornerebbe alla fine e il desiderio sarebbe (o potrebbe essere inteso come) comunque legato all'oggetto, ora come causa attrattiva che, pur non più causa causante, sarebbe comunque come causa.

La questione è invece diversa. Se anche verbalmente si può indicare un oggetto come espressione del desiderio, il desiderio essendo rivolto a esso, in realtà quell'oggetto non è inteso da Deleuze e Guattari come il fine ultimo del desiderio, ma come l'oggetto utile al fine più autentico, ma ancora successivo, ulteriore, del desiderio, che con quell'oggetto realizza il progetto.

Il desiderio desidera soprattutto costruire un qualcosa, il suo fine è realizzare un costrutto, più che catturare un oggetto o impossessarsi di un bene.

Prendiamo a sunto di questo concetto, variamente descritto in vari momenti, il sunto che Deleuze ne darà nell'*Abécédaire*: «Volevamo proporre un nuovo concetto di desiderio. Chi non fa filosofia crede che sia qualcosa di astratto. Invece rimanda a cose molto semplici, concrete. Non c'è nessun concetto filosofico che non rimandi a determinazioni non filosofiche. È molto concreto. Volevamo dire la cosa più semplice del mondo: finora si è parlato di desiderio in modo astratto perché è stato isolato un oggetto che si suppone essere l'oggetto del desiderio, e allora si può dire "desidero una donna, desidero partire in viaggio, desidero questo o quello...".

E noi dicevamo una cosa davvero semplice: non si desidera mai veramente qualcuno o qualcosa. Si desidera sempre un "insieme". Non è complicato. Ponevamo questa domanda: qual è la natura dei rapporti tra gli elementi perché ci sia desiderio, perché diventino desiderabili? Io non desidero una donna... Quasi mi vergogno a dire certe cose... Proust l'ha detto e in modo bello: io non desidero una donna, ma desidero anche il "paesaggio" che è contenuto in quella donna, un paesaggio che forse neanche conosco, ma che intuisco, e finché non ho sviluppato questo paesaggio non sarò contento, cioè il mio desiderio non sarà compiuto, resterà insoddisfatto.

Qui prendo a esempio un insieme a due termini: la donna e il paesaggio, ma è tutt'altro. Quando una donna dice "desidero un vestito, questo o quel vestito, quella camicetta...", è evidente che non li desidera in astratto. Li desidera nel suo contesto, nella sua organizzazione di vita. Il desiderio è in relazione non solo a un paesaggio,

---

[22] Per cui abbiamo ancora qualcosa che richiama l'*effetto Edipo* di Popper o la previsione della guerra di Alain, ricordati precedentemente: come, nel caso detto, l'effetto è conseguenza della previsione di esso, ora abbiamo che l'esito è premeditato dall'intenzione.

ma a delle persone, suoi amici o meno, la sua professione. Non desidero mai qualcosa di isolato. Ma ancora, non desidero neanche un insieme, desidero in un insieme».[23]

Occorre completare lo schema, quindi. Indichiamolo allora come:

$$\text{soggetto: } x \to (P \to X) = X \to XI.$$

Dove **XI** indica il raggiungimento dell'oggetto **X** per una costruzione di un insieme, **I**, ora realizzatosi appunto in **XI**, o per meglio dire, se **I** è il vero desiderio dovremmo scrivere:

$$\text{soggetto: } I (x \to I) = x \to (P \to X) = X \to XI.$$

Questo laddove si faccia permanente l'artificio strumentale (*Edipo* nel caso) per il raggiungimento di **X**. Laddove, invece fosse depurato dall'artificio della falsa coscienza (**P → X**), e riportato al puro livello di processo in sé, avremmo quindi:

$$\text{soggetto: } I (x \to I) = x \to = X \to XI.$$

Non per questo modifichiamo il concetto humeano, precedentemente detto, dell'irriferibile del perché di questo desiderio. Aggiungiamo solo che ben più che desiderio di **X**, di un oggetto, ora l'inconscio del pensiero diviene il costrutto, la realizzazione di un progetto di insieme, **I**.

Completiamo dunque l'argomento gnoseologico dal punto in cui l'avevamo lasciato o come la rivoluzione copernicana, hume-kantiana, ha spostato i termini del problema per vedere che la sua vera peculiarità non è una semplice variazione del problema gnoseologico, perché d'ora in poi si porrà che conosciamo non per arrivare alla verità, non per conoscere l'essenza della cosa, ma per quanto il realizzato della nostra attività conoscitiva interessi al nostro scopo, per quanto sia utile a questo. Si apre la visione nuova dell'attività del conoscere come funzionale a scopi, da cui sorge la scienza moderna come funzionale alla realizzazione di un qualcosa e si chiude definitivamente con la conoscenza come *rappresentazione*.

L'osservatore non osserva, compie piuttosto una ricognizione della materia per attuare uno scopo.[24]

O per risolvere un problema. Problema che non si presenta per forza sua propria, anch'esso essendo invece un prodotto della riflessione che, come mostra Bergson, è la riflessione che, ancora, non assume su di sé l'insorgenza del problema come un'acquisizione passiva di o da un dato esterno, e sarebbe causata da un dato esterno, ma lo pone essa stessa, a sua volta in funzione di interessi e scopi (possibili di essere raggiunti solo risolvendo il problema).

Giuseppe Bianco sintetizza così il quadro della tematica (per com'è nella filosofia della prima metà del '900) nella lezione di Gueroult: «Tant Gilson que Bergson "arra-

---

(23) ABC, *D comme Desir*. Notiamo qui come l'intenzione, per Deleuze, si distacchi in parte da come abbiamo detto prima sia intesa da Tommaso per arrivare a Husserl, proponendo che la coscienza si diriga alla realizzazione di un progetto per cui l'oggetto non è il termine ultimo, l'obiettivo, ma un mezzo per un ulteriore termine, un ulteriore obiettivo. Non necessariamente oggettuale, o materiale.

(24) ES pg. 129: «[in Hume] non è la relazione ad essere sottoposta alla critica, ma la rappresentazione, di cui Hume ci dimostra che non può essere un criterio per le relazioni medesime. Le relazioni non sono l'oggetto di una rappresentazione, ma il mezzo di un'attività». Lo spostamento dalla *rappresentazione* ad un altro ambito, la realizzazione, è il grande segno dell'epoca moderna. Processo lungo, che interessa tutti i settori. A proposito delle avanguardie artistiche fine 800-inizio 900, Dan Frank ricorda lo "scandalo" dell'esposizione al "Salon d'automne" nel 1905 e commenta: «I critici non si erano ancora abituati all'idea che la pittura non mirava più a rappresentare oggettivamente il mondo e la natura. [...]. Lo scandalo, dalla fine del XIX secolo, derivava dal fatto che gli artisti si allontanavano sempre più dalla realtà, ricomponendo secondo il loro punto di vista. Non si davano più alla sola *rappresentazione*». C. FRANK, *Bohèmes*, Calmann-Lévy, 1998, trad. it. *Montmartre & Montparnasse*, Garzanti, Milano, 2004, pg. 99.

chent la philosophie à sa règle intentionnelle, c'est à-dire au problème qu'elle se donne à résoudre". Les monuments philosophiques, les systèmes, affirme Gueroult dans sa leçon, sont en effet précisément de résolutions de problèmes. Cette conception de la philosophie en tant qu'activité de résolution de problèmes est liée au commentaire d'un d'Émile Bréhier de 1947, *La notion de problème en philosophie*,(*) qui prenait comme point de départ une célèbre lettre de Bergson à Floris Delattre, où il expliquait que la différence entre un philosophe et un simple amateur est que le philosophe ne cherche pas simplement des solutions à un problème déjà posé, mais invente à la fois problème et solutions».(25) Dunque: conoscenza utile. Scienza applicata.

La modernità si fonda sulla "rinuncia" al vero (e al falso), e la sua sostituzione con altri concetti: l'utile con Hume e Kant e, ancor prima, l'"adeguato" con Spinoza sostituiscono il *vero*.(26)

Possiamo aggiungere (in parentesi) che, in ambito pratico, si avrà *autentico* e *inautentico*, con Heidegger.(27)

È evidente che, con l'epoca moderna, il pensiero si sposta dal conoscere il vero al dare senso (pratico) al conoscere.(28)

(*) É. BRÉHIER, *La notion de problème en philosophie*, Puf, Paris,1947.
(25) G. BIANCO, *Entre système et création. Le cas du jeune Deleuze*, cit., pg. 52. Ancora su Bergson e il suo metodo: «Prima regola: sottoporre i problemi stessi alla prova del vero e del falso, denunciare i falsi problemi, riconciliare verità e creazione a livello dei problemi». B pg. 9.
(26) Relativamente a Hume: «Le idee astratte sono sottomesse ai bisogni del soggetto, le relazioni sono sottomesse ai sui fini. Chiamiamo *finalità intenzionale* quest'unità di un soggetto che funziona come un tutto». ES pg. 142. Sul soggetto che introduce il suo sé nell'atto conoscitivo, si veda anche quanto dice Deleuze su Proust: «Pensiamo che "l'oggetto" ha in sé il segreto del segno che emette. Ci chiniamo sull'oggetto, torniamo ad esso per decifrare il segno, chiamando, per comodità, *oggettivismo* una tendenza che ci è naturale o, per lo meno, abituale. Infatti ognuna delle nostre impressioni ha due facce: "Per una metà inguainata nell'oggetto, per l'altra prolungata in noi stessi, che solo potremmo conoscerla" (M. PROUST, *Il tempo ritrovato*). Ogni segno ha due metà: designa un oggetto, significa qualche cosa di differente. La faccia oggettiva, è la faccia del piacere, della fruizione immediata e della pratica. Prendendo questa strada, abbiamo già sacrificato la faccia "verità". Riconosciamo le cose, ma non le conosciamo mai». MPS pg. 27. Si pensi anche all'opposizione Cartesio-Spinoza circa *le idee chiare e distinte*, per il primo, e *le idee adeguate*, per il secondo. Cartesio parla, si potrebbe dire, ancora vecchio stile, di idee il cui valore è la verità. R. DESCARTES, *Méditations métaphysiques*, Terza meditazione, 1641, trad. it. *Meditazioni metafisiche*. Posto pure, a difesa di Cartesio, di dover leggere qui un'esortazione metodologica, un'avversione alla scolastica dove è il testo l'oggetto uno e primo e non l'attività reale di ricerca della conoscenza, allo stesso modo per cui Husserl riprenderà in tutta la sua opera il messaggio cartesiano di «andare alle cose stesse» contro una nuova scolastica, occorre ricordare che Spinoza, in sua opposizione, parlerà di idee «adeguate» o, con la modernità che cerca una connessione funzionale, ora il valore dell'idea è quando essa «corrisponde a una concezione razionale e logica nell'ambito di ciò che è nelle possibilità della Sostanza». B. SPINOZA, *Etica*, Parte II, Definizione 4. Nietzsche è estremamente esplicito quando afferma: «La conoscenza esiste nella misura in cui ci è utile. Non c'è dubbio infatti, che tutte le percezioni di senso sono impregnate di giudizi di valore (utile e dannoso), quindi piacevole o spiacevole». F. NIETZSCHE, *Frammenti postumi*. E Marx è rivoluzionario, ma innanzitutto come erede della rivoluzione copernicana del pensiero filosofico, o nel senso della svolta kantiana, quando, con una celebre frase, afferma «I filosofi hanno finora solo interpretato diversamente il mondo, si tratta ora di trasformarlo». K. MARX, *Thesen über Feuerbach*, 1845, trad. it. *Tesi su Feuerbach*.
(27) In ambito pratico, Heidegger conierà "autentico" per giudicare il senso dell'esistenza. Quando, comunemente, si dice "una vita falsa" qui il non-vero è il negativo giudizio di un'esistenza che fosse basata su valori meschini, certamente non non-esatti, come avviene nella spersonalizzazione, alienazione dall'Essere, di cui Heidegger segnala, fra gli altri momenti, la "chiacchiera" e il "si dice". Relativamente a "chiacchiera" e "si dice", M. HEIDEGGER, *Sein und Zeit*, Cap. 35, 1927, trad. it. *Essere e tempo*.
(28) MPS, pg. 16-7: «Il torto della filosofia sta nel presupporre in noi una buona volontà di pensare, un desiderio, un amore naturale del vero. Perciò la filosofia arriva soltanto a verità astratte, che non compromettono nessuno e non sconvolgono nulla. [...]. Pochi sono i temi su cui Proust insiste tanto quanto

Ma anche, è il caso di aggiungere, a partecipare attivamente, e non necessariamente col solo senso utilitaristico che abbiamo qui pure sottolineato, al "farsi" di una conoscenza, nella quale immetterà non solo i suoi scopi ma anche un proprio "Sé".[29]

Questo dunque, il punto su cui si basa Deleuze, in pieno rigore col pensiero prima di Hume e poi di Kant, e dal quale proseguirà. Da cui ci possiamo chiedere: se l'osservatore guarda la natura, analizza l'esperienza per realizzare un utile, l'osservatore che guarda la sua memoria (il paziente in analisi, ma anche l'uomo comune che si racconta di chi è in base a ciò che ha vissuto), non starà altrettanto guardandola per realizzare un utile, ammesso che la conoscenza "disinteressata" non possa esistere, e non per un difetto, particolare, del soggetto ma già perché la conoscenza non potrebbe mai iniziare se non avesse una spinta dall'interesse, se non avesse uno scopo, un fine?

Giova osservare che col parziale si ristruttura il concetto di verità, per cui la verità ora è l'adeguatezza funzionale allo scopo, e si ristruttura anche il suo opposto, il concetto di non-verità (o di falsità). Nella risultante della collezione di dati, empirici o della memoria, nella ricostruzione operata (facciamo un esempio) dal soggetto, che dice "mia madre mi picchiava", da cui, "ecco perché sono violento con le donne", dobbiamo escludere che l'affermazione iniziale, se falsa, se non veritiera, sia per effettiva menzogna sui dati (il soggetto non ha mai ricevuto percosse dalla madre), ma per la scelta, parziale, dei dati che si fanno emergere, pure, in sé, veri (ovvero, il soggetto ha ricevuto percosse dalla madre, ma non solo ed esclusivamente).

La menzogna è nell'oblio di altri dati che potrebbero annullare quelli: la madre ha sì picchiato 10 volte il soggetto, ma, poniamo per un momento, 10 volte lo ha anche accarezzato, perché allora, si ricordano le percosse e non le carezze?

---

su questo: la verità non è mai il prodotto di un buon volere preliminare, ma il risultato di una violenza nel pensiero» e FCrK pg. 68: «La prima cosa che la rivoluzione copernicana ci insegna è che siamo noi a comandare. C'è qui un rovesciamento della concezione antica della Saggezza. [...]. Alla saggezza Kant oppone l'immagine critica: noi, i legislatori della natura».
Per cui (AE pg. 337) «noi rimproveriamo dunque alla psicoanalisi di aver schiacciato quest'ordine della produzione, di averlo piegato sulla *rappresentazione*».
(29) G. DELEUZE, "Preface" a *Empiricism and subjectivity*, Columbia University, New York, trad. it. DRF pg. 303-4: «A volte si sogna una storia della filosofia che si accontentasse di enumerare i nuovi concetti apportati da un grande filosofo, il suo apporto creatore più essenziale. Nel caso di Hume si potrebbe dire:
- Ha imposto il concetto di *credenza*, e l'ha messo al posto della conoscenza. Ha laicizzato la credenza, facendo della conoscenza una credenza legittima.
- Ha chiesto: a quali condizioni è legittima una credenza?, e così ha abbozzato un'intera teoria delle probabilità. La conseguenza è molto importante: se l'atto di pensiero è credenza, il pensiero deve difendersi non tanto dall'errore ma dall'illusione. Le credenze illegittime circondano il pensiero come una nuvola di illusioni forse inevitabili. Sotto questo aspetto, Hume annuncia Kant. E ci sarà bisogno di tutta un'arte, ogni sorta di regole per liberare le credenze legittime dalle illusioni che le accompagnano.
- Ha dato all'*associazione di idee* il suo senso autentico, secondo cui non è affatto una teoria della mente umana, ma una pratica delle formazioni culturali e *convenzionali* (convenzionali e non contrattuali). Così l'associazione di idee è per il Diritto, per l'Economia politica, per l'Estetica... Ci si chiede per esempio se basta lanciare una freccia verso un luogo per divenirne i proprietari, o se bisogna toccarlo con la mano: si tratta di sapere quale debba essere l'associazione tra qualcuno e qualcosa, perché quel qualcuno diventi proprietario della cosa.
- Ha fondato la prima grande logica delle relazioni, mostrando come ogni *relazione* (non solo i «matters of facts», ma le relazioni di idee) fosse esterna ai suoi termini. Così costituisce un mondo dell'esperienza estremamente diverso, secondo un principio di esteriorità delle relazioni: parti atomiche ma con transizioni, passaggi, "tendenze" che vanno dalle une alle altre.
Queste tendenze generano *abitudini*. Ma non è la risposta alla domanda: cosa siamo?
Siamo delle abitudini, nient'altro che abitudini, abitudine a dire Io... Forse non c'è una risposta più sorprendente al problema dell'Io».

Perché il soggetto vuole arrivare a quello scopo, o esito, e per arrivarci mente in altra maniera rispetto al classico concetto di verità, non dice cose non vere, dice solo il parziale utile, nasconde la parte non utile alla conclusione a cui vuole pervenire. Mentire in tutta verità, *diabolico in tutt'innocenza*, come torneremo più volte a vedere.

Una digressione.
Prima faglia: il movente e il futuro. L'immaginazione e il parziale.

Possiamo tentare di affermare che nel *corpus* della filosofia ci sia più un sostanziale *continuum* che una serie di fratture, come invece troviamo nei manuali, soprattutto scolastici. A ben guardare quelle fratture sono più modali che sostanziali. Si prenda la frattura più citata, Platone-Aristotele. Si vedrà che essa più che una frattura è in realtà la doppia faccia della stessa medaglia, come diremo anche oltre. Liberarsi dall'esperienza sensibile per arrivare alla conoscenza, con Platone, o ammettere l'esperienza sensibile come costitutiva della conoscenza, con Aristotele, è poca differenza, se permane che la conoscenza è conoscenza del Vero, conoscenza disinteressata. E i successori, pur con ogni variazione, non si distaccheranno poi di molto da questa strada, da questa istanza di base. Se possiamo trovare allora una faglia tellurica non possiamo non riconoscere questa se non nel pensiero di Hume, per quanto appena detto. Che cosa inserisce Hume nel tratteggiare il pensiero che pensa che domani sorgerà il sole dopo aver osservato che nei giorni trascorsi, sempre, si è levato il sole? Inserisce due elementi (e un terzo, forse il più importante, verrà come necessaria conseguenza).

Il primo, l'abbiamo visto, è il *perché*, il perché il soggetto compia questa operazione, il movente dunque, ovvero – nel caso – un utile, utile non solo materiale, ma, come abbiamo visto, anche "psichico", o del suo bisogno di essere umano, come nel sorgere il sole per Hume, che è un bisogno di regolarità, un desiderio di sentirsi entro un ordine e non nel caos, allo scopo di rassicurarsi, o come specificherà anche ed ancor più William James (e più avanti ci ritorneremo), quest'utile può essere anche immateriale, e pure dare soddisfazione, come il credere in qualcosa, l'avere una fede. Un qualcosa a cui si vuol credere. *Belief*, credenza, per Hume, *will to believe*, volontà di credere per James, ovvero un "io credo" più forte di un "io penso", che il secondo ha come un retrogusto passivo (stante i dati penso che...), mentre il primo è un desiderio, una volontà, un "io credo" che significa "io voglio credere che...", per cui, in funzione e per quel *che* a cui l'io vuole credere, lo stesso io organizza i dati a supporto.

Ma, contemporaneamente ed ancor più, sempre nel sole che sorgerà anche domani, accade che la rassicurazione non chiede per l'oggi, ma per sempre, per la regolarità, che è sempre, ad iniziare da domani, dunque inserisce – secondo elemento – il futuro, per cui la conoscenza non è solo una tassonomica dell'esistente, non si limita a catalogare gli enti, il presente, ma va oltre il presente per giungere al domani, dove ci sarà un fenomeno che ora non vediamo, o esito. Inserisce l'immaginazione quale facoltà o, per meglio dire, eleva l'immaginazione a facoltà.[30]

---

(30) Bachelard riconosce il carattere produttivo dell'immaginazione elevandola al massimo livello di dignità (e dolendosi peraltro che Bergson l'abbia sottovalutata): «Nell'opera di Bergson, *Materia e memoria*, in cui la nozione di immagine ha una rilevante estensione, si fa soltanto un riferimento all'*immaginazione produttrice*. Tale produzione resta allora un'attività di libertà minore, senza alcun rapporto con i grandi atti liberi illuminati dalla filosofia bergsoniana. In quel breve passaggio, il filosofo si riferisce ai "giochi della fantasia". [...]. La nostra proposta, al contrario, è quella di considerare l'immaginazione come potenza principale della natura umana». G. BACHELARD, *La poétique de l'espace*, Puf, Pa-

Con l'immaginazione si supera il dato e si elabora non più una semplice rappresentazione.[31] Per cui, allora, si crea, si realizza, un ente che (ancora) non c'è. Si attua un'invenzione. È il terzo, conseguente, elemento. Questo propone Hume. E questo riproporrà Bergson: «Porre un problema non vuole però dire semplicemente scoprire, bensì anche inventare. Poiché si basa su ciò che già esiste, attualmente o virtualmente, prima o poi la scoperta dovrà venire. L'invenzione invece, dà l'essere a ciò che non esisteva, e che potrebbe non venire mai».[32]

L'America prima o poi sarebbe stata scoperta (o comunque essa sarebbe esistita già in sé, e non se solo creata, inventata, da qualcuno). La penicillina non è certo, possiamo dire. Meglio, e più esattamente: l'America sarebbe stata "scoperta", perché comunque c'era, ed è una scoperta perché l'oggetto già c'è, la penicillina è un'invenzione perché crea un oggetto che non c'era. La penicillina non sarebbe mai stata "scoperta". Nel primo caso c'è la rappresentazione, ancora, o capacità di registrare l'ente, nel secondo c'è l'immaginazione, o capacità di inventare l'ente. La conoscenza che non si ferma più a se stessa (in ogni invenzione c'è un preliminare di conoscenza, di analisi, di saggio delle materie ad usarsi, lì da doversi conoscere, per sapere cosa possono dare), ma si supera (e già in quella conoscenza non si vuole solo cos'è, ma il suo valore d'uso). Dirà Deleuze «se chiedo a uno scienziato quel che fa, anche lui inventa. Non scopre – la scoperta, esiste, ma non è così che si definisce un'attività scientifica – ma crea tanto quanto un artista».[33]

Come prima conseguenza di questo accade anche che la conoscenza sarà "parziale". Due volte parziale. La prima, già detta, perché si conosce solo quello che ci interessa, la seconda, conseguenza appunto della prima, è che non solo conosceremo l'oggetto che solo ci interessa, ma di quell'oggetto conosceremo solo ciò che ci interessa. La durezza, ad esempio, e non il colore, se quella materia che stiamo analizzando, conoscendo, ci interessa per realizzare un manufatto forte, resistente.[34]

---

rls,1957, trad. it. *La poetica dello spazio*, Dedalo, Bari, 1975, pgg. 24-5. Bachelard tenta una "bergsonizzazione" dello spazio, come Bergson nei confronti del tempo. Bachelard rintraccia uno spazio come non oggettivo, ma segnato dalle particolarità e dalle affettività del soggetto, che ne fanno uno spazio "altro", dove le dimensioni quantitative perdono il loro primato a fronte delle dimensioni qualitative, autentiche coordinate dello spazio come spazio vissuto. Deleuze, nei suoi ultimi scritti, sembra interessato a un progetto simile, un bergsonismo assoluto che adesso aggredisca il concetto di spazio e, come la durata *versus* il tempo, adesso la lotta sia fra "spazio liscio" e "spazio striato" (cadrebbe, in questo caso anche il secondo postulato dell'a priori kantiano). Sull'argomento, troppo vasto e tale da meritare ampio studio solo a questo dedicato, si veda comunque quanto in *Mille piani* e in *Che cos'è la filosofia*.
(31) "L'imagination au pouvoir" è lo slogan più celebre del '68 e Sartre, in un dialogo con Cohn-Bendit ('Le nouvel observateur', 20/5/1968), dirà: «Ce qu'il y a d'interessant dans votre action, c'est qu'elle met l'imagination au pouvoir». Ora in A. COHEN-SOLAL (iconografia commentata da), *Album Jean-Paul Sartre*, Gallimard, Paris, 1991, pg. 241. Ricordiamo che la prima opera "filosofica" di Sartre è *L'imaginaire* ma, in precedenza, Sartre aveva scritto *L'imagination*, poi 'Introduzione' a *L'imaginaire*, dove si legge: «Il n'y a pas, il ne saurait y avoir d'images dans la conscience. Mais l'image est *un certain type de conscience*. L'image est un acte et non une chose». J.-P. SARTRE, *L'imagination*, Alcan, Paris, 1936.
(32) B pg. 9.
(33) G. DELEUZE, *Qu'est ce que l'acte de création*, conferenza Fondation Femis,17/5/1987, trasmessa su FR3 il18/5/1989, trad. it. *Che cos'è l'atto di creazione*, Cronopio, Bari, 2003, pg. 11 e DRF.
(34) «Con l'aumento delle cognizioni e delle scoperte diventano così, in certo modo, sempre minori le pretese dello scienziato a una "comprensione" del mondo. L'osservazione della natura da parte dell'uomo presenta qui una stretta analogia col singolo atto della percezione, concepibile, secondo Fichte, quale una "autolimitazione dell'io": in ogni atto di percezione noi scegliamo, da una infinita moltitudine di possibilità, una possibilità determinata, e limitiamo così la moltitudine delle possibilità future». W. EISENBERG, *Mutamenti*, cit., pg. 4.

Hume sbaraglia dunque il campo e dice che non vogliamo affatto realizzare la vera conoscenza, ma conoscere ciò che ci è utile per un qualcosa che o ci appassiona o ci interessa. Ovvero, realizzeremo una teoria, che sembra una teoria di conoscenza, circa il costante sorgere del sole per un nostro umano desiderio di regolarità e di tranquillità rispetto all'ansia di sentirci altrimenti in un caos che ci impaurisce, come detto, e altrettanto studieremo il ferro non per conoscere l'essenza (cara vecchia essenza della filosofia classica), come appunto nella filosofia classica, ma per costruire un cannone, o un ponte. O quel che vorremo.

Scrive Deleuze: «Come evitare di scrivere su qualcosa che non sia quello che non si sa, o che mal si conosce? Proprio su questo punto si immagina di aver qualcosa da dire. Non si scrive che al limite del proprio sapere, su quella punta estrema che separa il nostro sapere e la nostra ignoranza, e che fa passare l'uno nell'altra. Soltanto così si è portati a scrivere. Colmare l'ignoranza, è come rimettere la scrittura a domani, o meglio renderla impossibile».[35]

Conoscere il tutto è rendere impossibile il fare, adesso. Da qui ne consegue allora la parzialità ovvero la perdita di qualcosa. In effetti perderemo della natura del ferro tutto ciò che non ci interessa rispetto allo scopo per cui lo analizziamo.[36]

Così, su queste premesse, e con l'ammissione, pure, di certi precisi limiti, nasce il pensiero moderno, la frattura vera in filosofia, e nasce la scienza moderna, ovvero la conoscenza "interessata" e non disinteressata come nella filosofia classica per cui si doveva conoscere per conoscere la verità, o l'Essenza, ovvero il tutto, che verità o essenza sono obiettivi totali. È una (prima) faglia nella continuità della filosofia attraverso la sua storia, conoscenza dell'utile ovvero conoscenza mossa da ciò che interessa al soggetto conoscente come utile a sé, e di ciò che serve a farlo sorgere.[37]

Il problema pratico.
Dal piano teoretico a una prima conseguenza (morale) sul pratico.

Chiusa la digressione, si torna a sottolineare come la schizoanalisi si presenti anche come un metodo interpretativo del discorso-pensiero del soggetto, al pari della psicoanalisi stessa. Anche la schizoanalisi ricava dalla sua osservazione di un costrut-

---

(35) DeR pg. 7. Analoghi accenni sanche in LdS, nella *Nota* all'edizione italiana.
(36) Su quanto lo sforzo di sapere diminuisca la capacità di fare Deleuze dirà nell'ABC: «[...] quando vedo qualcuno colto sono spaventato. Posso provare ammirazione per certi aspetti, per altri assolutamente no, ma uno colto mi spaventa. Si distingue bene uno che è colto. Ha un sapere spaventoso su tutto... se ne vedono molti, fra gli intellettuali, sanno tutto, sono al corrente di tutto. Sanno la storia del Rinascimento, conoscono la geografia del Polo Nord, insomma si può fare l'elenco... Sanno tutto, possono parlare di tutto, è terribile. Quando dico che non sono istruito né sono un intellettuale intendo una cosa molto semplice, e cioè non ho nessun sapere "di riserva"[...] non ho nessuna riserva, nessuna scorta, nessun sapere di scorta. E tutto quello che imparo, lo imparo per uno scopo». ABC, *C comme Culture*.
(37) Già Spinoza aveva osservato: «Quanto più un umano si sforza – e ci riesce – di cercare il suo proprio utile, cioè di conservare il suo proprio essere, tanto più egli è dotato di virtù; e, all'opposto, in quanto un umano trascura di conservare il suo utile, cioè il suo essere, in tanto egli è impotente». (*Etica*, Parte IV, Proposizione 20). Che l'utile fosse a pieno titolo l'elemento centrale della riflessione, Spinoza lo dimostra ampiamente e insiste su questo nella parte dell'*Etica* dove inizia infatti dicendo: «Sono questi i dettami della Ragione che m'ero proposto di esporre qui in poche righe prima di cominciare a dimostrarli con il criterio più prolisso adottato nella generalità del presente lavoro. La ragione di una tale esposizione sintetica era questa: di conciliarmi, se possibile, l'attenzione di coloro che credono che il principio qui sostenuto – il dovere che ciascuno ha di cercare il proprio utile – sia il fondamento dell'empietà, e non della virtù e del vivere responsabilmente». (B. SPINOZA, *Etica*, Parte IV, Proposizione 18).

to – logico, razionale, culturale, in definitiva, discorsivo (enunciato) – quello che è «l'inconscio del pensiero»[38] ma, al contrario della psicoanalisi che lo identifica nella causa o in **P**, essa lo identifica nel fine, in **X** o, più precisamente, in **XI,** che svela x o desiderio di **X** e più precisamente, ancora di **XI**, ed è in questo che si dichiara anche come una «psichiatria materialistica»,[39] ovvero una psicologia pragmatista (questo a spiegare il "materialismo" citato, dacché non è esattamente materiale, il fine, o "materialistico" qui vuol dire reale, nel mondo, pratico) che crede nell'obiettivo, nel fine, come la ragione che muove il pensiero, e che scorge nel fine il rivelatore dell'inconscio se l'inconscio è appunto la facoltà di porre dei fini, se il fine materialistico/pratico è la vera "causa" del pensiero, il vero movente che sta dietro al pensiero.[40]

Alla domanda "cos'è" (identità), si sostituisce la domanda *cui prodest?* (utilità) o «funziona? E come funziona?».[41] Ancor più, e con André Green, *a cosa serve?*[42]

Primo processo del desiderio, curiosamente, nel caso di *Edipo*, per effetto di un elemento privativo della libertà, la causazione essendo negazione della libertà in quanto condizionante un esito, e purtuttavia capace di giungere all'oggetto (l'amore futuro), dunque non repressivo sul soggetto, ma funzionale anzi a una realizzazione del desiderio del soggetto. O, in senso freudiano, possiamo dire che qui l'*Edipo* non nega, in assoluto, ma determina le caratteristiche dell'amore futuro, per cui il soggetto non sceglierebbe autonomamente, poiché non potrebbe scegliere che quello.

Non nega infatti il raggiungimento, ma nega la libertà dell'azione. Non è censorio, è condizionante. Naturalmente, e come abbiamo visto, niente di tutto questo avviene, anzi, nel caso, si tratta solo della retorica funzionale a quel raggiungimento che copre il "voglio" con il "devo". Nel caso, è la maschera di chi ha scelto di ripetere, anziché inventare un nuovo, e si giustifica dicendosi determinato da una necessità.

Quindi, andando oltre la stretta contingenza del processo amoroso, della carriera amorosa, per estrarre da qui il modello di un certo processo del desiderio, in senso schizoanalitico possiamo dire che il desiderio che qui opera è il desiderio di non scegliere, il desiderio di ripetere. Di ri-presentare lo stesso, una forma, quella passiva, delle due forme, come meglio vedremo poi, in cui si differenzia la "ripetizione".

L'uomo che vi corrisponde, che corrisponde a questo desiderio – altre forme di desiderio, vedremo, sono possibili – questi, ora, colui che si fa *Edipo*, è l'uomo che ha già descritto Spinoza. Alla libertà, per Spinoza, corrisponde l'angoscia della scelta

---

(38) Una definizione che riprendiamo dal commento deleuziano su Spinoza, SP pg. 29.
(39) AE pg. 24.
(40) DeR pg. 306: «Il problema del pensiero non è legato all'essenza ma alla valutazione di ciò che ha importanza e di ciò che non ne ha». Per quanto si sostenga che sia una versione romanzata, Paul Dupuy ci racconta che Évariste Galois, il grande genio matematico morto a vent'anni in duello, la notte prima, certo di non sopravvivere per la sua inabilità alle armi, compone uno studio e scrive all'amico Auguste Chevalier sottolineando come il suo studio sia da valutare non per l'esattezza ma semmai per l'importanza: «Pregherai pubblicamente Jacobi o Gauss di dare il loro parere, non sulla verità, ma sull'importanza dei teoremi. Dopo questo ci sarà, spero, qualcuno che troverà il suo profitto a decifrare tutto questo guazzabuglio». P. DUPUY, *La vie d'Évariste Galois*, 'Annales de l'École Normale', 1896, trad. it. *Vita del Galois*, Tumminelli, Roma, 1945.
(41) G. DELEUZE, *Lettre à Michel Cressole*, cit. PPA pg. 16. Anche: «Oggi noi reclamiamo i diritti di un nuovo funzionalismo: non più che cosa significa ma come funziona». G. DELEUZE, *Qu'est-ce que c'est, tes "machines désiderantes" à toi?*, "Introduzione" a P. BÉNICHOU, *Sainte Jackie, comedienne et bourreau*, riedito in 'Les temps modernes', n° 316, 1972, trad. it. ID pg. 308.
(42) A. GREEN, *À quoi ça sert?*, 'Le monde', 28/4/72: «Pour lire *L'Anti-Œdipe*, il faut lui appliquer le critère même qui guide Deleuze et Guattari. A savoir qu'il ne faut pas se demander "qu'est-ce que ça veut dire?" mais "à quoi ça sert?"».

e della responsabilità di questa stessa scelta. In che modo si calma l'angoscia? Annullando la libertà: «In che modo la coscienza placa la propria angoscia? [...] Poiché non raccoglie che degli effetti, la coscienza va colmando la propria ignoranza rovesciando l'ordine delle cose, prendendo gli effetti per cause (illusione delle cause finali). La coscienza fa, dell'effetto di un corpo sul nostro, la causa finale dell'azione del corpo esterno; e fa, dell'idea di questo effetto, la causa finale delle sue proprie azioni».[43]

Già per Spinoza, con l'invenzione determinista, con l'attribuire alle "cose" esterne il potere di dominare e di determinare il soggetto, si affaccia un *Edipo* ante-litteram o lo stesso principio di quello che diverrà l'*Edipo*.[44]

Un progetto per annullare la vita e la libertà, per ottenere una giustificazione di quella sottomissione voluta in funzione di uno scopo di inazione e quindi a seguito di un desiderio attivo, per cui «non è *Edipo* a produrre la nevrosi, ma la nevrosi, cioè il desiderio sottomesso e mirante a comunicare la sua sottomissione, a creare *Edipo*».[45]

È, l'*Edipo*, una costruzione di questo desiderio, quell'*Edipo* «che non lo si troverebbe se non lo si cercasse»[46] se non vi fosse un desiderio in tal senso, un desiderio di affermare e di giustificare una resa, una voglia a non essere, poiché «ci si fa riedipizzare non per colpevolezza, ma per stanchezza, per mancanza d'invenzione»;[47] seguire una regola – è in fondo la sentenza finale di Deleuze lettore di Spinoza e di Nietzsche – è più facile, più comodo e più gradito di inventare e di avere tutta la responsabilità di ciò che si inventa, di ciò che si decide e si vuole.

È per questa ragione, ovvero è per quest'obiettivo, che la psicoanalisi è sorta e si è costituita ed è «un apparato di repressione delle macchine desideranti»[48] della quale si può dire «che tranquillizzi, consoli, c'insegni delle rassegnazioni, che ha schiacciato ogni dimensione economica e politica della libido in un codice conformista»,[49] poiché è così che essa realizza quel compito a favore del desiderio di "quiete" che è nel suo intento, del suo progetto conformista. Il *conformista* ha bisogno dell'annullamento della volontà per esimersi dalla fatica di un suo percorso, per cui sceglie di

---

(43) SP pg. 30-1. Si trova in questo un tratto del concetto di *piacere* in Freud, inteso in un'eliminazione, in un placarsi, non in un arricchimento dell'attività poiché «il piacere è legato alla diminuzione, alla riduzione e all'estinzione della quantità di stimoli che operano nell'apparato psichico». S. FREUD, *Neue Folge der Vorlesungen zur Einführung in die Psychoanalyse*, 1930, trad. it. *Introduzione alla psicoanalisi*.
(44) Sartre dice: «I primi, che nasconderanno a se stessi, con *spirito di serietà* o con scuse deterministe, la loro totale libertà, io li chiamerò vili». J.-P. SARTRE, *L'esistenzialismo è un umanismo*, cit.
(45) K pg. 19.
(46) AE pg. 192.
(47) K pg. 52.
(48) C. BACKES-CLÉMENT (intervista a cura di), *Sur capitalisme et schizophrenie*, cit., in AA.VV., *Deleuze*, cit., pg 75 e in F. GUATTARI, *Una tomba*, cit., pg. 364. PPA pg. 28.
(49) M. NADEAU (intervista a cura di), *Deleuze et Guattari s'expliquent*, 'La quinzaine littéraire', 16-30/6/1972, trad. it. in F. GUATTARI, *Una tomba*, cit., pg. 420. Un desiderio conformista è nella lettura dell'*Edipo* secondo René Girard (accennato in AE) per il quale il desiderio è "mimetico", è un'imitazione, l'imitazione del desiderio di un altro. Il figlio desidera la madre imitando il desiderio del padre. Per estensione il figlio di un ingegnere potrebbe scegliere di essere ingegnere per imitazione del padre. Ma il nodo permane: il desiderio mimetico è già regola necessitante in sé, o è una scelta attiva del soggetto che preferisce imitare anziché inventare? Il figlio farà l'ingegnere perché il mimetismo si impone come legge o per la scelta più facile, ripercorrere un tracciato dato, di cui la sua affettività, conformista, è la vera ragione? Difficile dirlo, come difficile è capire se il padre ingegnere fosse stato, non causa, ma occasione di un "buon incontro" verso una materia di cui il figlio si appassiona di passione sua. Girard è per l'opzione che il desiderio, in sé, sia comandato dall'imitazione, per cui, pur variando nelle modalità da Freud, permane ad essere determinista come Freud. Cfr R. GIRARD, *Mensonge romantique et verité romanesque*, Grasset, Paris, 1961, trad. it. *Menzogna romantica e verità romanzesca*, Bompiani, Milano, 1965.

ripeterne uno già dato, e ottiene questo per effetto di uno strumento, la causa, che nega la sua volontà e afferma la necessità a ripetere. Dice *Sì* a questa possibilità, come – seguendo Nietzsche – il «Sì dell'asino, I-A, la forza reattiva che si carica essa stessa dei prodotti del nichilismo, e che crede di dire Sì ogni volta che porta un No»,[50] al punto che si può dire sia «un falso Sì, una caricatura dell'affermazione».[51]

Per cui, a parziale conclusione: problema teorico innanzitutto, e conseguenza pratica immediatamente a seguire. Problema teorico, o ancora contro lo scientismo. Si ricordi l'importanza dell'intuizione per Bergson. E come venne accolta, e come Bergson sia stato tacciato perfino di spiritualismo. Aveva, Bergson, intenzione di opporre un "altro" sapere, un sapere filosofico come la filosofia fosse o – nel suo intento – dovesse essere un'altra strada rispetto alla scienza? Affatto. Bergson fa una strettissima teoretica a pieno titolo nel campo scientifico.[52]

L'intuizione, per Bergson, non è una sorta di sapere sapienziale. L'intuizione non è un sapere per doti extrarazionali, sovrarazionali, iniziatiche o altro. Non è magia.[53]

L'intuizione è alla base e al fondamento, per Bergson, di un metodo che vuol essere assolutamente scientifico. L'intuizione è infatti la capacità di porre il problema. E infatti il problema, così come viene trattato nelle scienze positive è, di fatto, a seguire dall'intuizione. Prendiamo un esempio, e prendiamo come esempio ancora proprio l'*Edipo*. L'osservatore realizza l'ipotesi che la figura della madre determini la vita affettiva del figlio. Come può avere ragione di quest'asserzione (che già è un'intuizione)? L'osservatore prende un campione e lo analizza e trova effettivamente conferma 10 su 10 (ma anche fosse 7 su 10 adesso sarebbe secondario), quindi effettivamente trova riscontro che sì, questo avviene, dunque l'ipotesi/intuizione è confermata. È valida. Nessun dato dell'osservazione, nessun indagine empirica la sconfessa. Anzi.

Dov'è allora che c'è – se c'è, se ci fosse – un errore?

Se ci fosse – e c'è – sarebbe nella premessa, nell'ipotesi, nell'intuizione.

È la domanda di partenza, (che ha già dato la soluzione), ovvero "il genere umano è fatto di soggetti influenzati dalla figura della madre nella propria affettività?"

Perché noi avremmo potuto fare un'altra domanda e ugualmente avremmo che gli stessi dati del campione ci confermano l'ipotesi, ora altra, se non addirittura, come diremo, avversa. Avremmo potuto chiedere: "il genere umano è fatto di soggetti privi di originalità, così pavidi quando c'è da rischiare in proprio che preferiscono ripetere ciò che è già stato?" E i dati ci avrebbero confermato ugualmente la stessa ipotesi.

---

(50) N pg. 34.
(51) Idem pg. 35.
(52) B pg. 7: «L'intuizione è il metodo del bergsonismo. Non è un sentimento, né un'ispirazione, una simpatia confusa, ma è un metodo elaborato, anzi uno dei metodi più elaborati della filosofia; le sue regole rigorose costituiscono quella che Bergson chiama la "precisione" in filosofia». Su Spinoza e sulla traduzione di *affectio* e *affectus*: «Qualcun altro traduce *affectio* con "affezione" e *affectus* con "sentimento". Sempre meglio che tradurlo con la stessa parola, ma non vedo la necessità di ricorrere alla parola "sentimento" quando in francese si trova il termine "affetto"». *Cours Spinoza*, Université Vincennes-Paris 8, 24/1/1978, trad. it. G. DELEUZE, *Cosa può un corpo*, Ombre corte, Verona, pg. 43.
(53) Non si usa a caso la parola "magia" ma perché – mia nota personale, voglio subito dire – vorrei ricordare un esempio che ben illustra l'incomprensione di ciò che non essendo nella assiomatica codificata viene ritenuto altro, suggestivo, sapienziale. Magia. Ricordo ancora il professor Adorno che spiega un curioso avvenimento, peraltro di fonti incerte. Archimede, il matematico, respinge la flotta romana all'assedio di Siracusa, grazie a un grande specchio parabolico (oggi "specchio ustorio") che riflette il raggio del sole e incendia le vele delle navi. Si tratta di un metodo assolutamente scientifico, un'applicazione di leggi fisico-matematiche. Ma il popolo non le conosce. Prendendo atto, invece, di quanto solamente appare, parla di magia, e chiama mago Archimede. Archimede, il matematico, diventa il mago.

Avremmo potuto far valere la nostra (seconda) intuizione/ipotesi che suonava "l'essere umano è – almeno prevalentemente – portato a ripetere anziché a creare il nuovo". Possiamo fare molti esempi in questo senso. Esempi che mostrano come l'analisi empirica, ovvero che i dati empirici a conforto, confortino, sì, ma in un errore, non perché essi sono erronei, ma perché *confortano l'errore* (che è loro precedente).

Si prenda il caso della scala Mercalli che si usa (o si usava) nella valutazione dell'intensità di un terremoto. Essa "misura" a riscontro dei danni prodotti da quel terremoto. Tot case crollate, tot strade divelte. Ma il modello non è garantito dall'analisi empirica, anzi, è viziato proprio dall'oggetto (empirico) che serve di misura. Case mal costruite mostrano una grandezza della potenza e non una mancanza di resistenza che, in caso contrario, avrebbe ridotto il valore della potenza. Immobili di differente qualità della costruzione, ivi compresa la differente obsolescenza delle tecniche di costruzione, dove l'evento si verifica, darebbero il risultato di due eventi di differente, in sé, potenza di intensità.

Petitio principii, o semplicemente modello che non può essere preso in sé, e che invece, scientisticamente, si fa gloria del suo riscontro reale e con l'orgoglioso disprezzo di ogni scolastica e di ogni metafisica, vanta la sua metodologia osservativa.

Quando abbisognerebbe di riflessione su di sé.

Discutere dunque sulla premessa, valorizzare l'intuizione, è necessario. Senza, avviene che sia lo scienziato scientista che il filosofo scientista producano dati privi di un senso vero e proprio e che possono valere tanto in un senso che nell'altro.

E le conseguenze sono enormi sul piano pratico, o morale, anche. Perché nel caso in cui si affermi la potenza della figura della madre l'effetto-figlio è innocente e incolpevole. Come quando le case mal costruite sono vittime e non causa del disastro.

Ecco un possibile uso, un possibile, dunque, valore d'uso del determinismo, e dello scientismo: la possibilità di cancellare le responsabilità, e laddove responsabilità dolose, immorali, la colpa. Perché la "causa" esorcizza la colpevolezza.[54]

O, come detto prima, e ancora vedremo poi, con Kafka, "diabolico in tutt'innocenza".

Il piano pratico. La ripetizione ontica e la ripetizione ontologica.

Ritornando, nondimeno, alla frase proustiana, «i nostri amori futuri ripetono l'amore per la madre», ora abbiamo stabilito che non esisterebbe, in sé, questa ripetizione, ma un'azione del soggetto che "crea" la ripetizione. Dovremmo modificare la frase dicendo che nei nostri amori futuri *vogliamo* ripetere l'amore per la madre. Ma saremo ancora fuori strada. Perché, effettivamente, i nostri amori futuri ripetono l'amore per madre. Possiamo dirlo, ma, ancora, questa frase esprime tutt'altro senso.

Ovvero: la carriera amorosa com'è che è ripetizione e com'è che avviene questa ripetizione? Il significato del concetto di *ripetizione* in Deleuze, per poter essere inteso non come l'espressione del ri-presentarsi, necessita di una particolare osservazione. Anche la scelta di questo termine ambiguo deriva dal primo impegno deleuziano, dalla sfida lanciata all'hegelismo e alla dialettica, alla filosofia che divide il reale in due parti e designa una di esse come "negativo".

---

(54) ES pg: 134: «Forse che è la stessa cosa, da un punto di vista morale, essere malvagi verso chi ci ha fatto del bene e buoni di fronte a chi ci ha fatto del male? Riconoscere che non è la medesima cosa, pur essendo la stessa relazione di contrarietà, significa già riconoscere una differenza radicale tra la morale e la ragione».

Dopo la *differenza*, di cui si è detto, Deleuze si era impegnato sul concetto di ripetizione. Di questo, altrettanto, intendeva offrire un modello che non ricorresse alla dimensione del negativo, la ripetizione come copia, come alienazione dell'autentico da cui anche consegue la svalutazione del reale (copia) rispetto all'ideale (verità). Il manifesto più forte è in Nietzsche, e nell'*Eterno Ritorno*, quando si dice che la ripetizione non è la ri-presentazione dello stesso ma ciò che si afferma per effetto del suo stesso ripetersi, perché «lo Stesso non ritorna, è soltanto il ritornare che è lo Stesso di ciò che diviene».[55]

Ma, ancor prima, Deleuze tratteggia come, la *ripetizione*, da Hume e Bergson, può indicarsi in due maniere: «La prima ripetizione è ripetizione dello Stesso, che si esplica attraverso l'identità del concetto o della rappresentazione; la seconda comprende la differenza, e si comprende a sua volta nell'alterità dell'Idea, nell'eterogeneità di una "appresentazione". L'una è negativa per difetto del concetto, l'altra, affermativa per eccesso dell'Idea. L'una è ipotetica e statica, l'altra categorica e dinamica. La prima è ripetizione nell'effetto, la seconda nella causa. L'una è in estensione, ordinaria, orizzontale, l'altra è rilevata, singolare, verticale. La prima è sviluppata, esplicata, la seconda è avvolta e quindi da interpretare. [...]. L'una è materiale, l'altra spirituale, anche nella natura e nella terra. L'una è inanimata, l'altra ha il segreto del nostro morire e del nostro vivere, dei nostri asservimenti e delle nostre liberazioni, del demoniaco e del divino. L'una è una ripetizione "nuda", l'altra una ripetizione vestita, che si forma a sua volta vestendosi, mascherandosi, travestendosi. L'una è ripetizione di esattezza, l'altra ha come criterio l'autenticità».[56]

In entrambi i casi abbiamo un insieme, composto di parti che costituiscono il dato. Divergono gli ordini, uno è quantitativo, l'altro è qualitativo, ciò che in Bergson è stato distinto fra *molteplicità quantitativa* e *molteplicità qualitativa*.

Scrive a questo proposito Deleuze in *Differenza e ripetizione*: «In questo l'associazionismo presenta una sottigliezza insostituibile, né è da stupirsi che Bergson riscopra le analisi di Hume, non appena si trova di fronte a un problema analogo: suonano le quattro... Ogni colpo, ogni vibrazione o eccitazione, è logicamente indipendente dall'altro, *mens momentanea*. Ma noi li contraiamo in un'impressione qualitativa interna, al di fuori di ogni ricordo o calcolo distinto, in quel presente vivente, in quella sintesi passiva che è la *durata*. Quindi li restituiamo in uno spazio ausiliario, in un tempo derivato, dove possiamo riprodurli, rifletterli, contarli come altrettante impressioni-esterne quantificabili».[57]

Nel senso quantitativo, noi abbiamo sentito 4 colpi. Nel senso qualitativo noi abbiamo sentito le (ore) 4. Qui la ripetizione non si è limitata a ripetere nudamente lo stesso (4 colpi o 1 colpo 4 volte), ma ha costituito il dato (un momento del giorno). Questo dato, questo generico qualcosa che si costituisce è un dato in sé. È la molteplicità qualitativa bergsoniana che si differenzia dalla molteplicità quantitativa dove c'è una somma, dove le parti restano come costituenti del dato, il dato subordinato a esse, mentre qui c'è un *effetto*, qui le parti si fondono nella creazione del dato che le supera. Anche il tempo si modifica, non è più spazializzato, non è più esterno, come una misura spaziale entro cui si dispongono le singolarità dei 4 elementi, ma è costitutivo, offrendo la contrazione in cui il dato si costituisce solo in quel tempo, in quel tempo

---

(55) N pg. 39.
(56) DeR pg. 46.
(57) Idem pg. 122.

particolare. Il tempo, così inteso, quindi, acquisisce una dimensione ontologica, dacché non è separabile dal dato: è "quel" tempo che produce "quel" dato.

Dunque, non "nel tempo", ma "col tempo"[58] o "grazie al tempo", tempo non spazializzato, ma *durata*, non il tempo del prima e del dopo, ma il tempo della coscienza, dove «il passato non solo coesiste con il presente che è stato; ma poiché si conserva in sé (mentre il presente passa) è il passato nella sua interezza, integrale, tutto il nostro passato che coesiste con ogni presente»[59] perché «la ripetizione non è la generalità».[60]

La generalità è la collezione ontica degli enti che, per presenza, possono realizzare il genere: tot cavalli realizzano il genere "cavallo", cruda esposizione indifferente al tempo e posti accanto senza che trovino qualità diversa per il loro ripetersi.

La ripetizione (ontologica) è invece immersa nel tempo, che occorre *quel* tempo affinché si abbia il dato e non solo una serie di dati singolari, e i dati si leghino fra di loro, "sono le quattro" può avvenire solo in una contrazione ristretta del tempo, che 4 colpi che si succedessero in 4 giorni non darebbero "sono le quattro" o, si potrebbe dire, i dati vanno moltiplicandosi anziché sommandosi, come si moltiplica la seconda volta che, per effetto di essere seconda, non è uguale alla prima e sua semplice nuova ri-presentazione. Come accade ai diversi oggetti d'amore della carriera amorosa, dove il soggetto non ripete la prima, poiché è, ora, per effetto della memoria della prima, in condizioni diverse dalla prima, quindi è esso stesso, differente, nel suo ripetersi.

Dunque la ripetizione non ripete **P**, né **X** è la ripetizione di **P**, ma è il processo dell'amore, qui nel caso, che *si* ripete. Il dato, o il soggetto della frase proustiana non è l'oggetto **P** o l'oggetto **X**, non è l'oggetto dell'amore, ma è il *processo* dell'amore a ripresentarsi o, più correttamente, a ripetersi, è l'amore, attraverso il suo attualizzarsi ora con **P**, ora con **X**, in una sintesi degli oggetti o dei momenti singoli o degli atti singolari. Abbiamo già qui una prima indicazione di quella "decentralità" del soggetto che sarà sempre nel pensiero deleuziano. Il soggetto è qualcosa di *meno* del soggetto regolatore kantiano, è l'attuatore, humeano, di una sua affettività.

Così la carriera amorosa non è quel tempo in cui si ripete lo stesso (oggetto d'affetto), ma è il tempo reale in cui un'azione – ripetendosi – è in essere, ovvero esiste. Quando si intende che è il primo dato che si ripete nella carriera amorosa, siamo all'interno di una ripetizione materiale, quando si intende che è la carriera amorosa che *si* ripete passando attraverso oggetti differenti e restando tale finché si ripete, siamo all'interno di una ripetizione spirituale e «la ripetizione materiale è molto diversa da quella spirituale. L'una è ripetizione di istanti o di elementi successivi indipendenti, l'altra una ripetizione del tutto, secondo livelli coesistenti».[61]

Deleuze sembra credere che neppure esistano due ripetizioni, ma che la ripetizione ontica sia solo un'errata visione della ripetizione ontologica. Ovvero si è trasformato in quantitativo ciò che è, sempre, qualitativo.

Un amatore è tale se ripete l'azione di amare. La "collezione" di donne sembra essere un dato significativo, ma può non esserlo, qualora l'amatore abbia voluto collezionare donne, ma non amare, non ripetere l'atto d'amore.

Come si è invece detto prima della trasformazione della collezione in sistema per Hume.

---

(58) Esattamente nel senso in cui Leo Ferré dice «avec le temps», attribuendo al tempo il realizzarsi di certi effetti, o eventi, (sfortunatamente tristi). L. FERRÉ, *Avec le temps*, Barclay, Paris, 1970.
(59) B pg. 53.
(60) DeR pg. 9.
(61) Idem pg. 141.

Nel film su Giacomo Casanova[62] Federico Fellini, nel voler smitizzare l'illustre amatore, lo dipinge come un semplice collezionista, alla ricerca di numeri (e di oggetti-limite, la donna più alta del mondo fra le altre), esattamente nel senso che si intende adesso per "collezione". Non possiamo certo dire se l'illustre veneziano fosse questo, anzi, un po' ci duole di questo negativismo che cerca sempre, nel personaggio che emanerebbe gioia, di vedergli invece un "sotto" triste, oscuro, negativo. Così come molte analisi e molte messe in scena del *Don Giovanni*[63] di Mozart (impossibile qui citarle), che cercano di dipingere il protagonista come ossessionato e non appassionato, non positivo verso la vita, ma agìto da un fondo oscuro. Un misogino, addirittura. È possibile, e ogni lettura è legittima, anche se spiace questa idea, assai ricorrente, che sembra dire che far cosa "interessante" è dare una spiegazione "triste" alla gioia, quasi che cantare la gioia sia stupido mentre sia intelligente vedere il nero, il negativo.

Tuttavia l'esempio ci mostra come si possa dividere il soggetto-amatore fra l'amatore che ripete l'atto d'amare (autentico) e l'amatore che colleziona oggetti d'amore (inautentico). Sostanza ontologica il primo, semplice onticità il secondo.

Alla prima si riferisce Deleuze e, in inciso, ricordiamo che il tema della ripetizione si affinerà poi in *Mille piani* con il concetto di "ritornello". Definitiva formula dell'ontologia deleuziana. Il ritornello, il motivo, la frase musicale sfugge all'identificazione tipica: casa è "casa", un reale e un calco di esso. Ma nel caso di un'espressione dinamica? Di una musica? Potremmo chiederci: cos'è il *Bolero*[64] di Ravel?

E non potremmo rispondere con un calco. Più banalmente, con una parola (sia che sia il suo vero, sia che sia un suo sinonimo). È *si-do-la-sol* etc, abbiamo un qualcosa che è costituito, che non rimanda a un inequivoco e singolare, ma è plurale. Tuttavia sarebbe sbagliato pensarlo solo come, in grammatica, un nome collettivo a fronte di un nome singolare (gregge, pecora). Non è la quantità soltanto ad avere ruolo (come da una pecora a più pecore abbiamo il gregge), o la quantità che, essa stessa, produce la qualità, come in Hegel e, a suo seguito, in Marx, (è la variazione della quantità di denaro che, a un certo livello, e solo a quello, di quantità, è *capitale*) ovvero, pur sempre, una ripetizione nuda o dello stesso.[65]

È, il ritornello, una ripetizione di note, una quantità di note, certamente, ma non basta la quantità a definirlo come tale. Certo, il ritornello si fa in sé, per le note che sono in esso, ma soprattutto per una contrazione, tutta sua, un tempo suo, una sua durata, che, altrettanto, come abbiamo visto nei rintocchi del campanile, costituisce il

---

(62) F. FELLINI (regia di), *Casanova*, Pea-Grimaldi, Italia, 1976. Dice a questo proposito lo stesso Fellini: «Mi sono messo in testa di raccontare la storia di un uomo che non è mai nato, una funebre marionetta senza idee personali, sentimenti, punti di vista; un "italiano" imprigionato nel ventre della madre, sepolto là dentro a fantasticare di una vita che non ha mai veramente vissuto, in un mondo privo di emozioni, abitato solo da forme che si considerano in volumi, prospettive scandite con raggelante, ipnotica iterazione. Vuote forme che si compongono e si scompongono, un fascino da acquario, uno smemoramento da profondità marina, dove tutto è completamente appiattito, sconosciuto, perché non c'è penetrazione, dimestichezza umana». F. FELLINI, *Fare un film*, Einaudi, Torino, 1980, pg. 176.
(63) W. A. MOZART, *Don Giovanni*, titolo originale: *Il dissoluto punito ossia il Don Giovanni*, (K 527). Prima rappresentazione 28/10/1787, Stavovské Divadlo, Praha.
(64) M. RAVEL, *Boléro*, 1928. Prima esecuzione il 22/11/1928, Opéra National de Paris.
(65) «Qui, come nelle scienze naturali, si rivela la validità della legge scoperta da Hegel nella sua *Logica* che mutamenti puramente quantitativi si risolvono a un certo punto in differenze "qualitative", per cui "non qualsiasi somma di denaro o di valore è trasformabile in capitale, che anzi una tale trasformazione presuppone un minimo determinato di denaro o valore di scambio, in mano al singolo possessore di denaro o di merci"». K. MARX, *Das Kapital*, libro I, 1867, trad. it. *Il capitale*. Sulla trasformazione della quantità in qualità o sul farsi per effetto di quantità, torneremo più oltre a proposito di Foucault.

motivo (lì il significato) anche per il tempo entro il quale si svolge, il tempo facente parte della costituzione dell'evento (o, lì, ancora, del significato), dunque non deriva, non è altrimenti dato e non è deducibile da quest'altrimenti dato, rispetto al quale si attua, ma si attua nel suo stesso attuarsi.

Ci sono due ritornelli, come si è detto ci sono due ripetizioni. Come nota Rocco Ronchi: «Fin da *Differenza e ripetizione*, c'è insomma in Deleuze un ritornello buono e uno cattivo. A distinguerli non è la qualità della ripetizione, come se una fosse più fedele dell'altra, ma il senso: la cattiva (ma più corretto sarebbe dire: l'ingenua) vuole dire l'origine, vuole la verità, la buona s'innesta nella variazione, la ripete a suo modo, non importa come, la replica e cioè la ripiega differentemente.

C'è, scrive Deleuze, una ripetizione inscritta nella generalità del concetto e una ripetizione che ha il suo fondamento nella singolarità della Idea. Un conto, ad esempio, è il cristianesimo formale di chi va a messa in forza dell'abitudine, per confermare con il suo gesto un sapere concettuale e un ordine valoriale costituito ("io sono un buon cristiano e un buon borghese"), un altro è il cristianesimo di chi a ogni eucarestia incontra la singolarità assoluta del corpo e del sangue di Cristo, rinascendo ogni volta alla comunione con lo Spirito Santo.

Un conto è la ripetizione dei gesti dell'amore, nella routine della vita famigliare, un altro è la ripetizione dell'amore che ricomincia ogni volta nell'incanto dell'incontro con il volto amato, un incontro che ritorna sempre come "primultimo", per dirla con Vladimir Jankélévitch. Nel primo caso è dato un concetto, una generalità (P) e fuori di essa, nello spazio e nel tempo, una molteplicità di differenze (di grado) che si dispongono orizzontalmente ed estensivamente su di una linea infinita (P1, P2, P3, P11) e che replicano il concetto (dunque tra loro sono "somiglianti"). Queste differenze sono fuori dal concetto perché, almeno dalla critica kantiana dell'argomento ontologico, sappiamo che l'esistenza, cioè la posizione nello spazio e nel tempo, non si deduce dal concetto, non è un predicato analitico, ma sintetico.

La differenza dei P11 oggetti rappresentati (P1, P2, P3) dallo stesso concetto P è, cioè, una differenza estrinseca al concetto. P1, P2, P3, non ripetono lo Stesso ma possono farlo solo come imitazioni pallide e ontologicamente deficienti di un modello trascendente. L'esperienza è insomma fuori dal concetto che a essa sovraintende: P vige al di sopra della serie P1, P2, P3, non come un principio separato.

Da qui si genera tanto la "rappresentazione", vale a dire l'illusione di un sapere che dica P come tale (tale era, appunto, la pretesa del saccente Dionigi "scrittore" della teoria delle idee), quanto la catastrofe di tale illusione, la dialettica trascendentale kantiana (ma già anticipata nelle aporie del *Parmenide* dl Platone): tale sapere, infatti, come mostrato, per esempio, dai paralogismi della psicologia razionale (la psicologia razionale aspira a rappresentare l'Io come tale, P in sé), dovrebbe infatti essere inscritto a sua volta nella stessa catena che fonda come principio trascendente, con evidente vizio logico.

Nel secondo caso, quello del cristiano "autentico" o del "vero" innamorato – si noti come Deleuze faccia riferimento, a questo proposito, ad autori abbastanza lontani dal suo canone immanentista: Kierkegaard e Péguy – la differenza fuori dal concetto si fa "interna" all'Idea "e si dispiega come puro movimento creatore di uno spazio e di un tempo dinamici che corrispondono all'Idea". In altri termini: nella ripetizione il cristiano si fa cristiano, nella ripetizione questo amore si individua come quell'amore che è. Il Platone della *Lettera VII*, alla boria concettuale di Dionigi, non obiettava, forse, che si diventa filosofi solo nella ripetizione? Che altro significa, infatti, *synou-*

sia se non ripetizione? Prescindendo da questa ripetizione, che è la ripetizione dello stesso atto singolare, non si dà filosofo, ma solo il suo simulacro».[66]

L'esempio portato da Ronchi va ulteriormente specificato, laddove proprio l'argomento che sceglie Ronchi potrebbe portare ad equivoco (necessario dire che Ronchi non è assolutamente in equivoco, semmai potrebbe portare ad equivoco questa sintesi dell'analisi di Ronchi). Si potrebbe pensare, con Kant, che esiste un *dovere per il dovere* e un *dovere secondo dovere*, o un autentico e un inautentico.

Ma sbaglieremmo a interpretarlo così. Se esistesse un modo passivo di compiere quell'azione (inautentico) e un modo attivo di compiere quell'azione (autentico), è chiaro che esisterebbe già un noumeno (quell'azione è già scritta, poi gli interpreti la differenzieranno per modo o stile). Qui invece si nega, col ritornello, che esista già un noumeno, e che il ritornello è contemporaneamente la potenza e l'atto, o come nota giustamente ancora Ronchi, qui siamo vicini a Gentile: «Quando, infatti, Gentile afferma che il tempo della storia della filosofia "vera" è il presente assoluto del pensiero pensante in atto, quando scrive che la storia del pensiero è sempre storia contemporanea e che Platone non è meno contemporaneo a lui di quanto non lo sia il filosofo a lui effettivamente coevo, che cosa sta di fatto facendo? Non quello che pensa Benedetto Croce, per il quale la filosofia è storia della filosofia. Verrebbe piuttosto da rispondere che invita lo storico a fischiettare il buon ritornello, a ripetere in modo amoroso».[67]

Più radicalmente ancora potremmo ripetere quanto detto appena sopra che per Deleuze non esiste neppure una ripetizione dello stesso, che è solo un concetto errato, o come dice sopra Ronchi, un "simulacro" dell'unica ripetizione possibile. Una figura irreale, che neppure va distinta, ma va denunciata, spazzata via come un'*ideé toute faite*. Abbiamo già visto un apparente caso di ripetizione dello stesso nei 4 colpi di cui dice Hume. Chi può negare che non si ripeta sempre lo stesso, visto che il colpo è identico, ogni volta? O forse ci sbagliamo, che non lo è ma ci sembra (possibile equivoco dell'esperienza sensibile?). Prendiamo un altro caso, *La samba di una nota sola*, di Jobim,[68] dove, quella nota sola, è sicuramente sempre identica poiché è scritta, non è che la sentiamo noi (e può parerci senza esserlo). È sempre la stessa nota. Così:

Ma avviene, come per i 4 colpi di Hume, un qualcosa. Anzi, per meglio dire, qualcosa avviene. Una frase, un unicum. Realizziamo un'espressione, qui una samba (in realtà una bossa nova), là, in Hume, un riconoscimento del momento della giornata.

È la ripetizione che forma. Come? Nel caso della *Samba* di Jobim la differenza non è ontologica, perché si tratta sempre della nota *re*, ma della durata diversa della nota *re*, come immersa nel tempo reale, o durata, che la ripetizione sempre è per effetto del tempo in cui si ripete, ovvero, anche e infine, nella contrazione o nell'allentamento, e di sé stessa e dell'insieme, quindi nel ritmo. Senza il quale, senza un piano bergsoniano, del tempo-durata, su cui leggerla, non avrebbe senso. O, per meglio dire, non saremmo capaci di leggerla come tale.

È, con Ronchi, l'atto gentiliano? Al limite, non lo è. Perlomeno alla lettera, o per gli elementi costituenti, anche se lo è sicuramente molto nel senso, nello spirito.

(66) R. RONCHI, *Deleuze*, cit., pg. 51-2.
(67) Idem, pg. 57-8.
(68) A. C. JOBIM, *One Note Samba*, come conosciuta dalla prima registrazione di J. GILBERTO, Odeon, Berlino, 1960; nell'originale *Samba de uma nota só*. Simile esperienza in *Vexations* di Erik Satie, composta presumibilmente nel 1893 e fatta conoscere nel 1963 da John Cage, con una frase da ripetere 840 volte.

Possiamo dire che partecipa di un elemento simile, ovvero l'*attuarsi*. Ma Gentile non vede la ripetizione. L'atto è sintesi pura, non effetto di ripetizione.

L'atto gentiliano *attua*. La ripetizione deleuziana, vorremmo dire, *si attua*. È in riflessivo, non in indicativo. Un caso che possiamo citare di atto, gentiliano, è il "Processo di Norimberga".[69] Quando vengono giudicati i gerarchi nazisti, i capi d'imputazione sono "crimini di guerra e crimini conto l'umanità". Ciò pone un problema enorme, di tipo logico e di diritto, perché il reato non esiste nel codice vigente ed è dato che non si può processare nessuno per un reato, se non esiste che il reato sia stato stabilito, precedentemente, o in potenza, come tale, così da potersi imputare quando in atto. La difesa infatti batterà su questo. E il processo nasce effettivamente su un paradosso. È, insieme, fondante e attuante. Ma non potrebbe esserlo, in effetti, e per quanto abbiamo detto circa la necessità di un "fondamento" precedente. Ma qui l'evento tiene in sé la potenza e l'atto, altrimenti disgiunti e il secondo conseguenza del primo, ora il secondo essendo tutto. Ora il tutto facendosi in un unico e solo "atto".

Ma, forse, ancora non abbiamo colto il ritornello. Abbiamo, forse, parlato, adesso, di "caso unico", qual è l'atto, in effetti, che unisce due punti altrimenti distanti, come prima abbiamo parlato di "frase", com'è la *Samba* di Jobim (re-re-re-re etc) che unisce, altrettanto, punti singolari in un *unicum*, ma, in nessuno dei casi visti abbiamo il ritornello. E, ugualmente, fin qui, per il Bolero di Ravel, che, per ancora, abbiamo indicato con una frase (qui nella prima parte dell'intervento del primo trombone, ma il motivo è sostanzialmente lo stesso, nei vari interventi dei vari strumenti):

Torniamo a domandarci cos'è il *Boléro* di Ravel. Sopra, abbiamo detto che è si-la-sol-fa, etc, ma abbiamo detto esattamente? Abbiamo, ancora, detto una "cosa", infatti, una frase. Il *Boléro* di Ravel, ben più, non è solo questa frase, ma il ritornare costante di questa frase, è la costanza del ritorno di questa frase che fa il *Boléro* (come una singola aria non fa la *Turandot* o la *Norma*, o quanto altro si voglia in una partitura che si sviluppa e non ritorna). Dunque il *Boléro* è ritornello, è ripetizione, dove altre opere sono una serie di differenti arie, di differenti motivi, e sovente anche possono avere ritornelli che ricorrono entro, ma che non sono, come il *Boléro*, forse l'esempio più evidente, per effetto di ripetizione, ovvero realizzate dal ritornello esattamente come frase che ritorna e il cui ritornare è tutto.

«Qu'est-ce que c'est "le boléro"? Vous avez une petite phrase. Il serait typique! A croire que Ravel l'aurait voulu comme ça. C'est une petite phrase célèbre que vous avez tous dans la tête, puisque vous l'avez entendu une fois pour ne plus jamais l'oublier. Ravel, il disait: "Qu'est-ce que j'ai fait?". "J'ai inventé une petite phrase, et j'ai su l'orchestrer", car la petite phrase, dans toute le durée du *Boléro*, ne change abso-

---

[69] Con il cosiddetto "Processo di Norimberga" si indicano in realtà due distinti gruppi di processi contro i gerarchi nazisti. I processi si tennero nel Palazzo di Giustizia della città tedesca di Norimberga dal 20 novembre 1945 al 1° ottobre 1946 (la città era, insieme a Berlino e Monaco, una delle città simbolo del regime nazista). Il primo e più famoso di questi processi fu il processo dei principali criminali di guerra davanti al Tribunale militare internazionale (IMT), che giudicò ventiquattro dei più importanti capi nazisti catturati o ancora ritenuti in vita.

lument pas».⁽⁷⁰⁾ E lo stesso possiamo dire della *Samba* di Jobim che, se torniamo a vedere la partitura, noteremo che le battute si ripetono e si fanno anch'esse ritornello, realizzano un ritornello, come la "piccola frase di Vinteuil", che Deleuze cita sovente da Proust.⁽⁷¹⁾ Che è, in sé, una frase, ma quando Swann chiede la sua costante ripetizione, questa diventa qualcos'altro, diventa l'inno dell'amore fra Swann e Odette, come l'amore – si è già detto – è anch'esso ripetizione dell'atto di amare.

Forse il caso più chiaro del prodursi per effetto del ritornare è l'*Inno americano*. All'inizio di ogni partita del campionato di baseball risuona l'inno americano. All'osservatore questa sembra una manifestazione dell'ingenuo patriottismo americano.

Ma non è così. Nello stadio non sta suonando, a rigore, l'*Inno americano*, ma una canzone popolare, *The Star-Spangled Banner*⁽⁷²⁾ che venne cantata in uno stadio di baseball nel 1918, in piena prima guerra mondiale, durante le finali del campionato (World Series), unendosi, il pubblico, alla banda militare, e che da allora il proprietario della squadra volle la si cantasse sempre. Da lì, la pratica si allargò, e divenne una colonna sonora della vita americana. La ripetizione di questa canzone ne fece qualcosa di più, tanto che il Congresso gli dette valore di inno nazionale.

Dunque non un inno concepito come tale e realizzato per tale funzione, dall'Idea, ma un inno nato per effetto di ripetizione. Niente intento, niente causa-effetto; sola, la ripetizione, realizza l'inno, come tale. Non è che *The Star-Spangled Banner* è l'inno nazionale, ma *The Star-Spangled Banner* **diventa** l'inno nazionale. Per ripetizione.

Ontologia per ripetizione e divenire o, per meglio dire, farsi evento.

Tornando quindi alla critica del freudismo, ne *L'anti-Edipo*, abbiamo che il primo elemento, la madre, gran significante dell'*Edipo*, perde il suo valore di "prima" causale e ontologico per diventare un "prima" solo cronologico e modale di quell'affettività di cui non ne è un tratto fenomenico soltanto, per cui «i nostri amori non rimandano alla madre, ma semplicemente la madre occupa nella serie costitutiva del nostro presente un certo posto».⁽⁷³⁾

La freudiana *coazione a ripetere* è sconfessata trasformandola in positivo, il Proust letto da Deleuze è qui come il Camus del «Sisifo felice»⁽⁷⁴⁾ che svolta in positivo, in

---

(70) G. DELEUZE, *Vérité et temps*, cours n° 58, 20/03/1984, www2.univ-paris8.fr/.
(71) La "piccola frase" appare per la prima volta in Proust nel romanzo *Jean Santeuil* ed è una frase della *Sonata per piano e violino* di Saint-Saëns che Françoise, l'amante di Jean, suona al piano e che Jean le chiede di suonare, ogni sera, anche dieci, venti volte di seguito, diventando l'inno del loro amore, come verrà ripreso anche per Odette e Swann nella *Ricerca*. Nota George D. Painter (peraltro non menzionato in maniera lusinghiera da Deleuze in una lettera a Châtelet, citata qui all'inizio): «Afterwards, in Reynaldo [Hahn]'s room at 6 Rue du Cirque, with its enormous stone fireplace, or in the dining-room at 9 Boulevard Malesherbes, Proust would say: "Play me that bit I like, Reynaldo — you know, the 'little phrase'." So the little phrase of Saint Saens became the 'national anthem' of his love for Reynaldo, as Vinteuil's became that of Swann's love for Odette». G. D. PAINTER, *Marcel Proust*, cit., pg. 174.
(72) Parole da *The defence of Fort McHenry* scritto nel 1814 da Francis Scott Key, sulla musica di *To Anacreon in heaven*, una canzone popolare del compositore inglese John Stafford Smith.
(73) DeR pg. 173. Nota giustamente Ronchi: «In *Marcel Proust e i segni* Deleuze evidenzia come l'erotica proustiana proceda per blocchi di materia lavorata. Il secondo amore replica il primo, stesso innamoramento, stessa delusione, stessa storia, insomma: ognuno, scrive Proust, ha il suo modo di innamorarsi come di prendere un raffreddore, ma il primo non funge da paradigma, come crede la psicoanalisi *mainstream* (la madre come primo oggetto perduto, da cui derivano gli altri amori come repliche della stessa scena originaria). In realtà sono tutti repliche di uno Stesso che non fa parte della serie, che è fuori serie, non avendo altro luogo di consistenza che gli elementi della serie nei quali, peraltro, come tale non è». R. RONCHI, *Deleuze*, cit., pg. 44.
(74) A. CAMUS, *Le mythe de Sisyphe*, Gallimard, Paris, 1942, trad. it. *Il mito di Sisifo*, Bompiani, Milano, 1947: «Anche la lotta verso la cima basta a riempire il cuore di un uomo. Bisogna immaginare Sisifo felice».

gioia, la negatività dell'angoscia del primo esistenzialismo e il processo è lo sviluppo-inveramento da quel punto di partenza (qui la madre, abbiamo detto), nel senso di un'affermazione realizzata sul filo della sua intima coerenza che, lungi dall'esserne la sua regola coercitiva, ne è la sua autentica realtà. E il suo paradosso, anche.

Come nell'esempio proposto da Deleuze: «La festa non ha altro paradosso apparente: ripetere un 'irricominciabile'. Non aggiungere una seconda e una terza volta alla prima, ma portare la prima all'ennesima potenza».[75]

C'è qualcosa che assomiglia a un *Edipo* dunque – o è l'*Edipo* che assomiglia "grossolanamente" a qualcosa, per effetto di una traduzione meccanicistica di un elemento invece ontologico – come ripetizione del primo nel tempo successivo.

La divergenza è che, al contrario dell'interpretazione psicoanalitica, che lo vede nell'impressione superficiale dal suo movimento, e lo crede un fatto meccanico, ora si tratta di un *Edipo* di tutt'altra natura, un altro *Edipo*, un anti-*Edipo*, un qualcosa di più essenziale, di più profondamente ontologico, che rifiuta di identificarsi con la semplice somma delle parti.[76]

È il ritornare di sé, che si costituisce come sé proprio per effetto del ritornare.[77]

---

(75) DeR pg. 10. Il concetto di "ripetizione" è ben espresso alla voce "Deleuze" nell'*Enciclopedia filosofica Garzanti* (pgg. 197-8), che ne sintetizza correttamente il significato e lo ricollega alle fonti da cui deriva: «La ripetizione costituisce una modalità logica e ontologica affermativa poiché ciò che si ripete non è, come nell'alienazione, qualcosa di derivato rispetto a un fondamento originario. [...]. Deleuze desume questa valenza della ripetizione dall'empirismo di Hume, dove il ripetersi dei singoli eventi non consegue da un evento unico e originario, né può produrlo di diritto. A questa concezione ontologica Deleuze affianca la ripetizione ontologica presente in Nietzsche: nell'Eterno Ritorno ciò che si ripete è l'Essere, che si afferma nel Divenire in luogo di porsi come il fondamento originario. La cultura, sostiene Deleuze proseguendo le tesi nietzschiane, ha invece privilegiato la gerarchia metafisica che attribuisce l'autentico essere a ciò che è originario e primo, e considera invece come negatività e mancanza ciò che è derivazione e ripetizione. Tale gerarchia è particolarmente visibile nella psicoanalisi: il mito di *Edipo* definisce il desiderio attuale del soggetto come ripetizione alienata dell'investimento originario nei confronti della madre e istituisce il desiderio come negatività, poiché tutti gli investimenti futuri risulterebbero in difetto rispetto a esso. Al contrario, sostiene Deleuze, il desiderio è un'istanza affermativa, che non nasce da alcuna sottrazione; le ripetizioni non sono allora la riproduzione di un rapporto essenzialmente perduto, ma definiscono il desiderio nella sua potenza e nella sua autonomia».
(76) Possiamo dire che la ripetizione spirituale interpretata da Freud come ripetizione materiale, e come molteplicità quantitativa, comporta la celebre aporia, riportata da Aristotele, del "paradosso di Achille e la tartaruga" di Zenone di Elea, dove la tartaruga vince (avuto vantaggio in partenza) perché l'atto del suo spostamento e quello di Achille sono misurati in un tempo spazializzato, singolarizzato dagli attimi per cui ogni attimo, tanto quello della tartaruga che di Achille, è uguale. ARISTOTELE, *Fisica*. Infatti Bergson usò quest'argomento a confutazione-dimostrazione del tempo come durata. «La verità è che ogni passo d'Achille è un atto semplice, indivisibile, e che dopo un dato numero di passi supererà la tartaruga. L'illusione degli Eleati deriva dall'aver identificato questa serie di atti indivisibili e sui generis con lo spazio omogeneo che li sottende». H. BERGSON, *Essai sur les données immédiates de la conscience*, Alcan, Paris, 1889, trad. it. *Saggio sui dati immediati della coscienza*, 1989.
La differenza infatti non è negli attimi in cui i due, corpi mobili, passano nello spazio, ma nel tempo particolare, durata, in cui, differentemente, i due sintetizzano l'atto, a differenti durate, in quello stesso spazio. La velocità è dunque la durata, il confronto fra due velocità si spiega con la differenza di due durate. Ugualmente la carriera amorosa se letta come ripetizione materiale fa permanere i dati singolarizzati (da cui peraltro ricava di attribuire un valore agente al primo). Se letta come ripetizione spirituale, o molteplicità qualitativa, i dati si fondono a produrre un dato ulteriore, nessuno più è scandibile, individualizzabile (e non potendosi attribuire qualità come **P** causa di **X**). Ci torneremo ulteriormente.
(77) Foucault preferisce usare il termine "rivenire" per rendere conto di questa particolare concezione deleuziana, poiché «il termine rivenire evita sia Divenire che Ritorno. Infatti le differenze non sono gli elementi, sia pure frammentari, mescolati, sia pure mostruosamente confusi, di un grande Divenire che li trascinerebbe nella sua corsa, facendoli talvolta riapparire nudi o mascherati. Per quanto possa esser larga, la sintesi del Divenire conserva tuttavia l'unità; non soltanto, non tanto quella di un continuo infinito,

Ontologia e logica dell'evento.

Siamo ritornati obbligatoriamente su un campo ontologico.

Un'altra ontologia. L'ontologia dell'avvenimento, dell'effetto. Minoritaria rispetto all'ontologia dell'Essere, nelle sue pur varie declinazioni. È l'ontologia stoica.

Deleuze osserva come per il pensiero stoico l'essere non è o, più radicalmente, non è ammissibile l'**è**. L'Essere è esattamente l'"essere", l'infinito del verbo, l'azione come la descrive il verbo. Amare è un verbo, ma è un'azione. Ugualmente dobbiamo concepire "essere" nello stesso modo. Si parla allora di azioni, di atti, di processi in cui "qualcosa" avviene, di effetti che non rimandano a una causa, come ragione dell'essere della "cosa", ma che costituiscono, essi stessi, la cosa. E il suo Essere.

Dirà infatti Deleuze, quasi facendo un commento, o un sunto, di quanto già sugli Stoici aveva scritto in *Logica del senso*: «Sugli Stoici. Perché parlare di loro? Mai fu espresso un mondo più oscuro e agitato: i corpi... ma anche le qualità sono dei corpi, e lo sono le anime e i respiri, le azioni e le passioni stesse. Tutto è mescolanza di corpi, i corpi si penetrano, si sforzano, si avvelenano, s'immischiano, si ritirano, si rafforzano e si distruggono, come il fuoco penetra nel ferro e lo arroventa, come il mangiatore divora la sua preda, come l'innamorato sprofonda nell'amata. [...]. Ma ecco che da tutti questi corpo a corpo si leva una sorta di vapore incorporeo che non consiste più in qualità, in azioni e passioni, in cause che agiscono le une sulle altre, ma che è costituito invece dai risultati di queste azioni e passioni, dagli effetti che risultano dall'insieme di tutte queste cause, puri avvenimenti incorporei impassibili, alla superficie delle cose, puri infiniti di cui non si può dire neppure che esistono, in quanto partecipano piuttosto di un extra-essere che circonda ciò che è: "arrossire", "verdeggiare", "tagliare", "morire", "amare"... Un tale avvenimento, un tale verbo all'infinito è anche proprio l'espressione di una proposizione o l'attributo di uno stato di cose. [...]. Nuovo modo di destituire l'è: l'attributo non è più una qualità rapportata a un soggetto per mezzo

---

quanto quella del frammento, dell'istante che passa e ripassa, e quella della coscienza fluttuante che lo riconosce». M. FOUCAULT, *Theatrum philosophicum*, cit., in DeR pg. XX. L'osservazione di Foucault ci interessa per sottolineare come il ritornare, e l'evento, non sia il *divenire*, o il "divenire" classico, eracliteo, il divenire della stessa valenza dell'Essere. Deleuze, il divenire, lo intende solo come la descrizione del movimento per cui, l'evento, si realizza come tale, come sintesi attiva di un farsi, non essendo statico, o dato. Ma si compie, o si sintetizza, in un dato, che poi termina o, come diciamo qui sotto, "passa". Come nella durata bergsoniana, come nei 4 colpi dell'orologio visti prima che formano un dato di senso compiuto. Come nel *film*, come vedremo immediatamente a seguire dice Bergson. Si riscontra, invece, che ancora si equivochi l'*evento* in Deleuze, assimilandolo al divenire. Nell'ultima edizione italiana di SP nella "Postfazione" (M. SENALDI, *Scholium*) si legge infatti: «raramente si è visto un pensatore che nell'eterogeneità dei propri interventi abbia salvaguardato una simile univocità di intenti, puntata essenzialmente sul problema del divenire», commento ancor più sorprendente perché in nota, si cita, da PPA (pg. 188), lo stesso Deleuze che dice: «In tutti i miei libri ho investigato la natura dell'evento», per cui, al limite, si sarebbe dovuto dire i problemi dell'attuarsi, o del farsi. Ricordiamo che Deleuze aveva dichiarato: «Quando Bergson parla della "durata", impiega questa parola insolita perché non vuole che sia confusa con il divenire». D. ERIBON (intervista a cura di), *Nous avons inventé la ritournelle*, 'Le nouvel observateur', 11-18/9/1991, trad. it. *Abbiamo inventato il ritornello* in DRF pg. 314. Ugualmente, possiamo sostenere che se Deleuze avesse voluto dire "divenire", non avrebbe detto "evento". La similitudine di certe parole provoca vari sensi, può essere ingannevole. Nota Vittorio Mathieu: «"Cosa bella e mortal passa e non dura" dice il Petrarca (F. PETRARCA, *Canzoniere*, 1336-1374). Per Bergson, invece, le cose *durano*, appunto, perché *passano*». V. MATHIEU, *Bergson. Il profondo e la sua espressione*, Guida, Napoli, 1971, pg. 53. In effetti non possiamo non notare che è inesatto Petrarca e più corretto Bergson, perché la cosa dura proprio perché passa, altrimenti non durerebbe, ma *sarebbe*. Per esprimere la finitezza, Petrarca avrebbe dovuto dire "Cosa bella e mortal dura e poi passa". Che "passa" non è l'opposto, ma il sinonimo.

dell'indicativo "è", ma è un verbo qualunque all'infinito che sorge da uno stato di cose e lo sorvola».[78]

Anche Leibniz parla in questo senso. Osserviamo non senza una precisazione. In quello che è il "Pantheon filosofico" di Deleuze, Leibniz arriva tardivamente, tardivamente Deleuze dedica anche a Leibniz il testo canonico riservato, come sappiamo, a Hume, Bergson, Kant, Nietzsche e Spinoza. A rigore, anche agli Stoici non è dedicato un vero e proprio scritto, ma nella *Logica del Senso* hanno spazio notevole. Il fatto non ha particolarissima importanza, tuttavia rivela una qual certa reticenza di Deleuze verso Leibniz. Lo stesso era accaduto con Kant, pure beneficiato di uno scritto tutto dedicato al suo pensiero. Con Leibniz avviene qualcosa di simile e in *Logica del senso* si legge assai chiaramente l'attenzione ma anche le forti riserve verso un pensiero che sembra volersi bloccare per non toccare oltre. Prendiamo tuttavia il contributo anche leibniziano a un'ontologia dell'infinito al posto dell'"è". Anche, a una diversa (altrettanto rimasta minoritaria) logica. La logica stoica, come dicevamo, contro il giudizio di attribuzione (l'albero è verde), a favore del predicato (l'albero verdeggia).[79]

Oltrepassando il limite che ci eravamo dati, entro *L'anti-Edipo* e immediati dintorni ma ricordando quanto era già apparso a proposito di Leibniz (e degli Stoici) in *Logica del senso*, ora, da *La piega*, leggiamo: «I predicati non sono mai degli attributi [...]. Poiché in ogni altro caso, il predicato è solo rapporto o avvenimento. Ciò che è incluso nella nozione come soggetto, è sempre un avvenimento sottolineato da un verbo, o un rapporto designato da una proposizione: scrivo, vado in Germania, varco il Rubicone [...]. L'attribuzione è ciò che Arnauld contrappone a Leibniz, per criticare l'inclusione e salvare il concetto cartesiano della sostanza (io sono pensante, io sono una cosa che pensa...). L'attributo esprime una qualità e designa un'essenza; ora, Leibniz rifiuta di definire tanto il predicato con una qualità quanto il soggetto esistente, anche "sub ratione possibilitatis" come un'essenza. Il soggetto si definisce con la sua unità, e il predicato come un verbo esprimente un'azione o una passione. [...]. Che il

---

(78) CNV pgg. 73-4. Deleuze attribuisce agli Stoici di essere la vera alternativa a Platone, come si vede in LdS, Cap. *Effetti di superficie*. Si può convenire che se c'era un pensiero "altro" da quel platonismo che questo era il pensiero stoico. Dirà anche Deleuze, in una lezione del corso *Sur Leibniz. Les principes et la liberté*, il 20/01/1987: «Or là c'est très proche des Stoïciens. Il y a un précédent, ça a été la nouvelle logique des stoïciens, que hélas on connaît si mal, on a que des fragments misérables des anciens stoïciens, *hélas ce n'est pas un sacrilège que dire: on aurait pu avoir un tout petit peu moins de Platon et un petit peu plus de stoïciens*» [il corsivo è nostro]. Conoscendo l'humour di Deleuze viene da pensare che più che l'esiguità dei resti degli Stoici rispetto agli scritti di Platone, qui si dica della valutazione del pensiero stoico rispetto al platonismo. Questo corso, come altri, in www.webdeleuze.com.

(79) LdS, pg. 13. In maniera analoga Alfred Jarry, in *Faustroll*, cit., designa, fra gli altri, Èmile Bernard, pittore, come «colui che bretonna» poiché abita in Bretagna, e Victor Charbonnet che, essendo ex-prete, viene indicato come «colui che ortica», dall'espressione per cui un ex-prete è colui che"ha gettato la tonaca alle ortiche". Poi possiamo ricordare, con Willard Van Orman Quine, quel "Pegaso" di cui, affinché si possa dire che esista, occorre che ci sia «una cosa che pegasizza». W. V. O. QUINE, *From a logical point of view*, Harvard University Press, Cambridge,1953, trad. it. *Il problema del significato*, Ubaldini, Roma, 1966 e *Da un punto di vista logico*, Raffaello Cortina, Milano, 2004, pgg. 3-6. Scrive Alain, a proposito di Balzac: «L'erreur propre aux artistes est de croire qu'ils trouveront mieux en méditant qu'en essayant; mais le métier et la nécessité les détournent d'une voie où il n'y a rien. Ce qu'on voulait faire, c'est en le faisant qu'on le decouvre. Cette idée, que je n'ai pas comprise tout de suite, m'explique Balzac et les pensées que j'y trouve». ALAIN, *En lisant Balzac*, Martinet, Paris, 1935, pg. 63. Folgorante è poi l'incipit heideggeriano: «Arriviamo a capire che cosa significa pensare quando noi stessi pensiamo». M. HEIDEGGER, *Was heißt Denken?*, Niemeyer, Tübingen, 1954, trad. it. *Che cosa significa pensare*, Sugarco, Milano, 1978, pg. 37. E il monito di Aristotele: «compiendo azioni giuste diventiamo giusti, azioni temperate temperanti, azioni coraggiose coraggiosi». ARISTOTELE, *Etica nicomachea*, II.

predicato sia verbo, e che il verbo sia irriducibile alla copula e all'attributo, è proprio la base leibniziana dell'avvenimento. L'avvenimento fu giudicato, una prima volta, degno di essere innalzato allo stato di concetto: avvenne con gli Stoici, che non ne facevano né un attributo né una qualità, ma il predicato incorporale di un soggetto della preposizione (non l'albero è verde ma "l'albero verdeggia"). Essi concludevano da ciò che la enunciava una maniera d'essere, un aspetto».[80]

Una maniera d'essere, un aspetto. Io sono scrivente afferma una certezza assoluta, mentre "io scrivo" afferma una particolarità non solo nel tempo ma, ancor più, del mio essere, non più essere, ma solo un modo di essere, *hic et nunc*. Spunta anche quando non si parla direttamente di questo la critica dell'*Edipo*. Non è *Edipo* un'essenza, ma un modo d'essere. Non rimanda all'essenza, ma al soggetto che attua l'evento, come sono io che *passo il Rubicone*, come sono io che *verdeggio*, allora sono io che *edipizzo*. E anche la carriera amorosa è, non un'essenza, ma un prodursi, un farsi. È l'evento stoico: prodursi di un arrossire, di un verdeggiare. Di un amare.[81]

Scorgiamo due conseguenze importanti. La prima: l'avvenimento come prodursi per effetto di ripetizione, da cui l'avvenimento come predicato del verbo (l'amore è la ripetizione dell'atto d'amare, l'amore è amare) esprime dunque un'azione, non un'Idea, è dunque pratico, non rimanda all'essenza, quindi l'ontologia non è costituita da essenze, ma da azioni. È pratica. La pratica realizza la materia ontologica.

La seconda: l'avvenimento è pratico ed è entro un "tempo", o durata, e non può essere universale. È particolare e individuale, io mi aspetto che... io scrivo... io amo...

Abbiamo già detto precedentemente di essere arrivati alla soglia di un nuovo soggettivismo, qui abbiamo una seconda conferma di questo. Il soggettivismo, del Soggetto che è il legislatore, come tale, dalla parte del soggetto agente, anziché del soggetto solo ricevente, nonostante l'inversione, nonostante liberi il soggetto dalla sua dipendenza o alle Idee o alle cose (o Idee dell'esperienza) è un assoluto. Nel soggettivismo, che Kant riprodurrà in (parziale) negazione di Hume, come vedremo, si parla di un soggetto come figura di un assoluto. È il soggetto che opera le relazioni, soggetto assoluto, come se ogni singolo soggetto non potesse essere che quello, comporre le stesse relazioni. Qui abbiamo che non esiste il soggetto, esistono molti soggetti, realizzanti differenti relazioni. Si parla di soggettività, non di soggettivismo.

Quando, precedentemente, eravamo arrivati già a indicare una prima soluzione di questo problema, abbiamo detto che successivamente ne avremmo tratte ulteriori e avremmo mostrato le conseguenze. Altrettanto adesso, posta questa ulteriore specificazione circa l'individualità del soggetto, rimandiamo ancora a più avanti il definitivo esito del soggetto, già, deleuziano. È necessario, anche per meglio comprendere questo tema, analizzare altri casi, oltre l'*Edipo* che abbiamo fin qui visto.

Stabiliamo dunque che se un essere umano è descritto in termini di tempo spazializzato esso non è che un mobile inanimato che deve obbligatoriamente seguire le regole dell'estensione. Questo vale sia in sé, sia nell'esperienza di interrelazione con altri, sostanza della sua stessa vita. Come nel tempo della sua carriera amorosa che, se letta in senso spazializzato, è (sarebbe) la successione cronologica degli affetti e da cui deriva, o può derivare, che il primo è causa del secondo, o il primo e il secondo (e altri ancora che sopravvenissero) sono solo il corpo della carriera, la quantità.

---

(80) PLB pgg. 79-80.
(81) Ricordiamo poi l'eredità dell'esistenzialismo per cui l'esser-ci è l'inizio di un percorso verso la propria realizzazione da «semplice deiezione» a «Essere», in Heidegger, da «in sé» a «per sé», in Sartre.

Ma si è appunto già detto che queste quantità sono diverse, poiché, mentre nel primo caso una serie di fermate lungo un tragitto non influiscono sulla natura del tragitto stesso, che resta correttamente quello attraverso le fermate, gli amori della carriera amorosa interferiscono invece fra di loro formando e non costituendo soltanto i dati puntuali della carriera amorosa stessa. Differenza bergsoniana fra una collana di perle e una valanga. La prima è descrivibile per dati fissi, tot numero di perle, la seconda indescrivibile per dati fissi perché costituentesi essa stessa nel corso del suo percorso, anzi, e più precisamente, per effetto del suo percorso e dell'effetto dei suoi dati.

La differenza fra l'interazione dei corpi inanimati e l'interazione dei corpi animati, differenza fra la natura dei corpi del primo e del secondo tipo come necessaria materia della riflessione scientifica, dell'epistemologia e della differenza epistemologica, nonché la differenza di ciò che si realizza se inteso nel tempo reale, e non spazializzato, si mostra qui con chiarezza. Come nel caso in cui, dato un corpo, in sé, inerte, **A**, lanciato da una forza, colpisce un corpo, altrettanto in sé, inerte, **B** e, visto cosa ne risulta, noi potremmo prevedere che ripetendo l'esperimento si avrà lo stesso risultato, questi corpi non essendo in potere di azione propria, e quindi differenziante, ben diverso è il caso di soggetti animati, o psichici, o umani, che frappongono alla linearità fisica una loro propria qualità di reagire/agire e di spostare quella linearità, come abbiamo visto nella partita di croquet di *Alice nel paese delle meraviglie*.

E, dal croquet al calcio: nel linguaggio comune si sente abitualmente dire che, se la squadra **A** avesse avuto un rigore che le è stato negato (non entriamo ovviamente nel merito della decisione dell'arbitro) al 15' del primo tempo, non avrebbe perso 1 a 0 come è successo alla fine, per effetto di un gol al 25' del secondo tempo della squadra **B**, ma avrebbe pareggiato. È quanto di più impossibile da affermare. Non poteva succedere, invece, tutt'altro? E non un solo possibile, ma molti possibili? Ovvero che quel vantaggio l'avrebbe fatta "sedere sugli allori" e sarebbe stata battuta ugualmente, ora per 2 a 1, per effetto di sua debolezza, sviluppata da quel gol realizzato, o che gli avversari, per reazione emotiva a quel gol, invece, subìto, si sarebbero scatenati molto di più, al punto di arrivare a vincere 4 a 1, oppure infine che la squadra **A** avrebbe potuto addirittura vincere mettendosi a difendere strenuamente quel vantaggio?

Confusione fra molteplice quantitativo e molteplice qualitativo, ampiamente presente a livello comune, come se lo scientismo di quantificare fosse l'unica maniera di fare analisi. Pensiero comune, dicevamo, in fondo si parla di calcio, ma anche Sartre ne parla e, dopo aver eletto a perfetto esempio del gruppo compatto la squadra di calcio, dice che poi: «Nella realtà tutto è complicato dalla presenza dell'avversario».[82]

Sì, comunemente pensiamo così. Pensiamo che, fra Achille pie' veloce e la tartaruga, vinca la tartaruga. Mentre proprio il movimento, quello di Achille, quello della tartaruga, dice ancor più cos'è la durata o, per meglio dire, arriva, il movimento, ad essere costituente ontologico.

Un'altra digressione. Seconda faglia: il movimento.

Ancora come la precedente digressione, Bergson e il tempo, ancora una faglia tellurica. Dal tempo, al movimento. O, ancora, contro il concetto di rappresentazione.

La celebre polemica Einstein-Bergson (apice, il gelido confronto fra i due il 6 aprile 1922 alla Société française de philosophie), sulla concezione del tempo non si basa

---

(82) J.-P. SARTRE, *Critica della ragion dialettica*, cit., 1960.

tanto su una critica di Bergson nel merito del tempo einsteiniano, come comunemente è stato acquisito, quanto su una differenza che questi pone circa un tempo, quello della scienza fisica, che per la fisica o le scienze positive è – già per Bergson stesso – legittimo e costruzione efficace e, parallelamente, un tempo, quello della metafisica – per usare la terminologia bergsoniana – o quello delle scienze, si potrebbe dire, umane, o che hanno come oggetto non il corpo inerte, ma un corpo dotato di autonomia propria, quale appunto, l'uomo, l'essere umano.[83]

Ancora il *Boléro* di Ravel in questione, e il dissidio Ravel-Toscanini per l'esecuzione di Toscanini. Il 4 maggio 1930, Toscanini eseguì il *Boléro* con la New York Philharmonic all'Opéra di Parigi. Era la seconda volta che Toscanini eseguiva il lavoro di Ravel ed era la prima volta che presenziava lo stesso Ravel. Il finale era più veloce di quello preferito da Ravel che, si dice, segnalò la sua disapprovazione rifiutandosi di partecipare all'ovazione del pubblico. Ravel e Toscanini avrebbero avuto un diverbio, per cui, sintetizzando dalle numerose e differenti fonti, Ravel avrebbe detto che era troppo veloce, e Toscanini avrebbe detto a Ravel che non sapeva neppure leggere la sua musica.[84]

Al di là di quanto effettivamente si siano detti i due, è indubbio che la questione non è in termini di fatto, Toscanini non cambiò le note del *Boléro* da come erano scritte, dunque da come "era" il *Boléro*, ma cambiò il ritmo, il movimento, la durata.

La differenza consisteva dunque sulle durate e se c'è un *Boléro* di Ravel e un *Boléro* (di Ravel) di Toscanini questo è per effetto, effetto della differente tensione, della differente durata, del differente movimento, pure, dello "stesso". E questa forma non la dà la forma stessa (Essere) ma il movimento, la durata del movimento (quello di Achille-Toscanini, quello della tartaruga-Ravel).

Il movimento non è allora un predicato dell'oggetto, o una semplice descrizione dell'oggetto se in atto, ma una sua costituente ontologica (in questo caso la sua sola costituente ontologica). Una pittura, una scultura, una foto, sono una immagine-idea o

---

(83) Quella capacità soggettiva di stabilire un ritmo fuori dagli stimoli di luce e dal ciclo naturale, come nel concetto di "cronotipo", dove si differenziano tipi per differente "stesura" della loro propria giornata rispetto al tempo reale o "ritmo circadiano", ha fondo che si richiama a Bergson. Il jet-lag e l'avventura di Phileas Fogg (J. VERNE, *Le tour du monde en quatre-vingts jours*, Hetzel, Paris, 1873, trad. it. *Il giro del mondo in 80 giorni*, Treves, Milano,1874), non mettono in discussione il tempo assoluto rispetto al tempo del vissuto, il paradosso dei gemelli di Einstein? Per il tempo di Fogg sono passati 81 giorni, per il tempo assoluto 80. Altrettanto, si provi a paragonare la vita dell'essere umano e dell'animale, ad esempio il cane. Mediamente, il primo vive 80 anni, il secondo 15. Eppure, anche se i due tempi sono differenti, allo scadere di questi, differenti, tempi, entrambi hanno vissuto l'intera vita. Non rispetto all'esterno, che il primo vede, più avvenimenti del secondo, ma rispetto alla loro interiorità, perché entrambi sperimentano l'adolescenza impulsiva, la giovinezza piena di slancio, la maturità ragionevole, la vecchiaia saggia o stanca, pareggiando, per contrazione della durata, un'estensione di tempo diseguale, e vivendo dunque una vita intera, per cui è difficile parlare di un semplice "tempo psicologico" (quale Einstein riduce ad essere la concezione bergsoniana), com'è nel caso di un'attesa che stante le condizioni dei soggetti può "sembrare" lunga o breve. Qui non è una disposizione psicologica ad agire, ma il senso del tutto dell'esistenza. È l'antica disputa Chronos *versus* Kairos che riemerge e rispetto alla quale Deleuze peraltro spiazza, eleggendo l'Aion stoico a riferimento, come si vede in Lds, Cap. *Sull'Aion*.
(84) Fra queste: R. NICHOLS, *Ravel remembered*, Faber, London,1987, A. ORENSTEIN, *Ravel: man and musician*, Dover Publications, New York, 1975 e D. MAWER, *The ballets of Maurice Ravel. Creation and interpretation*, Ashgate, Farnham, 2006.
Una lettera di Ravel a Toscanini del 9/9/1930 sembrerebbe negare tutto, si veda (a cura di) A. ORENSTEIN, *Ravel. Lettres, écrits, entretiens*, Flammarion, Paris, 1993, trad. it. *Ravel. Lettere*, EDT, Torino 1998, ma il fatto ha preso una sua vita, anche forse solo come "leggenda". Si consideri peraltro che i tempi di esecuzione del *Boléro* vanno dai 13 ai 17 minuti nelle differenti interpretazioni fin qui realizzate.

forma immobile, un film è il prodursi di un'immagine per effetto del movimento (dei singoli fotogrammi in successione) che formano un'espressione attraverso una serie molteplice di singole espressioni, nessuna di queste essendo l'espressione, questa essendo invece il risultato di esse, immagine-tempo, immagine-movimento, con Deleuze. Come dice Bergson: «Si riassumerà dunque tutto quanto abbiamo detto, dicendo che il meccanismo della nostra conoscenza abituale è di natura cinematografica».[85]

Odio della filosofia per tutto ciò che sfugga alla possibilità di essere misurato per parti, bloccato su una tavola, descritto in una figura fissa, «Corpo di marmo, donna di pietra, Venere di ghiaccio, sono queste le parole favorite di Masoch»:[86] non si può dire che la filosofia non sia esente da queste suggestioni. Bergson, introducendo il movimento e "quel" tempo, tempo che non è più un semplice asse cartesiano, ma è ciò per cui qualcosa avviene ed è strettamente congiunto al movimento, mina la rappresentazione. O la rappresentazione, possiamo dire, "fissa", che è una tautologia, la rappresentazione essendo obbligatoriamente fissa o volente fissare il dinamismo.[87]

La mina negando che quel certo determinato oggetto (e non per questo tutti gli oggetti ora si debbono leggere secondo questa logica, ma solo alcuni) possa essere descritto (o rappresentato) con i punti di un percorso nello spazio, come il tempo del tragitto del treno, nel caso, è lo spazio che percorre da A a Z, attraverso B, C, D, etc.

In tutta la sua opera, Bergson sottolinea quindi l'errore di esternalizzare ciò che è interno. Se vediamo un corpo muoversi da A a Z noi abbiamo la rappresentazione esterna del suo muoversi (che in certi casi e per certi scopi è descrizione legittima ed efficace) ma non abbiamo l'essenza del suo movimento. Se quindi esternalizziamo la carriera amorosa avremo i punti cronologici del tempo spaziale, ma non l'essenza come formarsi di quella stessa essenza per effetto di quegli stessi punti, e della relazione, tutt'interna, che essi coniugano fra di loro creando una propria qualità, non semplicemente una quantità. Così come avviene, attraverso la memoria, per la coscienza, formata dalla sintesi interna dei suoi elementi e non dalla "collezione" inerte di quegli stessi, un punto che Deleuze ha sottolineato anche in Hume, come già visto.

E lo stesso, vedremo più avanti è nel concetto di molteplicità, oltre la molteplicità singolare del soggetto, anch'esso effetto di molteplicità, la molteplicità di più soggetti insieme, che non è la sola somma degli individui, ma ciò che viene a costituirsi come un ulteriore effetto della somma degli individui. Allora, anche un gregge e 25 pecore non sono la stessa cosa. Perché 25 pecore sono per 25 volte ripetere la descrizione di

---

(85) H. BERGSON, *L'évolution créatrice*, Alcan, Paris, 1907, trad. it. *L'evoluzione creatrice*.
(86) SM, pg. 47.
(87) Sull'identità sessuale, Leonardo Caffo nota: «Sembra un dibattito tutto interno al femminismo, ma le cose non stanno proprio così; è stato Aristotele a proporre la tesi secondo cui un'entità, soprattutto vivente, sia soggetta a quello che i metafisici chiamano "tridimensionalismo"; cioè all'esistere entro tre dimensioni spaziali, e più recentemente, con filosofi come Ted Sider, è diventato "quadridimensionalismo"; aggiungendo anche il tempo a complicare le cose. Significa che per individuare un oggetto come uguale a se stesso, nel suo muoversi nel tempo e nello spazio, è necessario rassegnarsi al fatto che alcune proprietà di quell'oggetto mutino e forse solo alcune, quelle necessarie (come il Dna per una forma di vita, per esempio), ci consentano ancora questa identificazione. La tesi dei "Queer studies", che dal *Manifesto Cyborg* (1991) di Donna Haraway in avanti si è imposta nel linguaggio filosofico, è quella secondo cui la distinzione tra sesso (biologia) e genere (cultura) debba condurre a considerare la seconda entità come mutevole, talvolta indecifrabile, potenzialmente senza un ultimo approdo specifico: forse è la stessa identità che va abbandonata. La possibilità è rompere del tutto la dicotomia maschio/femmina, attratti anche dalle conseguenze politiche di questa decisione che spazzerebbe via di conseguenza la possibilità stessa di una discriminazione basata sulle differenze, ma anche l'idea di capire cosa sia una vita umana al di là delle sue categorizzazioni stringenti». L, CAFFO, *Niente sesso, siamo X*, 'L'Espresso', n° 47, 18/11/2018, pg. 80.

ciò che è una pecora, un gregge è cosa avviene per la compresenza di 25 pecore, quali legami si creano, quali gerarchie si formano, quale economia reciproca si instaura, quale dinamica abbia la molteplicità, mentre la somma, sappiamo già, neppure ha dinamica. È questo "dentro" che non è semplicemente un archivio, una collezione, ma è una "macchina" che funziona non perché abbia, ancora, semplicemente delle costituenti ma per effetto della dinamica messa in opera dalle sue costituenti ad essere la vera realtà, e che non è colta invece dall'osservazione dall'esterno che si limita a contare/sommare le parti. L'esternalizzazione del dentro, dice ancora Bergson nell'*Introduzione alla metafisica* è esattamente e già una differenza, non un'identità.[88]

Tentiamo un esempio: se prendiamo un vocabolario e cerchiamo una parola, ad esempio "gatto", il vocabolario dirà che è felino, mammifero, etc, ovvero dirà tutto ciò che lo circonda, ma non ciò che è, perché ciò che è, è già detto: gatto.

Si può dire che il principio d'identità è infatti A = A, mentre il vocabolario dice A è B (e C e D etc), Libro = Volume (e Tomo, Testo), non Libro = Libro. Impareggiabile, in questo senso, il quadro *Ceci n'est pas une pipe* di René Magritte, dove la raffigurazione della pipa (l'immagine è quella di una pipa), è sottotitolata da ciò che l'immagine esprime. Ma questa volta, anziché avere una corrispondenza, ovvero, immagine: pipa - didascalia: "pipa", si dice che non è una pipa. È infatti una rappresentazione, di una pipa. Dunque non una pipa: «Tutto è solidamente ormeggiato all'interno di uno spazio scolastico: una lavagna "mostra" un disegno che "mostra" la forma di una pipa; e un testo scritto da un maestro zelante "mostra" che si tratta davvero di una pipa. L'indice del maestro non si vede, ma regna dovunque, come la sua voce, che sta articolando molto chiaramente: "Questo è una pipa". Dalla lavagna all'immagine, dall'immagine al testo, dal testo alla voce, una sorta di dito indice generale è puntato, mostra, fissa, segnala, impone un sistema di rimandi, tenta di stabilizzare uno spazio unico. Ma perché ho introdotto anche la voce del maestro? Perché non appena essa ha detto "Questo è una pipa", ha dovuto correggersi e balbettare: "Questo non è una pipa, ma il disegno di una pipa"».[89]

Questo, e non "questa" ("cette-ci", anziché ceci) già dice che il soggetto è il quadro, non la protagonista del quadro. Si parla di rappresentazione, non della "cosa". All'osservazione si deve sostituire un altro occhio, quello dell'intuizione, che coglie A come tale e coglie la rappresentazione di A come rappresentazione di A e non come A.

---

(88) H. BERGSON, *Introduction à la métaphysique*, 'Revue de métaphysique et de morale', 1903, trad. it. *Introduzione alla metafisica*: «Prendiamo ancora un personaggio di romanzo, di cui mi vengono raccontate le avventure. Il romanziere potrà moltiplicare i tratti del suo carattere, far parlare e agire il suo eroe quanto vorrà: tutto ciò non equivarrà al sentimento semplice e indivisibile che proverei se, per un istante, coincidessi con il personaggio medesimo. Allora azioni, gesti e parole mi sembrerebbero fluire naturalmente, come dalla loro fonte. Non si tratterebbe più di accidenti che s'aggiungono via via all'idea che mi facevo del personaggio, arricchendolo sempre più senza mai arrivare a completarlo: il personaggio mi sarebbe dato d'un sol tratto nella sua totalità; e i mille incidenti che lo rivelano, in luogo di aggiungersi alla sua idea e di arricchirla, mi sembrerebbero, al contrario, venirne fuori, senza tuttavia esaurirne o impoverirne l'essenza. Tutto ciò che mi si narra della persona, mi fornisce altrettanti punti di vista su di essa; tutti i tratti che me la descrivono, e che non possono farmela conoscere se non con altrettanti paragoni con persone o cose già conosciute, sono segni con cui la si esprime più o meno simbolicamente. Simboli e punti di vista mi collocano dunque all'esterno di essa: non mi danno di essa se non ciò che ha di comune con altre e non le appartiene in proprio. Ma ciò che essa propriamente è, e costituisce la sua essenza, non lo si può percepire dall'esterno, perché è, per definizione, interiore, né si può esprimere con simboli, perché è incommensurabile con qualsiasi altra cosa».
(89) M. FOUCAULT, *Ceci n'est pas une pipe*, Fata Morgana, Montpellier, 1973, trad. it. *Questo non è una pipa*, SE, Milano, 1988, pgg. 38-9

Nel primo caso *ceci*, nel secondo cette-ci. Nel primo caso, *Edipo*, nel secondo Edipo.

Senza questa differenza è possibile ogni arbitrio, e non vedremo Edipo, ma *Edipo*, non Edipo che sorge come Edipo, ma *Edipo* come solo ciò che lo rappresenta.

La separazione fra una metodologia, che di metodologia innanzitutto si tratta, e un'altra, è chiara: in un ambito (e per gli interessi che a quella parte interessano) la spazializzazione del tempo (rappresentazione), può essere, ripetiamo, lecita e efficace, ma in un altro ambito è solo un grossolano errore. La filosofia – come dirà in tutta la sua opera anche Husserl – deve attestarsi su questa differenza, anziché inseguire vanamente l'altro modello, come l'unico modello. Non si può dire che la filosofia lo abbia fatto in abbondanza, anzi, questo inseguimento dell'esattezza, come e secondo i canoni dell'osservazione dell'inerte, è stato perfino considerato come il giusto cammino, la giusta metodologia da usare ed è questa base teoretica che si vede in opera nelle scienze umane (sociologia, psicologia, economia, storia).

I minori che vi si sono opposti, sono appunto la faglia, una seconda faglia nel *corpus* filosofico. Abbiamo visto i principali strumenti utilizzati: il movimento, l'intuizione, l'immaginazione, l'utile, il fine. La critica, ancora, della rappresentazione.

Come abbiamo visto, e ancora vedremo, tutte le riserve portate contro: il sospetto di un semplice psicologismo, come già con Kant nei confronti di Hume, su cui ritorneremo più avanti. Troppo lungo poi sarebbe qui citare i detrattori di Bergson.

Si prenda per tutti Julien Benda, per il quale, l'utilizzo di concetti quali *intuizione* e *movimento*,[90] era il grande scandalo di Bergson.[91]

---

(90) «Di questo Bergson veniva già rimproverato da Benda: compiere il tentativo di pensare il movimento, significava essere traditore della propria classe, della classe dei chierici». PPA pg. 162. Pensare il movimento. Nella pittura, è il tema di Francis Bacon e questo era anche l'obiettivo del Futurismo che dichiara il suo intento e il suo "nemico" nella *Prefazione al Catalogo delle Esposizioni* di Parigi, Londra, Berlino, Bruxelles, Monaco, Amburgo, Vienna, (1912): «Pure ammirando l'eroismo dei nostri amici Cubisti, pittori di altissimo valore, che hanno manifestato un lodevole disprezzo per il mercantilismo artistico e un odio possente contro l'accademismo, noi ci sentiamo e ci dichiariamo assolutamente opposti alla loro arte. Essi si accaniscono a dipingere l'immobile, l'agghiacciato e tutti gli aspetti statici della natura». Del resto il futurismo è pervaso di bergsonismo. Sempre nel testo sopra citato si legge, perfetta immagine della memoria come in Bergson e in Proust: «Per far vivere lo spettatore al centro del quadro, secondo l'espressione del nostro manifesto, bisogna che il quadro sia la sintesi di quello che si ricorda e di quello che si vede. Bisogna rendere l'invisibile che si agita e che vive al di là degli spessori, ciò che abbiamo a destra, a sinistra e dietro di noi, e non il piccolo quadrato di vita artificialmente chiuso come fra gli scenari d'un teatro». Maurizio Calvesi, nel ricollegare il Futurismo alla filosofia coeva, ricorda che «l'insistenza di Severini sulla "qualità" contro la "quantità" rivela del resto un atteggiamento antimaterialistico, ben associabile ad un filone della filosofia francese fra Bergson (cui dunque, in questo, Severini può sembrare più vicino degli altri) e un Boutroux, il quale, ad esempio, trovava inadeguata la scienza in quanto fondata su leggi quantitative, cui sfuggono le varietà qualitative». M. CALVESI, *I futuristi e la simultaneità: Boccioni, Carrà, Russolo e Severini*, in 'L'arte moderna', Fabbri Editori, Milano, 1967, pg.111.
(91) Cfr. J. BENDA. *Une philosophie pathétique*, 'Cahiers de la Quinzaine', Paris, 1913. Ci ritorneremo in seguito, qui ricordiamo che anche nel suo famoso, e già citato, pamphlet, *Il tradimento dei chierici*, Benda ha da fare ripetute critiche a Bergson, che attacca fino al dileggio. Va detto che Benda parla, qui, di due tradimenti. Il primo è quello degli intellettuali che si sono prostrati al potere, tradendo la loro funzione di coscienza critica. Il secondo è quello degli intellettuali che avrebbero tradito la "ragione" per seguire strade fantasiose e prive di rigore. La prima parte è senz'altro la parte "forte" del discorso di Benda, un'accusa di servilismo al potere che è molto aspra ma altrettanto condivisibile, e comprovata dai tragici fatti degli avventi delle dittature del primo novecento (e dai prodromi già con l'*affaire Dreyfuss*); la seconda è assai velleitaria: Benda infatti ipostatizza la "sua" ragione e misura sul "suo" metro mostrandosi assolutamente asserragliato in sé e totalmente chiuso verso questa "differente" cultura. In definitiva, se la prima critica verte su atteggiamenti concreti, e non commendevoli, la seconda critica, che verte su posizioni teoretiche, ha il sapore, amaro, della sconfessione fideistica di un ortodosso. Bergson, se non altro, incappa nella seconda. Perlomeno non è bollato di essere un prezzolato del potere.

LAURENT BINET
La settima funzione del linguaggio

«A cosa può pensare Barthes morendo? A sua madre, dicono. È sua madre che lo ha ucciso.
Certo, certo, ancora e sempre le piccole storie intime, i panni sporchi lavati in famiglia. Come dice Deleuze, abbiamo tutti una nonna a cui son successe cose incredibili. E allora? "Di dolore". Sì signore, morirà di dolore e non di altro. Poveri piccoli pensatori francesi chiusi nella vostra meschina visione di un mondo che si riduce alla sfera intima più meschina, più scontata, più platealmente egocentrica. Senza enigma, senza mistero, la madre, madre di tutte le risposte.
Il XX secolo ci ha sbarazzato di Dio e ha messo la madre al suo posto. Bel guadagno! Ma Barthes non pensa a sua madre.
Se voi poteste percepire il filo del suo sogno ovattato, voi sapreste che l'uomo che sta per morire pensa a ciò che è stato ma soprattutto a ciò che avrebbe potuto essere, a cos'altro se no? Rivede non tutta la sua vita ma l'incidente. Chi ha finanziato l'operazione? Si ricorda che è stato toccato da qualcuno. E poi il documento è scomparso. Chiunque sia il finanziatore, gli uomini sono probabilmente alla vigilia di una catastrofe senza precedenti. Mentre lui, il Roland di mamma sua, avrebbe saputo farne buon uso: un po' per lui, un po' per il resto per il mondo. La sua timidezza alla fine è vinta. Che peccato. Anche se ne esce vivo, sarà troppo tardi per festeggiare. Roland non pensa a sua madre.
Non siamo in *Psycho*».

L. BINET, *La septième fonction du language*, Grasset et Fasquelle, Paris, 2013. trad. it. *La settima funzione del linguaggio*, La nave di Teseo, Milano, 2018.

Capitolo Secondo

L'ARTIFICIO PRATICO

L'annullamento. Il nichilismo.

Abbiamo visto, fin qui, come il processo sia attivo, anzi, abbiamo visto solo processi attivi. Anche *Edipo*. Anche accettandolo come (apparentemente) non libero perché sarebbe vincolato dai limiti in cui la identità/somiglianza fra **P** e **X** ne delimita i confini, sarebbe comunque un processo attivo: quella stessa "ristrettezza" è stata indicata come il suo progetto. Il processo si svolgerebbe per affermazione di un conformismo della ripetizione, ma avverrebbe ugualmente. Non sarebbe l'*Edipo* più drammatico, ovvero quello che nega, inibisce totalmente un esito ulteriore dell'azione. Quello che bloccherebbe ogni produzione desiderante. Come l'*Edipo* che Deleuze e Guattari studiano in Kafka, dove l'esito sembrerebbe il nulla. Puro annullamento, nichilismo.

Per cui occorre domandarci: dove appare un nulla, un totale annientamento, un nichilismo dello spirito, possiamo sostenere ancora che ci sia un processo attivo del desiderio, e un suo realizzarsi, anziché, come sembra, un suo annullarsi? Il desiderio può volere la sua totale inibizione, il suo totale annientamento?

Lo può, possiamo dire, anche se dobbiamo aggiungere che la questione è un'altra, poiché, come vedremo, anche in questo caso siamo di fronte a un falso movimento, a una falsa rappresentazione del processo. Anche nel nulla c'è una volontà. Di Nietzsche, Deleuze ripete che il nichilismo non è *nulla di volontà* ma *volontà del nulla*, poiché «nella parola nichilismo, *nihil* non sta a significare non-essere ma prima di tutto il valore del nulla».[1] Ovvero, il nichilismo «non è niente di volontà: questo concetto di Schopenhauer è soltanto un sintomo: significa innanzitutto una volontà d'annichilimento, una volontà del nulla. Il nulla è dunque solo la superficie di un qualcosa di più profondo [...] che resta sempre una volontà».[2]

Mettiamo in evidenza "il valore del nulla". Il nulla non è dunque nulla se ha un valore. Ma quale valore ha? O, per meglio dire, quale valore d'uso ha il nulla? Lo vediamo adesso tornando a quell'*Edipo* che abbiamo detto essere il più drammatico, quello che nega, che inibisce totalmente un esito ulteriore dell'azione.

È il caso di Kafka. La vita di Kafka si spiega – ed egli stesso ha così inteso spiegarla, nella celebre *Lettera al padre*[3] – in termini di un *Edipo* che nega un possibile amore futuro. Qui, il padre che avrebbe agìto – in questo caso negativamente, ovvero non come un agente che porta a **X** ma che preclude **X** – a danno della maturazione affettiva del figlio, sì da inibirgli una possibile vita coniugale: «È sempre colpa del padre: se ho dei disturbi della sessualità, se non riesco a sposarmi, se scrivo, se non posso scrivere, se passo nel mondo a testa bassa, se sono stato costretto a costruirmi un altro mondo infinitamente desertico»[4] è ciò che la *Lettera* esprime.

L'*Edipo* come la causa dell'infelicità e dell'inibizione sofferta da Kafka e, anche, della scelta compiuta nei confronti della letteratura, dello scrivere, secondo una spiegazione che riprende ancora dallo schema psicoanalitico: la libido sessuale che, im-

---

(1) NF pg. 209.
(2) Idem.
(3) Cfr. F. KAFKA, *Brief an den Vater* (1919), 'Neue Rundschau', S. Fischer Verlag, Frankfurt am Main, 1952, trad. it. *Lettera al padre*, il Saggiatore, Milano, 1959.
(4) K pg. 17.

pedita verso il suo oggetto, si sposta su altro. Lo scrivere come l'ultimo effetto della serie causale edipica, come la *sublimazione* di un'impotenza causata da *Edipo*, nella più piena ortodossia del dettato freudiano.⁽⁵⁾

Deleuze e Guattari non vi credono, anzi, sostengono che neppure Kafka vi credesse. Sostengono che «Kafka sa che niente di tutto questo è vero, la sua incapacità di sposarsi, la sua scrittura, attrazione del suo intenso mondo desertico hanno motivazioni assolutamente positive da un punto di vista della libido e non sono in alcun modo derivate da un rapporto col padre».⁽⁶⁾ Ricordano, a questo proposito, la testimonianza di Max Brod che dice: «Kafka stesso conosceva molto bene queste teorie freudiane e le considerava sempre come una descrizione molto approssimativa, grezza, non adeguata al particolare o, meglio, al vero palpito del conflitto».⁽⁷⁾

Inoltre, e soprattutto, non vi credono, Deleuze e Guattari, ricordando quella che è la loro convinzione schizoanalitica: come l'*Edipo* non è la legge che spiega il tendere a qualcosa – come nell'esempio tipico, illustrato precedentemente, della *coazione* – altrettanto non può essere la legge che spiega una rinuncia o un'impotenza, comunque sempre una determinazione e, questa scelta, al pari di ogni altra scelta, deve derivare da un'autonoma volontà del soggetto, poi rivestita di necessità, sotto il segno della causa, inverata poi da un *Numen* per darle maggior forza.

Rispetto al padre, la *Lettera* rimanda indietro il padre stesso come, a sua volta, altrettanto vittima di *Edipo*, in un «Edipo troppo grande» (come il titolo del capitolo sul tema) ovvero in un Edipo che non è regola originale della famiglia, ma è derivato della struttura che genera la famiglia, e che è struttura sociale, politica. Così l'*Edipo* è politico, sociale, non familiare. Come la famiglia è una istituzione politica, sociale, «Kafka teme due cose soltanto, la croce della famiglia e l'aglio della coniugalità».⁽⁸⁾

---

(5) S. FREUD, *Introduzione alla psicoanalisi*, cit., 1915-1917: «Anche l'artista è in germe un introverso, non molto distante dalla nevrosi. Incalzato da fortissimi bisogni pulsionali, vorrebbe conquistare onore, potenza, ricchezza, gloria e amore da parte delle donne; gli mancano però i mezzi per raggiungere queste soddisfazioni. Perciò, come un qualsiasi essere insoddisfatto, egli si distacca dalla realtà e trasferisce tutto il suo interesse, nonché la sua libido, sulle formazioni di desiderio della vita fantastica».
(6) K pg. 17. De-kafkianizzando Kafka, Deleuze ricorda: «Eppure Max Brod racconta come gli uditori non ne potessero più dal ridere quando Kafka leggeva *Il processo*». G. DELEUZE, *Pensiero nomade*, cit., 'aut-aut', n° 276, 1966, pg. 19 e ID pg. 320.
(7) Ibidem e pg. 66: «Si veda la collera di Kafka quando si tenta di farlo passare per uno scrittore intimista; così, fin dalle prime lettere a Felice, egli reagisce violentemente contro i lettori o i critici che parlano innanzitutto di vita interiore».
(8) K, pg. 47. Abelardo racconta l'avversione alla coniugalità da parte di Eloisa, in ragione di ciò che la negazione della coniugalità apre ad un altro possibile: «Ma, lasciando ora da parte questo tipo di inconvenienti, continuava Eloisa, non bisogna dimenticare i limiti che comporterebbe un legame legittimo. Che rapporto può esserci tra l'attività accademica e la vita familiare, tra la cattedra e una culla, tra un libro o un quaderno e una conocchia, tra uno stilo e una penna e un fuso? Pensi che ti riuscirà facile, mentre sarai tutto intento allo studio delle Sacre Scritture e della filosofia, sopportare i vagiti dei bambini o le nenie delle nutrici che cercano di farli tacere o l'andare e venire dei domestici, e delle domestiche? E chi può sopportare la nauseante e continua sporcizia dei neonati? Mi dirai che le possono sopportare i ricchi, che posseggono dimore ampie o addirittura locali appartati, che possono affrontare qualsiasi spesa e non sono assillati dalle quotidiane necessità. Ma, ti rispondo, tra un filosofo e un ricco c'è molta differenza, e di regola chi cerca di far denaro inseguendo i successi mondani non può dedicarsi agli studi di teologia o di filosofia. E proprio per questo i più famosi filosofi antichi disprezzavano le cose del mondo e le abbandonavano, anzi le fuggivano, privandosi di tutti i piaceri per riposare tra le braccia della filosofia». P. ABELARDO, *Historia Calamitatum*, 1132, trad. it. *Storia delle mie disgrazie*. Detto avanti della natura "spuria" dello scritto di Botul su Kant, nondimeno viene da dire che l'autore, quello vero, Pagès, considera il celibato di Kant come condizione fondamentale per il "filosofo" e cita il "manifesto", qui sopra, di Eloisa. Analogamente si potrebbe dire del celibato dei sacerdoti, a differenti modulazioni

Tuttavia, questo non significa che l'*Edipo* è causato dalla società, anziché dalla famiglia, come nello spostamento effettuato da un'ampia area della psicoanalisi degli anni '70. Qui, con Kafka, il problema è diverso. L'intento di Kafka è uscire dalla famiglia, come tale e come struttura sociale. Con *Edipo*. Uscirne *grazie* a *Edipo*.

Questo è il problema, poiché il problema di Kafka non è accusare di colpa, ma uscire, trovare una "linea di fuga" e ben altro che una banale misoginia, il problema del matrimonio e della famiglia implica in Kafka una questione ben più importante, e molto dibattuta, ancora negli anni '70, dalla sociologia e dalla filosofia politica.

Perché la famiglia? Usiamo di in un testo minore di Herbert Marcuse che introduce al problema. Marcuse studia quella corrente di pensiero il cui scopo è convincere a che la illibertà sia accettata, infine, amata. Invenzione della modernità, rispetto al processo classico, basato sulla forza di imposizione. Posti Lutero e Calvino come capostipiti, Marcuse individua in Kant un secondo passaggio, quando questi porrà la libertà nella sua capacità di auto-limitarsi (imperativo categorico), ergo in una illibertà e conclude questo excursus storico con Hegel, come ora, e anche più avanti, diremo.[9]

Instauratosi un regime al cui capo è lo Stato, da lì viene a discendere, ancora per Marcuse, una catena di comando/controllo che passa dalle burocrazie, le istituzioni-prigioni, come (foucaultianamente) la fabbrica e la scuola e arriva alla famiglia, posta come il primo secondino in senso cronologico e, proprio per questa posizione, la più importante per efficacia poiché essa prende fin da subito nelle maglie repressive il soggetto. Questo il suo compito, come gli attribuisce Hegel, sottolinea Marcuse. E questo il senso della contestazione della famiglia negli anni '60-'70, dove la famiglia non sarà il "problema", ma solo il primo "ostacolo", come un detenuto che, volendo evadere, non vuole evadere dal suo secondino, ma dal mondo-prigione o, con Deleuze-Guattari: «Il paranoico applica il suo delirio alla famiglia, alla propria famiglia, ma si tratta dapprima di un delirio sulle razze, i ranghi, le classi, la storia universale».[10]

Dunque, il problema, di Kafka, è: come uscire da questa gabbia?

Anziché ripetere (passivamente), realizzare una forma propria e autentica della propria vita. A cominciare dal primo gradino. La famiglia. Come fare?

Rifiutando la coniugalità. Ma, come si può rifiutarla senza che sia dichiarata avversione a quello che la regola impone, anche attraverso il padre, che trasmette al figlio di coniugarsi a sua volta? E, anche, rispetto al partner, nel caso, Felice?

Occorre una sottile arte, una creazione di inganno, occorre evidenziare tutti gli ostacoli possibili a che questo si realizzi, «fare una topografia degli ostacoli invece di battersi contro un destino».[11] Occorre rimandare l'incontro, sostituendo la prossimità con un rapporto a distanza. Le *lettere*, dunque, ovvero un mezzo che consente

---

nelle varie confessioni, "spiegato" come totale dedizione alla istituzione ecclesiastica, anche se visto, da vari osservatori, come un artificio pratico che permetta il controllo gerarchico e il mantenimento dei beni da parte della stessa istituzione, come si evince per la chiesa cattolica dal canone 34 del Concilio di Oxford (1222) che ordinava: «Gli ecclesiastici non dovranno avere concubine altrimenti saranno puniti con la perdita del loro ufficio. Non potranno nominarle eredi, né i loro figli e, se così fosse, il vescovo userà queste donazioni a beneficio della Chiesa secondo la sua volontà». Impossibile qui citare tutte le fonti del dibattito. Ci limitiamo a segnalare che, schizoanaliticamente, se lo scopo fosse il controllo e il mantenimento dei beni, l'aspetto di "purezza" e la richiesta di "totale" appartenenza alla Chiesa da parte del sacerdote, ne sarebbe il *Numen*.

(9) H. MARCUSE, *Studien über Autorität und Familie. Forschungsberichte aus dem Institut für Sozialforschung*, Alcan, Paris, 1936, trad. it. *L'autorità e la famiglia*, Einaudi, Torino, 1970, pg. 84.
(10) AE pgg. 419-20.
(11) K pg. 51.

il rapporto, ma ne mantiene la distanza per cui «le lettere a Felice sono lo scongiuro della coniugalità».[12] Occorre realizzare quel negativo che annulla, «si confronti, a questo proposito, il terrore di Kafka quando Felice gli dice che vorrebbe essergli vicina mentre lavora. E non importa che la "coniugalità" sia ufficiale o no, che lei sia eterosessuale o omosessuale. Per scongiurare la prossimità, Kafka mantiene e alimenta la distanza spaziale, la posizione remota dell'essere amato: in tal modo è lui a porsi come *Prigioniero* (prigioniero del proprio corpo, della propria camera, della propria famiglia, della propria opera)».[13]

L'avversione alla famiglia e alla coniugalità, dunque, sono tratti autentici e positivi del soggetto (Kafka), non derivano da inibizione, ma da scelta autonoma, e l'astuzia deve rivestire di necessità ciò che è della volontà, «un metodo che ha parecchi vantaggi. Esso permette di porre l'innocenza del soggetto d'enunciazione poiché non può farci niente, né ha fatto niente».[14] Non ha nessuna colpa e può chiedere una compassione che gli serve per ottenere un consenso. «Diabolico in tutt'innocenza», infine.[15]

L'*Edipo* delle letture edipizzanti di Kafka, con la sua impotenza, la sua negazione, è, invece, l'arma retorica e lo strumento per affermare ciò che vuole la volontà. Una conclusione, questa, che era già nel primo Freud il quale ravvisava nella *malattia* questo stesso artificio strumentale, un vero «tornaconto della malattia» trattando un caso in maniera pressoché schizoanalitica: «Una donna, trattata brutalmente e sfruttata senza riguardi dal marito, trova assai spesso una via di scampo nella nevrosi, se la pre-disposizione glielo consente, se è troppo codarda o troppo scrupolosa per consolarsi segretamente con un altro uomo, se non è abbastanza forte per separarsi dal marito sfidando gli impedimenti esterni, se non ha la prospettiva di mantenersi da sola o di conquistarsi un uomo migliore, e inoltre se è ancora legata sessualmente a quest'uomo brutale. La malattia diventa ora, nella lotta contro il marito prepotente, l'arma, un'arma che può usare per difendersi e di cui può abusare per vendicarsi. Essa può lamentarsi della sua malattia, mentre probabilmente non potrebbe lamentarsi del suo matrimonio. Trova un soccorritore nel medico, costringe il marito, solitamente privo di considerazione, ad usarle dei riguardi, a fare delle spese per lei, a concederle il tempo di assentarsi da casa e quindi di liberarsi dall'oppressione coniugale».[16]

---

(12) Idem.
(13) Idem, pg. 55. Come un altro grande solitario, Proust a proposito del quale, ancora in K, nella nota a pagina 54, si osserva come «un giovane che Proust non sembra aver voglia di vedere a Cabourg» viene ad essere informato di tutte le difficoltà possibili e immaginabili per raggiungere il luogo mediante una lettera che termina con l'allusivo «"Ma le spiego questo solo per il caso che lei venga..."».
(14) Idem, pg. 51 e pg. 52: «La colpevolezza non è che l'enunciato di un giudizio che viene dal di fuori e che non ha presa, non morde che su un'anima debole. La debolezza — Oh, debolezza, mia, mia colpa — è solo il movimento apparente di Kafka come soggetto d'enunciato, mentre, in realtà è la sua forza come soggetto d'enunciazione nel deserto».
(15) K pg. 51.
(16) S. FREUD, *Introduzione*, cit. Analogamente, potremmo dire per *Il malato immaginario* di Molière (MOLIÈRE, *Le malade imaginaire* prima rappresentazione il 10/2/1673) con Argante chiuso nella sua ipocondria che gli permette di farsi una tana kafkiana (o pre-kafkiana, è il caso di dire) ed escludere il mondo. I medici che lo assistono partecipano allo stesso imbroglio, l'imbroglio di questa "malattia". Per incompetenza, sembra voler dire l'autore, ma anche per compartecipazione a questo processo, come l'analizzato e lo psicoanalista in un processo che sia interminabile. Il movente? La fuga dal mondo del protagonista. Per paura, per rifiuto di un mondo che non ama. E, anche in questo caso, se la paura è un "negativo", appartiene al segno meno, come nel senso comune, per l'altro verso, è un effetto di un un atto volontario, positivo, come quando si nega questo mondo ma, a favore, di un mondo altro (si spera migliore) e, da questo, come detto prima, si cerca una linea di fuga. E, ancora, il primo Freud non è lontano da questo quando dice: «La nevrosi sostituisce nella nostra epoca il convento nel quale solevano

Una conclusione, dunque, molto simile a quella che avrebbe potuto fare la schizoanalisi, a quella prospettata a proposito del caso di Kafka, un caso che permette di sconfessare la psicoanalisi attraverso una dimostrazione di fatto o, per meglio dire, attraverso un confronto non in astratto ma realizzato su un caso concreto. Un caso, ancor più, con il quale viene mostrato l'aspetto subdolo del ragionamento psicoanalitico di cui l'*Edipo* è l'espressione, o la maschera capace di proteggere, di nascondere e, quindi, di rafforzare, la volontà e di ingannare l'altro.

La critica del ragionamento psicoanalitico e della psicoanalisi stessa non si limita più ad una questione teorica soltanto, ma affonda verso un campo di valore morale. Il discorso dell'*Edipo* appare come il discorso dell'ipocrisia e della cattiva coscienza; la psicoanalisi, come protettrice dell'*Edipo*, sarebbe allora la cultura universalizzata a garanzia di quella stessa ipocrisia dalla quale proviene e della quale è al servizio. E potremmo poi aggiungere che c'è un altro importante aspetto "politico", ravvisato e denunciato nella psicoanalisi, nel familismo, nel rinchiudere nel *piccolo segretuccio* ogni disagio, ogni ansia o angoscia che investisse, o potesse investire, altri ambiti, oltre la famiglia, il triangolo papà-mamma-io. Istanze negate, nella psicoanalisi, che tutto torna, e si richiude, nella famiglia, perché, riprendendo da Fontana questa sintesi: «tutto il contenuto storico-mondiale del delirio (delirare i continenti, la storia, le razze) viene allora ripiegato su papà-mamma, sulla famiglia nucleare, sullo "sporco segretuccio"».[17]

Come nei "casi" di Mélanie Klein: due piccoli pazienti, uno di nome Dick, l'altro di nome Richard, sono costretti, il primo, a riconoscere nei suoi oggetti di delirio il corpo di mamma, «il lavandino simboleggiava il corpo materno»,[18] il secondo a riconoscere in papà e mamma, Hitler e Stalin, suoi enunciati di oggetti della sua "fissazione" e sulla quale ultima analisi Deleuze, nel corso di una lezione a Vincennes, dirà: «Per me è una delle psicoanalisi più vergognose che si possano immaginare».[19]

Ovvero, «Di' che è Edipo, altrimenti ti prendi uno schiaffo» e «Rispondi papà-mamma quando ti parlo».[20]

La famiglia è dunque il territorio di ripiegamento, nel momento di massima sottomissione del soggetto, l'infanzia, altro strumento per ottenere ripiegamento del soggetto nell'in sé, nel depotenziare il senso politico del suo delirio.

È caustico, ma straordinariamente acuto, il quadro che fa Romain Gary quando scrive: «È vero che ho questo piccolo problema. Ogni volta che inizia un nuovo giorno, spalanco la finestra e chiedo aiuto.

Mi butto sul telefono, chiamo la Croce Rossa, il Soccorso Cattolico, il Gran Rabbino di Francia, quello piccolo, le Nazioni Unite, Ulla la Madre di tutti noi, ma visto che loro ne sono perfettamente al corrente, vedono con i propri occhi che sta iniziando un nuovo giorno e per questo stesso motivo fanno perfino colazione, mi scontro con il quotidiano familiare, ed è tutto inutile.

Per questo divento un pitone, un topolino bianco, un cane fedele, qualsiasi cosa per provare che io non c'entro niente. E da qui internamento e terapia, in vista di una

---

ritirarsi tutte le persone che la vita aveva deluso o che si sentivano troppo deboli per affrontarla», pur restando, ovviamente, Freud, sul piano di un soggetto "causato", qui, da "delusioni" o "debolezza". S. FREUD, *Über Psychoanalyse. Fünf Vorlesungen*, 1909, *Cinque lezioni sulla psicoanalisi*, 1909.
(17) AE pg. XXVIII.
(18) Idem pg. 48.
(19) Il video della lezione al link: www.dailymotion.com/video/x4poc0.
(20) Entrambe le citazioni, AE pg. 48.

normalizzazione. Persevero, scappo altrove, me la svigno. Posacenere, tagliacarte, oggetto inanimato. Qualsiasi cosa che non sia colpevole. Questa voi la chiamate follia? Io no. La chiamo legittima difesa. Hanno provato ad aiutarmi, non dico di no. Hanno frugato nei miei bidoni della spazzatura in cerca di spiegazioni. Uno dei miei seguaci-segui aveva finito per scoprire che all'età di quattro anni avevo ucciso un gattino giocando con lui e da allora erano nati senso di colpa, rimorso e odio per me stesso. Trasferivo tutto su Auschwitz, Pinochet, il gulag e altri pretesti che andavano bene per discolparmi. Non erano i genocidi e i campi di tortura, era il gattino.

Non mi ha aiutato per niente, ha solo aggiunto il gattino a tutto il resto».[21]

Si osservi non tanto il merito della spiegazione/diagnosi, quanto l'effetto che produce: il soggetto, grazie a spiegazioni/diagnosi di questo tipo, è volto a rinunciare alle sue attenzioni "politiche" (Auschwitz, Pinochet, il gulag), cui seguirà allora una rinuncia a un intervento nel mondo, a un intervento "politico" a cambiare le condizioni, reali, "politiche", che lo angosciano. O, semplicemente, che disapprova.

Il contratto.

Un altro processo. Sollecitiamo fin da subito che se, anche nei casi visti precedentemente, il desiderio investe il campo politico, qui sarà ancora più evidente. Occorre ripetere che questo aspetto, quest'insistere da parte di Deleuze (e Guattari) sull'aspetto "politico" del desiderio, che ha fatto pensare a molti a *L'anti-Edipo* nel solco degli scritti di Laing e Cooper – a un'*Edipo* causato dalla società e non dalla famiglia – significa invece un qualcosa di molto differente. Già abbiamo visto come, con Kafka, non si sposti il piano, dalla famiglia alla società, ma si reintegri la famiglia nella società, e la famiglia non scompaia a favore della società, ma resti in quanto parte e primo agente della società stessa. Ma qui significa qualcosa di ulteriore, ovvero che la dimensione "privata" del discorso psicoanalitico è spostata dall'interiore familistico "privato" per essere collocata nel mondo esterno, "politico", nella *polis*. Nel caso, non intendendo indicare quindi il luogo come causa ma, come abbiamo visto, come vedremo adesso con Masoch e come ancor meglio vedremo con il superamento del *parziale* che suggerisce Hume, intendendo indicare quel "paesaggio", che abbiamo visto precedentemente indicato da Deleuze come il vero fine, desiderio che è rivolto al mondo o, se vogliamo, è un progetto del soggetto per il suo attuarsi nel mondo.

Il masochista è il creatore di un contratto, di un ordine. È il giurista.

Deleuze osserva la contrapposizione Sade-Masoch, (apparentemente) opposti del desiderio, dominazione-sottomissione. Già in questo momento Deleuze mostra di non accettare la semplice equiparazione delle due forme nell'universale astratto del concetto di desiderio, pur come entità opposte, per ricercare un'identità ancora più forte come modi della stessa sostanza, che è, sempre, desiderio di dominazione con percorsi che divergerebbero nel modo, nella tattica, poiché anche Masoch tenderebbe a questo e non all'essere sottomesso, come appare invece in prima evidenza.

Si nega il sadico dominante che domina il masochista. Come nella battuta che Deleuze riporta e commenta: «Può infatti sembrare evidente che un sadico e un masochista debbano incontrarsi. Che l'uno ami procurare la sofferenza, l'altro soffrire, sembra costituire una tale complementarietà da far rimpiangere il mancato incontro.

---

(21) R. GARY, *Pseudo*, Mercure de France, Paris, 1976, trad. it. *Pseudo*, Neri Pozza, Vicenza, 2019, pgg. 38-9. La prima edizione è con la firma di Émile Ajar.

Così una storiella umoristica racconta che un sadico e un masochista si incontrano; il masochista dice: "Fammi male", e il sadico risponde: "No".

Fra tutte le storielle umoristiche, questa è senz'altro particolarmente stupida: non certo semplicemente perché è impossibile, ma perché contiene una stupida pretesa di valutazione del mondo delle perversioni. Permane anche la sua impossibilità. Mai un vero sadico sopporterà una vittima masochista (una delle vittime meno precisate in *Justine* dice: "Essi vogliono essere certi che i propri crimini procurino pianti, allontanerebbero quella ragazza che si concedesse loro spontaneamente"). Nemmeno il masochista sopporterebbe un carnefice veramente sadico. Senza dubbio, la donna carnefice deve possedere una certa natura, ma egli stesso deve plasmarla in lei, educarla, persuaderla in base al suo più segreto disegno, che fallirebbe completamente con una donna sadica».[22]

Per Deleuze, che mostra qui di essere già attestato su quell'osservazione – che ben svilupperà poi ne *L'anti-Edipo* – della differenza fra fine e mezzo, fra il mezzo e l'essere più profondo – che di quel mezzo si serve e ne ricava l'apparenza più funzionale – il masochista non ha infatti il suo piacere nell'essere brutalizzato e sottomesso dall'altro.

Questo è solo il mezzo: il masochista offre la sua sottomissione all'altro come la controparte di ciò che vuole, a sua volta, da questo, come un prezzo che paga per ottenere ciò che desidera per quello che questo prezzo gli rende di vantaggio, questo essendo il suo scopo: «Il masochista non trova piacere nel dolore e nemmeno nella punizione. Al massimo il masochista trova nella punizione e nel dolore un piacere preliminare; ma il suo vero piacere lo prova dopo, in ciò che l'applicazione della punizione rende possibile».[23]

Nel suo essere più profondo, dunque, il masochista ha una volontà autentica, pur differendo nel modo, nella tattica, e realizza uno stesso rapporto economico comunque gestito a suo favore e non a danno: «sarebbe insufficiente presentare l'eroe masochista come sottomesso alle leggi e lieto di esserlo. Si è altrove segnalata tutta la derisione insita nella sottomissione masochista, e la provocazione, la potenza critica, insita in questa apparente docilità. Semplicemente il masochista attacca la legge da un lato diverso.

Chiamiamo umorismo non più il movimento che sale dalla legge verso un più alto principio, ma il movimento che discende dalla legge verso le sue conseguenze. Tutti conosciamo i modi di raggirare la legge per eccesso di zelo: è mediante la sua scrupolosa applicazione che si tende a mostrarne l'assurdità, e a suscitare precisamente quel disordine che si presumeva dovesse impedire o scongiurare. Si prende la legge in parola, alla lettera; non si contesta il suo carattere ultimo o primo; si fa come se, in virtù di questo carattere, la legge riservasse a sé i piaceri che ci vieta.

Così, a forza di osservare la legge, di sposare la legge, si potrà gustare qualcosa di tali piaceri. La legge non è più rovesciata ironicamente, risalendo verso un principio, bensì raggirata umoristicamente, obliquamente, per approfondimento delle conseguenze. Ora, ogni volta che consideriamo un fantasma o un rito masochisti siamo colpiti dal fatto che la più stretta applicazione della legge ha l'effetto opposto a quello che normalmente era lecito attendersi (per esempio i colpi di frusta, lungi dal punire o dal prevenire un'erezione, la provocano, la garantiscono). È una

---

(22) SM pg. 31.
(23) SM pg. 88.

dimostrazione di assurdità. Considerando la legge come processo punitivo, il masochista comincia col farsi infliggere una punizione; e in questa punizione scopre paradossalmente una ragione che l'autorizza, e perfino che gli comanda di provare il piacere che la legge era tenuta a impedirgli. L'umorismo masochista è il seguente: la stessa legge che mi impedisce di realizzare un desiderio sotto pena di una conseguente punizione è ora una legge che pone la punizione all'inizio e mi ordina di conseguenza di soddisfare il desiderio».[24]

Vantaggio di primo tipo, o conquista "ipocrita", dove il conquistatore si veste da conquistato, ma conquista il conquistatore. Lo "schiavo" del rapporto masochista ottiene, nel darsi a servire la "padrona", che la "padrona" sia/stia con lui, come vuole chi conquista. In una delle lettere che Simone de Beauvoir scrive a Sartre, mobilitato nell'esercito, racconta del rapporto con una delle sue amanti, citata come Védrine,[25] e smaschera con perfezione questa "macchina". Védrine si lamenta con Simone del fatto che, mentre lei le si dà completamente, Simone la "prenda" parzialmente, per cui la de Beauvoir dice: «Le ho fatto notare [...] che dare e prendere sono delle strane parole; darsi è la miglior maniera di prendere; e preferirei molto non mi desse tutto il tempo che mi prende»,[26] perché il tempo che Védrine dà a Simone è il tempo che prende a Simone, o che Simone viene a doverle dare.

Vantaggio, poi, di secondo tipo, come visto: soluzione all'angoscia della scelta.

Se nell'*Edipo* abbiamo visto il soggetto porsi a schiavo di una legge deterministica che gli consegnerebbe un possibile già dato, il passato da ripetere, la madre da ripetere, ora abbiamo un soggetto che per calmare l'angoscia, altrettanto annulla i possibili che deve scegliere e aliena ad altra figura la scelta.

Sceglierà la donna-carnefice. "Maîtresse Françoise" dice correttamente cosa sia la "madre" dell'*Edipo* nell'intenzione masochista: «Il masochista cerca la madre, vuole ritornare all'infanzia, ristabilire il tempo in cui non aveva nessuna responsabilità».[27]

Sceglierà il Tiranno, per lui, perché «Il tiranno ha bisogno della tristezza delle anime per imporsi, cosiccome le anime tristi hanno bisogno di un tiranno per soprav-

---

(24) Idem, pg. 88-9. Simile dinamica è descritta nel già citato *Freakonomics*, circa un caso in cui, a Haifa, per contrastare il malcostume di alcuni genitori che lasciavano i figli a scuola oltre l'orario, venne istituita una multa di tre dollari. Il fenomeno cessò? Nient'affatto, crebbe. Perché adesso con la modica cifra di tre dollari i genitori si potevano permettere un'ulteriore ora di libertà rispetto all'andare a prendere i figli. S. J. DUBNER, S. LEVITT, *Freakonomics*, cit., pgg. 1-6. Umorismo masochista o forse caso di "macchina celibe" come diremo più avanti. La multa quindi si trasformò in una pena che, una volta scontata, dava il beneficio per il quale era stata creata per reprimerlo. Dunque, lo permetteva.
(25) Si tratta di Louise Védrine, nel circolo delle amanti di Sartre, della de Beauvoir o di entrambi. All'epoca (1939-1941) la "famiglia"comprendeva Natalie Sorokin (amante di entrambi) e le sorelle Wanda (solo Sartre) e Olga Kosakiewicz (solo de Beauvoir), poi moglie di Jacques-Laurent Bost, allievo di Sartre a Havre, fra i fondatori di 'Les temps modernes', e amante della de Beauvoir (solo caso in forma nascosta, tranne che per Sartre). Le sorelle Kosakiewicz lavoreranno nelle opere teatrali di Sartre. Wanda sarà anche un'amante di Camus. Louise Védrine (entrambi) è lo pseudonimo di Bianca Lamblin, nata Bienenfeld, allieva della de Beauvoir, poi filosofa, citata come Bianca Bienenfeld nei romanzi della de Beauvoir e di Sartre (S. DE BEAUVOIR, *La force de l'âge*, Gallimard, Paris, 1960, trad. it. *L'età forte*, Einaudi, Torino, 1961; J.-P. SARTRE, *L'âge de raison*, Gallimard, Paris, 1945, trad. it. *L'età della ragione*, Bompiani, Milano, 1946). Bianca Lamblin, dopo la pubblicazione delle lettere della de Beauvoir a Sartre (peraltro postuma e per volontà della figlia adottiva Sylvie Le Bon) e della biografia della Bair (D. BAIR, *Simone de Beauvoir. A biography*, Random House, New York, 1990), scriverà un velenoso libro di memorie sul rapporto con Sartre e la de Beauvoir. B. LAMBLIN, *Mémoires d'une jeune fille dérangée*, Balland, Paris, 1993.
(26) S. DE BEAUVOIR, *Lettres à Sartre*, 2 Voll, Gallimard, Paris, 1990, trad. it. (parziale) in I. SAVARINO, *Simone de Beauvoir svelata dalle lettere a Sartre soldato*, Vallecchi, Firenze, 1995, pg. 94.
(27) C. COSTANTINI (intervista a cura di), *Françoise Maitresse. La Dominatrice*, 'Il Messaggero', 4/4/1995.

venire e propagarsi».⁽²⁸⁾ Questo è il rapporto fra «il Gran Crostaceo e la folla invertebrata»⁽²⁹⁾ secondo Deleuze, alla cui base vi è «un contratto che rinnova l'idea degli antichi giuristi secondo cui la schiavitù è frutto di un patto».⁽³⁰⁾

Dunque, qui si vede come la dominazione non abbia a ricavarsi per semplice effetto di arretramento del dominato che lascerebbe un'area di potere maggiore alla donna carnefice, soggetto (apparentemente) dominante; il dominato, come descrive Sacher-Masoch, non si limita affatto a questo, anzi, interviene attivamente, istruisce la donna dominante, la fa diventare tale.

La dominazione è dunque addirittura prodotta dai dominati come individuarono Spinoza e Nietzsche:⁽³¹⁾ «Il contratto masochista non esprime soltanto la necessità del consenso della vittima, ma anche il dono della persuasione, lo sforzo pedagogico e giuridico mediante il quale la vittima educa il proprio carnefice».⁽³²⁾

Di conseguenza, viene qui ad affermarsi, contro la visione classica del potere come la forza sul dominato, la visione di un potere come "cessione di potere" e di richiesta di potere, di creazione dei dominanti da parte dei dominati che, su una cosa convergono: una cultura in cui venga indicato che il bene è la sottomissione e l'obbedienza è una virtù. Ritornando al testo, prima citato, di Marcuse, dopo Calvino, Lutero e Kant, arriviamo alla conclusione su Hegel a proposito del quale si legge: «L'analisi hegeliana del dominio e della servitù non si limita a fondare l'autorità del dominio nella sfera della lotta sociale, dà anche la dialettica di questa autorità. Lo sviluppo immanente del rapporto dominio-servitù non conduce solo al riconoscimento della servitù come "verità" propria ed essenziale del dominio, ma anche al riconoscimento da parte della servitù della sua propria e peculiare forza e quindi al suo (possibile) superamento; viene in luce come l'autorità del dominio dipenda in ultima analisi dalla servitù, che crede in essa e la mantiene».⁽³³⁾

---

(28) SP pg. 38. Anche SM pg. 85: «è l'unione dei deboli che favorisce e suscita il tiranno, è il tiranno che ha bisogno di tale unione per essere».
(29) AE pg. 113.
(30) SM pg. 72.
(31) Al centro dell'AE, come vedremo, c'è la domanda di Spinoza «perché gli uomini lottano per la loro schiavitù come se si trattasse della loro salvezza?». B. SPINOZA, *Tractatus theologico-politicus* (1670), *Prefazione*. Deleuze aveva ammonito, relativamente a Nietzsche: «È per la volontà di potenza che una forza domina, ma è ancora per una volontà di potenza che una forza obbedisce». N pg. 29. Tema, la sottomissione come voluta, che Deleuze ha costantemente letto come centrale, appunto, in Spinoza e Nietzsche. Possiamo ricordare anche un antesignano, Étienne de La Boétie, che si è già schierato per una scelta volontaria della sottomissione. Cfr. É. DE LA BOÉTIE, *Discours de la servitude volontaire* o *Contr'un*, 1549, trad. it. *Discorso sulla servitù volontaria* (1574). Come possiamo ricordare poi Alfred Jarry, con il suo "Père Ubu" che, dopo essere stato re, detentore assoluto della massima libertà di potere, si fa schiavo per assaporare una libertà ancor maggiore: la libertà di obbedire. Ubu è l'unico che accetta di eseguire i comandi del caporale, per cui quest'ultimo nota: «Vi prendete la libertà di fare persino quello che è stato ordinato». A. JARRY, *Ubu enchaîné*, Le livre d'art, Paris, 1896, trad. it. *Ubu incatenato*, Adelphi, Milano 1979, scena III. Con molto humour Julien Green descrive come il paziente attribuisca, egli, il potere allo psicanalista: «Visite de K... qui me dit avoir donne la somme de 2.500 dollars au Dr. Ranke pour qu'il le "psychanalyse". Et il est très content, se sent libre, me dit. Il est guéri de toute inibition. Je lui dis quelques mots du livre de Stekel, dont j'ai achevé la lecture, mais K... ne veut entendre parler que de Ranke, le plus grande psychanalyste, à ses yeux, le seul: quand on a donné 2.500 dollars à un médecin, on ne souffre pas l'ideé qu'on ait pu se tromper d'addresse». J. GREEN, *Journal IV*, Plon, Paris, 1949, pg. 65. Nella sua ultima intervista al quotidiano 'Le monde', Andrea Camilleri parla di una «volontà di obbedienza» da parte del popolo italiano, un tempo, e oggi. J. GAUTHERET, *La majorité des italiens ont adoré Mussolini, et cette volonté d'obeissance n'a jamais disparu*, 'Le monde', 18/7/2019.
(32) SM pg. 72.
(33) H. MARCUSE, *Studien*, cit., pg. 84.

Questo è quanto fa il potere laddove si vuol fare non solo accettare, ma amare, unica condizione di durare. In Kafka, «l'ufficiale della *Colonia penale* mostra cosa possa essere l'investimento libidinale intenso di una macchina che non è solo tecnica, ma sociale, attraverso cui il desiderio desideri la propria repressione».⁽³⁴⁾

E questo è ciò che realizza il sottomesso, che crea lui stesso la sottomissione, la sua stessa autolimitazione, ma soprattutto, il potere. Ancora "Maîtresse Françoise", nel suo *Hommage à Deleuze*, cita proprio questo passo da Deleuze: «Non si tratta di dire che la vittima del sadico sia anch'essa sadica; ancor meno dire che la vittima del masochista sia essa stessa masochista. Ma dobbiamo respingere l'alternativa a cui rimane ancorato Krafft-Ebing: o "la" carnefice è una vera sadica, oppure finge di esserlo. Noi diciamo che la donna-carnefice appartiene interamente al masochismo, che non è certo un personaggio masochista, bensì un puro elemento del masochismo. Distinguendo in una perversione il soggetto (la persona) e l'elemento (l'essenza), possiamo capire come una persona sfugga al proprio destino soggettivo, ma solo parzialmente, assumendo il ruolo di elemento nella situazione di proprio gusto. La donna-carnefice sfugge al proprio masochismo facendosi, nella data situazione, "masochizzante". L'errore è di credere che essa sia sadica, o anche che finga di esserlo. L'errore è di credere che il personaggio masochista incontri, come per caso, un personaggio sadico. Ogni persona di una perversione ha bisogno soltanto di un "elemento" della stessa perversione, e non una persona dell'altra perversione. Ogni volta che una osservazione traguarda il tipo di donna carnefice nell'ambito del masochismo, ci si accorge che essa non è in realtà né una vera sadica, né una falsa sadica, ma tutt'altra cosa, che appartiene essenzialmente al masochismo senza realizzarne la soggettività, che incarna l'elemento del "far soffrire" in una prospettiva esclusivamente masochista. Negli eroi di Masoch, e per lo stesso Masoch, troviamo la ricerca di una certa "natura" di donna, difficile da incontrare: il masochista-soggetto ha bisogno di una certa "essenza" del masochismo, realizzato in una natura di donna che rinunci al proprio masochismo soggettivo; non ha affatto bisogno di un altro soggetto sadico».⁽³⁵⁾

Dunque il masochista non vuole solo che una forza a lui superiore lo prenda in suo potere, vuole costruire esso stesso il potere che lo domini. Il masochista è il costruttore, nient'affatto un derivato passivo, del potere che (lo) domina.

La *passione triste*, quella che si manifesta come la passione povera, sottomessa e tendente alla sottomissione, all'annullamento e alla mortificazione è, da Spinoza e con Spinoza, una passione attiva, e perfino crudele – come l'eccesso del suo essere attivo – che solo si maschera di questa "tristezza" come della retorica di cui necessita.

Ed è di questo desiderio come passione triste che Deleuze, in pieno dettato spinoziano, parla quando tratta di quella forma apparentemente opposta del desiderio – se per *desiderio* si prende solo la sua immagine più comune, il suo solo modo come passione gioiosa – quando, ne *L'anti-Edipo*, si parla di quella «strana avventura del desiderio, desiderare la repressione»⁽³⁶⁾ che è un modo del tutto attivo del desiderio, nonostante la sua forma apparentemente opposta, e che invece Jean Baudrillard considera come «l'aporia di Deleuze, dove il rovesciamento del desiderio in repressione rimane inesplicabile»⁽³⁷⁾ forse una delle più incredibili topiche della critica.

(34) AE pg. 397.
(35) MAÎTRESSE FRANÇOISE, *Hommage a Deleuze*, cit. Il passo di Deleuze, qui citato, è in SM pg. 32-3.
(36) AE pg. 35.
(37) J. BAUDRILLARD, *Oublier Foucault*, Galilée, Paris, 1977, trad. it. *Dimenticare Foucault*, Cappelli, Bologna, 1977, pg. 8.

Il processo celibe.

La filosofia deleuziana (e la schizoanalisi), pertanto, si pone molto più in maniera critica verso il desiderio – accusato, senza mezzi termini, di essere la causa della costrizione – rispetto a quanto si proponga come quell'apologetica anarcoide che è, ed è stata, invece, l'immagine più diffusa da parte della critica – lo abbiamo visto in apertura, ci ritorneremo in seguito – che, recependo in maniera molto superficiale il concetto di desiderio, ha visto in Deleuze un nuovo Marcuse, un esponente di quello «psicologismo di sinistra»,(38) il termine è di Franco Rella, ovvero di un freudo-marxismo nel quale si innesterebbe, sul tronco marxiano, una rivendicazione ulteriore nel nome di quella parte che, dopo Freud, si sa costituire la volizione, ovvero la libido, la fantasia confusa e "folle" dell'*Es*. È per questa ragione che Rella parla, nel suo commento, di un culto dell'*Altro*, il desiderio come l'altra parte della psiche umana, sempre in sottordine rispetto alla ragione, sempre frenato da essa, ed equipara Deleuze a Lacan proponendo invece una differenza da Foucault. L'analisi di Rella è, per certi versi, sorprendente, sia quando equipara il desiderio deleuziano all'*Es* freudiano, chiamando in causa Lacan, sia quando differenzia Deleuze e Foucault.

Se, relativamente al desiderio come derivabile dal freudismo tratteremo, più avanti, qui lo spunto di Rella ci interessa per il rapporto fra Deleuze e Foucault.

Analizziamo questo punto. Rella disconosce sostanzialmente tutta la parte dell'accusa rivolta al desiderio come realizzatore di quei "sistemi molari", costrittivi, e recepisce, del concetto di desiderio, solo quell'immagine – comune ma non deleuziana – secondo cui esso è solo il "rivoluzionario" per eccellenza, il "folle", l'"anarchico". In tal senso può allora sostenere che Deleuze abbia una visione del rapporto fra il desiderio e l'ordine in termini conflittuali – e che proponga, nella sua istanza pratica, una sollevazione del primo contro i secondi – così da poter opporre ad essa la concezione di Foucault che vede nell'elemento "libidinale", che per Foucault è il piacere, non, alla lettera, il desiderio, l'origine stessa di quegli stessi sistemi costrittivi e pone dunque un rapporto di continuità e non di antitesi fra il "libidinale" e la repressione.

Su questo punto occorre notare che la sintesi elaborata da Rella circa Foucault, è sostanzialmente corretta ma fa perdere quel senso del divenire in modo "perverso", in modo "involontario", con il quale Foucault descrive il processo, il farsi del fenomeno.

In Foucault, infatti, occorre notare come sia presente una indeterminatezza, anche, uno "smacco", che avverrebbe involontariamente nella realizzazione dell'inibizione. Nella *Volontà di sapere* Foucault presentava la storia della sessualità come il luogo dove si produce un effetto, in parte, involontario: in origine la "volontà di sapere" relativamente al sesso non avrebbe contenuto intenti di tipo privativo ma, anzi, si sarebbe prefissa di voler conoscere solo ed esclusivamente per poter esercitare una vita sessuale maggiore e tanto più ricca. Sarebbe però successo – sempre per Foucault – che i dati quantitativi raccolti da questo sapere si sarebbero poi trasformati in dati qualitativi, traducendo il *più* e il *meno* delle pratiche esercitate nel *lecito* e nell'*illecito* e producendo *ciò* che doveva venire ad essere proibito, e la nozione stessa di veto.(39)

---

(38) F. RELLA, *Il mito dell'altro*, cit. Su questo specifico "psicologista" torneremo più oltre.
(39) Dittatura della maggioranza, tanto più oggi per l'esternalizzazione dei nostri privati, attraverso i social (vedi Appendice 6). Già un "innocuo" sondaggio di opinioni "produce". Produce il maggiore ed esclude il minore. Per questo Deleuze non risponde ad un sondaggio di Hocquenghem sulla sessualità, scrivendo: «J'aime le secret parce que ça n'empeche pas du tout que tout le monde sache tout sur tout le monde, chacun sur chacun, mais dans des conditions telles qu'on ne puisse plus y discerner le vrai du faux, et que

Dunque, l'istanza normativa si sarebbe prodotta come un effetto involontario o, come ora diremo, celibe. La sessualità, cultura della pratica sessuale, nata da una volontà di conoscenza in sé estensiva, avrebbe prodotto una regola limitativa. Effetti non desiderati, ma frutti del desiderio, volontà in Foucault, di conoscere, prodotti da un intento di tutt'altro segno.[40] Anziché lo storicismo causale, il prima come causa del dopo, la trasformazione dal prima al dopo. L'evento come trasformazione, anche, aberrazione, dello stesso, nel tempo del suo procedere, nella sua declinazione genealogica,[41] come nel metodo "genealogico" di Foucault, «historien du présent».[42]

Altri esempi si possono allineare su questa direttrice foucaultiana: Sartre parlava di «matière ensorcelée»,[43] materia stregata, per processi e realizzazioni che avvengono come in maniera autonoma, superfetazioni indipendenti, mentre in Raymond Boudon si trova il termine «effetti perversi» per casi analoghi nell'ordinamento sociale.[44]

«Macchine celibi»[45] erano poi chiamati da Michel Carrouges gli effetti che si realizzavano come trasformazione rispetto all'intento, dunque non con quel concepimento, a rigore, quindi, non concepiti, per questo, *celibi*. Anche Castel si associa quando sostiene che, in origine, la psicoanalisi aveva intenti di promuovere una crescita del soggetto, che, però, nella pratica successiva, si sarebbero trasformati in un sapere preconfezionato – lo "psicanalismo" – che, ora, si impone sul soggetto.[46]

Ci sarebbe, in sostanza, uno stesso percorso, e non un'opposizione, fra il libidinale e il divieto, nella concezione di Foucault rappresentata qui schematicamente per cui il libidinale, desiderio in Deleuze, sarebbe *in qualche modo* responsabile del divieto, come suo antenato. E il divieto sarebbe un epifenomeno, un fenomeno che si realizza senza che lo si sia voluto, progettato. Sarebbe, dunque, ancora con Carrouges, celibe.

---

surgisse enfin cette puissance du faux. Je n'aime pas les questionnaires parce qu'il [...] y regne le même appel a la puissance du vrai». G. HOCQUENGHEM, *L'après-mai des faunes*, Grasset, Paris, 1974, pg. 101.
(40) Cfr. M. FOUCAULT, *La volonté de savoir*, Gallimard, Paris, 1976, trad. it. *La volontà di sapere*, Feltrinelli, Milano, 1978. A seguire, nel secondo volume della sua *Storia della sessualità*, Foucault osserverà quando il privativo è già in atto. Nella Grecia antica, temperanza o limite al piacere sono già presenti. Ma servono affinché il piacere resti acceso, per cui il limitativo è parte stessa del piacere, è la sua *tecnica*, non il suo oppositore e non ha alcun peso morale. Nel mangiare, nel bere, nella sessualità è necessario lasciare un vuoto "a riempire" affinché si goda del cibo, del vino, del sesso, come Foucault rintraccia in Senofonte, Socrate e Platone. Avverrà poi la trasposizione dell'interdetto da mezzo-per a mezzo-contro, col cristianesimo ma, sempre per Foucault, non con Cristo, ma con la dottrina della Chiesa. Cfr. M. FOUCAULT, *L'usage des plaisirs*, Gallimard, Paris, 1984, trad. it. *L'uso dei piaceri*, Feltrinelli, Milano, 1984.
(41) Come dice Deleuze su Foucault: «Quando una nuova formazione appare con nuove regole e nuove serie, non è mai di colpo, in una frase o in una creazione, ma in "mattoni", con delle sopravvivenze, delle sfasature, delle riattivazioni, degli antichi elementi che sussistono sotto nuove regole. Malgrado gli isomorfismi e le isotopie, nessuna formazione è il modello di un'altra». G. DELEUZE, *Un nouvel archiviste*, 'Critique', n° 274, trad. it. in AA.VV. *Deleuze*, cit., pg. 28.
(42) G. DELEUZE, *Foucault, historien du present*, 'Magazine littérarire', n° 257, 1988, pgg. 51-2. Dice Foucault: «Né Deleuze, né Lyotard, né Guattari, né io facciamo mai analisi strutturali, noi non siamo assolutamente "strutturalisti". Se mi si domandasse che cos'è quello che io faccio, e che altri fanno meglio di me, non direi che facciamo una ricerca di struttura. Farei un gioco di parole e direi che facciamo ricerche dinastiche. Direi, giocando con le parole greche "dynamis dynasteía", che noi cerchiamo di fare apparire quello che fino ad ora è rimasto più nascosto, più occultato e più profondamente investito nella storia della nostra cultura: le relazioni di potere». M. FOUCAULT, *Archivio Foucault, 2*, cit., pg. 88.
(43) Cfr. J.-P. SARTRE, *Critica della ragion dialettica*, cit., per il concetto sartiano di "pratico-inerte".
(44) Cfr. R. BOUDON, *Effets pervers et ordre social*, Puf, Paris, 1977, trad. it. *Effetti perversi dell'ordine sociale*, Feltrinelli, Milano, 1977.
(45) Cfr. M. CARROUGES, *Les machines célibataires*, Arcane, Parigi, 1974 e (a cura di) H. SZEEMANN, *Le macchine celibi*, Civitanova Marche-Venezia, 1974 (catalogo della Biennale di Venezia, 1976).
(46) Cfr. R. CASTEL, *Lo psicanalismo*, cit.

Ciò che è dunque incomprensibile, nell'analisi di Rella, è il fatto che egli vede Deleuze come attestato su una posizione opposta a questa. Non solo – per quanto visto più sopra – Deleuze è in stretta sintonia con questa concezione ma, semmai, ne rappresenta il caso più radicale. Per Deleuze infatti il divieto deriva direttamente – e non per effetto involontario, o celibe o *in qualche modo* – dal desiderio, essendo il divieto, come nei casi visti precedentemente, funzionale e utile al desiderio stesso. Contro le "macchine celibi" Deleuze, nello scritto su Kafka, si è schierato decisamente: «Carrouges si serve del termine Macchine nubili [*sic* nella traduzione italiana] per designare un certo numero di macchine fantastiche descritte in romanzi e opere letterarie [...]. Non possiamo tuttavia seguire Carrouges nell'interpretazione che egli dà delle macchine di Kafka, con riferimento soprattutto alla "legge"».[47]

La passione triste – abbiamo già visto – è questo desiderio che *si* vieta nella misura in cui *si* favorisce un interesse attraverso questo divieto. Non vi è nessun uso dell'antitesi nella filosofia deleuziana che, anzi, si basa su un monismo assoluto, e si differenzia sì da Foucault ma, al contrario di quanto vede Rella, per un maggior radicalismo nella descrizione del farsi del divieto come effetto del libidinale. Tuttavia lo spunto ci interessa, ancora, per conoscere un altro modo del divenire del desiderio in senso limitativo. Che, nonostante Deleuze non voglia seguire la *macchina celibe*,[48] nondimeno, Deleuze ne parla, fra le possibili forme che, qui, stiamo percorrendo. È il momento dello stacco fra sapere o ignorare che nella nozione limitativa è espresso un utile, e quindi in mancanza di questa conoscenza diventa solo comandamento limitativo, e c'è un altro momento, quello del non ricordare – l'utile passato in una sorta di oblìo – che produce lo stesso effetto dell'ignoranza. E lì diventa Idea, Legge.

---

(47) K pg. 110. L'improbabile "macchine nubili" è una svista della traduzione italiana. Discutibile anche la traduzione, in AE, di «Anus solaire» (pg. 7 nell'originale francese) in «Ano solare» (pg. 3 nella traduzione italiana) che fa perdere il richiamo a un'opera di Bataille, G. BATAILLE, *Anus solaire*, Éditions de la Galerie Simon, Paris, 1931, tradotto molto tardivamente in Italia, *Ano solare*, SE, Milano, 1998.
(48) Tema, quello della *macchina celibe* e della dimensione della *celibità*, di cui si è accennato in Carrouges il suo fondatore, che avrebbe meritato migliore attenzione nella riflessione filosofica tutta. Il tema infatti rimanda a una mancanza dell'ontologia della nostra tradizione filosofica, ovvero all'esclusione del nulla come elemento agente. Sopra, abbiamo visto un divenire per effetto celibe, come torsione rispetto all'intento, ma ancor più, occorre vedere questo nulla in una dimensione ancora più profonda. Il nulla è stato considerato sempre come qualcosa che non abbia potere agente. Il nulla della riflessione filosofica è pressoché il nulla del pensiero comune, assenza e, come assente, mai attore, mai producente. La *macchina celibe* afferma invece la possibilità che un nulla agisca, ovvero produca. Qui abbiamo visto parzialmente, il nulla (d'intenzione privativa) gioca un ruolo nella costruzione del privativo. È celibe, viene in fondo dal nulla, il costrittivo foucaultiano, poiché non *era* nelle intenzioni. Non era neppure in questione, e non può valere né come causa né come fine voluto dell'atto che avverrà. Il costrittivo, qui, viene dal nulla. Un esempio più significativo è nelle parole attribuite a Bertolt Brecht, ma ormai sconfessato che gli appartengano, sulla descrizione dell'orrore nazista come, almeno in parte, derivante dal nulla. Alla volontà intenzionata di sterminio del regime nazista, si affianca un disinteresse, un'esclusione. Avrebbe detto Brecht: «Prima di tutto vennero a prendere gli zingari, e fui contento, perché rubacchiavano. Poi vennero a prendere gli ebrei, e stetti zitto, perché mi stavano antipatici. Poi vennero a prendere gli omosessuali, e fui sollevato, perché mi erano fastidiosi. Poi vennero a prendere i comunisti, e io non dissi niente, perché non ero comunista. Un giorno vennero a prendere me, e non c'era rimasto nessuno a protestare». Accanto a quanto fiancheggia contro gli zingari, gli ebrei, gli omosessuali, qui avendo *un po'* di partecipazione a quell'intenzione (scellerata, ma non è questo il punto), l'uomo che parla, di fronte alla presa dei comunisti, non è né lieto né contrario. Non è, e non dice nulla. E così contribuisce a che l'atto si compia. Più esplicitato ancora è questo nulla in Martin Niemöller, cui è attribuito un sermone che poi avrebbe ripreso Brecht, dove, a ogni passo, il soggetto osservante "non fa nulla" e "non è": «Quando i nazisti presero i comunisti, io non dissi nulla perché non ero comunista. Quando rinchiusero i socialdemocratici io non dissi nulla perché non ero socialdemocratico. Quando presero i sindacalisti,

Ignoranza dell'utile: l'Adamo di Spinoza trasforma la parola di Dio da indicazione solo di utile in legge, poiché non sa che la parola di Dio gli sta dando un'indicazione utile, non un precetto di Legge. «"Tu non mangerai quel frutto": Adamo l'angosciato, l'ignorante, intende queste parole come l'espressione di un divieto. In realtà, di che si tratta? Si tratta di un frutto che, come tale, avvelenerà Adamo se lo mangia. È il caso dell'incontro fra due corpi i cui rapporti caratteristici non si compongono: il frutto agirà come veleno [...]. Ma, poiché Adamo è ignorante delle cause, crede che Dio gli vieti moralmente qualcosa, mentre Dio gli rivela soltanto le conseguenze naturali dell'ingestione del frutto».[49] Oblìo dell'utile: Deleuze lo ricorda in Hume, che scrive: «Una donna deve sempre, in quanto oggetto possibile di passione, essere casta, modesta, pudìca. "Una volta stabilitasi una regola generale di questo tipo, gli uomini tendono ad estenderla al di là dei principi per i quali essa era sorta. Così gli scapoli, anche quelli più corrotti, non possono evitare di rimanere sconcertati di fronte ad una manifestazione di indecenza e di impudicizia da parte di una donna"».[50]

È quello che conosciamo a proposito delle superstizioni alla cui base poteva esserci, in origine, una ragione utile. I gatti neri sarebbero stati pericolosi perché i cavalli, nelle strade non illuminate di un tempo, non riuscendo a vederli, finivano per urtarli, provocando danni. Evitarli era un accorgimento pratico, un tempo, ma è privo di senso, oggi. Però quando la *legge* si stacca dalla sua utilità e resta solo *Numen*, allora quest'ultimo vale in sé, anche quando quell'utilità cessa.

Dimenticata la funzione, rimasta la regola, questa diviene per il soggetto, come l'Adamo di Spinoza, un comandamento. Ritroviamo ancora, come il divieto, il coercitivo, non nasca in opposizione al desiderio, ma a seguito, dello "scacco". L'*échec*.[51]

---

io non dissi nulla perché non ero sindacalista. Poi presero gli ebrei, e io non dissi nulla perché non ero ebreo. Poi vennero a prendere me. E non era rimasto più nessuno che potesse dire qualcosa». Pochi, però, i casi analoghi che ci dicono della dimensione del nulla. Ricordiamo il disprezzo di Gramsci per gli "indifferenti" e di Dante per gli ignavi. Cfr. A. GRAMSCI, *Odio gli indifferenti*, 'La città futura', 2/1917 e D. ALIGHIERI, *La divina commedia*, Inferno, Canto III. Su questo piano si situa anche l'analisi fatta da Hannah Arendt su Adolf Eichmann, descritto come essere banale, non intenzionato al male, le cui azioni sarebbero derivate da «vuoto di idee». Questo giudizio costò molto alla Arendt che non fu tanto criticata nel merito, o per un differente ritratto di Eichmann come in altri testi (fra questi G. RICCHEZZA, *L'occupazione nazista in Europa, Vol. IV*, Ferni, Ginevra, 1972), quanto sul piano della logica corrente o deducendo che, negata l'esistenza di questo zero, ed esistendo solo il negativo e il positivo, per conseguenza la Arendt allora non voleva riconoscere le colpe di Eichmann. Cfr. H. ARENDT, *A report on the banality of evil*, Viking, New York, 1963, trad. it. *La banalità del male*, Feltrinelli, Milano, 1964.

Infine possiamo ricordare il grido di Frantz Fanon: «Ogni spettatore o è un vile o un traditore». F. FANON, *Les damnés de la terre*, Maspero, Paris, 1961, trad. it. *I dannati della terra*, Einaudi, Torino, 1962, pg. 166, con "Introduzione" di J.-P. Sartre che sottolinea il punto scrivendo: «Capite finalmente questo: se la violenza è cominciata stasera, se lo sfruttamento o l'oppressione non sono mai esistiti in terra, forse la nonviolenza ostentata può placare il dissidio. Ma se il regime per intero e fin i vostri nonviolenti pensieri son condizionati da un'oppressione millenaria, la passività vostra non serve che a schierarvi dal lato degli oppressori». Ancor prima, nell'articolo a presentazione di 'Les temps modernes', Sartre scriveva (a proposito degli intellettuali): «Restassimo anche muti e quieti come sassi, la nostra passività sarebbe un'azione. Lo scrittore è ambientato nella sua epoca: ogni parola ha degli echi. Ogni silenzio anche. Io ritengo Flaubert e Goncourt responsabili della repressione che seguì la Comune perché non hanno scritto una riga per impedirla». J.-P. SARTRE, *Présentation*, 'Temps modernes', n° 1, 1945, quindi in *Qu'est-ce que la littérature?*, Gallimard, Paris, 1948, trad. it. *Che cos'è la letteratura*, il Saggiatore, Milano, 1963.

(49) SP pg. 33.
(50) ES pg. 52, il passo in virgolettato è tratto da D. HUME, *A treatise of human nature*, 1739-1740, trad. it. *Trattato sulla natura umana*.
(51) «D'un pôle à l'autre, tous les ratés, tous les échecs se produisent dans le système qui ne cesse de renaître de ses propres discordances». Preferiamo qui l'originale francese, per cui AE, nel caso, alla pg. 179.

Lo scacco è la trasformazione della macchina desiderante in macchina nevrotica, o paranoica: sarebbe difficile negare che il processo produttivo moderno non abbia portato a una maggiore e più soddisfacente quantità di beni disponibili, ma è altrettanto visibile come quel processo non sia più gestito dall'uomo quando, questo stesso processo, per mantenersi, deve realizzare ulteriori beni, e deve produrre ulteriori bisogni, re-incatenando l'uomo, ora non più alla "mancanza", come una volta, ma a questo stesso processo. Perché senza un equilibrio quale in Epicuro[52] che ammonisce ad un godimento di quanto possibile piuttosto che, per avere di più, continuare oltre e perdere libertà, il processo continua, trasformando l'uomo, da protagonista attivo o positivo in, negativo, «eterno addetto alle macchine dell'universo».[53]

Come nelle parole di Lawrence, riportate ne *L'anti-Edipo*: «Di un processo abbiamo fatto uno scopo, il fine di ogni processo non è la propria continuazione all'infinito, ma il proprio compimento... Il processo deve tendere al proprio compimento, non a una qualche orribile intensificazione, a un qualche orribile estremo in cui l'anima e il corpo finiscono col perire».[54]

La macchina paranoica è, all'inizio, desiderante. È la sua trasformazione. Non il suo opposto. Questo il punto centrale del pensiero di Deleuze, fin da *Istinti e istituzioni*[55] e la vicinanza a Foucault, vera vicinanza, superiore alle differenze parziali.

È, infine, la lettura genealogica della storia, fondata da Nietzsche e magistralmente interpretata da Foucault: l'effetto come un "divenuto", il divenuto di un percorso non causale, semmai casuale, dove la radice è irriconoscibile rispetto al frutto maturo.

Il possesso. Selvaggi, barbari, civilizzati.

Oltre il celibe, e ritornando a quanto l'effetto sia desiderato, un'analisi schizoanalitica, e un'identica conclusione, era stata poi prospettata, da Deleuze e Guattari, ne *L'anti-Edipo*, in riferimento a un caso ora non individuale ma politico o di gruppo, osservato nel capitolo III de *L'anti-Edipo*, ovvero *Selvaggi, barbari, civilizzati*, una sorta di *anti-Totem e tabù* se, in questo caso, veniva ad essere sconfessato che la cultura di un gruppo potesse essere intesa nei termini di una legge che impone, dall'alto, certe sottomissioni e certe determinazioni ai soggetti.

Ancora, in questa incursione nel territorio dell'antropologia culturale, Deleuze e Guattari avevano negato che un gruppo si costituisca sulla base di una forma "imposta" da un *Numen*, da un qualche divieto, come il tabù dell'incesto, per affermare che la cultura di un gruppo è, sempre, un'"invenzione" – più oltre lo vedremo chiaramente come "artificio", con Hume – che serve a garantire, a permettere, universalizzando, qualcosa che non è affatto subìto, ma è realmente voluto.

---

(52) Cfr. EPICURO, *Lettera sulla felicità*. Sulla dottrina di Epicuro, notiamo la strana torsione che ha avuto nella vulgata dove l'epicureismo è la forma eccessiva della gaudenza, mentre era infatti esattamente il contrario. Per Epicuro la felicità, il piacere, era l'assenza di un peso dello sforzo tale da sbilanciare il rapporto godimento-sforzo per cui si dichiarava favorevole a limitare il primo pur di non acuire il secondo.
(53) AE pg. 8.
(54) AE pgg. 8-9. Il passo citato è da D. H. LAWRENCE, *Aaron's rod*, 1918. trad. it. *La verga di Aronne*, Mondadori, Milano, 1949, pg. non rintracciabile.
(55) G. DELEUZE, *Instincts et institutions*, Hachette, Paris, 1955. trad. it. *Istinti e istituzioni*, Mimesis, Milano, 2002, pg. 29: «Il fatto che nell'istituzione la tendenza si soddisfi è indubbio: basta pensare alla sessualità nel matrimonio, all'avidità nella proprietà». Ricordiamo che *Istinti e istituzioni* è un testo composto da una collezione di numerosi autori classici, troppi per poter essere qui citati, vero collage realizzato da Deleuze che si limita a scrivere l'"Introduzione". Anche in ID, pg. 15.

Sulla strada tracciata da Levi-Strauss, Deleuze e Guattari sostengono che la cultura e l'obbligo che essa impone deriva e si spiega con un vantaggio, un utile, che attraverso l'obbligo privativo stesso, può venire ad essere raggiunto. Per Levi-Strauss infatti il divieto dell'incesto non deriverebbe da un interdetto causato – come sostiene Freud – dal primo, metastorico, conflitto edipico, dal parricidio primordiale, ma da un utile, quello della maggiore circolazione delle donne che, questo stesso divieto, permette, e del quale la cultura, qui con la leggenda, o col mito, *Numen,* si incaricherebbe di legiferare e mantenere. In tal senso, ben al contrario di essere un qualcosa che è subìto come una privazione, o che la sua essenza sia privativa, il divieto dell'incesto è il mezzo creato per un utile ulteriore ad esso, che passa attraverso di esso.

Deleuze e Guattari seguono il metodo di Levi-Strauss, solo indicando, nel caso, un utile differente, non la maggiore circolazione delle donne, ma il possesso; citando Fortes, essi sostengono che «il problema non è quello della circolazione delle donne... Una donna circola da sé. Non si dispone di lei ma i diritti giuridici vengono fissati a vantaggio di una determinata persona [...] l'essenziale è marcare ed essere marcati» ciò che avviene è nella sostanza «una privatizzazione di organi»,(56) una registrazione di possessi che richiama alla mente l'analoga concezione espressa da Kant nella *Metafisica dei costumi.*(57) Sarebbero, dunque, le parentele, dei segni prefissati di possesso e di diritto, dei modi di dare valore (di scambio, commerciale), agli individui e sarebbero, poi, le parentele, ricavate sul discriminante dell'incesto.

Ancora, una negazione in funzione di un utile ulteriore, a sua volta garantito dal mito che, invece di esserne la ragione produttrice, ne è invece l'*invenzione* posta a garanzia, nella forma della necessità: «Il ricorso al mito è veramente indispensabile, non perché esso sia una rappresentazione trasposta o anzi rovesciata delle relazioni reali in estensione, ma perché è il solo a determinare, conformemente al pensiero e alla critica indigena, le condizioni intensive del sistema».(58)

Deleuze e Guattari sostengono quindi un ruolo utilitaristico del *Numen* nonostante esso si presenti in maniera privativa, poiché il privativo non deriva da una causa, ma da un interesse e, ancora, come in *Edipo,* si riveste del ruolo di causa per meglio servire quest'interesse stesso. È il mezzo.

Il procedimento estensivo.

Siamo al punto centrale del senso del desiderio e della sua valenza politica per Deleuze (e Guattari). Per Deleuze il punto si fonda con Hume, e la sua teoria politica.

Così infatti Deleuze aveva descritto la posizione di Hume: «Il fondo della passione non è infatti l'egoismo bensì, ancor peggio, la parzialità: noi ci appassioniamo innan-

---

(56) AE pg. 157. Il passo citato è da M. FORTES, *Recherches voltaïques*, CNRS, Paris, 1967, pgg. 133-5.
(57) AE pg. 78: «Kant trae le conclusioni da secoli di meditazione giuridica romana quando definisce il matrimonio come il legame secondo il quale una persona diventa proprietaria degli organi sessuali di un'altra persona».
Si veda I. KANT, *Die Metaphysik der Sitten*, 1797, trad.it. *Metafisica dei costumi*: «Il rapporto sessuale naturale è ora o quello secondo la semplice natura animale (vaga libido, venus vulgivaga, fornicatio), o secondo la legge. L'ultimo è il matrimonio, cioè l'unione di due persone di sesso diverso per il reciproco possesso durante tutta la vita delle loro caratteristiche sessuali». Nella traduzione italiana di AE, nella nota, si equivoca la citazione da Kant, attribuendola alla *Grundlegung zur Metaphysik der Sitten*, 1785, trad. it. *Fondazione della metafisica dei costumi* mentre, come si legge nell'originale francese, la citazione si riferisce, come correttamente, alla *Metafisica dei costumi*.
(58) Ibidem.

zitutto per i nostri genitori, i nostri parenti prossimi e i nostri simili (causalità, contiguità, somiglianza ristrette). Ciò è più grave che se fossimo governati dall'egoismo. Gli egoismi richiederebbero solo di esser limitati perché la società fosse possibile: in questo senso, dal Cinquecento al Settecento, le celebri teorie del contratto sociale hanno posto il problema della società come quello di una limitazione dei diritti naturali, o addirittura di una rinuncia a questi diritti, dalla quale nascerebbe la società contrattuale.

Ma quando Hume dice che l'uomo non è naturalmente egoista, che è naturalmente parziale, non bisogna vedere in tali affermazioni una semplice sfumatura verbale bensì un mutamento radicale nell'impostazione pratica del problema sociale. Il problema non è più: come limitare gli egoismi e i diritti naturali corrispondenti? bensì: come andar oltre le parzialità, come passare da una "simpatia limitata" a una "generosità estesa", come dilatare le passioni, dare loro un'estensione che non hanno di per se stesse? La società non è più pensata come un sistema di limitazioni legali e contrattuali bensì come un'invenzione istituzionale: come inventare artifici, come creare istituzioni che forzino le passioni a superare la loro parzialità e formino altrettanti sentimenti morali, giuridici, politici (ad esempio il sentimento di giustizia) ecc.? Di qui l'opposizione che Hume stabilisce fra il contratto e la convenzione o l'artificio. Hume è indubbiamente il primo a rompere col modello limitativo del contratto e della legge che domina ancora la sociologia del Settecento, per contrapporgli il modello positivo dell'artificio e dell'istituzione. E così l'intero problema dell'uomo si trova a sua volta a essere spostato: non si tratta più, come nella conoscenza, del rapporto complesso fra la finzione e la natura umana, ma fra la natura umana e l'artificio (l'uomo in quanto specie inventiva)».[59]

Mentre col contratto (della sociologia del '700, come si dice, e non con la forma del contratto del masochista, come abbiamo visto) si realizza un mezzo che, pur partendo dal desiderio "desidero conservare il mio" esprime solo una limitazione all'altro, "non prendere il mio", in cambio di una autolimitazione "io non prendo il tuo",[60] di ristretta capacità estensiva, di ristretta capacità di espansione del soggetto, ma di pura difesa, ora con l'artificio, nella prassi, si produce non una reciproca limitazione ma, al contrario, un'estensione del proprio, della propria parzialità, l'uomo essendo non il solo suo Io, ma l'estensione di sé (ritorniamo alla già evidenziata decentralizzazione del soggetto). Come il tabù dell'incesto ha mostrato, dove non è designato un limite esclusivamente difensivo o un limite reciproco, ma è designato un limite come propedeutico a un'estensione, in quanto si supera la ristretta parzialità, la madre e le donne della ristretta famiglia, come possibili oggetti d'amore, per ampliare la parzialità del soggetto oltre l'ambito ristretto della propria famiglia, allargandosi sul mondo.

Dove abbiamo la definizione finale del desiderio nell'effetto di quanto avviene grazie all'elemento coercitivo, e rivelazione, come artificio, della sua natura estensiva.

Vediamo infatti che il limite è sempre estensivo, in funzione di un'estensione, vediamo che non è regolatore se non per quanto la regolarizzazione, lungi dal ricondurlo nei confine del ragionevole (come si crede nell'immagine classica) è funzionale invece al suo sviluppo.

---

(59) HSF pg. 47.
(60) Contratto classico, dove pure agisce il desiderio, desiderio egoista, e la legge è l'applicazione rovesciata di quanto si vuole, o in funzione di esso, come Deleuze ricorda a proposito di Hume (ES pg. 32): «"Osservo che è nel mio interesse lasciare ad altri il possesso dei suoi beni, *purché* egli agisca nello stesso modo nei miei confronti"». Il virgolettato è tratto da D. HUME, *Trattato sulla natura umana*, cit.

Tale è l'*Edipo*, abbiamo visto, che serve per permettere al soggetto di andare oltre la sua parzialità, e arrivare a **X**, per l'interesse, abbiamo poi detto, più che del solo **X**, di **XI**, vero fine del processo ed è ancor più pericoloso perché più astuto, questo si sottolinea, questa l'importanza di aver preso in esame *Edipo*, da parte di Deleuze e Guattari, perché nell'artificio *Edipo*, come negli artifici deterministi viene ad essere obliterata quella che è la sua reale essenza, viene ad essere mascherata la valenza politica di questo desiderio, il suo stesso realizzarsi come un progetto di conquista, camuffata esattamente del contrario, di necessità e di necessitante sottomissione.

Tanto più debole appare il soggetto, nel determinismo, tanto più è astuta la sua forza di nascondimento. Un'eco nietzschiana è ben viva in questa visione deleuziana la cui conclusione riporta all'aforisma di Nietzsche, citato da Deleuze, «si devono sempre difendere i forti dai deboli».[61]

E, quindi a seguire, è ancor più pericoloso perché *Edipo* è indicato per essere progetto di conquista e, oltre il solo oggetto **X**, conquista "ristretta", di espansione e di conquista "allargata" di **XI**. Edipo non vuole solo un oggetto, vuole anche il paesaggio. Come ogni cultura, poiché ogni cultura vuole colonizzare il mondo, o fare della terra un territorio, come si potrà leggere in *Che cos'è la filosofia?*[62]

Questo è il significato della valenza politica dell'*Edipo* come rivisto da Deleuze e Guattari, che – come abbiamo già più volte detto – non è, come in certa parte dell'antipsichiatria, lo spostamento delle cause dell'*Edipo* dalla famiglia alla società, ma qualcosa di ben più grave: l'*Edipo* freudiano vive in sé, l'*Edipo* come è letto dalla schizoanalisi è invece diretto verso l'altro, ogni impotenza e ogni negazione non è annichilente e annullante ma è a favore di una conquista, di una realizzazione da farsi. E l'ulteriore pericolosità è data dal fatto che perché quel progetto si possa realizzare occorre che il mondo lo possa accogliere.

Per questo occorre una cultura "maggiore" e un livello, il *Numen*, che si faccia carico di inveramento. Così la cultura, le convinzioni, le codificazioni – *Edipo* è una codificazione e una cultura, una vera filosofia dell'essere umano, non una semplice teoria psicologica, come già detto – saranno a garanzia della possibilità di questo processo. Così un desiderio di sottomissione non resterà affare privato del singolo soggetto, ma si estenderà nel mondo, come da sempre, per Deleuze, quel desiderio è il desiderio che caratterizza l'oppressione poiché la passione triste deve imporre al mondo quell'annullamento della libertà e quel disprezzo della vita che ad essa necessita – e che le occorre sia al massimo riconosciuta, come *Numen* assoluto che la invera e le dà il riconoscimento ad esserci – per raggiungere i propri scopi.

Dunque, quello che occorre tantopiù sottolineare, perché è questa l'originalità di Deleuze (e di Guattari), è che non si tratta solo di spostare la causa di *Edipo* dal nucleo familiare al nucleo sociale, ma di osservare, o smascherare, che è l'edipico che si edipizza, più ancora di quanto un agente, politico o familiare, lo faccia, o si ritenga lo possa fare, e che questa intenzione è attiva, ontologicamente, e inquietante, culturalmente e politicamente.

È come se avessimo la torsione astuta dell'imperativo categorico kantiano. Se accettiamo da Kant che un "qualcosa" è possibile se e solo se entro una legge che valga

---

(61) N pg. 31. Il virgolettato è tratto da F. NIETZSCHE, *Frammenti postumi 1888*, come nella pubblicazione, iniziata nel 1964, degli scritti di Nietzsche a cura di G. COLLI-M. MONTINARI, per Adelphi, Milano.
(62) Cfr. G. DELEUZE-F. GUATTARI, *Che cos'è la filosofia?*, cit., e segnatamente Parte Prima, Cap. IV, *Geofilosofia*.

che come legge universale,[63] e principio ormai accolto come basilare nel diritto, all'astuzia della ragione compete far apparire il desiderio singolo come avente valenza universale. Deve de-soggettivizzarlo della sua particolarità per oggettivarlo come Assoluto. Solo così, allora, potrà. Per questo necessita di *Numen*, pena, altrimenti, non potere. Occorre che il soggetto "debole" crei una cultura "debole", e occorre ci sia una cultura "debole" a dottrina dei soggetti deboli, delle anime tristi.

La psicoanalisi è vista pertanto come la metacultura, l'inveramento di una prassi tutt'altro che adamantina sul piano morale. Essa servirebbe al trionfo di quest'annullamento e, al pari delle altre culture deterministe, ne sarebbe la sua arma retorica; forma ultima e aggiornata di quella cultura sempre ricorrente contro la vita, la cui storia «è la storia delle lunghe sottomissioni dell'uomo e dei motivi che si dà per legittimarle»[64] come Deleuze aveva scritto nel suo commento a Nietzsche.

Niente sarebbe infatti cambiato, poiché neppure l'avvento di una nuova forma di sapere e di cultura, l'ingresso della scienza al posto della metafisica e della religione, avrebbe reso libertà all'uomo.

Le leggi sarebbero adesso cercate ed elaborate in una forma, soltanto, differente. Attraverso un'interpretazione della realtà com'è l'*Edipo* si ricaverebbero adesso le leggi a cui attenerci, ma «interpretare è il nostro modo moderno di credere, di essere pii»,[65] l'essenziale non sarebbe cambiato. Non tanto e non solo ideologia per realizzare la dominazione, benché il "potere" – come vedremo meglio anche dopo – abbia bisogno di anime tristi per poter essere[66] – ma, innanzitutto, ideologia di chi vuole essere dominato, da cui scaturisce, allora, il potere, dell'altro.

Ideologia dell'animo triste, la spinoziana "anima triste", che cerca la cultura che lo confermi ad essere triste.[67]

Questa, ribadiamo, è l'originalità de *L'anti-Edipo*, per cui, come abbiamo detto prima, resta inesplicabile che Baudrillard non la colga, anzi gli resti «inesplicabile».

---

(63) I. KANT, *Fondazione della metafisica dei costumi*, cit.: «Agisci in modo che la massima della tua volontà possa sempre valere in ogni tempo come principio di legislazione universale». Sul tema si veda più oltre.
(64) N pg. 27.
(65) AE pg. 192.
(66) Correttamente Vasco Rossi ripropone il tema: «"chi detiene il potere ha sempre bisogno che le persone siano affette da tristezza". Spinoza sosteneva questo concetto precisamente nel *Trattato teologico-politico*. Sempre nello stesso, dichiarava testualmente: "le passioni tristi sono necessarie, provocare passioni tristi è essenziale all'esercizio del potere"». Inoltre Rossi sottolineava «come ci sia un legame profondo fra il despota ed il prete, poiché entrambi hanno bisogno che le persone assoggettate siano tristi"». 'Concerto Vasco Rossi', Roma 29/05/2008.
(67) «Gli psicoanalisti ci insegnano la rassegnazione senza limiti, sono gli ultimi preti (no, ne spunteranno ancora di altri preti). Non si può dire che essi siano molto allegri, guardate lo sguardo spento che hanno, la loro nuca irrigidita (soltanto Lacan ha conservato un certo senso del riso, però confessa di essere costretto a ridere completamente da solo) [...]. Abbiamo per caso un articolo qualunque di uno psicoanalista autorevole, un articolo di due pagine: "La lunga dipendenza dell'uomo, la sua impotenza a cavarsela da solo... l'inferiorità congenita dell'essere umano... la ferita narcisistica inerente alla sua esistenza... la realtà dolorosa della condizione umana... che implica l'incompletezza, il conflitto... la sua intrinseca miseria, che lo porta tuttavia fino alle più alte realizzazioni". Molto tempo fa un parroco sarebbe stato espulso dalla propria chiesa se avesse tenuto un discorso così impudente, così oscurantista», CNV pg. 95. Commentando il passo, lo psicoanalista Alex Pagliardini, ci informa che questo quadro è lungi dall'essere inattuale, quando chiosa questo passo aggiungendo: «Questo passaggio non credo necessiti di essere commentato. Un'unica cosa. Questo passaggio è diventato nel corso degli anni, oggi più che mai, di stringente attualità». A. PAGLIARDINI, *Deleuze ha ragione!*, www.psychiatryonline.it/node/6510. Ricordiamo anche: «Quelli che leggono Nietzsche senza ridere, e senza ridere molto, senza ridere spesso, magari talvolta a crepapelle, è come se non leggessero Nietzsche. Questo non vale solo

Questa la grande lezione de *L'anti-Edipo*. La "tristezza" non è causata *sul* soggetto, ma è produzione volontaria *del* soggetto stesso (e necessaria ad uno scopo), per la quale il soggetto stesso deve trovare fondamenti a suo conforto e li trova nella causazione. Su questo punto vi è dunque la critica più profonda, di significato interamente morale, avanzata dalla schizoanalisi al pensiero psicoanalitico. Una critica che è anche un'analisi schizoanalitica della psicoanalisi: se ogni costrutto culturale si spiega con gli scopi che vuole raggiungere e che si ricavano osservando i fini – si tratti tanto del discorso di un soggetto singolo quanto della rappresentazione formulata da un gruppo, o una "cultura" come comunemente intesa – la psicoanalisi, mostrandosi funzionale a scopi nichilisti (annullamento della libertà) ha, evidentemente, dietro di sé, intenti nichilisti; questo ne è il suo "inconscio", il suo desiderio.

È un sospetto che grava sulla psicoanalisi da molto tempo se proprio un allievo di Freud, Hans Ansbacher, aveva avanzato una valutazione di questo tipo, come ricorda, in sintesi, Frank J. Sulloway per il quale «la tesi di Ansbacher può essere compendiata come segue. Freud, che era indiscutibilmente il figlio prediletto della madre e un tipico primogenito, era cosciente del suo status sociale, apertamente sprezzante nei confronti del "Volk" (popolo), valutava l'autorità e il potere più dei suoi simili [...]. Coerentemente con quest'atteggiamento, Freud suppose che l'uomo possegga una componente malvagia innata che deve essere tenuta costantemente sotto controllo da un'autorità superiore (per esempio dalle leggi della società, dal super-Io dell'individuo, dal censore preconscio e così via). Adler, che non era un figlio primogenito, attenuò la nozione freudiana del *complesso d'Edipo* tipica del "primogenito" [...] e vide nei suoi pazienti le vittime della loro lotta per un maggior potere [...]. Così, le teorie di ciascun psicanalista, conclude Ansbacher, riflettono i valori della propria psiche».[68]

Una tesi interessante, che si profila con qualche elemento di interpretazione schizoanalitica, intento e scopo, atteggiamento passivo come funzionale allo scopo, anche se resta a metà. Infatti, nella prima metà, se Ansbacher trova nella teoria una rispondenza fra la particolare sensibilità dell'autore e la sua stessa teoria, è pur vero che, psicoanaliticamente, riconduce questa sensibilità al quadro delle induzioni che l'avrebbero generata. Ad una causazione del soggetto (l'ambito familiare e sociale in cui nacque e si formò Freud), non ad un suo originale intento.

Due tipi di critica, dunque, sono rivolti alla psicoanalisi. Nel suo assunto teorico, a seguito della riproposizione humeana del problema gnoseologico e dello sviluppo della rivoluzione copernicana di Kant, si nega il formarsi della coscienza come nell'assunto freudiano e ulteriormente, punto bergsoniano, questo, Deleuze sostiene, con Bergson, che una corretta scienza dell'uomo non può essere basata sugli stessi criteri usati dalle scienze fisiche. È inesatto parlare dell'uomo con gli stessi termini meccanicistici e quantitativi usati dalle scienze fisiche e spiegare, altrettanto, l'agire dell'uomo con leggi di tipo fisico. Questo è, com'era per Bergson e come più volte evidenziato, "scientismo". Una corretta epistemologia per lo studio dell'uomo non può basarsi su metodologie e concetti presi a prestito da altre scienze ma deve formulare i propri e rispetto al suo oggetto particolare.

---

per Nietzsche, ma per tutti gli autori che appunto appartengono a quel medesimo orizzonte della nostra controcultura. La nostra decadenza, la nostra degenerazione, ci fanno vedere quanto bisogno ci sia di mettere addosso l'angoscia, la solitudine, la colpa, il dramma della comunicazione, tutto il tragico dell'interiorità». G. DELEUZE, *Pensiero nomade*, cit., 'aut-aut', n° 276, 1966, pg. 19 e ID pg. 320.
(68) F. J. SULLOWAY, *Freud. Biologist of the mind*, Burnett Books, Cambridge-London, 1979, trad. it. *Freud biologo della psiche*, Feltrinelli, Milano, 1982, pg. 401.

Occorrono in questo caso criteri qualitativi e non quantitativi,[69] la *differenza* anziché la relazione, e il tempo della coscienza, la *durata*, al posto del tempo spazializzato dell'ordine fisico, la *ripetizione* anziché la ri-presentazione o la copia. Si rimprovera, quindi, alla psicoanalisi ciò che abbiamo visto Bergson rimproverare allo "scientismo" di derivazione positivista, l'errore di confondere fra il "fatto" e la "rappresentazione del fatto" (con l'"esternalizzazione") e di stravolgere l'essenza del fatto quando la si sostituisce con la descrizione della meccanica del fatto. Già in *Differenza e ripetizione*, Deleuze scriveva infatti che «i fenomeni dell'inconscio non si lasciano comprendere sotto la forma troppo semplice dell'opposizione e del conflitto».[70]

È un punto kantiano e Deleuze lo ha già rimarcato nel suo studio su Kant: «i razionalisti non ammettono che l'interesse speculativo: gli interessi pratici, secondo loro sono deducibili da esso. Ma quest'inflazione dell'interesse speculativo ha due conseguenze deplorevoli: ci si inganna sui veri fini della speculazione, ma soprattutto si restringe la ragione in uno solo dei suoi interessi. Con il pretesto di sviluppare l'interesse speculativo, si mutila la ragione dei suoi interessi più profondi».[71]

Fontana, coglie bene questo aspetto quando dice che «la macchina desiderante allora non è altro che l'inconscio che produce»[72] o, come dirà Guattari, l'inconscio «è fabbrica e non teatro»,[73] mentre l'inconscio freudiano è il luogo di una ripetitiva rappresentazione, il «teatro in cui verrebbe rappresentato il dramma di Edipo».[74]

Ma l'analisi procede oltre e si domanda: se quel costrutto è errato sul piano teoretico, perché, nondimeno, lo si è prodotto? Per errore o per intento? Evidentemente, per Deleuze e Guattari, questo "errore" – «c'è sempre una politica dietro agli spropositi»[75], una frase che qui vedremo ricorrere più volte — è compiuto in funzione di un progetto più ampio: offrire il mezzo culturale e teorico che giustifichi l'inassunzione della propria volontà-responsabilità.

---

(69) La differenza fra qualitativo e quantitativo è espressa da Nietzsche quando vuole caratterizzare la forza come qualità e che nessuna quantità la costituirà, se debole, in forte, come Deleuze (NF pg. 92-3) spiega a questo proposito: «Un passo ancora: supponiamo che, con l'aiuto di circostanze favorevoli esterne o interne, le forze reattive prevalgano e neutralizzino la forza attiva. Siamo usciti dall'origine: non si tratta più di un'immagine capovolta, bensì di uno sviluppo di questa immagine, di un capovolgimento dei valori stessi; il basso si è messo al posto dell'alto, le forze reattive hanno trionfato. E se trionfano, è in virtù della forza negativa, della volontà del nulla che sviluppa l'immagine; ma non è immaginario il loro trionfo. Il problema sta nel come le forze reattive trionfano. Ossia: dal momento in cui le forze reattive prevalgono sulle forze attive, diventano, forse, a loro volta dominanti, aggressive ed egemoniche, vengono forse a formare tutte insieme una forza più grande, che sarebbe a sua volta attiva? Nietzsche risponde: le forze reattive, anche unendosi, non danno luogo ad una forza più grande ed attiva. Esse procedono in ben altro modo, ossia esplicano una funzione dissolutrice. Separano la forza attiva da ciò che essa può: in parte o del tutto sottraggono alla forza attiva il suo potere; e, lungi dal divenire, in virtù di questo, attive, riducono a sé la forza attiva, che diviene essa stessa reattiva in modo nuovo. Avvertiamo che, via via che si sviluppa, allontanandosi dalla propria origine, il concetto di reazione cambia di significato: una forza attiva diviene reattiva (in un senso nuovo), allorché delle forze reattive (nel primo senso del termine) la separano da ciò che essa può. Nietzsche esaminerà nei particolari come una siffatta separazione sia possibile. Ma fin da ora dobbiamo constatare che Nietzsche ha cura di non presentare mai il trionfo delle forze reattive come composizione di una forza superiore alla forza attiva, bensì come sottrazione o divisione».
(70) DeR pg. 174.
(71) FCrK pg. 59.
(72) A. FONTANA, "Introduzione" all'edizione italiana di AE, pg. XXVIII.
(73) F. GUATTARI, *Una tomba*, cit., pg. 343.
(74) Idem.
(75) C. BACKES-CLÉMENT (intervista a cura di), *Sur capitalisme et schizophrenie*, cit., in AA.VV., *Deleuze*, cit., pg. 82. In F. GUATTARI, *Una tomba*, cit., pg. 370. PPA pg. 36.

La schizoanalisi psicoanalizza la psicoanalisi, o — più esattamente – schizoanalizza la psicoanalisi e la giudica colpevole non sul piano solo teorico, pur questo in prima battuta, laddove più che di colpevolezza si poteva ancora parlare di errore, come quando in un'azione "sbagliata" c'è errore ma non intenzione di dolo, ma – e soprattutto – e da qui la sua colpevolezza, sul piano pratico, dunque ora sì, sull'intento, avendo sottoposto la psicoanalisi alla lettura schizoanalitica del perché, intenzionale, del fine per cui si sia costituita in quella teoria. La psicoanalisi, forma del determinismo. Il determinismo, il vero accusato, di cui la psicoanalisi è una delle forme e, al momento, quella in vigore. Un'analisi materialistica, dicono appunto, Deleuze e Guattari. Vorremmo avanzare che è anche, come già abbiamo accennato, un'analisi pragmatista se – pur essendoci giunta per vie del tutto differenti – essa finisce per ripetere quel concetto espresso da William James a radicalizzazione del *belief* humeano come *volontà di credere* dove la verità era indicata nel desiderio di crederla vera per quanto essa fosse utile a certi interessi, fosse funzionale a certi scopi pratici.[76]

In questo senso la schizoanalisi, come ricerca di quella volontà che è dietro e a fondamento di una cultura, dietro a un qualcosa che è creduto come l'*Edipo* e che è vero nella misura in cui è creduto tale sulla base di un interesse a crederlo, si mostra nella sua più profonda e disincantata matrice pragmatista.

Lo vogliamo sottolineare non tanto per dare ulteriori ascendenze per parte nostra, oltre le stesse – e non sono poche – che si ritrovano oggettivamente o che sono anche esplicitamente indicate da Deleuze, quanto per meglio chiarire un punto importante circa la fisionomia della schizoanalisi e che sarà importante nella dialettica con la critica, come vedremo. A ben chiarire quantomeno che tipo di materialismo si possa intendere, lo stesso Deleuze dice una cosa illuminante: «In che cosa noi non siamo esattamente marxisti? Innanzitutto perché poniamo i problemi in termini di desiderio e non di bisogno».[77]

Il movente dell'azione, ed ancor prima del pensiero per, poi, l'azione, in Deleuze – lo abbiamo visto fin dai suoi primi scritti – se è pure un movente pratico, materiale, nel senso di essere un obiettivo assolutamente concreto e nel mondo "materiale", è nondimeno, del tutto inassimilabile al concetto, materialistico, di bisogno, che è un prodotto, una conseguenza, non un originario: prodotto dalla penuria, come in Marx,[78] e come ripreso anche da Sartre.[79]

Contro il materialismo Deleuze ha sempre voluto affermare il principio per il quale è dal soggetto che, autonomamente, e non come risposta, parte l'azione. Per questa ragione Deleuze rifiuta la logica della dialettica e mantiene le distanze anche dal marxismo che invece l'adotta. Contro questa concezione Deleuze afferma infatti che «la storia non passa attraverso la negazione, e la negazione della negazione, ma attraver-

---

(76) W. JAMES, *The will to believe*, 1789, trad. it. *La volontà di credere*: «Nelle verità che dipendono dalla nostra azione personale, la fiducia basata sul desiderio è certamente una cosa legittima e forse anche indispensabile».

(77) AA.VV., *Psicanalisi e politica*, Feltrinelli, Milano, 1975, pg. 169.
Ugualmente nello psichico bisogno e desiderio divergono: Freud, parla di «bisogno di colpevolezza» fra gli istinti umani. S. FREUD, *Cinque lezioni sulla psicoanalisi*, cit. Ancora, il concetto di bisogno rimanda ad un qualcosa che è cogente, mentre, se desiderio, ora desiderio di colpevolezza, ora desiderio attivo, o modalità del desiderio, il quadro cambia, ribaltando la scena da causalistica e involontaria a finalistica e volontaria.

(78) Si veda in particolare K. MARX, *Manoscritti economico-filosofici. 1844*.

(79) Sul concetto di "rareté" in Sartre, si rimanda in particolare a J.-P. SARTRE *Critica della ragion dialettica*, cit., Libro I, Cap. *Questioni di metodo*, e quindi a *Questioni di metodo*, cit.

so la decisione dei problemi e l'affermazione delle differenze, senza per questo essere meno crudele e cruenta. Solo le ombre della storia vivono di negazione».[80]

Sostiene dunque, Deleuze, che l'azione parte dal soggetto, dal suo aprirsi oltre di sé verso un progresso, verso un progresso di crescita che non è determinato in origine da una *mancanza* – com'è nel concetto di *bisogno* – «desiderio: chi, se non i preti, avrebbe voglia di chiamarlo *mancanza*»[81] – né tantomeno è pre-designato (e pre-destinato) ad un compimento obbligato. C'è qui – provando a sforzare i termini oltre i limiti posti da Deleuze stesso, avverso all'heideggerismo – un qualcosa che, perlomeno, ricorda Heidegger. Il desiderio come *l'apertura*, la vita stessa come *l'apertura*, un concetto che, ancora, Deleuze esprime non attraverso Heidegger ma ricorrendo ad uno dei suoi autori preferiti, nel caso, a Bergson, quando ne *L'anti-Edipo* si legge: «Nella concezione generale dei rapporti macrocosmo-microcosmo, Bergson introduceva una rivoluzione discreta sulla quale occorre tornare. L'assimilazione del vivente a un microcosmo è un luogo comune antico. Ma il vivente era simile al mondo, si diceva, proprio perché era o tendeva a essere un sistema isolato, naturalmente chiuso: il paragone fra microcosmo e macrocosmo era dunque il paragone fra due figure chiuse, di cui una esprimeva l'altra e s'inscriveva nell'altra. All'inizio dell'*Evoluzione creatrice*, Bergson muta interamente la portata del paragone aprendo le due totalità. Così il vivente somiglia al mondo, al contrario, nella misura in cui s'apre sull'apertura del mondo; ed è tutto nella misura in cui il tutto, producendosi o progredendo, sta sempre inscrivendosi in una dimensione temporale non-chiusa».[82]

Dunque Deleuze concepisce il desiderio, movente pratico del pensiero, come un aprirsi oltre di sé e non come un rispondere a qualcosa; è dunque il bisogno a dover cambiare di piano, diventando ciò che occorre in funzione del desiderio o ciò che serve al raggiungimento di ciò che il desiderio ha, originariamente, posto come obiettivo, cosicché «non è il desiderio a puntellarsi sui bisogni ma, al contrario, sono i bisogni che derivano dal desiderio: sono controprodotti nel reale prodotto del desiderio».[83]

Nelle analisi del "postmoderno" o del "postindustriale (concetti peraltro differenti) è stata avanzata l'ipotesi che una teoria del desiderio possa valere solo se applicata a condizioni sociali che, per sviluppo storico, abbiano superato il livello del bisogno. Come dire per primo sopravvivere, quindi avere godimento. Sopravvivere è primario, ergo il bisogno è primario, il godimento è solo secondario, allora il desiderio è successivo, cronologicamente, e derivato, ontologicamente.

---

(80) DeR pg. 428.
(81) CNV pg. 105.
(82) AE pg. 106. Come si legge anche nello studio deleuziano su Bergson (B pg. 99): «Da una parte è giusto paragonare il vivente al tutto dell'universo; ma è sbagliato interpretare questo confronto come se esprimesse una specie di analogia fra due totalità chiuse (macrocosmo e microcosmo). Al contrario, il vivente ha delle finalità solo nella misura in cui s'apre a una totalità anch'essa aperta: "O la finalità è esterna o non c'è del tutto". In questo, il confronto classico cambia totalmente di senso; e non è il tutto a chiudersi come un organismo, ma l'organismo che si apre al tutto, e nello stesso modo di questo tutto vitale». Relativamente a una possibile analogia fra Bergson e Heidegger, Deleuze osserva infatti: «L'unica ma notevole somiglianza fra Bergson e Heidegger è appunto questa: entrambi fondano la specificità del tempo su una concezione dell'aperto». (I-M pg. 22).
(83) AE pg. 29. Anche in questo enunciato, c'è qualcosa che non sarà, pure in questo caso, innocuo. I marxisti, o quello che era il marxismo reale degli anni '70, Clouscard e Badiou fra questi, la prenderanno per una dichiarazione di eresia. E, come vedremo, sarà guerra. Ricordiamo anche il rapporto fra autenticità e inautenticità su cui si giocano i concetti di desiderio e bisogno, come aveva visto Debord: «L'alienazione spettatore a vantaggio dell'oggetto contemplato (che è il risultato della propria attività incosciente) si esprime così: più esso contempla, meno vive; più accetta di riconoscersi nelle immagini

Deleuze non ha mai pensato questo, come se quello stesso primario *conatus* spinoziano che è mantenere l'essere,[84] far sopravvivere l'essere, o il *ri-prodursi* citato da Marx come fondamento del «valore del lavoro» (e da questo il salario) nell'economia classica e smithiana, essere in vita domani, superate le necessità di oggi (nutrirsi in primo e fondamentale luogo),[85] fossero essi stessi derivati da una precedente istanza, un desiderio di vivere, dunque un desiderio, rispetto al quale allora si palesa il bisogno come ciò che serve alla realizzazione di questo desiderio. Non si ha bisogno di mangiare, potremmo dire, ma si desidera vivere, per cui si pone il problema, e il bisogno, di mangiare.

E del resto, perché il processo non solo non si è fermato, ma si studia sempre come potenziarlo, come andare oltre? Perché per quanto migliorate le condizioni ancora non sarebbe stato superato lo stadio del bisogno? Possibile, ma possibile anche che questo non sia il vero obiettivo, ma solo il primo passo. E che ci sia nella "natura umana", nel senso humeano del termine, un altro, più autentico, movente: crescere indefinitivamente, dunque dar vita al desiderio e non solo colmare il bisogno.

O, come sostiene Bachelard, distinguendo fra desiderio e bisogno: «La conquista del superfluo dà un'eccitazione spirituale più grande che la conquista del necessario. L'uomo è una creazione del desiderio, non del bisogno».[86]

Per questo, infine, ci sembra più sensato spiegare il materialismo deleuziano come pragmatismo. Perché l'oggetto dello scopo non è strettamente materiale, come nel bisogno, ma è un "possibile" dettato dal desiderio, dall'immaginazione, dall'inventiva oltre il presente e il dato, un "possibile" in sé non strettamente necessario, che allora sarebbe già in sé necessitante. Né è finale ed esaustivo, come in un ristretto utilitarismo. Procede oltre il raggiungimento dello scopo specifico,[87] che da quello "apre" ad un nuovo modo di essere, di vivere, come abbiamo precedentemente visto nel concetto di desiderio quale Deleuze ha detto nell'*Abécédaire*. Il pragmatismo è il metodo con cui si realizza il risultato, e assolutizza l'attività umana come solo volta ad un ottenimento di risultato, ma il risultato tuttavia non è il raggiungimento di un oggetto o bene solo materiale. Il pragmatismo è l'estensione, l'ampliamento del materialismo, il precursore, il vero fondatore, dell'*economia libidinale* (sulla quale vedremo oltre).[88]

Ovvero, come qui abbiamo visto, il fine non è tanto un oggetto reale e concreto, ma ancor più un "qualcosa" da realizzare.

---

dominanti del bisogno, meno comprende la propria esistenza e il proprio desiderio». G. DEBORD, *La società dello spettacolo*, cit., Tesi 30.
(84) B. SPINOZA, *Etica*, Parte III, Proposizione VI: «Ciascuna cosa, per quanto sta in essa, si sforza di perseverare nel suo essere».
(85) K. MARX, *Il capitale*, cit., in particolare: Libro I, Sezione 6.
(86) G. BACHELARD, *La psychanalyse du feu*, Gallimard, Paris, 1938, Cap, 2, Par. 1, trad. it. *L'intuizione dell'istante. La psicanalisi del fuoco*, Dedalo, Bari,1973. Nell'Anno Domini 2018, finalmente si può vedere come questo concetto sia acquisito "pacificamente" e diffusamente. Commentando Marx, Eugenio Scalfari scrive, purtroppo senza citare e facendolo come *moto sui*: «L'impulso ad accumulare ricchezza fa parte degli istinti fondamentali dell'uomo, come quello di sopravvivenza. Ma il desiderio è qualcosa di superiore». E. SCALFARI, *L'io economico di Carlo Marx*, 'L'espresso', n° 19, 6/6/2018, pg. 108.
(87) Similmente possiamo dire del *funzionalismo* di Foucault, come in breve sintesi illustra Baudrillard: «fonctionnel ne qualifie nullement ce qui est adapté à un but, mais ce qui est adapté à un ordre ou à un systeme». J. BAUDRILLARD, *Le systeme des objects*, Gallimard, Paris, 1978, pg. 89.
(88) Su un'assonanza possibile fra Deleuze e James si rimanda ai lavori di David Lapoujade, studioso di James e di Deleuze e curatore di tre edizioni di scritti diversi di Deleuze (ID, DRF e G. DELEUZE, *Lettres et autres textes*, Minuit, Paris, 2015). Prendiamo a prestito la divertente battuta di Woody Allen quando, immaginandosi filosofo, spiega la sua filosofia e dice che "La realtà di cui sto parlando è uguale a quella di

La realizzazione non è avere oggetti, ma, abbiamo visto, realizzare una fuga o avere ciò che dalla negazione è possibile (Kafka), stabilizzare il rapporto con Wanda o stabilire un ordine (Masoch), avere una guida per la vita (*Edipo*), estendere il proprio parziale (Hume). Giungere alla soddisfazione. Che, nondimeno, altrettanto non dobbiamo equivocare con il piacere.

Altrettanto, come sbaglieremo nel restringere il pragmatismo al solo materialismo, adesso sbaglieremo nel restringere il pragmatismo al solo edonismo. E anche il *desiderio* deleuziano, allora, al piacere.

Infatti Deleuze dichiara: «Certamente il piacere è ben gradito, certamente tendiamo a esso con tutte le nostre forze. Ma, sotto la forma più amabile o più indispensabile, esso giunge piuttosto a interrompere il processo del desiderio come costituzione di un campo d'immanenza. Non c'è niente di più significativo dell'idea di un piacere-scarica; una volta ottenuto il piacere ci sarà almeno un po' di tranquillità prima che il desiderio riprenda: c'è molto odio o paura nei confronti del desiderio in una cultura del piacere».[89]

La passione triste.

Concludendo da dove siamo partiti – il nichilismo – stabiliamo che il nulla ha un valore, che il nulla è una scelta attiva di annullamento, che il nulla ha un interesse attivo, il massimo dei quali è il disimpegno dalla vita, da parte del soggetto.

L'anti-Edipo è un titolo ingombrante, perché vi è in questo testo anche un *anti-Thanatos,* un attacco a *Thanatos,* l'annullamento. Per Freud, l'istinto di morte.

Altrettanto, come per *Edipo*, si analizza, da parte di Deleuze e Guattari, da una parte, *Eros*, istinto di vita, dall'altra, *Thanatos*, istinto di morte[90] figure che in Freud hanno, entrambe, pienezza ontologica del proprio essere, per una volta non figure in opposto per pieno e vuoto, per essere e non-essere, ovvero, in Freud, esiste, in sé,

---

Hobbes, solo che è un po' più piccola» (W. ALLEN, *Getting even*, Random House, New York, 1971, trad. it. *Saperla lunga*, Bompiani, Milano, 1989, pg. 53), per dire altrettanto che il materialismo è un pragmatismo "più piccolo", ridotto, che riconosce l'utile solo se questo è materiale, un oggetto, un guadagno, non un effetto, una sensazione, essere ammirati, essere considerati, e questo soltanto, e senza che sia mezzo per un ulteriore scopo materiale, come può accadere nel caso di voler essere ammirati per poter avere, ad esempio, un ingaggio professionale più alto. James sostiene con forza come quest'utile possa essere anche immateriale. E negli anni '70, a parziale insoddisfazione del materialismo tout-court, o del marxismo imperante, si tentò di dare ossigeno al materialismo così ristretto. Fu quello che si chiamò il freudo-marxismo (con Althusser e Marcuse in testa, come detto precedentemente), uno strano tentativo di aggiungere al *materialistico* del bene materiale marxista l'*immaterialistico* della pulsione, quale dal freudismo.

(89) CNV pg. 115. Altrettanto, qui, una considerazione che sembrerebbe innocua, invece innescherà un dissidio con Foucault che porterà anche a una frattura, poiché Foucault non apprezzerà il concetto di desiderio, e seguirà proprio il concetto di piacere.
Altri fatti, poi, distanzieranno i due: una diversa visione del problema Medio-Oriente, l'entusiasmo di Deleuze per l'elezione di Mitterrand, come abbiamo già detto precedentemente e la sua visione, da partigiano di Mitterrand, sulla questione della Polonia. Dopo il colpo di stato di Jaruzelski e le lotte di "Solidarnosc", Foucault si impegna attivamente e punta l'indice contro la presidenza francese, colpevole di tenere un basso profilo. Deleuze apprezzerà invece questa politica. Infine, graverà l'appoggio dato da Foucault ai "nouveax philosophes". Cfr. F. DOSSE, *Deleuze Guattari*, cit., segnatamente Cap. 17.
Tornando alla questione concettuale desiderio/piacere, e in riferimento a Foucault, si veda F. EWALD (a cura di), *Desiderio e piacere*, 'Futuro anteriore', n° 1, 1995 (si tratta di una lettera di Deleuze a Ewald su alcuni punti foucaultiani, pubblicata con una "Presentazione" dello stesso Ewald).
(90) Necessario ricordare che il termine *Thanatos* è coniato da Wilhelm Stekel, allievo di Freud, con il quale avrà poi degli scontri e per questo verrà espulso dalla Società Psicoanalitica. Nel senso di Stenkel,

Eros, esiste, in sé, *Thanatos* per cui avremmo, poi, un soggetto in cui vive, di per sé, *Eros*, e un soggetto in cui vive, di per sé, *Thanatos*. Ontologia duale. Ipotesi possibile. Ma non per uno spinoziano, quale Deleuze, per cui la sostanza è una e le differenze (duali o molteplici che siano) sono altro, sono modi, per cui, nel caso, c'è una pulsione (sostanza) che si differenzia in vita e morte (modi).

Il quesito diviene allora: perché si impone *Eros*? Perché si impone *Thanatos*? Perché *Eros* e non *Thanatos*, perché *Thanatos* e non *Eros*?

La risposta è che occorre che ci sia un punto che attiva o questo o quello, dunque un soggetto che sceglie, cosiccome fin dal problema gnoseologico abbiamo visto esserci un soggetto che sceglie, che si interessa, altrimenti niente prende corpo.

Un esempio interessante di un monismo che contempla le differenze modali, escludendo l'opposizione, come in Spinoza, e in Deleuze, proprio riguardo a *Eros* e *Thanatos* è in Jean-Pierre Vernant.[91]

A Vernant si deve una riflessione sul mito antico e una spiegazione della coppia amore-odio in senso modale, ovvero mediante il ricorso alla differenza solo modale Dioniso-Narciso, interna allo stesso *Eros*.

Vernant distingue fra Dioniso, che rappresenta la forma tipica dell'amore come forza che si apre oltre di sé verso gli altri e si arricchisce in questo contatto, e Narciso, che non è il suo contrario, ma un soggetto anch'esso dotato e partecipante dello stesso *Eros*. Ma, nel caso, di un *Eros* che, se è uguale nella sostanza, è differente nel senso: anziché sugli altri si rivolge interamente a se stesso e fa di se stesso il centro, lo scopo e l'obiettivo della sua attenzione, del suo amore. Per questa ragione si chiude e, nonostante la sua essenza sia *Eros*, odia. Odia non come azione essenziale del suo essere né come frutto di una mancanza ad essere ma come il mezzo intermedio e funzionale all'affermazione di sé che, per questo scopo, deve prima sconfiggere gli altri.

Alla coppia dialettica *Eros-Thanatos*, Vernant dunque sostituisce la differenza modale, interna ad *Eros*, Dioniso-Narciso, caratterizzando il sentimento apparentemente opposto all'amore, l'odio, come un mezzo di esso o, meglio, come un modo di realizzarsi dello stesso *Eros*. Vediamo qui la designazione ontologica come effetto di un processo, di un'attuazione pratica: Dioniso verso il mondo, Narciso verso di sé.

Vernant ci dice esattamente come il soggetto scelga e combini, anche e perfino, il rapporto *Eros-Thanatos* in una macchina diabolica. In azione, infatti, utilizza *Eros* e utilizza *Thanatos*. *Thanatos* è per l'affermazione di *Eros*, in Narciso o, come dice Spinoza «Questo sforzo di far sì che tutti abbiano la nostra opinione su ciò che noi amiamo o abbiamo in odio è in realtà un'Ambizione: e quindi accade per natura che ciascuno desideri e cerchi che gli altri vivano secondo i suoi criteri. Ma siccome tutti hanno questo stesso desiderio, tutti si sono d'ostacolo l'uno all'altro; e mentre tutti vogliono essere lodati o amati da tutti, tutti si hanno in odio a vicenda».[92]

Thanatos significa peraltro "desiderio di morte" e non "istinto di morte", come modificherà Freud, e «Freud only used the word "Thanatos" in conversation, never in print, [...]. Paul Roazen claims that Freud's refusal to write of Thanatos can be traced to a priority issue with Stekel, who wrote of Thanatos, god of death, in 1909. (P. ROAZEN, *Freud and his followers*, Knopf, New York,1975, pg. 218)». T. DUFRESNE, "Introduction" a S. FREUD, *Beyond the pleasure principle*, Broadview Editions, Peterbourough, 2001, pg. 25. Sul concetto di *Thanatos* è noto che si avrà la rottura con Freud sia da parte di Jung che di Reich.
(91) J.-P. VERNANT, *Un, deux, trois: Eros*, 'Institut des sciences et techniques de l'antiquité', n° 367, 1988, pgg. 293 e *L'individu, la mort, l'amour. Soi-même et l'autre en Grèce ancienne*, Gallimard, Paris, 1989.
(92) B. SPINOZA, *Etica*, Parte III, Proposizione 31.

È Narciso che sceglie. È il soggetto che sceglie. Ancora ribaltando (come per *Edipo*): non è l'odio una determinazione del soggetto, cosicché avrebbe pienezza ontologica, a rigore non è nemmeno odio, perché è *Eros,* solo che è rivolto a sé, e determina l'odio come effetto, qui come ausilio del suo stesso *Eros*. Ancora abbiamo, dunque, che non è la causa a causare, ma è la scelta a creare lo scopo e, ancora, l'inizio deterministico è invece il finale finalistico, o utilitaristico, o pratico.

Pertanto non si tratta di ontologia, ma di pratica (o, come abbiamo visto, è la pratica che definisce il concetto, l'ontologico) o, più specificatamente, si tratta di progetti.

È il tema più strettamente deleuziano, e questo è già nel Deleuze precedente *L'anti-Edipo*, come lettore di Hume, di Bergson, di Spinoza e di Nietzsche.

Non vi sarebbe, allora, una distinzione fra la vita e la morte ma – ciò che Deleuze considera ancora peggiore e più preoccupante, più degno di biasimo, e più degno di biasimo di ogni altra cosa – fra una vita attivamente vissuta ed una vita costantemente mortificata.[93]

Pertanto, non *Eros* e *Thanatos*, ma, spinozianamente, passioni gioiose e passioni tristi (modi della passione), progetti per una vita, comunque, in entrambi i casi. Di modalità gioiosa il primo, di modalità triste il secondo. *Thanatos* è la passione triste. Colpa della psicoanalisi averla eretta a necessitante (come *Edipo* ha necessità, come *Thanatos* è avente necessità in sé).

Questa denuncia passerà interamente ne *L'anti-Edipo* come denuncia della colpa più grave, vivere la passione triste, in funzione della quale disprezzare la vita ovvero, citando Henry Miller: «Non c'è uno solo di noi che non sia colpevole di un crimine: quello, enorme, di non vivere pienamente la vita»[94] che diventa un vero e proprio stile, attivo, di vita, felice, infine e a compimento, di essere triste.[95]

Questo è il cuore del pensiero deleuziano: critica delle passioni tristi, affermazione delle passioni gioiose, lo spinozismo deleuziano del Deleuze discepolo, più ancora che lettore, di Spinoza: «Vi è dunque una filosofia della vita in Spinoza: essa consiste nel denunciare tutto ciò che ci separa dalla vita, tutti quei valori trascendenti rovesciati contro la vita legati alle condizioni e alle illusioni della nostra coscienza.

La vita è avvelenata dalle categorie di Bene e di Male, di colpa e di merito, di peccato e di riscatto. Ciò che avvelena la vita è l'odio, ivi compreso l'odio ritorto contro se stessi, il sentimento della colpevolezza».[96]

---

(93) Più ancora che nell'*esausto*, quale si delinea nello scritto su Beckett (G. DELEUZE, *L'épuisé*, "Prefazione" a S. BECKETT, *Quad et autres pièces pour la télévision*, Minuit, Paris, 1992, trad. it. *L'esausto*, Nottetempo, Roma, 2015), Deleuze proporrà un'immagine della continua mortificazione, diversa da una decisione di morte, nel *penultimo bicchiere*, il limite dell'alcolizzato che arriva sempre al penultimo, mai all'ultimo, bicchiere, quello che determinerebbe la fine, in modo da ricominciare l'indomani questa condizione, non ultima, ma penultima. La *penultimità* come la ripetizione di una continua mortificazione della vita, questo in ABC, *B comme Boisson*.
(94) AE, pg. 383. Il passo citato è da H. MILLER, *Sexus*, Obelisk Press, Paris - Grove Press, New York, 1949 (nella trad. fr. citata nell'AE, pg. 452).
(95) Come nota Nietzsche che, dopo aver schizoanalizzato, così crediamo di poter dire, il cristianesimo, avrebbe concluso, secondo Lacroix, che «le chrétien est un publicain satisfait de se sentir insatisfait». J. LACROIX, *Philosophie de la culpabilité*, cit., pg. 13.
O, dal mondo cristiano a quello ebraico, come Shalom Auslander, tratteggia la propria madre: «Mia madre viveva per la morte. Niente la renderva più felice della tristezza. Niente la rendeva più allegra della malinconia». S. AUSLANDER, *Foreskin's lament*, Riverhead Books, New York, 2007, trad. it. *Il lamento del prepuzio*, Guanda, Parma, 209, pg. 210.
(96) SP 37-8.

MICHEL FOUCAULT
Introduzione alla vita non fascista

«Direi che *L'anti-Edipo* (possano i suoi autori perdonarmi) è un libro di etica, il primo libro di etica che sia stato scritto in Francia da molto tempo a questa parte (forse è questa la ragione per cui il suo successo non si è limitato ad un "lettorato" particolare: essere anti-edipici è diventato uno stile di vita, un modo di pensiero e di vita). Come fare per non diventare fascisti anche (e soprattutto) quando ci si crede dei militanti rivoluzionari? Come liberare i nostri discorsi e i nostri atti, i nostri cuori e i nostri desideri dal fascismo? Come lavar via il fascismo che si è incrostato nel nostro comportamento? I moralisti cristiani cercavano le tracce della carne installata tra le pieghe dell'anima. Deleuze e Guattari, da parte loro, braccano le più infime tracce di fascismo presenti nel corpo. Rendendo un modesto omaggio a San Francesco di Sales, si potrebbe dire che *L'anti-Edipo* è un'Introduzione alla vita non-fascista.

Quest'arte di vivere, contraria a tutte le forme di fascismo, tanto interiorizzate che prossime all'essere, si accompagna a un certo numero di principî essenziali, che io, se dovessi fare di questo grande libro un manuale o una guida per la vita quotidiana, riassumerei come segue:

- liberate l'azione politica da ogni forma di paranoia unitaria e totalizzante;
- fate crescere l'azione, il pensiero e i desideri per proliferazione, giustapposizione e disgiunzione, anziché per suddivisione e gerarchizzazione piramidale;
- affrancatevi dalle vecchie categorie del Negativo (la legge, il limite, la castrazione, la mancanza, la lacuna), che il pensiero occidentale ha così a lungo sacralizzato come forma di potere e modo di accesso alla realtà. Preferite ciò che è positivo e multiplo, la differenza all'uniforme, il flusso alle unità, i dispositivi mobili ai sistemi. Tenete presente che ciò che è produttivo non è sedentario, ma nomade;
- non crediate che si debba esser tristi per essere dei militanti, anche quando la cosa che si combatte è abominevole. È ciò che lega il desiderio alla realtà (e non la sua fuga nelle forme della rappresentazione) a possedere una forza rivoluzionaria;
- non utilizzate il pensiero per dare un valore di verità ad una pratica politica, né l'azione politica per discreditare un pensiero come se fosse una pura speculazione. Utilizzate la pratica politica come un intensificatore del pensiero, e l'analisi come un moltiplicatore delle forme e dei domini d'intervento dell'azione politica;
- non pretendiate dalla politica che ristabilisca i "diritti" dell'individuo per come li ha definiti la filosofia. L'individuo è il prodotto del potere. Occorre invece "disindividualizzare" attraverso la moltiplicazione e la dislocazione dei diversi dispositivi. Il gruppo non deve essere il legame organico che unisce gli individui gerarchizzati, ma un costante generatore di "disindividualizzazione";
- non innamoratevi del potere».

M. FOUCAULT, "Preface" a G. DELEUZE-F. GUATTARI, *Anti-Œdipus*, New York, Viking Press, 1977, in *Dits et écrits*, 2, Gallimard, Paris, 1994, trad. it. in *Archivio Foucault*, 2, Feltrinelli, Milano, 1997 e *Introduzione alla vita non fascista*, Maldoror Press, 2012 (parziale).

Capitolo Terzo

CELEBRE PER UN (PRIMO) MALINTESO

Lo schizo.

I numi tutelari non bastarono. Così si potrebbe dire, ovvero non bastò che il concetto di *desiderio* si basasse su gambe assai forti, e classiche, come abbiamo visto, per non essere frainteso e quindi letto come un'invenzione estemporanea, priva di ogni riferimento, tale che ognuno potesse vedere quello che personalmente voleva vedere. Anche, un irrazionalismo che vedremo sarà alla base sia delle letture "fasciste" che delle letture "gauchiste".

È il punto dal quale siamo partiti, indicando come nell'obliterazione della precedente produzione letteraria di Deleuze, e segnatamente nella parte delle monografie, da parte della critica, ci sia la causa di tutto il fraintendimento che avvenne.

Sul piano teorico, almeno. Che non fu l'unico e il solo.

Altri attori e da altri campi e per interessi non sempre commendevoli – vedremo – interverranno. Un capitolo che non è piacevole affrontare, anche per questo ci siamo lasciati da completare alcuni punti circa le tematiche viste precedentemente, da intervallare qui, o qui vedere ancor più la misura stessa delle topiche apparse a proposito de *L'anti-Edipo* e del pensiero deleuziano.

A chi fece paura lo schizo? Questa figura libera dal codice, lo schizo.[1]

Approfondiamo la figura e il contributo guattariano, sempre restando nel limite propostoci come soggetto, ovvero il pensiero di Deleuze. Una nota che può offrire un altro riconoscimento a Guattari (fra gli altri precedentemente accennati) ma soprattutto può aiutare a comprendere alcune contingenze che influirono sulla lettura de *L'anti-Edipo* e sui suoi autori. Se vedremo più avanti altre circostanze, in particolare il contrasto con l'organizzazione reale, e non solo filosofica, del marxismo e delle sinistre di quegli anni, e i rapporti con i movimenti di protesta, ora vogliamo dire di come, al tempo, fosse particolarmente vivo un dibattito sulla psichiatria tradizionale, i suoi concetti, il suo possibile uso per fini altri, le sue strutture, come il manicomio.

Sullo sfondo vi è una questione largamente e variamente condotta circa una diversa concezione della malattia mentale e della schizofrenia.

Sommariamente: per l'antipsichiatria[2] degli anni '70 – che non è da intendersi come un gruppo omogeneo e organizzato, ma come una somma di contributi diversi

---

(1) Giova ricordare che il termine *schizo* appare per la prima volta in LdS, col capitolo *Lo schizofrenico e la bambina*, a cui segue *Schizologie*, "Prefazione" a L. WOLFSON, *Le schizo et les langues*, Gallimard, Paris, 1970. Lo statunitense Louis Wolfson, che soffre di un disturbo schizofrenico, manda alla Gallimard un suo manoscritto. Jean-Bertrand Pontalis, responsabile della collana di pertinenza nella casa editrice, è colpito dal testo e affida a Deleuze la "Prefazione" che sarà nuovamente edita, con leggere ma non secondarie modifiche, e con un altro titolo, *Louis Wolfson, ou le procédé*, in CeC.
Si veda anche J. REVEL, *Deleuze lettore di Wolfson: macchinette da guerra ad uso delle tribù future*, 'Futuro anteriore', n° 1, 1995.
(2) Il termine "antipsichiatria" è usato per la prima volta da David Cooper. D. COOPER, *Psychiatry and anti-psychiatry*, Paladin, St. Albans, 1967, trad. it. *Psichiatria e antipsichiatria*, Armando, Roma, 1962. Fra i personaggi più importanti di questo movimento ricordiamo Erving Goffman, Ronald Laing, Theodore Lidz, Silvano Arieti e Thomas Szasz. Ci piace ricordare il tiro mancino giocato da David Rosenham alle strutture convenzionali: «Nel 1973, in piena epoca basagliana, lo psicologo David Rosenham fece un esperimento: inviò otto persone "sane" in altrettanti ospedali psichiatrici del territorio americano, le

e nemmeno sempre in concordanza fra loro – occorre indagare se la malattia mentale è concetto fondato epistemologicamente o è frutto di stratificati giudizi del pensiero e del costume, ovvero, possiamo dire, la maggiore preoccupazione dell'antipsichiatria è che il grado individuale di condivisione di valori comuni o maggioritari possa eventualmente essere usato per determinare il livello di "normalità" del singolo, per cui, in primis, e a livello ancora clinico, valutare se la cura abbia senso, quando fosse fondata su questi principi e, in seconda istanza, se la psichiatria non finisca per servire al controllo delle devianze sociali. Quest'ultima istanza, in particolare, è il rilievo mosso da Thomas Szasz.[3]

C'è insomma una precisa domanda: il "diverso" è realmente diverso (da ricordare che l'omosessualità era considerata malattia mentale fino agli anni '70) o è posto come tale da quell'ordine generale, culturale, politico, che non lo accetta e lo etichetta come "altro", deviante, malato?

È questa la domanda che viene avanzata quando è messa sotto inchiesta la pratica psichiatrica nei confronti della dissidenza nell'allora Unione Sovietica e quindi nei regimi autoritari – fra questi quello di Pinochet, al momento – ma, anche, nei regimi liberali, non per questo privi di necessità di controllo, come denuncia, fra gli altri, il best-seller *Qualcuno volò sul nido del cuculo*.[4]

Anche: il "diverso" è "altro" dall'essere umano, o l'essere umano comprende nella sua fenomenicità anche il cosiddetto "diverso"? Problema (anche) ontologico.

In Italia, occorre ricordare l'azione di Basaglia, innanzitutto pratica concreta in clinica, poi sfociata nella realizzazione della legge per la "chiusura dei manicomi", la *legge Basaglia*, passata attraverso un dibattito feroce, alimentato da un oscurantismo scientifico e culturale da tempi bui e che, pur diventata legge dello Stato, ad oggi non sarebbe "compiutamente realizzata" come, con un eufemismo assai sgradevole, si dice sovente. Importante, in questo ambito, anche il contributo di Sergio Piro.[5]

persone inviate avevano il compito di dichiarare che sentivano alcune voci, poi, dopo questa dichiarazione, dovevano comportarsi normalmente. Sette di loro ricevettero la diagnosi di schizofrenia, una di psicosi maniaco-depressiva. Quando fu pubblicato l'articolo relativo a questo esperimento, lo psichiatra direttore di un ospedale si offese e sfidò Rosenham chiedendogli di inviare una campione più grande di pazienti, perché in statistica sono possibili errori casuali, ma non errori sistematici. Rosenham disse che avrebbe inviato a quell'ospedale un numero di circa 200 pazienti. Dopo quel periodo, in quell'ospedale, il numero dei "simulatori" crebbe enormemente, ma Rosenham aveva mentito; non aveva mai inviato nessuno». P. BARBETTA, *Basaglia e il suo tempo*, 13/5/2018, www.doppiozero.com.
Fra i predecessori potremmo ricordare Frantz Fanon che, all'ospedale psichiatrico di Blida-Joinville (oggi Hôpital psychiatrique Frantz-Fanon de Blida), in Algeria, dal 1953 in poi «praticò, non senza attirarsi l'ostilità dei colleghi e delle autorità, una forma pionieristica di etnopsichiatria, rifiutandosi di considerare i malati come un campionario di sintomi e stabilendo un nesso fra le malattie mentali e l'alienazione coloniale». C. LANZMANN, *La lepre della Patagonia*, cit., pg. 228.
(3) T. SZASZ, *The myth of mental illness: foundations of a theory of personal conduct*, Harper & Row, New York, 1974, trad. it. *Il mito della malattia mentale*, il Saggiatore, Milano, 1966.
(4) K. KESEY, *One flew over the cuckoo's nest*, Viking, New York, 1962, trad. it. *Qualcuno volò sul nido del cuculo*, Rizzoli, Milano, 1976, da cui l'omonimo film diretto da Miloš Forman (United Artists).
(5) Franco Basaglia (1924-1980) prima a Gorizia, poi a Trieste, rivoluziona l'istituto manicomiale, con l'eliminazione di ogni forma di contenzione e di terapie come l'elettroshock. Ottiene che si aprano i cancelli, nuovo Pinel che aveva abolito le catene all'ospedale parigino della Salpêtrière nel 1795, e che vengano istituiti laboratori di pittura e di teatro dove i degenti possano esprimere le loro sensibilità. Fonda "Psichiatria Democratica" con l'intento di far conoscere il pensiero di Laing.
Sergio Piro realizzò nell'ospedale psichiatrico Materdomini di Nocera Superiore la seconda esperienza di questo tipo. Fu espulso dalla struttura. Studioso profondo, collaborò alla stesura della legge regionale campana n° 1/1983 sull'assistenza psichiatrica.

Basaglia e l'antipsichiatria reintegrano il "folle", lo schizofrenico in particolare, entro il quadro della fenomenicità degli esseri umani, rifiutando di considerarlo come appartenente a una sfera, invece, esterna, com'era nella pratica e nella dottrina del tempo, e da qui si studia il suo processo, anziché combattere il suo "non-senso".[6]

Entro questa "filosofia" opera anche Guattari, alla clinica La Borde. In parallelo, si muove sulla stessa direttrice Foucault con (e non solo) la sua *Storia della follia*.[7]

L'antipsichiatria inquieta, il recupero del folle inquieta, la messa in discussione dell'assiomatica e della pratica per come conosciuta e vigente, suscita opposizione e attacchi e, nel caso di Deleuze e Guattari, si arrivò a sostenere, da parte della critica, che nella loro analisi, avessero voluto creare una figura romantica dello schizofrenico fino a indicare lo schizofrenico stesso come l'eroe rivoluzionario, ovvero una caricatura, tratteggiata con molta malignità, del pensiero dei due autori.

Mais un schizophrène, vous en avez déjà vu?

Si potrebbe dire che Deleuze e Guattari furono accusati perfino di qualcosa molto vicino all'empietà, allo sfruttamento, per un loro desiderio rivoluzionario, di una persona che soffre. Come nella domanda: «Non rischiate forse un rimprovero più grave? La schizo-analisi che voi proponete è in realtà una dis-analisi. Vi si dirà forse che voi valorizzate la schizofrenia in un modo romantico e irresponsabile. E anche che avete la tendenza a confondere il rivoluzionario con lo schizo. Qual è il vostro atteggiamento di fronte a queste critiche eventuali?» alla quale viene risposto: «Sì, una scuola di schizofrenia non sarebbe male. Liberare i flussi, andare sempre più lontano nell'artificio: lo schizo, è qualcuno che è decodificato, deterritorializzato. Detto questo, non si è responsabili degli spropositi. Gli spropositi, ci sono sempre persone a farli apposta (vedete gli attacchi a Laing e all'antipsichiatria).

Recentemente nell''Observateur' è apparso un articolo in cui l'autore-psichiatra diceva: sono molto coraggioso, denuncio le correnti moderne della psichiatria e dell'anti-psichiatria. Niente affatto. Egli sceglieva proprio il momento in cui la reazione politica si rafforzava contro ogni tentativo di cambiare qualche cosa nell'ospedale psichiatrico e nell'industria dei medicinali. C'è sempre una politica dietro agli spropositi.

---

(6) Ovvero: *13 maggio 1978, quando i matti diventarono cittadini*, come titola un articolo di 'Repubblica', 1/5/2018, per il quarantennale della "legge-Basaglia". Il 13 maggio 1978, la legge n° 80, detta "legge-Basaglia" perché ispirata alla pratica e alla cultura promossa da Basaglia (il relatore in realtà è Bruno Orsini, deputato democristiano) è legge dello Stato: si impone la chiusura dei manicomi e si regolamenta il trattamento sanitario obbligatorio, istituendo i servizi pubblici di igiene mentale. Cfr. F. BASAGLIA-F. BASAGLIA ONGARO, *L'istituzione negata*, Einaudi, Torino, 1968 e, degli stessi autori, *La maggioranza deviante*, Einaudi, Torino, 1971. Nello stesso anno, il 22 maggio, la legge n° 194 legalizza e disciplina l'aborto. Le donne diventano cittadine.

(7) M. FOUCAULT, *Histoire de la folie*, Gallimard, Paris,1972 (tesi di dottorato), trad. it. *Storia della follia*, Rizzoli, Milano, 1972. Ricorda James Miller: «Su incarico della Sorbona, Georges Canguilhem fu il primo studioso a esaminare il massiccio dattiloscritto di 943 pagine per dare il benestare alla pubblicazione, allora requisito necessario per una discussione positiva della tesi. Lo storico si rese subito conto dell'originalità del lavoro di Foucault e nel suo rapporto ufficiale osservò che, pagina dopo pagina, esso provocava "sorpresa". Per quel veterano studioso della scienza, forse nulla fu più sorprendente dell'idea centrale di Foucault: la pazzia era un'invenzione, un prodotto dei rapporti sociali, e non una realtà biologica indipendente. Le implicazioni lasciavano storditi. Se Foucault aveva ragione, osservò Canguilhem, allora "tutte le precedenti storie dell'origine della psichiatria moderna erano viziate dall'illusione anacronistica che la pazzia fosse data, per quanto inosservata, nella natura umana". [...] gli argomenti e la documentazione di Foucault lo avevano convinto che il concetto scientifico di follia non poteva essere

Noi poniamo un problema semplice come quello che Burroughs ha proposto sulla droga: è possibile captare la potenza delle droghe senza drogarsi, senza prodursi come uno straccio d'uomo drogato? È la stessa cosa per la schizofrenia. Noi distinguiamo la schizofrenia come processo e la produzione dello schizo come entità clinica buona per l'ospedale: le due cose sono piuttosto d'ordine inverso. Lo schizo d'ospedale è qualcuno che ha tentato qualcosa e che ha sbagliato e che l'ha mancata, che è sprofondato. Noi non diciamo che il rivoluzionario è schizo. Noi diciamo che c'è un processo schizo, di decodificazione e di deterritorializzazione, che solamente l'attività rivoluzionaria trattiene dal diventare produzione di schizofrenia».[8]

Il rivoluzionario non è schizo, semmai c'è nello schizofrenico, anzi, e meglio, nel processo schizofrenico, un linguaggio rivoluzionario, un processo che esce anziché insistere, un processo che cerca la fuga. Non parla, ancorché in opposizione, quando fosse, dello stesso, come nella prassi abituale. Parla d'altro.

Ma il punto è quanto detto appena sopra, com'è possibile captare una potenza, come quella della droga senza drogarsi, o quella dello schizo, come Wolfson, senza essere schizofrenici? Ovvero, prendere, da certi esempi, delle potenze per sviluppare la propria potenza come quelle degli esempi, ma non assumere (essere) quegli esempi.

E qui non solo — e può apparire perfino ovvio — per non cadere nelle sofferenze che, in quelle esperienze, esistono, ma per una ragione sottilmente ancora più importante (e di valore ontologico): non esser copia, non assumere un "altro" al posto di quello fin qui assunto, che sarebbe sempre un assumere, non un liberarsi.

Si veda l'ira di Mosè verso il suo popolo che si era messo ad adorare un nuovo feticcio, ora credendo di fare un gesto di libertà.[9]

Il popolo di Mosè ritiene semplicemente di cambiare feticcio, non di cambiare (in toto), ovvero non adorare un feticcio. Il gauchismo ebbe lo stesso atteggiamento del popolo di Mosè. Il messaggio di non reificare (caratteristica dello schizo) fu compreso nella sua torsione più infelice, reificare un altro (lo schizo). Il vero problema, come

---

separato da una storia dell'"etica sociale"». J. MILLER, *The passion of Michel Foucault*, Simon & Schuster, New York, 1993, trad. it. *La passione di Michel Foucault*, Longanesi, Milano, 1994, pg. 117. Un tema che è stato al centro della riflessione di Canguilhem che ha studiato «il normale e il patologico» nel suo formarsi storico e si è battuto contro una riduzione della biologia alla fisica che trasformerebbe gli esseri viventi in strutture meccaniche dove si perderebbe la complessità sia dei loro stessi organismi che della vita tutta. G. CANGUILHEM, *Le normal et le pathologique*, Puf, Paris, 1943, riedizione completata 1965, trad. it. *Il normale e il patologico*, Einaudi, Torino, 1989.
(8) C. BACKES-CLÉMENT (intervista a cura di), *Sur capitalisme et schizophrenie*, cit., in AA.VV., *Deleuze*, cit., pg. 82 e in F. GUATTARI, *Una tomba*, cit., pg. 370. PPA pg. 36. È una domanda che era già stata posta anche altre volte, suscitando particolare irritazione in Deleuze e in Guattari. Su questo si veda anche AE pg. 437. Deleuze tornerà ancora sul tema in una lezione a Vincennes, il 27/05/80 (si veda www.webdeleuze.com.): «Ce que je pense c'est que *L'anti-Œdipe* en effet a donné lieu à une série de critiques qui peut-être n'étaient pas absolument injustifiées. Il y a à mon avis des critiques qui étaient stupides. Mais il y a un genre de critique qui m'a paru toujours important et touchant, qui était: "c'est un peu facile de dire ou même d'avoir l'air un peu de dire: Vive la schizophrénie? [...]. Je me souviens qu'au moment de *L'anti-Œdipe*, il y a une psychiatre qui était venue me voir et qui était très agressive, et qui m'a dit: Mais un schizophrène, vous en avez déjà vu? J'ai trouvé que cette question était insolente, à la fois pour Guattari — qui est, lui qui travaille depuis des années dans une clinique où il est notoire que l'on voit beaucoup de schizophrènes — et même insolente pour moi, puisqu'il y a peu de gens au monde qui ne voient pas ou n'aient pas vu de schizophrènes. Alors j'avais répondu comme ça — mais on croit toujours être spirituel et on l'est jamais — j'avais répondu: "Mais jamais, jamais, je n'ai vu de schizophrène moi!" Alors après elle avait écrit dans des journaux en disant que, on avait jamais vu de schizophrènes, c'était très embêtant quoi».
(9) Cfr. *Esodo*, 32.

sviluppare la potenza, fu traslato in come acquisire un (altro) prodotto pre-confezionato, quale retorica icona, esattamente il suo significato contrario.

Il '68 è stato un movimento rivoluzionario di tipo schizo. È sufficiente osservare i suoi enunciati per vederlo differente dalle rivoluzioni come conosciute dalla storia (e senza avere garanzie peraltro certe, poiché potrebbe essere accaduto che anche in quei casi le rivoluzioni fossero state schizo, pure espressioni di desiderio, che poi la storiografia ha tradotto in movimenti sensati attribuendo fini concreti, scopi e intenzioni di tipo materiale a quegli intenti, come vedremo più avanti essere sostenuto da Deleuze).

Gli enunciati del maggio '68 non sono entro codici comuni, non dicono "meno lavoro, più salario", per fare un esempio, che è una richiesta di un fine.[10]

Questi enunciati recitano: "sous les pavés, la plage", "cours, camarade, le vieux monde est derrière toi", "l'imagination au pouvoir" per dire di alcuni esempi.[11]

Perfino quando, con l'espulsione di Daniel Cohn-Bendit, si sarebbe potuto fare una protesta di contenuto ordinario, una protesta per dei diritti tradizionali, si scelse la strada schizo, "nous sommes tous indésirables". Ovvero, si richiamò il "fuori", non il diritto a stare "dentro", non si innalzò una pretesa alla riammissione nel dentro dell'espulso, ma fu espresso che tutti si trovavano in quel "fuori".[12]

Che siamo tutti "fuori". Sono punti di vista non all'interno di uno stesso, in contrapposizione d'opposizione, in lotta fra di loro nella stessa terra, ovvero nello stesso schema, nella stessa istanza del problema, sono punti di vista che escono, che sono fuori, da questo. Sono enunciati schizo. Ci sarà allora una rivoluzione differente? Può essere che la rivoluzione a venire sia diversa da come immaginata dal marxismo e dai marxisti e si svolga con altra modalità? Questo è ciò che irrompe col maggio '68 e nella sua eredità negli anni '70. La rivoluzione, finora appannaggio del marxismo, nella filosofia e nelle organizzazioni politiche, è spiazzata da quella che è stata non una rivolta per un potere da rimodellare, ma per la conquista a esserci di ciò che non era incluso nella questione, l'apertura di uno spazio ignoto.[13]

Ignoto, occorre sottolineare. Che questo è quello che si apriva, e spiazzava. Ignoto, anche per Deleuze e Guattari che non sanno, perché non possono sapere che cosa avverrà in un nuovo che, proprio perché è nuovo e altro, non può essere prevedibile.

---

(10) M. WINOCK, *La fièvre hexagonale. Les grandes crises politiques 1871-1968*, Calmann-Lévy, Paris, 1986, trad. it. *La febbre francese. Dalla Comune al Maggio '68*, Laterza, Bari, 1988, pg. 289: «Il modello autoritario, nella famiglia, nella scuola, nelle Chiese, nei partiti, nello Stato, nell'amministrazione e nelle fabbriche, ha perso terreno in tutti i paesi industriali occidentali; un poco ovunque alla prosperità degli anni Sessanta è seguita una liberalizzazione dei costumi e delle menti. L'esempio della vecchia Inghilterra vittoriana, diventata la patria dei Beatles e della minigonna, è presente a tutti, ma, secondo le sue abitudini, la Francia ha seguito questa evoluzione generale con uno scossone brutale e una crisi quasi rivoluzionaria».
(11) Sul linguaggio del '68 si rimanda a un piccolo volumetto, A. AYACHE (recueillies par), *Les citations de la révolution de Mai*, J.J. Pauvert, Paris, 1968, dove si possono leggere gli slogan del Maggio parigino, ma anche brevi estratti da pronunciamenti di Cohn-Bendit, di Geismar e, sul fronte opposto, di de Gaulle e di Peyrefitte, allora ministro dell'istruzione, nonché vari titoli dei giornali e le dichiarazioni, ritenute opportuniste, di Mitterrand, ancora all'inseguimento del potere.
(12) Il 21 maggio 1968, mentre Cohn-Bendit, cittadino tedesco, si trovava a Berlino, fu dichiarato "straniero sedizioso" e venne emanato nei suoi confronti un divieto di soggiorno in Francia. Va ricordato che, per quanto pochi giorni dopo Cohn-Bendit fosse riuscito a rientrare illegalmente nel paese e, successivamente, vi rientrerà molte volte, ufficialmente il divieto nei suoi confronti è stato revocato solo nel 1978.
(13) Precursore e maestro anziano, al tempo, Sartre e la sua *invention de le liberté* (prendendo a prestito da M. CONTAT, *Sartre. L'invention de la liberté*, Textuel, Paris, 2005) anima anch'egli il '68, pur se visto più come un "padre nobile" che un "compagno": «La révolte étudiante née à l'université de Nanterre est l'étincelle allumant le grand feu. Son esprit antiautoritaire est profondément sartro-beauvoirien: la reven-

Questo era il senso dell'ascolto dello schizo, che immetteva quel nuovo e differente che era adesso nella società, come era nella medicina da quando essa si era decisa ad ascoltarlo invece di escluderlo. Si trattava di un punto di analisi del manifestarsi di un nuovo, un nuovo soggetto come nella psichiatria è lo schizofrenico, il desiderio nelle istanze sociali, molto di più che di un manifesto per una rivoluzione da attuarsi, ora.

Ma la critica preferì leggere il tutto con le vecchie categorie, ovvero volle reintrodurre il discorso di questa differente rivoluzione nel codice dell'interpretazione e della concettualizzazione della rivoluzione come dalla storiografia o dalla filosofia della storia classica derivava le relative categorie.

Dialogo fra sordi. Anche. O strategia per smontare la macchina rivoluzionaria, ri-e-dipizzazione, insomma. Quel che è certo è che si perse, se non tutto, molto di quanto l'antipsichiatria tutta portava alla conoscenza per un nuovo studio, non solo e non tanto della malattia mentale, ma della società e dei suoi meccanismi. Si perse anche il contributo di Deleuze e Guattari, contributo innanzitutto filosofico, e tutto abortì.

Successivamente, il *riflusso* annegò tutto.[14]

In sintesi, una penosa conclusione: non fu soltanto una questione filosofica, ma – come vedremo più avanti per altri episodi – fu qualcosa legato alla politica reale e agli accadimenti del tempo, ai centri di potere messi in discussione. *L'anti-Edipo* passò molto di più le sue forche caudine su questi piani, che non sul piano della critica filosofica, epistemologica o scientifica.

Perché, reiterando la domanda, a chi fece paura, in definitiva, lo schizo? Questa figura libera dal codice?

Oltre all'istituzione della psichiatria, possiamo dire, a una mentalità. La stessa per cui un tempo ci fu chi trovò scandaloso Spinoza, chi un tempo trovò scandaloso Nietzsche, chi (Bernardo di Chiaravalle, per una volta facciamo un nome) in un altro tempo ancora aveva trovato scandaloso Abelardo.[15]

dication essentielle qui l'anime est l'autonomie morale des individus. Jeunes hommes et jeunes femmes, courant bras dessus bras dessous sur le boulevard Saint-Michel dépavé dans l'âcre fumée des grenades lacrymogènes, se veulent libérés du carcan traditionnel des impératifs religieux et sociaux. Ils prétendent "vivre leur vie" dans une invention permanente. Daniel Cohn-Bendit a récusé l'idée d'un "inspirateur du mouvement", mais il a été obligé de reconnaître que "les militants politiques du mouvement du 22 mars [avaient] à peu près tous lu Sartre"». P. FAUTRIER, *Le Paris de Sartre et Beauvoir*, Alexandrines, Paris, 2005, pg. 103, il virgolettato è ripreso da A. COHEN-SOLAL, *Sartre*, Gallimard, Paris, 1985, pg. 768.

(14) Ci sarebbe da notare come, per ironia della storia, proprio il linguaggio schizo sia stato assunto poi dalla politica istituzionale. In Francia, quando Mitterrand si presenta alle elezioni del 1981, che vincerà, non offre un programma, vuole il voto, lo chiede per sé, su di sé. In Italia inizia lo stesso fenomeno, che si prolungherà a tutt'oggi. Le parole non appartengono al lessico tradizionale ma rimandano a suggestioni schizo, "l'onda lunga", "l'onda va". Quindi nasce un partito che non usa alcun riferimento alle categorie della politica (destra, sinistra, socialista, cattolico) ma si chiama "Forza Italia". Ugualmente accade sul versante opposto dove un partito che aveva una netta definizione del suo orientamento, chiamandosi "Partito Democratico della Sinistra", erede del "Partito Comunista Italiano", taglierà "della Sinistra" e resterà solo "Partito Democratico", autentico *corpo senza organi*. A seguire appariranno annunci e immagini suggestive. Si dirà "Riforme!", ovvero una suggestione senza riferimento concreto, si dirà "costruire il futuro, non aspettarlo!". Si è vicinissimi, a "cours, camarade, le vieux monde est derrière toi". Dagli anni '80 ad oggi, si parlerà per enunciati schizo. Non è demagogia politica di tipo classico. Né populismo nel senso altrettanto classico. È processo schizo, con enunciati schizo, è "sous les pavés la plage". La politica vince per questo, non per l'arte della promessa, come classicamente, ma per l'arte di una nuova suggestione che non è più la materialistica promessa ma, ora, è una suggestione rispetto a nulla, e nulla ci sarà che si potrà confrontare, tutto si potrà assumere solo per suggestione schizo.

(15) Ci fu una disputa sulla dottrina o una lotta di potere nell'attacco di Bernardo ad Abelardo? Verso questo maestro che aveva un successo straordinario fra gli studenti del quartiere latino nel XII secolo? Come accadrà a Vincennes, secoli dopo, quando un pensatore avrà un grande successo fra gli studenti.

E chi aveva trovato, poco tempo prima, scandaloso Sartre. Nella Francia degli anni '70 c'era ancora paura del motto sartriano *l'uomo è condannato a essere libero*.(16)

Perché ugualmente, ne *L'anti-Edipo*, come in tutto il corpus degli scritti deleuziani, la libertà è affermata come una qualità essenziale dell'uomo, che è libero. Non ha da acquisire una libertà. Lo è, per natura. È necessitato libero, è ontologicamente essere libero, è (lo si conferma) condannato a essere libero. Libero a tal punto da proibirsi la libertà. Questo è il punto. Ma l'uomo del risentimento, come Deleuze ha ben letto in Spinoza e in Nietzsche,(17) che è maggioranza, non ama questo, ama essere schiavo e dare la colpa all'altro della sua mancanza di libertà.

E gli schiavi non vogliono che venga detto loro che sono liberi. Vengono presi dall'angoscia, come anche Sartre esprime quest'insorgenza nell'*esser-ci* e da cui deriva – come abbiamo visto – l'invenzione del determinismo, il darsi a cause cogenti, affinché si plachi l'angoscia, altrimenti, della necessità di scegliere. Di rischiare.

Un azzardo voler costruire un orizzonte libero, ne andrebbe dell'organizzazione regnante che, come accadde, reagisce stigmatizzando il libero come un eretico e non

---

(16) Cfr. J.-P. SARTRE, *L'être et le néant*, Gallimard, Paris, 1943, trad. it. *L'essere e il nulla*, e *L'esistenzialismo è un umanismo*, cit. C'è una curiosa analogia fra la vicenda di Sartre e quella di Deleuze, un ripetersi di una stessa situazione: osteggiato da destra e da sinistra, colpevole di turbare il pensiero rassicurante (borghese, come si diceva allora) e ugualmente il pensiero antagonista (rivoluzionario, sempre come si diceva allora), indigesto quindi a entrambe le chiese, che anche il pensiero antagonista aveva un'ortodossia rigida, ed era possibile pensare solo entro i fondamentali marxisti (al massimo della concessione, maoisti). Per *L'anti-Edipo* e il pensiero di Deleuze si può dire quanto ebbe a dire infatti proprio Sartre sulla sua opera e la sua persona quando dichiarò «Era il tempo delle caves e dei suicidi esistenzialisti: la buona stampa mi copriva di improperi e la cattiva anche: celebre per un malinteso». J.-P. SARTRE *Merleau-Ponty vivant*, 'Les temps modernes', n° 184, 1961, trad. it. in J.-P. SARTRE, *Il filosofo e la politica*, cit., pg. 178. E, fra i tratti comuni: un libro-scandalo, un grande successo specialmente fra i giovani, una questione che supera i confini e diventa costume, da cui anatemi della critica, quasi sempre per polemica greve, ridicolizzante. Fra i tanti, un commento di allora, sull'esistenzialismo e su Sartre, da parte di un accademico di Francia: «Des bêtes menées par leurs instincts recouverts de mots mensongers – voilà ce que nous sommes d'après M. Jean-Paul Sartre, professeur d'existentialisme et à ce titre maître admiré d'une partie de la jeunesse d'aujourd'hui. L'existentialisme, à l'en croire, serait une philosophie optimiste, en ce sens que, fondée sur le désespoir, l'exaspération, la révolte, elle donnerait à l'homme sa seule chance de se tirer du cercle noir où l'enferme un destin absurdement injustifiable, en l'assurant qu'il dépend de lui d'être libre. "Il est libre parce qu'il peut toujours choisir d'accepter son sort avec résignation ou de se révolter contre lui." Il va de soi que les résignés seront des idiots, et les révoltés les seuls justes». É. HENRIOT, *Un nouveau roman de M. Jean-Paul Sartre*. 'Le monde', 17/10/1945. Sul successo dell'esistenzialismo e di Sartre, da Boris Vian riportiamo una citazione da 'La metropole' in cui l'articolista ironizza: «Dal giorno in cui Sartre sbarcò in un misero albergo di Rue de Seine e si mise a predicare, nelle febbrili ore della guerra, al Café de Flore, la sua brutale filosofia a discepoli ogni giorno più numerosi, Saint-Germain-des-Prés ha ritrovato tutto il suo splendore di un tempo». Per cui Vian commenta: «Tutti effettivamente, ricordano Sartre, in piedi sul tavolo, mentre sbraitava per radunare i suoi discepoli. E poi le ore febbrili della guerra... è proprio in quanto poco febbrile che il Flore fu frequentato». B. VIAN, *Manuel de Saint-Germain-des-Prés*, Scorpion, Paris, 1955, trad. it. D. GALATERIA (a cura di), *La Parigi degli esistenzialisti*, Editori Riuniti, Roma, 1998, pgg. 65-6. Rincara Marc Doelnitz: «En France, on voyait brusquenent en lui [Sartre] le corrupteur fataliste d'une jeunesse qui n'avait pourtant le plus sovent pas lu une ligne de ses écrits. Il faut bien reconnaître que les penseurs étaient plutôt rares parmi nous». M. DOELNITZ, *La fête à Saint-Germain-des-Prés*, Laffont, Paris, 1979, pg. 167.

(17) SP pg. 38: «L'*Etica* traccia il ritratto dell'uomo del risentimento, per il quale ogni felicità è un'offesa e che fa dell'impotenza e della miseria la sua unica passione». N pg. 31-2: «è colpa tua, è colpa tua... Accusa e recriminazioni proiettive: È colpa tua se sono debole e infelice. La vita reattiva si sottrae alle forze attive, la reazione cessa di essere "agìta". La reazione diventa qualcosa di sentito, "risentimento" che si esercita contro tutto ciò che è attivo. Si rende l'azione "vergognosa": la vita stessa è accusata, separata dalla sua potenza, separata da ciò che può. Dice l'agnello: io potrei fare tutto ciò che fa l'aquila, è mio merito se mi proibisco di farlo, l'aquila faccia come me...».

ci riferiamo qui soltanto al "Potere", nella sua figura reale, ma alla mentalità generale, come si diceva, ortodossa, a destra come a sinistra e devota alle due icone intoccabili del tempo: Freud e Marx.

In realtà, e come vedremo in seguito, ad essere nel mirino di Deleuze e Guattari, più che Marx, è il marxismo, il malamente compreso dettato di Marx delle organizzazioni politiche, dei partiti e dei movimenti comunisti allora esistenti in Occidente (e di questi dobbiamo parlare, ben più che di quello sovietico) e delle organizzazioni marxiste. Vedremo che non si può toccare il dogma del bisogno, materialistico, marxista, a favore di un'altra figura, quale che possa essere. E, come vedremo, non è un'esagerazione affermare questo. Basterà ora ricordare la vicenda di Althusser, costretto all'umiliante atto dell'*autocritica*, la peggiore violenza dell'era sovietica, ma stavolta non in Urss, e da parte del partito che rappresenta lo Stato, ma nella Francia, e da parte di un partito che rappresenta solo se stesso.[18]

Né si può toccare l'ortodossia psichiatrica, e quanto ne consegue come Stato, carceri, manicomio. Ideologia. E la psicoanalisi come ideologia rivestita di pretesa scientifica, colpita qui sia nella pratica che nel suo fondatore, Freud.

Irrazionalismo. Desiderio e ragione.

Arriviamo quindi al malinteso, al malinteso di base da cui se ne produssero altri, poiché non furono pochi coloro che videro una vera e propria professione di immoralismo, il desiderio potendo tutto e di tutto, pertanto, dovendo essere giustificato. Allora, per un verso, da esorcizzare, per l'altro verso, da celebrare, come, invece, una forza liberatrice e libertaria. E da potersi usare a conforto, come detto all'inizio e come ora vedremo, sia di un'istanza fascista, sia, all'opposto, di un'istanza marxista o neo-marxista e infine gauchista: seguendo dallo schizo e arrivando a porsi, la schizoanalisi, contro la psicoanalisi in quanto, questa, ideologia repressiva, e sostenendo il principio, già presentato da Hume, della «ragione schiava delle passioni»[19] si volle

---

(18) Cfr. L. ALTHUSSER, *Réponse à John Lewis*, Maspero, Paris, 1973, trad. it. *I marxisti non parlano mai al vento. Risposta a John Lewis*, Mimesis, Milano, 2005, e *Éléments d'autocritique*, Hachette, Paris, 1974, trad. it. *Elementi di autocritica*, Feltrinelli, Milano, 1975; nella sua ultima intervista, Deleuze rivela una questione non di poco conto: «Non ho mai fatto parte del Partito comunista (non mi sono neanche mai sottoposto ad analisi, sono riuscito a scappare da tutto questo). E non sono mai stato marxista prima degli anni Sessanta. Il vedere ciò che facevano ai loro intellettuali mi ha impedito di essere comunista». D. ERIBON, (intervista a cura di), *"Je me souviens"*, cit., pg. 115-6.

(19) D. HUME, *Trattato sulla natura umana*, cit., Libro II, Sez. III: «Non c'è nulla di più comune in filosofia, e anche nella vita quotidiana, che parlare del conflitto tra passione e ragione per dare la palma alla ragione, e per affermare che gli uomini sono virtuosi solo nella misura in cui obbediscono ai suoi comandi. Si sostiene che ogni creatura razionale ha l'obbligo di regolare le proprie azioni secondo i dettami della ragione, e che nel caso in cui ci sia qualche altro motivo o principio che pretenda di determinare la sua condotta, deve opporsi a esso finché non sia completamente domato o almeno conciliato con quel principio superiore. La maggior parte della filosofia morale, antica e moderna, sembra fondarsi su questo modo di pensare; e non c'è nulla che offra maggior spazio sia alle disquisizioni metafisiche, come alle declamazioni popolari, quanto questa presunta superiorità della ragione sulla passione. Si sono poste nella miglior luce l'eternità, l'invariabilità e l'origine divina della prima; mentre si è continuamente insistito sulla cecità, incostanza e falsità della seconda. Per dimostrare come tutta questa filosofia sia erronea, cercherò di dimostrare in primo luogo che la ragione, da sola, non può mai essere motivo di una qualsiasi azione della volontà; e in secondo luogo che la ragione non può mai contrapporsi alla passione nella guida della volontà. [...]. Non parliamo né con rigore né filosoficamente quando parliamo di una lotta tra la passione e la ragione. La ragione è, e può solo essere, schiava delle passioni e non può rivendicare in nessun caso una funzione diversa da quella di servire e obbedire a esse».

leggere che la schizoanalisi si sarebbe prefissa una battaglia per «la liberazione del desiderio contro la ragione»,[20] nel nome del desiderio come la parte autentica dell'io schiacciata dall'azione costrittiva della ragione.

Inutile notare come possa apparire grottesco che il postulato teorico di un pensatore illuminista – pure atipico, pure "sospetto" già ai suoi contemporanei – quale Hume, possa essere stato visto, e stravolto, come un manifesto dell'irrazionalismo.

Ovvero, sarebbe irrazionalista la schizoanalisi poiché – com'è per Laura Forti – «partendo dall'esigenza di liberare la teoria psicoanalitica delle sue componenti più riduttive e parziali per giungere a una più ampia comprensione dei fenomeni sociali, il discorso di Deleuze e Guattari finisce talvolta per sfociare nell'irrazionalismo nel momento in cui teorizza la realtà indipendente del desiderio inconscio».[21]

Un'impressione questa che, per quanto osservato fin adesso, non può che essere considerata errata: Deleuze ha da sempre sostenuto il ruolo preminente di quello che, con *L'anti-Edipo*, si va a configurare come "desiderio", quale elemento in sé extra-razionale, in maniera nient'affatto irrazionalistica.

Il desiderio non è infatti considerato come la parte antitetica della ragione, ma come l'energia collegata a essa per avviare e sviluppare il processo del pensiero. E, come già detto, in questo processo il desiderio ha un ruolo importantissimo, il ruolo di fissare il pensiero e di dare a esso un senso e una *costanza* senza i quali, allora, proprio il pensiero si troverebbe a essere folle, questa volta, o come un delirio fluido, o come un confuso e disordinato assemblaggio di pezzi sparsi, di incongruità e di incoerenze. In uno dei suoi commenti su Hume, Deleuze notava infatti come «le passioni dello spirito hanno piuttosto l'effetto di limitare la portata dello spirito, di fissarlo a oggetti privilegiati»[22] e che il desiderio «funziona come un meccanismo, produce delle piccole macchine, stabilisce collegamenti fra le cose».[23]

È, in tal senso, come dice lo stesso Deleuze, «costruttivista».[24]

---

(20) F. RELLA, *Il mito*, cit., pg. 22.
(21) L. FORTI, *L'altra pazzia*, Feltrinelli, Milano, 1975, pg. 25. Doveroso ricordare che *L'anti-Edipo* segna la rottura dell'amicizia fra Deleuze e Kostas Axelos. L'argomento polemico di Axelos sta su questo crinale, quando scrive: «vorresti che i tuoi allievi e i tuoi figli nella loro "vita reale" seguissero l'esempio della tua vita, oppure l'esempio di quella di Artaud, in cui tanti scrittori si rispecchiano?». K. AXELOS, *Sept questions à un philosophe*, 'Le monde', 28/4/1972, trad. it. in ID pg. 92.
Importante personalità della filosofia francese, Axelos, di origine greca, condannato a morte dal regime greco nel 1945, fuggito con Castoriadis in Francia, ha insegnato in varie università e ha fondato la rivista 'Arguments', edita da Éditions de Minuit. In questa veste propone a Deleuze lo studio su Sacher-Masoch. Deleuze esprime la sua ammirazione per il pensiero di Axelos con l'articolo *Faille et feux locaux: Kostas Axelos*, in 'Critique', n° 275, 4/1970, trad. it. in ID, pgg. 195-202 e con un riferimento importante ad Axelos nell'articolo *En créant la pataphysique, Jarry a ouvert la voie à la phénoménologie*, 'Arts', n° 974, 1964, trad. it. in ID pgg. 91-94.
(22) HSF pg. 46. Analogamente, la celebre frase di Pascal «Il cuore ha sue ragioni che la ragione non conosce», non stabilisce il sentimento come facoltà unica. A precedere questa frase, Pascal dice: «la conoscenza dei primi principi, come è il caso dello spazio, del tempo, del movimento, del numero, è tanto sicura quanto la conoscenza che deriva dal nostro ragionamento, ed è su queste conoscenze del cuore e dell'istinto che la ragione deve basarsi per fondare il suo discorso. [...]. I principi si sentono, le proposizioni si deducono e il tutto con certezza anche se per vie diverse». Pascal non esclude la ragione, ovvero lo sviluppo logico-razionale dell'intuizione o di un "io sento", ma pone, con il cuore, questa la figura del suo lessico, il punto da cui parte e su cui si fonda il pensiero. Questo "cuore" o questo "esprit", termine che usa spesso Pascal come sinonimo, è quanto dà la *costanza*, anziché esserne l'antitesi. B. PASCAL, *Pensée*, 1788, cap. 5, trad. it. *Pensieri*.
(23) V. MARCHETTI (intervista a cura di), *Il linguaggio schizofrenico*, 'Tempi moderni', n° 12, 1972, anche in F. GUATTARI, *Una tomba*, cit., pg. 345 e in L. FORTI, *L'altra pazzia*, cit., pg. 64. ID pg. 30.
(24) CNV pg. 112.

È "folle", il desiderio, nella sua natura, perché è posto sul limite del paradosso. È un elemento autoreferente, quindi illogico, insensato, che dà, nondimeno, una referenza al pensiero e lo salva così dalla follia, pur essendo che il pensiero sia condannato a essere, ed è, un qualcosa di sensato gestito da un principio che è, in sé, insensato o non ulteriormente qualificabile, riferibile, deducibile da altro ancora.

Ma è, tuttavia, una concezione, questa professata innanzitutto da Deleuze, che appartiene alle concezioni espresse da quegli autori dai quali Deleuze riprende i suoi elementi principali, come abbiamo visto nelle letture deleuziane di Hume, Bergson, Nietzsche e Spinoza, entro una certa parte perfino in Kant, per cui, questa concezione, non può essere considerata né una clamorosa o improvvisata novità priva di basi robuste a livello di dottrina né una forma di irrazionalismo.

Come non si può rilevare una posizione trascendente del desiderio che, se lo è all'inizio, partendo da se stesso e non da altro da sé, non lo è nel senso di trascendenza dalla realtà, o follia, visto che punta il suo sguardo su ciò che vuole, dunque, sulla realtà.

È, forse, l'affermazione che la schizoanalisi «è un'analisi trascendentale e materialistica insieme»[25] che, col recupero del trascendentale, riapre sospetti? Sarebbe un errore, poiché per Deleuze «trascendente non significa per nulla che la facoltà si rivolga a oggetti fuori dal mondo, ma viceversa che colga nel mondo ciò che la riguarda esclusivamente e la faccia nascere al mondo»[26] come vedremo avanti, a completamento della concezione deleuziana, derivante da Hume, di "empirismo trascendentale".

È infatti tutto su quest'equilibrio che si situa la concezione deleuziana, posta al limite di due rifiuti opposti: contro un empirismo materialista che attribuisce al soggetto una causa esterna a sé nella realtà empirica e contro un intellettualismo trascendente in cui la ragione ha potere assoluto, perché si ripeterebbero gli stessi termini: «non c'è differenza fra il falso materialismo e le forme tipiche dell'idealismo».[27]

È questo anche il punto nel quale si saldano i contributi tanto differenti degli autori ai quali fa riferimento Deleuze, e dove si collega la critica anti-empirista di Hume e Bergson alla critica anti-idealistica di Spinoza e Nietzsche. Pur provenendo da versanti opposti, infatti, esse si incontrano su un dato comune, nell'affermare, in quella che è la risultanza in positivo, la valenza pratica, e fondamentalmente pratica, del pensare.

Posizione che serve a sconfiggere tanto le pretese di un empirismo sensista – affermando che il pensiero pensa non per effetto del dettato dalle cose – che le pretese idealistiche – affermando che il pensiero non pensa da una posizione superiore alle cose – sì da avviare su quella direttrice empirico-trascendentale che Deleuze si trova a percorrere. Anche se irriferibile e non sensato rispetto a un principio precedente, il desiderio, per Deleuze, fuori da ogni suggestione "psichista", è – come scrive lo stesso Deleuze nel commento a Spinoza – «l'appetito con coscienza di se stesso».[28]

Pertanto, la ragione non "sfonda", per Deleuze, nella zona confusa della fantasia dell'Es, ma in un'affettività attiva che è un volere o, ancor prima, è un desiderare: il pensiero non proviene dallo psichico, ma dal pratico.

---

(25) AE pg. 121.
(26) DeR pg. 233. Altro elemento da citare a questo proposito il rimando a Kant, nell'AE (pg. 27), dove si dice: «È merito di Kant l'aver operato nella teoria del desiderio una rivoluzione critica, definendolo come "la facoltà d'essere colle sue rappresentazioni causa della realtà degli oggetti di tali rappresentazioni».
(27) AE pg. 25.
(28) SP pg. 32.

Ciò non significa che si debba restringere il significato della filosofia deleuziana e della schizoanalisi stessa né offrire un'immagine più rassicurante di essa, come depurata da ogni possibile radicalismo.

Al contrario, è proprio sul significato di desiderio come facoltà pratica che si evidenzia al massimo il radicalismo deleuziano, il «far filosofia a colpi di martello»,[29] compito che Deleuze sembra essersi avocato dai suoi autori preferiti. È infatti quando si recepisce il desiderio come facoltà strettamente pratica – come tale extra razionale ma non irrazionale né "psichista" (con tutto ciò che di vago contiene quest'ultima definizione) – che una critica nei confronti della realizzazione razionale, del mezzo "culturale" e della cultura stessa – nonché della psicoanalisi come una forma di questa cultura – acquista un significato ancor più polemico.

Quando fosse ammesso soltanto lo sconfinamento e il fondamento del razionale nello psichico, per quanto sarebbe ancora possibile una critica della concezione del pensiero "chiaro e distinto" e della sua pretesa di cogliere e di riflettere il vero, questa critica resterebbe purtuttavia limitata a un generico anti-intellettualismo.

È invece quando viene a essere ravvisato il radicarsi del razionale in una dimensione di natura pratica, in un interesse, in un volere, che potrà essere avanzata una critica ancora più forte al pensiero come il mezzo strumentale di un intento, di una volontà. Ed è solo in tal senso che il pensare e la cultura stessa possono essere attaccati con l'accusa di essere i mezzi strategici per l'affermazione del volere e del desiderio e, come tali, mostrare tutta la loro artificiosità.

Lo "psicologismo" – una posizione filo-psicoanalitica che Rella[30] attribuisce a Deleuze – lascia inespressa la responsabilità del soggetto o, al massimo, la lascia intravedere in maniera molto sfumata. Deleuze vuole invece giungere proprio a questo risultato: ad affermare la totale responsabilità del desiderio come autonomo modo di volere del soggetto stesso.

Ma questo pregiudizio interpretativo si riscontra spesso, come se la concezione deleuziana che vede, nel desiderio, un elemento extra razionale come agente del pensiero, possa prestarsi a un inganno e dare l'impressione di una teoria affine alla psicoanalisi – laddove è affermato un inizio nella libido.

Caso emblematico è uno scritto di Françoise Paramelle nel quale si parla di Deleuze e Guattari «freudiens malgré eux».[31]

Per la Paramelle la schizoanalisi sarebbe, appunto, tornata su posizioni freudiane nell'affermare la superiorità dell'elemento extra razionale su quello razionale. E, certo, l'antitesi è sottile, passando, la schizoanalisi, non da una dichiarata opposizione ma da una modificazione dei termini, da un lavoro di sabotaggio dell'avversario

È questo, infatti, il modo di procedere di Deleuze, da sempre. Anziché partire da una posizione antitetica, Deleuze ha sempre operato per scomposizione, differente rimontaggio, trasformazione dell'oggetto della sua critica.

---

(29) Il compito che Deleuze vede essere tanto in Spinoza che in Nietzsche (vedi SP pg. 21, N pg. 24), come impresa di demistificazione. Nell'AE (pg. 355) si dice anche: «distruggere: il compito della schizoanalisi passa attraverso la distruzione, tutta una pulizia, tutto un raschiamento dell'inconscio. Distruggere l'Edipo, l'illusione dell'Ego, il fantoccio del super-Ego, la colpevolezza, la legge, la castrazione...».
(30) F. RELLA, *Il mito*, cit. Sorprendente, peraltro, questa lettura di Rella considerando che, nell'edizione italiana di N, scriveva in una nota (pg. 29): «Quindi la volontà di potenza può porsi come il *desiderio stesso*. Questi sembrano essere anche gli ultimi esiti della filosofia di Deleuze».
(31) F. PARAMELLE, *Les auteurs de "L'anti-Œdipe" freudiens malgré eux*, in AA.VV., *Les chemins de L'anti-Œdipe*, Privat, Toulouse, 1974.

Quando indicava nel «rovesciamento del platonismo»[32] il compito «di una filosofia dell'avvenire»[33] aggiungeva anche «che tale rovesciamento conservi parecchi caratteri platonici non solo è inevitabile, ma auspicabile»[34].

Come nella "tecnica" di Carmelo Bene, dove la critica del testo classico si attua – nota Deleuze – con un'operazione che, amputando delle parti, produce di conseguenza una modificazione delle altre – «amputazione di Romeo e sviluppo gigantesco di Mercuzio»[35] – da cui gli elementi che, seppure sono gli stessi del testo classico, adesso, in questa nuova ricomposizione, vanno a produrre un significato differente rispetto a quello della versione originale, come in una sorta di metamorfosi interna nella quale «tutta l'opera dato che le manca un pezzo scelto non-arbitrariamente, forse oscillerà, girerà su se stessa, poggerà su un altro lato».[36]

Ed è proprio questo il procedimento usato contro la psicoanalisi: amputando una causante dell'inconscio non è quest'ultimo a venire meno ma, adesso, essendo stato negato che l'inconscio sia indotto da un agente esterno, avviene una trasformazione profonda nel significato stesso di "inconscio" che, privato (amputato) di una ragione esterna a sé, assume un significato "volontaristico", diventa il punto di partenza del pensiero e non un riflesso di qualcosa di precedente a esso e si trasforma, quindi, in volere, meglio, in volizione o in desiderio, in desiderare.

Per cui, più che di una negazione dell'*Edipo*, un Edipo amputato, un altro Edipo.

Un altro Edipo.

Un Edipo "volitivo" e, quindi, volontario, o che desidera: uno «sviluppo gigantesco», ora, di Edipo, come prima di Mercuzio. La schizoanalisi è una psicoanalisi che *poggia su un altro lato*. Anziché sull'elemento **P** (come abbiamo posto nella schematizzazione qui usata) che causa l'inconscio, sull'inconscio stesso, direttamente e come primario, che diviene e si caratterizza come volontà per cui, come rileva Castel, abbiamo «una reversione interna»[37] della psicoanalisi. Corretta osservazione, ma, soprattutto abbiamo una trasformazione della stessa da deterministica a finalistica. È il risultato ottenuto attraverso l'amputazione di *Edipo*, meglio, l'amputazione delle cause per cui Edipo è *Edipo*, e quindi parte da Edipo, solo e nudo, con la sua autonoma volontà e dunque con la totale responsabilità della sua volontà, è – dunque, possiamo anche dire – ciò che resta della psicoanalisi senza di esso o ciò che, per effetto di questa sottrazione, viene a trasformarsi della concezione psicoanalitica.

La libido, in primo luogo, che diventa volere. Lo sfondo, il carattere – se così si può dire – che da psicologista diventa pragmatista, poiché la limitazione della portata della parte intellettuale dello spirito non si prefigge di aumentare le pretese di una vaga "fantasia", ma del pratico.

Cosicché la schizoanalisi non gioca affatto quella parte – vista da molti – di allegra iconoclastia che giocherebbe solo a mettere in ginocchio il pensiero razionale sgomentandolo delle sue certezze.

---

(32) DeR pg. 102-3.
(33) Ibidem.
(34) Ibidem.
(35) SVR pg. 70. Si veda anche Appendice 1.
(36) Idem pg. 69.
(37) R. CASTEL, *Lo psicanalismo*, cit., pg. 260: riprendendo peraltro da AE, pg. 90, «una reversione interna che fa della macchina analitica un pezzo indispensabile all'apparato rivoluzionario».

Ben più che in un'operazione di terrorismo nei confronti di una certa immagine del pensiero sostenuta dalla filosofia classica, la concezione deleuziana si risolve, invece, in un dato estremamente costruttivo, in una conclusione "edificante". Infatti, nel momento in cui il desiderio non può essere riferito ad altro, ciò non significa, per Deleuze, che esso sia folle ma, questo è il punto, che esso è libero e, ancor più, che è interamente responsabile di se stesso, come vedremo più avanti, in quello che ci sembra essere il vero carattere del pensiero deleuziano.

O, possiamo anche dire, per Deleuze, il ruolo così conceptio del desiderio non significa affermare ciò che Gianni Vattimo ha amato chiamare *pensiero debole*.[38]

Il pensiero per Deleuze è infatti "debole" a livello teorico ma solo per ricavare una potenza ben più significativa, ovvero la libertà da ragioni esterne a sé e, quindi, la possibilità di affermarsi in un'autenticità autonoma e propria. È "debole" teoreticamente per essere più forte (meglio, libero, diciamo ancora) in quella che è la sua dimensione più importante, una dimensione morale, se intendiamo non moralistica, come prodotto che non deriva da cause esterne a sé ma da sé.

Neppure vi è, quindi, in Deleuze, un'apologetica irrazionalistica, un invito a porre il desiderio contro la ragione o voler porre il desiderio in una posizione preminente. Questo per la ragione più semplice: il desiderio è (già in sé) l'elemento preminente del pensare – sia che voglia, sia che voglia non volere, come nei casi visti sopra – né ha alcun conflitto con la ragione, che è la sua "macchina" operativa.

Si tratta di letture, quelle che abbiamo evidenziato, che risentono di uno schematismo freudiano che snaturano il pensiero deleuziano. Letture che, riapplicando lo schema freudiano dell'Io in contrapposizione all'Es, credono di leggere in Deleuze solo una propensione alla liberazione dell'Es. Ma questo è quanto di più inesatto. Abbiamo visto che, per Deleuze, l'Io non è affatto, per quanto aumenti la sua attività, tanto più padrone dell'Es, anche ammessa per un momento questa schematizzazione con i termini freudiani.[39] In quanto posto alle dipendenze dell'Es, sarebbe allora il contrario, sarebbe tanto più in funzione dell'Es – o, qui, del volere o del desiderio – e sarebbe ancora maggiore perché mosso da un desiderio al massimo intenzionato, parossistico. Cosicché non vi sarebbe affatto un controllo del desiderio, ma semmai una maggiore capacità strategica del desiderio quando l'Io si mostra tanto più attivo. Una "cultura" tanto più perfezionata non è, per Deleuze, il segno di una vittoria della ragione sul desiderio, della civiltà sulla barbarie, ma è invece – ed è per questo tanto più temibile – soltanto la vittoria di un'astuzia, di una strategia più raffinata del desiderio. Per questo si afferma anche ne *L'anti-Edipo* che «non è dal sonno della ragione che nascono i mostri, ma è piuttosto da una razionalità vigilante e insonne».[40]

Qui Deleuze arriva al punto estremo del suo spinozismo radicale. Se questo avvenga per un'evoluzione tutta sua o sia già un associarsi al Nietzsche discepolo di

---

(38) Cfr. G. VATTIMO-P. A. ROVATTI (a cura di), *Il pensiero debole*, Feltrinelli, Milano, 1983. Giusto ricordare che se il concetto di "pensiero debole" è genericamente attribuito a Vattimo, il punto di partenza è questo libro, scritto insieme a Pier Aldo Rovatti.
(39) Ovvero al rapporto nel quale «per dirla alla buona, l'io è il paladino nella vita psichica della ragione e dell'avvedutezza, l'Es rappresenta invece le passioni sfrenate». S. FREUD, *Introduzione*, cit., pg. 428.
(40) AE pg. 124. Un passo che ha fatto pensare a un'eco, in Deleuze, del "mito del buon selvaggio". Un'impressione del tutto inesatta o, come dice Maurice de Gandillac, «non dobbiamo credere beninteso a qualche nuovo mito dell'età dell'oro. Anche se affiorano a momenti temi tellurici e demonici [...] la figura del "selvaggio" non ha nulla qui dell'idillio». M. DE GANDILLAC, *Verso una schizo-analisi?*, 'L'arc', n° 49, 1972, trad. it. in AA.VV., *Deleuze*, cit., pg. 127.

Spinoza o, infine, esploda grazie all'incontro con Guattari, non è cosa che possiamo affermare con certezza, ma se ritorniamo agli scritti deleuziani su Spinoza, ricorderemo come Deleuze poco sottolinei la funzione della ragione che pure Spinoza ammette nell'opera di cura e di "guarigione", se così possiamo dire, della passione triste.

Dunque, del tutto ridimensionata se non obliterata questa parte, resta allora che a fondamento c'è la *qualità in sé* della passione. Così si va da uno Spinoza del quale si è messa in sottordine la funzione della ragione, ad uno spinozismo radicale, in cui si nega esplicitamente alla ragione il suo potere regolatore per poggiare direttamente sulla qualità in sé della passione, come quando, peraltro, anche Spinoza dice: «Direttamente, ossia per sé e nei suoi esiti, la Gioia non è cattiva, ma buona; la Tristezza invece, al contrario, è direttamente cattiva».[41]

O possiamo dire che Deleuze torni al suo primo maestro, Hume, che ha posto l'affettività come causa prima, in sé, nella sua qualità, quale che sia, negando alla ragione ogni potere d'intervento e relegandola, come abbiamo visto, a schiava.[42]

---

(41) B. SPINOZA, *Etica*, Parte IV, Proposizione 41.
(42) È assai humeano Ettore Sottsass quando dice: «la passione è dittatore di se stessa cioè dell'uomo che la contiene». E. SOTTSASS, *Per qualcuno può essere lo spazio*, Adelphi, Milano, 2017, pg. 116. Anne-Marie Cazalis (una delle maggiori anime della Saint-Germain esistenzialista) racconta: «Simone de Beauvoir le disait: "je ne choisis pas d'être mais je suis". C'était un peu cela, moi: "Une absurdité responsable d'elle-même". Drôle de choix, drôle de jeu: au fond, on ne choisit d'être que ce que l'on est. Quand on a compris cela…». A.-M. CAZALIS, *Les mémoires d'une Anne*, Stock, Paris, 1976, pg. 125.

Capitolo Quarto

SECONDO MALINTESO: ESTREMISMO DI DESTRA

Immoralità. Irresponsabilità. Fascismo.

Ma se non c'è irrazionalismo, può esserci, un immoralismo in Deleuze? La deleuziana teoria secondo cui è sempre un desiderio ad agire può servire a giustificare le pretese – ogni pretesa – del desiderio? In definitiva, di un fascismo, con buona pace delle parole spese da Foucault all'uscita de *L'anti-Edipo* e qui poco avanti riportate?

Visto come destra, oltre la Grisoni di cui abbiamo detto all'inizio, per Clouscard, nella filosofia deleuziana e nella schizoanalisi si affermerebbe un prefascismo, un incoraggiamento al prodursi del fascismo: «Il "corpo senza organi" del sublime schizofrenico (secondo Deleuze), è dunque il corpo che si è spogliato delle funzioni espressive della realtà borghese e socialista. Esso testimonia della vera vita, partecipa al grande flusso, mentre la sopravvivenza (per Deleuze e Mussolini) è solo la vergognosa sottomissione della persona politica. Sarà allora l'estetica, vissuta, del contestatore radicale, della trascendenza incarnata [...]. Ma la presa del potere rivelerà l'altra faccia del nevrotico, che getta la maschera dello schizofrenico e rivela la paranoia particolare degli esecutori e zelatori dell'apparato di Stato fascista (è la strada che va da D'Annunzio a Mussolini. Il mondano, l'abile seduttore gettano la maschera (vedi la vita di Cesare). È lo stesso atteggiamento, che si ripete, ma con poteri accresciuti, su un altro piano, come totale provocazione. Caligola e le SS si "disinibiscono". Ciò che Manson e Grenouille facevano da dilettanti diventa missione di Stato. L'*arancia meccanica* mostra chiaramente come questa gente libera i propri desideri.»[1]

Passo forte, fin troppo pittoresco. Ma contestualizziamo.

Cominciando dall'inizio. Clouscard è ammirevole nella sua fedeltà al marxismo e si fa critico della società moderna che, attraverso l'inserimento di nuovi bisogni, allarga il campo del possibile produttivo e allunga nel tempo la permanenza del sistema produttivo capitalistico, a rimandare la contraddizione rivoluzionaria. C'è della sostanza, in tutto questo. Marx – sintetizzando – parla di una produzione che, ba-

---

(1) M. CLOUSCARD, *I tartufi della rivoluzione*, cit., pg.107, su Clouscard si veda anche E. CORRADI, *Desiderio o norma*, cit., pgg. 90-2. Clouscard ritorna sul tema in tempi relativamente recenti affermando: «Le couple Heidegger-Deleuze permet de situer la problématique des rapports de la fantasmatique culturelle et du fascisme politique, avoué. Heidegger, non seulement incite, mais passe à l'acte. Deleuze en reste à la proclamation comportementaliste. Heidegger relève de la sanction politique. Deleuze doit être soumis au jugement éthique». M. CLOUSCARD, *Refondation progressiste*, L'Harmattan, Paris, 2003, pg. 88. Jean-Batiste Grenouille è autore di crimini raccapriccianti nella metà del Settecento, fra questi quando uccide 12 ragazze per estrarre loro l'essenza per realizzare i profumi. Si veda: P. SÜSKIND, *Das Parfum*, Diogenes, Zürich, 1985, trad. it. *Il profumo*, TEA, Milano, 1988. Charles Manson è noto per l'eccidio di Cielo Drive (California), in cui furono assassinati Sharon Tate, attrice famosa e moglie di Roman Polansky, insieme a quattro suoi amici, il 9/8/1968. Se scendiamo nel dettaglio è per mostrare quali paragoni esasperati furono messi in campo. Da Badiou abbiamo una breve sintesi del perché della lettura fascista: «Deleuze comunque, fedele a Nietzsche, non fu nel campo del pensiero un uomo facile al risentimento. [...]. Appresi che parlava bene del modo in cui, nel libretto *De l'idéologie* (1976), facevo intervenire la distinzione tra "classe" e "massa" nel cuore del processo politico. E ciò quasi nello stesso istante in cui, si era in un periodo di decomposizione delle forze di "sinistra" e la mia fedeltà, mai smentita, a tale orientamento si irritava di fronte a qualsiasi cedimento visibile, io, al contrario, avevo la tendenza a identificare come "fascista" la sua apologia del movimento spontaneo, la teoria degli "spazi di libertà", il suo odio della dialettica, per dirla tutta: la sua filosofia della vita e dell'Uno-Tutto naturale».

sandosi sul bisogno, arriverà a colmarlo e quindi renderà inutile il valore del prodotto e della produzione e di chi presiede a essa, da lì l'avvento della società senza classi. La società moderna, invece, spostando il limite del bisogno oltre il limite dell'orizzonte di Marx, procrastina il momento della crisi finale. Come si vede col "paniere" per la determinazione del costo della vita, che va a inglobare beni precedentemente non necessari, non bisogno, poi diventati praticamente necessari, bisogni. Un tempo l'elettrodomestico era un lusso, oggi è dentro l'orizzonte del necessario. È la distinzione fatta da Bataille fra beni essenziali e beni voluttuari dove, nei secondi, si ravvisa quella "parte maledetta", per stare alla terminologia di Bataille, la *depense*, il lusso, lo spreco, fondamentale per il sistema capitalistico, una nozione che in Bataille, poi, supererà la dimensione sociologica per connotarsi come concetto antropologico.[2]

Altre teorie hanno guardato oltre il materialismo, come il *marginalismo*, che, contro le tesi per cui è la quantità di lavoro che definisce il valore di un prodotto, afferma che il valore del prodotto deriva dal grado di soddisfazione soggettiva che i consumatori attribuiscono ai diversi prodotti.

Ma Clouscard niente considera del quadro e nemmeno accetta di sentire i pur timidi segnali mandati dall'analisi del postindustriale[3] che prende in considerazione una società che ha superato il bisogno, almeno in parte, o che non ne è così strettamente vincolata, per analizzare queste nuove istanze, fatte di aspirazioni altre, di desideri.

Insomma se il bisogno è "buono" (utilizziamo al momento questo termine non in quanto "ingenuo", ma – come meglio vedremo oltre – nel senso di una determinazione, spinoziana, dei modi) perché appartiene all'essenziale, il desiderio è "cattivo" e doppiamente cattivo (anche qui vale quanto detto sopra per "buono") perché crea un nuovo bisogno per la creazione di un'ulteriore categoria, ancora peggiore, come un raffinarsi del male, come una categoria ancor più feroce della precedente, tanto da essere nei tipi di D'Annunzio, Mussolini, Cesare, Caligola, le SS etc. Anche, per Clouscard, tutti i partecipanti del maggio '68, sostanzialmente una pseudo rivoluzione che offende quella "vera", perché agìta da "figli di papà".[4]

---

(2) Cfr. G. BATAILLE, *La part maudite*, Minuit, Paris, 1949, trad. it. *La parte maledetta*, Bollati Boringhieri, Torino, 1949.
(3) Si veda, fra gli altri, A. TOURAINE, *La societe post-industrielle*, Denoël, Paris, 1969, trad.it. *La società postindustriale*, Il Mulino, Bologna, 1974.
(4) Indubbiamente la richiesta che fa esplodere L'Università de Nanterre e avvia il maggio '68, è da figli di papà, sia detto con triste ironia: «Nel gennaio 1968 François Nissoffe, inaugurando la piscina del campus di Nanterre, viene interpellato da uno studente destinato alla celebrità, Daniel Cohn-Bendit, che rimprovera al ministro di aver eluso i problemi sessuali degli studenti. Missoffe lo invita a curarsi i suoi tuffandosi in piscina. [...]. Il 14 febbraio, festa simbolica di San Valentino, i residenti delle città universitarie scendono in sciopero contro i regolamenti interni. Nascono incidenti in molte città di provincia, soprattutto a Nantes dove il rettorato viene saccheggiato. Il ministro concede allora le visite ai pensionati femminili, ma solo fino alle 11 di sera!». M. WINOCK, *La febbre francese*, cit. pg. 271. È quasi comica la vicenda e tanta la dimostrazione di cecità circa, in questo caso, la sessualità. E comico è che non si possa pensare a qualcosa oltre il bisogno e il diritto dei lavoratori come causa rivoluzionaria o rivendicativa. Necessario aggiungere che non è solo Clouscard a pensare questo. Si ricorderà Pasolini che, a seguito di uno scontro fra polizia e studenti, la cosiddetta "battaglia di Valle Giulia" (1/3/1968), si schiera dalla parte dei poliziotti, «veri figli di contadini», contro gli studenti, figli dell'élite. P. P. PASOLINI, *Il PCI ai giovani*, 'Corriere della Sera' 16/6/1968. In realtà lo scritto è assai più ampio e articolato rispetto al punto comunemente citato, ma esprime grossi interrogativi sull'essenza della contestazione e dei suoi attori, oggi, a distanza di tempo, spesso accusati di essere stati solo dei carrieristi. In effetti, soprattutto in Italia, molti dei principali leader del '68 sono poi transitati nelle organizzazioni, politiche o della stampa, di tipo istituzionale e anche di destra e, fra i reduci del Maggio francese, Cohn-Bendit sarà europarlamentare, Geismar (condannato nel 1970 a 18 mesi di reclusione per la ricostituzione della "Gauche prolétar-

Come figli di papà erano i protagonisti di un fatto che allarma Umberto Eco. Lo diciamo con sorpresa e dispiacere, ma un articolo di Eco mostrò una totale incomprensione e della macchina desiderante e del desiderio. Altrettanto, infatti, Eco, commentando questo aspetto del problema non molto dopo un grave fatto di violenza allora avvenuto, si mostrò spaventato dalla filosofia deleuziana e dalla teoria espressa da *L'anti-Edipo*, temendo che potesse servire a giustificare, in nome del desiderio, ogni desiderio, la violenza compresa. Scrisse infatti: «I fascisti che hanno violentato la ragazza di Roma desideravano violentarla ma lei non desiderava essere violentata. Quale desiderio fa aggio sull'altro?».[5]

Siamo al punto massimo del fraintendimento. Dalla voluttà alla violenza, e in quanto figlia della voluttà, come nel caso citato. Potremmo intanto domandarci perché, oltretutto, incasellare già la voluttà nel "male". Oltre il bisogno, e quindi la produzione di beni necessari, c'è solo il male e non altro? Sarebbe male l'arte, la musica, la pittura, la letteratura? È inutile peraltro chiederlo a Clouscard che su questo è affermativo, e d'altra parte non ci sarebbe da sorprendersi se non molto tempo fa un ministro del governo italiano (dicastero economico, ma non aggiungiamo altro, ci basta) ha detto polemicamente «provate a farvi un panino con la *Divina Commedia*».

Clouscard è un esempio di questo modo di pensare, anche, di non voler leggere la nuova società. Un inciso. A proposito (e non solo e non tanto) di Clouscard. Anzi, ben premettendo che non insistiamo su questo punto per il valore della polemica quale si svolse allora, ma su quanto il marxismo reale fosse incapace di comprendere la nuova società e fosse arroccato su quella descritta e studiata da Marx. Era infatti necessaria una diversa lettura, di quella società, se non nuova totalmente trasformata, certo modificatasi dalla foto di Marx. Il marxismo mancò in pieno questo appuntamento, e semmai si mostrò sprezzante verso questa nuova cultura, verso Foucault, Lyotard,

ienne", disciolta per legge, processo nel quale Sartre si rifiuta, in sdegno verso la corte, di testimoniare) sarà nominato nel 1991 ministro dell'"Èducation nationale", massima ma non unica carica ricoperta in ambiti istituzionali. Per Edmondo Berselli il '68 fu la fine della rivoluzione, iniziata negli anni precedenti senza uno schierarsi per parti, per questo ancora più efficace, direttamente insediata com'era nel costume reale. E. BORSELLI, *Adulti con riserva. Com'era allegra l'Italia prima del '68*, Mondadori, Milano, 2007. Se certamente non possiamo qui analizzare compiutamente il '68, è pur vero che, a distanza, si possono avere sensazioni, anche, di delusione. Tuttavia crediamo di non sbagliare nel dire che il '68 ha fortemente cambiato, su scala internazionale, i costumi della società, bloccati su posizioni arcaiche. E, sul piano materiale, dobbiamo ricordare, in Francia, gli "accords de Grenelle" (27 maggio), che portano a un aumento dei salari del 35% per il salario minimo e del 10% per gli altri, l'orario di lavoro a 40 ore settimanali e la creazione del sindacato nell'impresa, nonché gli "accords de Varennes" (31 maggio) che portano a un aumento del 35% per il salario dei lavoratori agricoli. Diversa e più pesante sarà la situazione del decennio successivo, il pensiero diverrà dogma e si perderà ogni spinta di cambiamento a favore di un cupo scontro, violento, anche armato, che annullerà ogni energia creativa. Da queste posizioni Deleuze, come vedremo, prenderà coraggiosamente le distanze e nel merito sarà estremamente critico.
(5) U. ECO, *Sono seduto ad un caffè e piango*, 'L'Espresso', 1/4/1977, e in *Sette anni di desiderio*, Bompiani, Milano, 1983, pg. 87. Eco tratta del cosiddetto "massacro del Circeo", avvenuto tra il 29 e il 30 settembre del 1975. Lo descriviamo in dettaglio per rendere conto dell'efferatezza di tale violenza, ma anche per rendere conto di quanto il paragone sia esasperato, come prima per i casi Grenouille e Manson. I fatti: la sera del 29, in una villa di famiglia al mare, Gianni Guido, 19 anni, Angelo Izzo, 20 anni, e Andrea Ghira, 22 anni, picchiano, violentano e annegano una studentessa di 19 anni, Rosaria Lopez, e riducono in fin di vita una sua amica di appena 17 anni, Donatella Colasanti. Alle 21, Guido, Izzo e Ghira avvolgono in teli di plastica quelli che pensano essere due cadaveri, li caricano nel portabagagli della propria auto e tornano a Roma. Alle 23.30, parcheggiano la macchina e vanno in pizzeria. Alle 2.50 una donna che abita in un appartamento del palazzo davanti al quale è ferma l'auto sente i colpi e i lamenti della sopravvissuta. Alle 3.00 arrivano i carabinieri e trovano nel portabagagli Donatella Colasanti, gravemente ferita. Accanto a lei il corpo della Lopez. [nostra sintesi da wikipedia.it.].

Deleuze, Guattari. Verso Debord, forse il più acuto nella sua denuncia della "società dello spettacolo" che bene anticipava il ruolo, che, da lì in poi, avrebbe giocato l'immateriale. Cos'era la "società dello spettacolo", e lo "spettacolo" di cui dice Debord?

La "società dello spettacolo" era una società che aveva trasformato lo stile di vita. Se nella società industriale il borghese aveva certi beni, questi stavano all'interno del suo mondo e l'esteriorizzazione era minima – la facciata del palazzo, l'auto – certo oggetti più "spettacolari" di quelli di un appartenente alla classe inferiore, ma poca cosa, possiamo perfino dire, in confronto a quello che sarà il desiderio di spettacolarizzazione successivo, e non voluti, creati o posseduti per questo uso. Ma adesso c'era la società dell'opulenza, o post-industriale, che aveva superato il minimo dello stretto bisogno, con il"boom" degli anni '60 – ma Debord legge i primi prodromi del fenomeno già negli anni '20 del Novecento – e, questa nuova società, voleva di più, voleva raccontarsi, mostrarsi, essere il suo spettacolo. La realtà si trasferiva nella rappresentazione: «L'intera vita delle società, in cui dominano le moderne condizioni di produzione, si annuncia come un immenso accumulo di spettacoli. Tutto ciò che era direttamente vissuto si è allontanato in una rappresentazione».[6]

Occorreva spettacolarizzare, e se in inizio era spettacolarizzare una "cosa", ora l'immagine sostituiva la "cosa", come precedentemente abbiamo visto Deleuze dire del libro che conta solo se è spettacolarizzato, fino al punto che il libro può anche non esserci. Se l'immagine, in origine, serviva a veicolare il prodotto (come nella pubblicità) e a produrre consumo, necessario alla produzione stessa – Marx parla di metodo di produzione, Debord di metodo del consumo, «Debord è il Marx del consumismo»[7] – ora l'immagine si liberava dal suo ruolo, subalterno, di essere in funzione e assumeva identità tutta sua, genio di Aladino sfuggito dalla lampada. Effetto perverso o, ancora, celibe, potremmo anche dire. Sconfitta dal pensiero moderno, la rappresentazione si prendeva la sua rivincita con l'avvento dell'"immagine" e sconfiggeva la realtà imponendosi ad essa, cosiccome Barthes dice della più importante "macchina" di produzione dell'immagine, la macchina fotografica: «Non appena io mi sento guardato dall'obiettivo, tutto cambia: mi metto in un atteggiamento di 'posa', mi fabbrico istantaneamente un altro corpo, mi trasformo anticipatamente in immagine».[8]

Avere non era più il primo problema, o, meglio, non era il possesso di beni, lo scopo, adesso, ma il possesso di quell'immagine di ciò che si doveva essere, cosicché l'immagine sostituì il reale, quell'immagine era ciò che ora era chi dovevamo essere: «Concentrando in sé l'immagine di un ruolo possibile, la *vedette*, rappresentazione spettacolare dell'uomo vivente, concentra dunque questa banalità. La condizione di *vedette* è la specializzazione del vissuto apparente, l'oggetto d'identificazione alla vita apparente senza profondità».[9]

Da qui si è andati oltre finché il buon gusto della riservatezza tradizionale è stato sostituito da quello che si può chiamare, a buon diritto, e semplicemente, il gusto cafone. Anzi, il cafone, che associargli gusto è fare soltanto un ossimoro. L'ostenta-

---

(6) G. DEBORD, *La société du spectacle*, Buchet/Chastel, Paris, 1967, trad. it. *La società dello spettacolo*, prima edizione De Donato, Bari, 1968 (di cui Debord contesterà la traduzione) quindi Vallecchi, Firenze, 1979 e Baldini e Castoldi, Milano, 1997 e 2017 (con *Commentari sulla società dello spettacolo*), Tesi 1.
(7) C. FRECCERO-D. STRUMIA, "Introduzione" a G. DEBORD, *La società dello spettacolo*, Baldini e Castoldi, Milano, 2017, pg. 15.
(8) R. BARTHES, *La chambre claire. Note sur la photographie*, Gallimard/Seuil, Paris, 1980, trad. it. *La camera chiara. Nota sulla fotografia*, Einaudi, Torino, 2003.
(9) G. DEBORD, *La società dello spettacolo*, cit., Tesi 6.

zione, il vivere "fuori" quello che, fin lì, era stato un godimento altrimenti interno, intimo, personale, ha completato il processo di una società che si spettacolarizzava. Così si è avuto l'ultimo e più estremo esito della "società dello spettacolo".

Alla quale, poi, è diventato necessario partecipare, non solo riconoscerla, da osservatori passivi. Perché da essere spettatori, della *vedette*, ora si è arrivati a voler essere tutti, una *vedette*. Appare perfino ingenuo Erich Fromm, quando, ormai a metà degli anni '70, si chiede se l'*avere* ha sostituito l'*essere*.[10]

Essere e avere erano già stati sostituiti, superati, dall'*apparire*.[11]

Nel duplice senso di esteriorizzare il proprio sé, nell'esibirlo, nel farsi come apparenza (*immagine*) e nel senso in cui si dice gli attori "appaiono" (in quel film, in quello spettacolo, appunto), ovvero *ci sono*, ne sono parte, *sono* in quanto *appaiono* in quello spettacolo. Si *è* solo se si *appare*, sulla ribalta. Se siamo su quella ribalta. Da allora ad oggi (salvo un illusorio periodo in cui sembrava che istanze di riforma della società potessero prendere campo, con la "contestazione" fra la fine degli anni '60 e la fine degli anni '70), "la società dello spettacolo" dura come l'unica (sub) cultura operante, aggiornandosi dei suoi ingredienti e delle sue modalità, com'è oggi con la *movida*, che altrettanto non è finalizzata tanto ad un consumo di beni, neppure fosse bere alcol e acquistare e consumare cocaina, come pure avviene, che non è questo necessariamente il fine, il fine è partecipare a quello spettacolo. Esserci. Così come, e ancor più, questa finzione si ha oggi nella virtualità a-fisica più totale, con l'esibizionismo costante su facebook, su instagram, sui social, di immagini che non mostrano, ad esempio, i luoghi che il protagonista visita, come le vecchie diapositive dei turisti di un tempo, ma mostrano costantemente lo stesso protagonista, in un egocentrismo ormai autistico, che dimostra che lui "c'è". E può partecipare a questo caleidoscopio globale. A questo mondo virtuale, a questa ribalta.

Domina l'immagine, che detta indirizzi, decisioni. Come oggi quando certi "orientamenti" sono dettati dall'immagine: l'immagine del nero, dell'immigrato, che orienta l'opinione pubblica (in senso xenofobo e razzista), l'immagine di un'Unione Europea come "nemico", opinioni non basate su conoscenze reali, per la semplice ragione che occorrerebbero cognizioni tecniche profonde, impossibili per i non addetti ai lavori, ovvero all'opinione pubblica, invece surclassate dalla potenza dell'immagine. Un po' come abbiamo visto, precedentemente, il giudizio sulla necessità della guerra nel meccanismo descritto da Alain.

Debord, di questa società, ne fu critico e anzi fustigatore estremo, così come oggi il suo (parziale) allievo Roberto D'Agostino che, sul suo blog,[12] raccoglie le testimo-

---

(10) Cfr. E. FROMM, *To have or to be?*, Harper Row, New York, 1976, trad. it. *Avere o essere?*, Mondadori, Milano, 1977. Vedi anche Appendice 6.
(11) Come nella citazione di Feuerbach che Debord usa a esergo: «E senza dubbio il nostro tempo... preferisce l'immagine alla cosa, la copia all'originale, la rappresentazione alla realtà, l'apparenza all'essere». G. DEBORD, *La società dello spettacolo*, cit., Cap. I. La citazione è tratta da: L. FEUERBACH, *Das Wesen des Christentums*, 1841, trad. it. *L'essenza del cristianesimo*, 1841, "Prefazione".
(12) www.dagospia.com. Scrivendo a due mani con D'Agostino, Federico Zeri descrive questo fenomeno nel caso dei premi letterari: «L'ultima edizione del Premio Strega a Villa Giulia a Roma, è stata qualcosa d'indescrivibile, per la quantità di ospiti e per i tipi in mostra: donne abbigliate in maniera folle, travestiti, prostitute, mondani di infimo ordine mescolati a personaggi celebri e illustri. Quello che importava era solo il lato sociale, il lato di festa, il ballo in cui non si balla, il pranzo in cui non si pranza». R. D'AGOSTINO-R. ZERI, *Sbucciando piselli*, Mondadori, Milano, 1990, pg. 135. A questo *pranzo digiuno* non c'è più l'imbucato classico, quindi, che ha un interesse materiale, il buffet, ma un nuovo imbucato, il cui interesse è esserci, essere in questo spettacolo. Il nuovo "utile", non più materiale.

nianze di questa malattia, all'oggi. Malattia ancor più grave, in primo luogo perché sottaciuta dalla sociologia e dal giornalismo "alto", ancorato solo ai "grandi" problemi (sostanzialmente le voci o i proclami della politica istituzionale) come se certe tematiche fossero materiale di serie B, gossip e, in secondo luogo, perché diffusa, essendo tutta la società, e non un solo suo settore, che è ammorbata. E, a livello di mancata presa di coscienza di questa "nuova" società, e causa se oggi questa nuova società è presente, c'è, ripetiamo che dobbiamo additare fra i responsabili i Clouscard e gli altri ortodossi marxisti, ciechi verso l'analisi del nuovo e capaci soltanto di inveire contro chi – Debord ne ebbe da patire da questi signori – parlava, con altre categorie, di quella che era un'altra società. Un'altra realtà. Perfino quando la criticasse. Era il differente apparato concettuale che turbava. Così, e per questa strada, come si poteva accettare, allora, lo scandaloso "desiderio"?

Superato l'inciso e tornando comunque all'analisi della critica di Clouscard a *L'anti-Edipo*, un'ulteriore osservazione è doverosa. Concediamo ogni diritto a Clouscard quando realizza un suo schema teorico per cui la voluttà sia male e sia da indicare come perniciosa. E dunque anche il desiderio.

Ma, nel momento in cui parla di Deleuze, parla del desiderio come lo intende Deleuze, o parla di quello che per lui sarebbe il desiderio? La differenza non è da poco, perché un conto è costruire una teoria dove una certa qualità l'autore può intenderla secondo il suo giudizio, quale egli voglia, anche in negativo, un conto è attribuire alla concezione di un altro quella qualità per come la intende il critico e non per quanto l'ha intesa l'altro, l'autore, di cui, il critico, parla.

Insomma, massimo rispetto al Clouscard teorico (anche per civile dovere), ma dubbi sul Clouscard critico. Cosa, infatti, autorizza a pensare che il desiderio tragga la sua esistenza solo come agente di una perpetuazione della dominazione e quindi sia incarnato necessariamente e solo dalle varie figure non commendevoli citate – lista che si conclude con la banda di *Arancia meccanica* – o dai fascisti stupratori a cui si riferisce poi Eco?

A proposito di *Arancia meccanica*, diciamo che è un'occasione decisamente persa perché semmai l'opera, almeno di Kubrick, diverso può essere nel caso dello scritto di Burgess, mostra tutt'altra questione: mostra come «questa gente», per usare le parole di Clouscard, riesca a essere violenta non contro la legge, ma grazie alla legge, che è un tema, allora sì, molto deleuziano.[13]

Ma il "desiderio" ha seminato panico, evidentemente, come abbiamo detto prima del panico sollevato da Sartre nell'affermare che l'uomo è condannato a essere libero.

Da cosa scaturisce questo panico? Possiamo dire – un po' sul comico e un po' sul serio – da una sorta di oltrepassamento del dato, per usare di Hume, cioè dalla relazione che va oltre il dato, oltre il *può fare ciò che vuole*. Ecco quindi il panico. Se può fare ciò che vuole, si può inferire, allora, e ulteriormente, *può essere pericoloso*. Sì, conseguenze della lettura che va oltre il dato. Com'era accaduto con Sartre quando aveva posto che l'esser-ci è libero e può fare ciò che vuole.

E tuttavia, stando per un momento ancora strettamente a Sartre, se Sartre afferma proprio che *può fare ciò che vuole*, allora, secondo Sartre, che cosa succede? Succede che se può fare ciò che vuole – ecco l'inferenza ora più corretta che dobbiamo proporre – *esso ha tutta la responsabilità di ciò che fa*.[14]

(13) vedi Appendice 2.
(14) Cfr. J.-P SARTRE, *L'esistenzialismo è un umanismo*, cit.

Non è un antidoto, anzi. Né può scongiurare alcunché, compreso il possibile risvolto peggiore. Esso comunque farà ma portandosi la (sua) responsabilità.

Dunque la libertà non è un salvacondotto dalla responsabilità, al contrario aumenta tanto più la seconda quanto tanto più è ampia la prima.

Se totale, come afferma Sartre, la libertà, allora totale sarà la responsabilità, come ha sempre concluso infatti Sartre, in tutta la sua opera, letteratura e teatro compresi. La responsabilità non lo frenerà dal male, questo soggetto potrà pur fare il male, in tutta libertà, ma non per questo non gli sarà riconosciuta la responsabilità.

Non possiamo dire che la responsabilità non sia compresa dunque nella libertà. Come non possiamo dire che Sartre non avesse compreso la responsabilità nella libertà e che quindi si fosse dato alla costruzione di una figura così libera, così libertaria da terrorizzare, lo stesso è per il desiderio in Deleuze e in Deleuze e Guattari (ancora, come per Sartre, celebrità per un "malinteso").

Il soggetto deleuze-guattariano, chiamiamolo così al momento, non è dissimile, in questo, dall'*esser-ci* sartriano.

E non è una questione di somiglianza, di generica filiazione (anzi, di fatto, nessuna filiazione). È un dato di tutta pienezza ontologica.

Se cresce la mia libertà, cresce la mia responsabilità come, peraltro, se cresce il mio potere, che è anche mezzo di libertà, più posso, meno sono obbligato a..., dunque più sono libero. Tentiamo un esempio: una persona è direttore di terzo livello, il più basso a scendere dalla direzione generale fino al terzo, con responsabilità quindi limitate a questo stretto settore, le più alte essendo della direzione generale. Questa persona deve attenersi alle direttive superiori, per cui, sempre a questa persona, resta ristretto potere e dunque meno liberà di agire, ma anche meno responsabilità propria. Se questa persona diventa direttore generale avrà più potere, più libertà ma anche, e soprattutto, più responsabilità, tutta sua essendo, adesso, la responsabilità della gestione generale, tutta la responsabilità dell'area più vasta del suo più vasto potere e della sua più vasta libertà.

È perfino ovvio. Diciamo quindi che quando affermiamo che il soggetto è un soggetto regolato, e intendiamo quando descriviamo la sua azione come il prodotto di determinazioni che insistono su di lui – oltre a formulare solo una pia illusione che ha forse il suo *appeal* nell'apparire rassicurante ed essere certo *spendibile* per qualche «anima bella»[15] – in realtà, e di fatto, abbiamo esattamente un soggetto che ha minore responsabilità. Come con *Edipo*.

Se si accetta la versione freudiana per cui il soggetto è determinato da un agente causante esterno a sé, allora sì, che non ha nessuna responsabilità. Lo abbiamo visto con Kafka e lì abbiamo infatti detto *diabolico in tutt'innocenza* o, come diciamo adesso, senza alcuna responsabilità, o capace di apparire come tale. Lo abbiamo visto con Masoch che, altrettanto astutamente delega a Wanda la propria responsabilità.

Abbiamo infatti già detto che in tutti questi casi la ricerca costante era il nascondimento della propria responsabilità. Il quadro allora si ribalta. Se c'è qualcuno che afferma l'irresponsabilità non è l'uomo libero di Sartre, non è il soggetto di Deleuze (e Guattari), non è nei pensieri dei libertari, lo è invece nei sani pensatori del determinismo, nei sani realizzatori di modelli dell'uomo come determinabile e non come libero. Quelle sono le filosofie che hanno tentato (e troppo spesso ci sono riuscite) di

---

(15) «L'anima bella si comporta come un giudice di pace buttato su un campo di battaglia, il quale prende per semplici "vertenze", e magari per malintesi, conflitti mortali». DeR pg. 92.

negare (nascondere, in realtà) la responsabilità, e qui sta la grande lezione di Sartre e la sua distruzione delle strutture antecedenti l'esistenza (l'essenza), qui sta la grande distruzione, di Deleuze, da sempre, delle strutture antecedenti il desiderio (la causa).

È quanto abbiamo visto infatti in tutta l'opera deleuziana, anche e soprattutto precedente *L'anti-Edipo*, e che qui abbiamo ripercorso come critica delle concezioni del "soggetto innocente" perché determinato da altro, la critica delle concezioni della cattiva coscienza che non si assume la responsabilità, ma dà la colpa a qualcun altro, a qualche altra cosa. Nelle critiche di Clouscard e Eco siamo quindi esattamente all'opposto del predicato deleuziano come si legge ne *L'anti-Edipo* (e non soltanto).

Dunque, tornando alla domanda su cosa potesse autorizzare a pensare il desiderio solo in funzione di un esercizio di prevaricazione, ora possiamo rispondere: niente poteva autorizzarlo. Il desiderio è stato posto come fondante, si è detto, e quindi il desiderio può, essendo che potere è nella sua specificità, è potenza, con Spinoza. Anche, con Nietzsche, è volontà di potenza. E qui, vediamo, ugualmente, si ripete un fraintendimento. Il fraintendimento che gravò su Nietzsche circa la volontà di potenza come pensiero per il nazismo.[16]

Il desiderio può. Non nel senso che abbiamo visto in certe letture. Neppure in un altro semplicemente opposto. Per meglio dire, può, anche, ma non necessariamente e solo nel senso che abbiamo visto, e altrettanto può in un altro semplicemente opposto, ma non solo, ancora, in quello soltanto. Ben al contrario di aver visto *il desiderio*, è da notare che abbiamo visto *la molteplicità di desideri*, di soggetti desideranti.

Il soggetto e la molteplicità dei soggetti.

Si è usato dire fin qui, genericamente, per necessità di sintesi, di un soggetto per Deleuze e Deleuze e Guattari come fosse un soggetto "classico", un Io che riassume tutti gli io. Un soggetto-genere. Approfondiamo pertanto poiché dobbiamo vedere un'ulteriore, più precisa e più specifica, e ben differente, dimensione del soggetto.

Esiste, abbiamo visto, una molteplicità del desiderio, una molteplicità di desideri, o meglio, una molteplicità di processi del desiderio.

---

(16) Si può affermare che sul pensiero di Deleuze, dopo che c'è stata una riserva non dissimile a quella che aveva colpito Hume, per il tema della *ragione schiava delle passioni*, e dopo che c'è stata una riserva non dissimile da quella che aveva colpito lo "scandaloso" Sartre, come dei due casi abbiamo detto, ancora sembra ci sia stata anche una riserva non molto dissimile da quella di chi comprese la nietzschiana *volontà di potenza* come giustificazione della violenza e del dominio nonché il pensiero di Nietzsche come nichilismo. Pertanto può risultare interessante ricordare almeno che cosa avesse scritto lo stesso Deleuze a proposito della volontà di potenza (N pg. 28-31): «Questo principio non significa (o perlomeno non significa in prima istanza) che la volontà di potenza voglia la potenza o desideri dominare [...]. Quale che sia la complessità di Nietzsche il lettore comprenderà facilmente in quale categoria egli avrebbe posto la razza dei "signori" concepita dai nazisti. Quando il nichilismo trionfa, allora e solo allora, la volontà di potenza cessa di voler creare, ma significa: volere la potenza, desiderio di dominio». Ci sembra poi molto pertinente quanto aveva detto Wahl circa la morte di Dio e il (presunto) nichilismo di Nietzsche, che potremmo ugualmente riferire a Deleuze: «Nietzsche pense que l'homme doit vouloir sans cesse à nouveau la mort de Dieu. Cette mort n'est pas seulement un fait, elle est l'action d'une volonté. Pour que l'homme soit vraiment grand, véridique, créateur, il faut que Dieu soit mort, que Dieu soit tué, qu'il soit absent. En le privant de Dieu, j'apporte à l'homme l'immense don qu'est la parfaite solitude, en même temps que la possibilité de la grandeur et de la création». E ancora: «L'immoralité de Nietzsche est négation de le fausse morale; de même, nous dit Jaspers, sa négation de Dieu est liaison authentique avec l'être, affirmation du oui, volonté de substance. Le non quand il est radical peut, par sa propre force, par sa frénésie, se transformer en oui, et le nihilisme, nihilisme des forts et non plus nihilisme des faibles, en philosophie positive». J. WAHL, *Nietzsche et la mort de Dieu*, 'Acéphale, cit., pg. 22.

Abbiamo visto il desiderio di (subire la) determinazione e il desiderio di (subire la) sottomissione e il desiderio per la creazione di un ordine-contratto, il desiderio di possesso, il desiderio di mantenimento del proprio, il desiderio di estensione del proprio, in una molteplicità di processi come esiste una molteplicità di soggetti.

Non potrebbe essere diversamente: sono questi soggetti gli attuatori reali di questi differenti processi. Infatti abbiamo visto soggetti fisici, reali, Kafka, Sacher-Masoch, come avevamo visto "io scrivo", o Cesare che passa il Rubicone.

Portiamo quindi a termine la questione circa cosa sia il soggetto in Deleuze e ribadiremo, peraltro, e di conseguenza, ancor più la radicalità della responsabilità. Diciamo innanzitutto che il soggetto di cui abbiamo sempre parlato come l'agente del percorso del desiderio, è "individuo". Su questa specificazione dell'individuale, anzi, dell'individuo, alcuni commentatori oggi insistono su una influenza importante di Gilbert Simondon.[17] Non analizzeremo la questione, tema teorico di grande ampiezza, purtuttavia di valore solo analitico. Qui interessa sottolineare più la conseguenza che la genesi del problema, genesi, abbiamo già detto e insistiamo, che vediamo su basi humeane, dove in Simondon sono sostanzialmente scotiane.

Indubbiamente l'*haecceitas* scotiana ha un'importanza considerevole in una dottrina dell'individuo. L'individuazione di *haec* avviene dalla separazione di "questo" dal comune, ovvero questo uomo è "questo", e separato da Uomo, in quanto, per la sua particolarità, si differenzia da Uomo. Ma, contro Duns Scoto, si potrebbe obiettare che la differenza sarebbe peraltro impossibile poiché ci manca "Uomo", che non è un dato, ma è la somma generalizzante dei casi di "uomo" e formanti "Uomo". Pertanto non si può dire che questo ente differisce dall'Essere poiché non abbiamo Essere se non abbiamo ente/i, e quindi gli enti finiscono per essere superiori all'Essere, l'Essere derivandone. Allora l'*haec* dell'*haecceitas* è ciò che differisce fra ente e ente, semmai poi forzosamente annullato nel comune di Essere o un'ontologia dell'ente, che esclude ogni ricorso all'Essere (trascendente). Questa è, in sintesi, l'ontologia deleuziana che deriva dalla differenza, come sviluppatasi entro tutto il percorso di *Differenza e ripetizione*, anche, un'ontologia dell'immanenza: Paolo non differisce dall'Uomo, ma da Pietro, e Pietro, altrettanto, da Paolo. Ipotizzare che Pietro non è Paolo perché è più basso, e viceversa, sarebbe fuorviante, poiché si ritornerebbe ad un negativo. Sarebbe fatale, e così accade (comunemente), Pietro è più alto di Paolo, Pietro diventa l'Essere rispetto al quale Paolo è non-essere, mancanza. Per questo la *differenza* scivola sempre nel negativo, come abbiamo già visto. Perché non accada occorre che l'*haecceitas* raccolga la sua forza come ciò che fa essere e non che manca rispetto ad altro.

---

(17) In particolare si veda G. SIMONDON, *L'individu et sa genèse physico-biologique*, Millon, Paris, 1995 e *L'individuation psychique et collective*, Aubier, Paris, 1989. Le due opere sono raccolte nell'edizione integrale della sua tesi di dottorato *L'individuation à la lumière des notions de formes et d'information*, Millon, Paris, 2005, trad. it. *L'individuazione psichica e collettiva*, DeriveAppodi, Roma, 2006, con "Postfazione" di Paolo Virno. Si ricordano citazioni di Simondon da parte di Deleuze in LdS e in DeR e l'articolo di Deleuze *L'individu et sa genese physico-biologique*, 'Revue philosophique de la France et de l'êtranger', 1966, in ID. Infine ricordiamo che Deleuze tratta di Simondon anche in alcuni corsi a Vincennes nel 1981, si veda www.webdeleuze.com. Asserire questa vicinanza non è cosa facile anche perché Simondon è citato da Deleuze con alcune riserve, e non molto di più varrà aggiungere che Deleuze abbia fatto una recensione a Simondon, G. DELEUZE, *Review of Simondon*, 'The Warwick Journal of Philosophy', Coventry, UK, 1966, che è una recensione largamente positiva, e ben sapendo dell'idiosincrasia di Deleuze a scrivere "contro", certo non è elemento di poco conto ma, da qui a vedere influenze, ci sembra che il passo sia lungo. Forse si può parlare di "convergenze parallele", per usare un termine del nostro politichese di anni fa, come percorsi in certo senso affini ma non aventi carattere di filiazione.

Dunque la *differenza* è l'elemento puramente ontologico. E un'ontologia deve essere fatta non per *comune*, ma per *differente*, che così allora verrà davvero a cogliere la cosa. In tal modo questa ontologia coglie quindi non l'universale ma appunto, proprio, l'individuale. Ovvero, un'ontologia dove si possa affermare l'Essere (pieno) tanto di Paolo che di Pietro. Tutto questo, in Deleuze, c'è dall'inizio, con Hume.

Abbiamo visto che il soggetto si costituisce nel dato. Ma, come già detto, questo soggetto non è assoluto, non tutti quelli che osservano che il sole è sorto ogni giorno, proiettano che sorgerà domani, e ogni incontro, abbiamo già detto, sviluppa sintesi diverse. Dunque già si parlava di un soggetto individuale. E Hume ci aveva anche detto in cosa consisteva, nell'individuo, questa sua individualità: nelle sue affezioni.

Non in una forma, come detto prima e come ritorneremo poi, ma nelle affezioni, nella capacità di essere affetto e nell'immaginazione, ancora personale, singolare, dello sviluppo dell'incontro. Non è io trascendente, né io empirico, quindi, «né particolarità empiriche, né universale astratto: Cogito per un io dissolto».[18]

Non si lega né al trascendente, da cui dedurrebbe la sua singolarità, né all'empirico, dove solo la materia empirica lo formerebbe, ma alla dimensione, deleuziana, di un altro empirismo, di un'altra trascendenza, ovvero all'empirismo "trascendentale".

Deleuze ricava questa formula, questa sorta di ossimoro, vedendo come Kant, partendo dal soggetto per Hume, e come descritto sopra, mostra di non gradire in Hume l'assenza di una codificazione del metodo conoscitivo, per cui la conoscenza si arresterebbe al semplice farsi dell'esperienza senza un salto concettuale, senza che siano espresse le condizioni della conoscenza stessa, senza quel livello metacritico che trascende le singole esperienze e codifica le condizioni stesse dell'esperienza.[19]

Aspirazione kantiana alla trascendenza, dove, trascendendo "verticalmente" si vanno a creare le categorie, perché, sempre da parte di Kant, senza questo livello, non sarebbe pensiero filosofico, ma semplice empirìa o descrizione di valore solo psicologico, che è, poi, la distanza di Kant dalla posizione humeana.[20]

---

(18) DeR pg. 6. Come scrive Foucault: «almeno due volte nella storia della filosofia, si trova già una formulazione radicale dell'univocità dell'essere: in Duns Scoto e in Spinoza. Senonché, Duns Scoto pensava che l'essere fosse neutro, e Spinoza, sostanza; per l'uno come per l'altro, l'evizione delle categorie, l'affermazione che l'essere si dice nello stesso modo di tutte le cose non aveva altro scopo, indubbiamente, se non di mantenere, in ogni istanza, l'unità dell'essere. Immaginiamo invece un'ontologia in cui l'essere si dica, nello stesso modo, di tutte le differenze, e solo delle differenze; allora le cose non sarebbero tutte ricoperte, come in Duns Scoto, dalla grande astrazione monocolore dell'essere, e i modi spinoziani non girerebbero attorno all'unità sostanziale; le differenze girerebbero a loro volta, l'essere dicendosi, nello stesso modo, di tutte, in quanto l'essere non è affatto l'unità che le guida e le distribuisce, ma la loro ripetizione come differenze. In Deleuze, l'univocità non categoriale dell'essere non collega direttamente il multiplo all'unità stessa (neutralità universale dell'essere o forza espressiva della sostanza); essa fa giocare l'essere come ciò che si dice ripetitivamente della differenza; l'essere è il rivenire della differenza, senza che ci sia differenza nel modo di dire l'essere». M. FOUCAULT, *Theatrum philosophicum*, cit., in DeR pg. XV. Anche Zourabichvili, vedremo, fa leva su questo concetto.
(19) F. TREPPIEDI, *Incidenza di Hume nell'empirismo trascendentale di Deleuze*, in 'Esercizi filosofici', Vol. 8, n° 2, 2013, pg. 124: «Solo in funzione di questa convergenza, secondo Deleuze, si individuano con precisione le divergenze tra i due pensatori: mentre la posizione humeana del problema della soggettività, ad esempio, sfocerà nella negazione di un soggetto astrattamente teorico o disinteressatamente conoscitivo, per Kant, invece, la possibilità stessa di una vera critica coinciderà con la posizione di un nuovo soggetto del conoscere e dell'agire: un soggetto "trascendentale", appunto, né semplicemente intuitivo o empiricamente chiuso su se stesso né meramente astratto o — per meglio dire "estratto" — dallo spazio, dal tempo e da tutto ciò che in Kant determina l'"esperienza possibile"».
(20) Già non può apparire come strettamente psicologica l'abitudine, perlomeno a noi, oggi, dopo Bergson e "l'abitudine di prendere delle abitudini", dove, la prima abitudine, è elemento di spessore con-

Deleuze non ravvede questo, sostiene invece che le esigenze dell'empirico, come conoscenza del reale, sono sì massimamente affermate ma che, altrettanto, in Hume, ci sono gli elementi per tracciare un percorso di trascendenza rispetto alla semplice esperienza, così da superare il ristretto ambito di "vissuto" ma non di "concettuale", in cui l'ha posta Kant.[21]

Per cui Deleuze afferma, non senza aver polemizzato con Kant, che in Hume è presente un empirismo che ha connotazioni di trascendentalità. È che la trascendentalità in Deleuze è spostata di piano, come lo era già in Hume. Anziché salire gerarchicamente al di sopra dell'esperienza, e costituirsi come il suo superiore livello metacritico, essa è orizzontale, insiste sullo stesso piano dell'esperienza, è immanente.[22]

È il superamento del dato di cui abbiamo detto. In Hume infatti non si afferma la conoscenza come effetto dell'esperienza, anzi, fatta ampia nota di ciò che l'esperienza non offre, le relazioni, si dice come superare questa mancanza ponendo che c'è un soggetto che, con propria azione, la supera e compone il concetto. L'esperienza è il sole, osservato fin qui, la trascendenza è l'inferenza per cui sorgerà domani. Trascendenza soggettiva, altro ossimoro come empirismo trascendentale, perché è il soggetto che realizza una trascendenza, non la conoscenza in sé che sarebbe, essa, per le sue condizioni, trascendente, o già dotata in sé, per cui trascenderebbe l'esperienza.[23]

Vediamo ancora la tipica maniera deleuziana di proporre, dello stesso, un altro concetto. Come la differenza è un altro concetto dalla torsione dell'opposizione, e la ripetizione altrettanto come torsione dall'unico e la copia, anche qui non abbiamo una nuova figura, ma una figura nuova ottenuta per torsione del concetto dato. Abbiamo una trascendenza che soddisfa le condizioni kantiane di una necessità della trascendenza, e abbiamo un soggetto, ancora, che non è una nuova figura, ma una figura

---

cettuale, o di livello metacritico superiore alle seconde, queste sì parziali psicologici e non ontologici, come Deleuze evidenzia in DeR (pg. 15): «la forma dell'abitudine o, come diceva Bergson, l'abitudine di prendere delle abitudini». Problema, come dare corpo ontologico a ciò che può apparire meramente psicologico, che ha notevole attenzione nel pensiero francese, in particolare con Félix Ravaisson, allievo di Schelling e Cousin e maestro di Bergson (F. RAVAISSON, *De l'habitude*, Fournier, Paris, 1838) e con Jules Lachelier che accoratamente scrive a Ravaisson «Comment s'accompli le passage de la psychologie à l'ontologie?». J. LACHELIER, *Lettres*, "Fonds Lachelier déposé à la bibliothèque de l'Institut de France".
(21) DeR pg. 6: «L'empirismo non è per nulla una semplice reazione contro i concetti né un semplice appello all'esperienza vissuta. Esso intraprende piuttosto la più folle creazione di concetti che si sia mai vista. Esso tratta però il concetto come l'oggetto di un incontro, come un qui e ora, o piuttosto come un luogo mai visto prima da cui sorgono, inesauribili, i qui e gli ora sempre nuovi, sempre nuovamente distribuiti».
(22) F. TREPPIEDI, *Incidenza di Hume nell'empirismo trascendentale di Deleuze*, cit., pg. 125: «Per Deleuze, infatti, contro quanto affermato da Kant nella "Dottrina trascendentale del metodo", vi è, in Hume, una vera e propria critica "empirica" o "immanente", irriducibile e non subordinabile né alla critica "trascendentale" kantiana né alla mera psicologia del soggetto empirico dalla quale ogni vera critica deve potersi distinguere». Sottolinea Zourabichvili: «Rappelons que le mot "transcendantal", qui ne doit pas être confondu avec "transcendant", se rapporte depuis Kant à un questionnement portant sur les conditions dans lesquelles la pensée fait une expérience, c'est-à-dire entre en rapport avec ce qui ne dèpend pas d'elle». F. ZOURABICHVILI, *Deleuze. Une philosophie de l'événement*, Puf, Paris, 1994, pg. 46.
(23) Una nota d'approfondimento. È giusto segnalare che in questa formulazione la conoscenza assume una valenza di processo qui e ora, una conoscenza che si realizza all'incontro di un dato, all'insorgenza di un problema. La conoscenza è quindi rimandata a essere un continuo farsi, a un continuo produrre un dato ogni qual volta. Occorre notare che questo non è riduttivo, come potrebbe sembrare. Ci sembra anzi strettamente in linea col pensiero scientifico moderno che accetta la sua finitezza e la sua rimessa in discussione ad ogni incontro con qualcosa che rimette in questione il dato. Anche qui l'immagine di una conoscenza così ridotta, spogliata di potere, vediamo non essere capriccio iconoclasta, ma profonda e ampiamente riconosciuta visione del conoscere e della scienza stessa nel pensiero moderno. La conoscenza è ormai appurato essere, anche per le scienze fisiche, una sfida che si ripete incessantemente.

nuova del soggetto, né assoluto né empirico, come detto. Lapoujade, in brevi parole, nel presentare *Empirismo e soggettività*, lo definisce: «Études sur Hume ou comment l'empirisme peut nous sauver (entre autres) du primat du sujet».[24]

Sembrerebbe, Lapoujade, unirsi alla schiera dei critici della morte dell'io e della morte dell'uomo, di una certa filosofia dallo strutturalismo in poi, Deleuze fra questi o, dalla "Nietzsche Renaissance", ancora Deleuze fra questi.[25]

Diciamo che Lapoujade usa un certo humour, perché non dice affatto quello che dicono i critici della morte del soggetto. Lapoujade dice che ci si sbarazza del soggetto come fin qui conosciuto, nelle pur differenti forme, eiedetico, empirico, per un soggetto nuovo, empirico e trascendentale insieme. È un soggetto diversamente tipologizzato. Innanzitutto come soggetto individuale che effettua la trascendenza del dato mediante la sua sola azione e a ragione delle sue affezioni, delle affezioni singolari, dell'affezione singolare di quel soggetto e che si conosce in questo esercizio, per l'effetto che produce, o come Zourabichvili ha successivamente ben inquadrato: «De là une définition immanente de l'individu par ses affects, plutôt que par sa forme ou sa figure séparée. A quoi suis-je sensible? par quoi suis-je affecté? Je n'apprends mes propres singularités qu'en expérimentant.»[26]

Ancora, come Cesare *quando* passa, e *se* passa il Rubicone.

(24) 'Magazine littéraire', n° 406, 2006, pg. 22.
(25) Fra gli altri, ancora L. FERRY-A. RENAUT, *68-86. Itinéraires de l'individu*, Gallimard, Paris, 1986 e, altrettanto ancora, F. RELLA, *La responsabilità del pensiero*, Garzanti, Milano, 2009. Si può dire di Deleuze come Deleuze dice di Foucault, «non gli si perdona d'aver annunciato la morte dell'uomo», G. DELEUZE, *Un nouvel archiviste*, 'Critique', n° 274, e Fata Morgana, Saint Clément de Rivière, 1972, trad. it. *Un nuovo archivista*, in AA.VV., *Deleuze*, cit. (ma qui la frase è stata tagliata) e G. DELEUZE, *Foucault*, cit., pg. 13. Niente di nuovo sotto il sole, verrebbe da chiosare, leggendo un recentissimo studio di Jean-Baptiste Brenet su Averroè, o sulla poca fortuna dello stesso Averroè, che l'autore individua nel rifiuto del concetto di «intelletto attivo» da parte del mondo occidentale, che ha fatto dell'Io un idolo. J.-B. BRENET, *Averroès l'inquiétant*, Paris, Les belles lettres, 2017. In estrema sinossi: l'intelletto attivo sarebbe quanto è dato e da conoscere da parte del soggetto, questi essendo solo un possibile recipiente. Un teorema matematico non è valido perché lo impostano Pitagora o Euclide, ma perché è valido in sé e Pitagora o Euclide solo lo ri-conoscono. Così ridotto a nulla, il soggetto, l'«intelletto passivo» per Averroè, non soddisfa l'egocentrismo occidentale. Anche Averroè, allora, diremmo, è per la morte dell'uomo e si attira lo stesso disprezzo. Infondato, occorre aggiungere perché il principio d'individuazione si vede bene che permane: se solo Euclide (o Pitagora) "vede" quel teorema che la natura gli mostra, è evidente che egli è "qualcosa" di altro e di diverso dal suo simile che non lo ha visto. Ma tant'è. Un piccolo ricordo personale a proposito di filosofie egocentriche: durante una lezione universitaria il professor Cesare Luporini (un grande della scuola di un tempo) ci diceva delle sue riserve circa l'Io di Hegel, troppo "forte", troppo "robusto", troppo, disse proprio il professore, «tedesco», mentre si sa che l'uomo è pieno di debolezze, di fratture, di indeterminazioni, come basterebbe pensare, concluse Luporini, a un concetto quale l'inconscio di Freud, luogo di turbolenze e turbamenti. L'aneddoto mi viene da ricordare sia per l'intelligente ancorché stringata censura di Hegel e della visione "forte" dell'Io o del soggetto, ma anche per un episodio comico: un'allieva, per fare l'intelligente che "sa fare i collegamenti", si volle inserire e chiosò che si sarebbe potuto dire che Hegel non aveva tenuto conto di Freud. Il professor Luporini, mantenendo un'impassibilità molto british, acconsentì, dicendo, vado a memoria: «Certo. Lo possiamo asserire con certezza assoluta. Anche perché Hegel era nato, all'incirca, un secolo prima di Freud».
(26) F. ZOURABICHVILI, *Deleuze. Une philosophie de l'événement*, cit., pg. 102. O io dissolto: «cogito per un io dissolto: l'Io dell'"Io penso" comporta nella sua essenza una ricettività d'intuizione rispetto alla quale Io è già un altro». (DeR pg. 102). Come nel lapsus di Sartre (AA.VV., *Sartre*, Gallimard, Paris, 1977, testo del film realizzato nel 1972 e presentato al Festival di Cannes nel 1976, trad. it. *Sartre. La mia autobiografia in un film*, Marinotti, Milano, 2004), quando (ivi, pg. 7), dice «"io sono dunque penso", no "io penso dunque sono"....». Per cui Jean Pouillon esclama: « Il lapsus è ugualmente [sic!] significativo». In effetti, è significativo "tuttavia" (e non "ugualmente" il "quand même" come nell'originale) che Sartre, in un lapsus, capovolga il principio cartesiano e anticipi l'essere al pensare. La singolarità dell'io che precede il pensare, suo atto, in questo caso. Un'espressione ancora più esistenzialista.

Il principio di individuazione si caratterizza anche per un'altra dimensione, stoica e spinoziana che è sempre stata presente nell'opera deleuziana e che forse ha il suo miglior chiarimento qualche tempo dopo *L'anti-Edipo*. Siamo infatti nel 1981 e, nel corso di una lezione su Spinoza, Deleuze va parlando del concetto di limite e, dopo un breve omaggio (?) a Bateson definito «un genio», e citato per la sua teoria dei contorni,[27] riprende – come diciamo – gli Stoici e Spinoza.[28]

Per Deleuze il limite, come comunemente inteso, è il retaggio della forma nella visione platonico-aristotelica: «Da allora "individuo" significa "forma delimitata dalla cornice tracciata da un perimetro"».[29]

Per Deleuze invece la forma viene da altrove, con gli Stoici. Il limite è un confine, il confine dove finisce la cosa. Dal dentro fino al suo margine. E fin qui poco cambierebbe, ovvero che sia dove arriva il dentro o sia dove si impone il fuori poco sembrerebbe cambiare. Il problema è un altro. Affinché il dentro finisca, com'è che finisce?

C'è quella mola esterna, pensata da Aristotele, che modella questa "cosa",[30] o c'è, invece, che questa "cosa" realizza la *sua* forma? Deleuze, seguendo la logica stoica della forma, fa l'esempio della foresta. Che cos'è il limite, il contorno della foresta? È dove la foresta cessa d'avanzare, dove esaurisce le sue forze di espansione. Allora la forma è un effetto, un derivato dell'azione, della sua forza, della sua potenza. Allora, spinozianamente, «l'individuo è potenza. L'individuo non è forma, ma potenza».[31]

Sua, non causata dall'altro. Analogamente – ancora Deleuze prosegue – cos'è che determina la forma di un triangolo, e poi di un rettangolo, e poi ancora di un pentagono e via a salire? È la forza di moltiplicare i lati verso un impossibile, come il tendere del finito all'infinito, qui, un tendere ad avvicinarsi al cerchio. Allora il triangolo è un arrestarsi della potenza a un primo sforzo, il rettangolo un secondo, e così via. È il *conatus* spinoziano, lo sforzo che nella misura in cui si esprime e dura, non solo permane, ma *si* crea, o permane perché continuamente *si* crea.

È il dentro della cosa che crea la forma, anziché essere, il dentro, la semplice "imbottitura" della forma. Sua mera risultante. E le conseguenze sono enormi.

Cade l'Essere che non può più molare il reale, realizzare dei reali imponendo uno stampo, come la fustella che ritaglia il raviolo nella pasta stesa, si afferma invece la responsabilità dell'oggetto che si crea, da sé, per sé, come sua forza o, per meglio dire, esercizio della sua forza, della sua potenza.

Leibniz dice una cosa simile con la sua *monade*.[32]

Le monadi sono, in partenza, tutte uguali, ma poi differiranno per un'azione che esse stesse svolgeranno. Quella che più farà attività di speculazione, di più si svilup-

---

(27) G. BATESON, *Verso un ecologia*, cit.
(28) G. DELEUZE, *Cours Spinoza*, Université Vincennes-Paris 8, 17/02/1981, www.webdeleuze.com., trad. it. G. DELEUZE, *Cosa può un corpo?*, Ombre corte, Verona, 2007, pgg. 132-48. Circa Bateson, permane (in chi scrive) un dubbio sul fatto che l'espressione di Deluze sia ammirativa. Ci sembra una sorta di "sfottò", declinata con il caratteristico humour deleuziano, che ricorda un'analoga situazione, dove è Hegel, quella volta, altrettanto definito "genio" a essere bersaglio certamente non ammirato (il video a www.youtube.com/watch?v=I-1sgCKSHu4). Ne *L'anti-Edipo* (pg. 87) Deleuze e Guattari avevano peraltro demolito la tesi batesiana del "double bind", e l'avevano descritta come ancora edipica.
(29) AE, pg. 139.
(30) Idem, pg. 140 (ma qui preferiamo mantenere l'originale francese): «Et la forme est rapportée à son contour, et l'expérience constamment invoquée par Aristote, c'est le sculpteur». Quasi certamente Deleuze rimanda a ARISTOTELE, *Fisica*, II, 7, 198a.
(31) Idem, pg. 138.
(32) G. W. LEIBNIZ, *Monadologie*, 1714, pubblicato postumo nel 1720, trad. it. *Monadologia*.

però, quella che non lo farà, resterà com'è, e ognuna si svilupperà a vari gradi, a seconda di quanto sia la sua attività. Così il sasso è diventato (rimasto?) sasso per rifiuto di sviluppare la potenza, l'uomo è diventato tale per aver sviluppato la potenza. Gli embrioni sono gli stessi. Il problema non è d'essere, ma d'azione.

Abbiamo cercato fin qui di definire il soggetto per Deleuze e per Deleuze e Guattari, cercando di non usare la parola *uomo*, che seppure è l'uomo quel soggetto, si rispetta la ritrosia di Deleuze e Guattari a usare questo termine, termine che sarebbe un concetto che rimanderebbe al concetto, classico, di uomo, uomo dell'umanesimo, centrale nella sua posizione e universale nella sua dimensione, e per questa ragione evitato ripetutamente da Deleuze e da Guattari. In fondo come si tratta di un'altra definizione del soggetto, altrettanto si tratta di un diverso modo di vedere l'uomo.

Non l'uomo dell'umanesimo, ma un uomo o un soggetto che è quanto di più dissolto sia dall'Io cartesiano che dell'Io kantiano perché, possiamo dire, non al centro e, come abbiamo già detto, perché è lateralità. Ovvero non è il padrone ordinatore, ma l'esecutore di sue particolari proprietà, tutte sue, la sua **affettività** e la sua **potenza**.

Aggiornando le formule che abbiamo adottato precedentemente per mostrare l'*Edipo* e l'anti-*Edipo* si può avere una visione chiara di questa lateralità del soggetto:

Edipo
$$P \to \text{soggetto} \to X$$
anti-*Edipo*
$$\text{soggetto}: x \to (P \to X) = X \text{ e poi } XI$$

Nella prima formula (*Edipo*) ancorché soggetto-soggiogato è soggetto centrale, com'è centrale nel soggetto-ordinatore kantiano.

Nella seconda formula (anti-*Edipo*) possiamo effettivamente vederlo come laterale, e come descrivibile solo per il processo che attua. I due punti [:] non sono a caso, mostrano che il soggetto è solo ciò che è descritto dai due punti. Ente di individuazione non come elemento centrale che governa il processo, ma "solo" sostrato (corpo senza organi) di un processo che avviene su di esso.[33]

Si potrà obiettare che questo è anche in Freud e, ancor più, in Lacan. O che è una parte importante di una riflessione cui partecipa anche Freud, e Lacan, circa la detronizzazione dell'Io (o del soggetto) come inteso dalla filosofia classica e come anche ripreso da quella moderna. Infatti Deleuze e Guattari non negano questo, ma negano la successiva "riterritorializzazione" fatta da Freud, in primo luogo.[34]

Una scoperta immediatamente nascosta, anzi tradita. Deleuze, che questa scoperta l'ha fatta con Hume, innanzitutto con Hume, intende mantenerla in toto, intende mantenere, sottolineare la grande scoperta di Hume. Questo è alla base de *L'anti-Edipo*, dunque, come abbiamo più volte detto, questo è il soggetto deleuziano già e prima ancora de *L'anti-Edipo*.

Per completezza d'analisi osserviamo che il soggetto, o l'uomo, neppure possiamo chiamarlo "macchina desiderante" come certe volte è stato inteso fosse questa stessa

(33) AE pg. 13: «Il corpo senza organi si ripiega sulla produzione desiderante, e l'attira, se l'appropria. Le macchine-organi si attaccano su di esso come su un gilè di fiorettista, o come medaglie sulla maglia di un lottatore che viene avanti facendole sobbalzare».
(34) «si riconosce a Freud il merito di aver individuato l'esistenza astratta del desiderio (come Ricardo ha individuato l'esistenza astratta del lavoro), ma gli si rimprovera [da parte di Deleuze e Guattari] di averlo tosto "territorializzato" nel quadro della famiglia privata e di averlo "triangolato" nell'Edipo (simbolico o immaginario); di aver fatto dunque di quel che era una fabbrica, un teatro, ripiegando il desiderio dal piano della produzione al piano della rappresentazione». A. FONTANA, "Introduzione", AE, pg. XXVII.

macchina desiderante, l'uomo o metafora dell'uomo, e, fra questi, ci dispiace doverlo ancora citare nella forma di "teologia negativa", Eco: «Macchine desideranti, gli esseri umani sono potenziali produttori di positività...».[35]

La macchina desiderante non è l'uomo né una sua metafora. Quando si legge immediatamente all'inizio de *L'anti-Edipo* «Ovunque sono macchine, per niente metaforicamente, macchine di macchine, coi loro accoppiamenti, con le loro connessioni»[36] questo non è un manifesto impressionistico, ma una precisa indicazione. Nessuna metafora, in primis, e la macchina desiderante è un processo (dell'uomo).

Perché la macchina non è un uomo meccanico agìto dal desiderio (si tratterebbe di meccanicismo e non di macchinismo) ma è una protesi, come un utensile, per sviluppare una potenza in rapporto con l'utilizzatore, entrambi congiunti. In *2001. Odissea nello spazio*,[37] Kubrick mostra che un primate cessa di utilizzare le sole mani per fracassare una carogna e si serve di un osso della stessa da usare a martello. Supera il suo stato come dato, verso un nuovo essere (qui si intende il farsi-uomo dalla scimmia). Composto, il primate-utilizzatore e l'osso-arnese è un processo, una macchina, desiderante in quanto realizzazione di un progetto del desiderio.

Elevazione di potenza, esattamente come mostra Kubrick e come nella civiltà tecnica la fusione uomo-macchina raggiunge maggior produzione, trascende le possibilità del lavoro solo manuale, diretto e limitato alle sole possibilità dirette o delle sole mani nude.

Come Bergson sottolinea nell'*Evoluzione creatrice*, con il primato dell'*homo faber* rispetto all'*homo sapiens*, quando evidenzia la capacità di costruire mezzi come caratteristica precipua e genuina dell'essenza umana: «Se potessimo liberarci da ogni superbia, se, per definire la nostra specie, ci attenessimo a ciò che la storia e la preistoria offerta ci presentano come la caratteristica costante dell'uomo e dell'intelligenza, non diremmo *Homo Sapiens*, ma *Homo Faber*.

In breve, l'intelligenza, considerata in quello che sembra essere l'approccio originale, è la facoltà di produrre oggetti artificiali, in particolare strumenti per fare gli strumenti e variare all'infinito la produzione».[38]

L'uomo, se macchina desiderante, è allora l'uomo più la macchina, come il tornitore è un uomo più un tornio per produrre ciò che altrimenti e da solo non potrebbe. Dunque un combinato che supera, trascende, la potenza del singolo. E fa trascendere il singolo in un nuovo. Quindi dobbiamo intendere:

$$x \rightarrow (P \rightarrow X)$$
$$|desiderio| \; |macchina|$$
$$|macchina \; desiderante|$$
$$s \; o \; g \; g \; e \; t \; t \; o$$

Altrettanto non può identificarsi l'uomo con la macchina desiderante presupponendo, nel caso, l'uomo come questo e unico e singolare processo, perché, ulteriormente, questa macchina non è unica e sola a operare su quel piano. Sul soggetto, sull'uomo.

L'uomo è infatti il piano sul quale agiscono più macchine desideranti ognuna attivante un processo, tutte coesistendo sullo stesso corpo, intrecciandosi, cooperando, ma anche, entrando in frizione fra di loro.

---

(35) U. ECO, *Sono seduto ad un caffè e piango*, cit. pg. 86.
(36) AE pg. 3.
(37) *2001. A space odyssey*, MGM, Usa-Gb, soggetto di A. C. CLARKE, la regia di S. KUBRICK.
(38) H. BERGSON, *L'evoluzione creatrice*, cit., Cap. 2.

Infatti non è certo che i flussi diversi combinati dalle macchine desideranti trovino sempre una fusione coerente fra loro. Possono anche ostacolarsi, entrare in conflitto, o realizzare una sintesi di questi flussi, dove questi stessi si spostano vicendevolmente.

Oppure negoziare, come abbiamo visto perdere la libertà per avere la non-responsabilità è una sintesi per collaborazione C'è una macchina che desidera l'acquisto di un bene, c'è una macchina che desidera mantenere il denaro. Può essere che si sintetizzino in nuovi tagli, o si creino conflitti da provocare sofferenza, «lo schizo da ospedale», di cui, precedentemente, si è visto dire da Deleuze e Guattari.

Anche accettando la formazione di nuovi tagli è da evitare la tentazione dialettica. Qui si tratta, semmai, di un rapporto economico, o una "contestualizzazione", che può, anche, allargare il processo, o dargli altri indirizzi oltre le premesse, ricordando che la "combinazione" in Deleuze è bergsoniana, come molteplicità qualitativa.

Il soggetto quindi è costituito di un insieme di flussi, in un combinato che, ancora, si allontana dall'immagine classica, soggetto pieno, molare, come, qualsiasi fosse quel flusso, quello fosse comunque unico, e come unico diventava allora essenza. Qui abbiamo la costante lotta dei flussi, la composizione per molteplicità singolari, anziché per unicità. Si tratta di una sorta di visione più ravvicinata dell'oggetto d'osservazione, potremmo dire. Se prima era come visto da lontano e, per quell'effetto, forma di una sola materia piena, ora lo si scopre come fatto di una materia composta di pezzi particolari, di ingranaggi molteplici. Il soggetto è molteplicità. Come la moltitudine, vedremo meglio avanti, è molteplicità, anche il soggetto è molteplicità (e se può sembrare ovvio che la moltitudine lo sia, in realtà vedremo che "moltitudine" è maggiormente inteso come semplice nome collettivo, con danni non rilevanti). Pertanto l'affettività è singolare, vera differenza ontologica, per cui le singolarità dell'affettività, le affettività, sono modi, sono differenze. Un soggetto "agìto", dalle sue affettività, e agente per le sue potenze che sviluppa a partire dall'incontro. Il principio d'individuazione non è dunque formale, né la differenza è formale, Pietro non differisce da Paolo per aspetti "formali" (basso, alto, bruno, biondo) differenza già detta, ma per differente grado di esprimere attività, essere affetto e sviluppare potenza.

Con Spinoza, dalla sostanza ai modi si differenzia l'affettività, si definiscono le differenti affettività: «Così, gli animali vengono definiti non tanto secondo il genere e la specie quanto in base a un potere di essere affetti, secondo le affezioni di cui sono "capaci"»[39] scrive Deleuze, nel suo commento a Spinoza.

L'affettività e la capacità di essere affetti, che Deleuze aveva già evidenziato in Hume, come fondamento della natura umana. Una "natura umana" dunque, che potremmo definire a partire, e come propria base costituente, dalla – e dalle differenti – affettività. Abbiamo spesso parlato qui di volontà o di intento, o di individuazione di un utile, ma questo è ancora troppo trascendente, come un'istanza che sorge da sé, come una volontà quale nel senso comune è ciò che è la protagonista del fatto, del realizzato. Perché la volontà, così forte, in astratto, è invece derivata, a sua volta, e non primigenia. Deriva appunto dall'affettività, che sola sceglie e attiva la volontà. Così le differenze nella natura umana sono fra soggetti aventi differenti affettività.[40]

---

(39) SP pg. 39.
(40) Dice Jeremy Bentham: «Verrà il giorno in cui il resto degli esseri animali potrà acquisire quei diritti che non gli sono mai stati negati se non dalla mano della tirannia. I francesi hanno già scoperto che il colore nero della pelle non è un motivo per cui un essere umano debba essere abbandonato senza riparazione ai capricci di un torturatore. Si potrà un giorno giungere a riconoscere che il numero delle gambe, la villosità della pelle, o la terminazione dell'osso sacro sono motivi egualmente insufficienti per abbandonare un

Sono le affezioni – un guasto, quel guasto per cui «le macchine desideranti non funzionano se non guastate, guastandosi incessantemente»,[41] che tale sarebbe la passione, le passioni, più propriamente, il desiderio, i desideri, più propriamente – che fanno le differenze modali, i modi differenti di essere, «i differenti stili di vita» come Deleuze ricorderà li definiva Foucault.[42]

«Così si è tutti bricoleurs; a ciascuno le sue macchinette».[43]

Torniamo quindi a quel secondo punto, allora, di quello che abbiamo chiamato il *moralismo* di Deleuze. Qui tocchiamo appunto le conseguenze.

Che conseguenze ha un soggetto individuato come singolare? Sicuramente una radicalizzazione maggiore di quanto già visto come problema della responsabilità.

Staccato dalla azione cogente dell'empirismo che lo vuole prodotto dall'esperienza, perché abbiamo detto ne trascende (da cui un *anti-Edipo* come impossibilità che l'*Edipo* si affermi per necessità intrinseca) e quindi privato dell'alibi empiristico-determinista, nondimeno posto come caso singolare perché prodotto per effetto di un processo della sua esperienza, ora viene a perdere un secondo possibile alibi, la trascendenza dell'universalismo delle condizioni a priori, dove, il soggetto, non essendo altro che la singolarità solo materiale di un Soggetto la cui essenza fosse universale, non avrebbe colpe poiché il suo essere o il suo atto dipenderebbero non da lui ma dal suo a priori. Dal suo "genere" di cui non sarebbe responsabile

Al di là del bene e del male. Il "buono" e il "cattivo".

Quindi possiamo dire che esiste un desiderio "buono" e uno "cattivo", sia a risposta del dualismo proposto dalla critica che vede il desiderio, solo, "cattivo", sia a specificare la differenza individuale? Sarebbe, peraltro, una non correttissima formulazione, più esattamente occorre dire che possiamo distinguere fra uno svolgersi "buono" e uno svolgersi "cattivo" del desiderio.

Commentando Spinoza infatti, Deleuze osserva, «non vi è né del Bene né del Male ma vi è del buono e del cattivo. "Al di là del bene e del male, questo almeno non vuol dire al di là del buono e del cattivo" (Nietzsche). Buono, è quando un corpo compone direttamente il suo rapporto con il nostro, e con tutta o con parte della sua potenza

---

essere sensibile allo stesso fato. Che altro dovrebbe tracciare la linea invalicabile? La facoltà di ragionare o forse quella del linguaggio? Ma un cavallo o un cane adulti sono senza paragone animali più razionali, e più comunicativi, di un bambino di un giorno, o di una settimana, o persino di un mese. Ma anche ammesso che fosse altrimenti, cosa importerebbe? La domanda non è Possono ragionare?, né Possono parlare?, ma Possono soffrire?» J. BENTHAM, *An introduction to the principles of morals and legislation*, 1780, Cap. 17, trad. it. *Introduzione ai principi della morale e della legislazione*, Utet, Torino, 1998.
(41) AE pg. 10. Vedi Appendice 3.
(42) «Il costituirsi dei modi d'esistenza o stili di vita non è solo estetica, è ciò che Foucault chiamava l'etica in opposizione alla morale. La differenza è questa: la morale si presenta come un insieme di regole costrittive di tipo speciale, che consiste nel giudicare azioni e intenzioni riferendole a valori trascendenti (è bene, è male) l'etica è un insieme di leggi facoltative che valutano ciò che facciamo e ciò che diciamo in base al modo d'esistere che tutto questo implica. Diciamo questo, facciamo quello: qual è il modo d'esistere che ciò implica? Talvolta basta un gesto, una parola. Sono gli stili di vita, sempre coinvolti, che ci costituiscono nelle nostre diverse personalità». D. ERIBON (intervista a cura di), *La vie comme œuvre d'art*, 'Le nouvel observateur', 1986, trad. it. *Oui, je suis Michel Foucault*, 'L'Espresso', 5/10/1986, e PPA. Merleau-Ponty (fra i maestri di Foucault) scriveva: «Io sono una struttura psicologica e storica. Ho ricevuto con l'esistenza una maniera di esistere, uno stile». M. MERLEAU-PONTY, *Phénoménologie de la perception*, Gallimard, Paris,1945, trad. it. *Fenomenologia della percezione*, il Saggiatore, Milano, 1965.
(43) AE pg. 3.

aumenta la nostra. Per esempio, un alimento. Cattivo, per noi, è quando un corpo decompone il rapporto del nostro, benché esso si componga con delle nostre parti, ma secondo rapporti diversi da quelli che corrispondono alla nostra essenza: così un veleno che decomponga il sangue.

Buono e cattivo hanno dunque un senso principale, obiettivo, ma ne hanno anche uno relativo e parziale: ciò che conviene con la nostra natura, ciò che non conviene con essa. E di conseguenza, buono e cattivo, hanno un secondo senso, soggettivo e modale, qualificante due tipi, due modi di esistenza dell'uomo: sarà detto buono (o libero, o ragionevole, o forte) colui che si sforza, per quanto è in lui, di organizzare gli incontri, di unirsi a ciò che conviene alla sua natura, di comporre il suo rapporto con dei rapporti compatibili e, conseguentemente, di aumentare la propria potenza. Infatti la bontà è questione di dinamismo, di potenza e di composizione di potenze. Sarà detto cattivo, o schiavo o debole, o insensato, colui che vive nel caso degli incontri, che si contenta di subirne gli effetti, salvo poi lamentarsene e accusare ogni volta che l'effetto subìto si dimostra contrario e gli rivela la propria impotenza».[44]

Buono e cattivo è ciò che si misura nell'esito, in quell'esito buono in cui il rapporto con un altro, nell'incontro, crea una *maggiore potenza*, un *rapporto compatibile*.

Così un'arma può essere cattiva, se uccide, e buona se salva una vita, eppure è la stessa arma, come è il desiderio, che sempre è desiderio, è lo "stesso", ma si differenzia per modi. Così il giudizio ha ambiente immanente e non trascendente, anche, e soprattutto, ha ambiente etico, e non morale. Perché vale anche nel valore che esso porta alla comunità, come vedremo meglio più avanti. Così il giudizio è ancora possibile, ma con la griglia del reale, dell'immanente, con l'analisi del risultato, a conclusione, non grazie all'appartenenza a un'idea astratta e a precedere. Di più: il giudizio è possibile proprio perché è etico, e inchioda alla responsabilità etica verso l'altro.

La modalità è quanto, precedentemente, abbiamo visto con Foucault e gli "stili di vita" che rimandano, appunto, a un modo di vivere, a un essere come *modo di essere*. Abbiamo già detto, lì, che la precisazione di Deleuze avveniva dopo *L'anti-Edipo*, vediamo, ora, risalendo alla fonte di questa teoria, ovvero a Spinoza, che già, e precedentemente a *L'anti-Edipo*, Deleuze scriveva: «Ecco dunque che l'*Etica*, cioè una tipologia dei modi di esistenza immanenti, sostituisce la morale, che ricollega sempre l'esistenza a dei valori trascendenti. La morale è il giudizio di Dio, il *sistema di Giudizio*. Ma l'*Etica* rovescia il sistema di giudizio. All'opposizione dei valori (Bene-Male), si sostituisce la differenza qualitativa dei modi di esistenza (buono-malvagio)».[45]

E per meglio radicare la distanza dalla morale Spinoza arriverà a parlare di un'etologia, come vera e propria etica: «l'*Etica* di Spinoza non ha nulla a che vedere con una morale, egli la concepisce come un'etologia, cioè come una composizione di velocità e lentezze, di capacità di affettare e di essere affetti su questo piano di immanenza».[46]

Una visione etica che è presente anche in Hume, quando in maniera similare tratta del problema del bene e del male che, altrettanto, sembrerebbe pregiudicato con l'affermazione della potenza delle passioni.

In una "Prefazione" all'*Autobiografia* di Hume, una vecchia e bella edizione, Umberto Forti scrive: «Che il problema morale dovesse essere la maggiore preoccupa-

---

(44) SP pg. 33-34, il passo virgolettato è tratto da F. NIETZSCHE, *Genealogia della morale*, 1887, Prima dissertazione.
(45) SP pg. 41.
(46) G. DELEUZE, *Spinoza et nous*, 'Revue de syntèse', gennaio, 1978, trad. it. in SP pg. 154.

zione dello Hume, ce lo dichiarano la sua indole ed i suoi tempi. Quest'uomo tutto chiuso e appartato, perfino apparentemente timido, è tale perché non può svagarsi con le cose circostanti. Egli ha bisogno di conoscersi e di difendersi, ha bisogno di sapere che non è tutto ventre e mascella fino a masticare se stesso.

Hobbes considerando il piacere e il dolore come unici motivi di ogni azione umana, ed aggiungendo che morale è appunto quell'azione che tende a dare maggior piacere all'individuo, legava ai suoi successori il problema circa il modo per cui l'uomo puramente egoista possa farsi socievole. Problema tanto più assillante in quanto la storia inglese, realizzata e vissuta nello Hobbesiano egoismo, minacciava di sommergere la Nazione. Il piacere, posto a fondamento della coscienza etica, la distrugge. [..].

Cioè ogni agire rimane agire e l'attributo di morale non avendo a che contrapporsi, cioè non distinguendo azione da azione, perde ogni valore. E viene così a negarsi quella coscienza etica che doveva essere spiegata. O meglio: si dichiara insufficiente la spiegazione Hobbesiana. E come pensare – d'altra parte – che la virtù sia un così agevole sentiero, quando invece ognuno di noi è ben cosciente degli attributi di sforzo, pena, sacrificio..., che esso implica? Lo *yahou* di Swift, l'uomo bruto tutto immerso nei sensi, come potrebbe realizzare quel complesso di sacrificio individuale che è lo Stato? Occorrerebbe, per lo meno, fare appello al *tornaconto*, anziché al piacere (La Mettrie, Helvétius) e ridurre la coscienza etica alla ragione ed al calcolo [...].

Ricorsi tutti questi di assai dubbia efficacia. Ma già lo Shaftesbury si sforzava di mostrare, accanto al sentimento egoistico dell'uomo, l'esistenza di un sentimento disinteressato; e dichiarava fondamento dell'agire morale, un razionale equilibrio di queste tendenze. In questo senso egli è molto vicino al pensatore di Edimburgo.

Che lo Hume sia molto positivo e calcolatore, e che egli nel valutare le cose faccia appello – come tutto il suo secolo – alle loro utilità, lo abbiamo già detto.

Quanto egli disprezzi il digiuno, la penitenza, il celibato, la mortificazione, l'abnegazione, l'umiltà, il silenzio, la solitudine, e tutta la serie delle virtù monacali, appunto perché non rendono nessuno né fortunato né capace di piacere in società, e – insomma – perché non servono a nulla – è noto. Anche nel filosofare egli faceva appello all'utilità, e dichiarava apertamente che non varrebbe affatto la pena di andare a pescare delle verità inutili, e – tanto meno – dannose. È ovvio, dunque, che questo prudentissimo filosofo aggiunga anche che il fondamento delle distinzioni morali sia l'utilità: l'utile o il piacevole desta – egli dice – la nostra approvazione. Ma quale utilità? Il mero particolare, utilità dell'individuo? Il rubare, per esempio, o l'essere violenti? Di nuovo allora torneremo ad Hobbes con l'amor proprio a *sola guida della nostra coscienza*. Ebbene, ciò non è affatto necessario, e la considerazione di alcuni sentimenti umani disinteressati potrà suggerire una soluzione di questo problema. Se noi osserviamo una campagna primaverile, ubertosa, piena di fiori, sotto un cielo clemente, noi non possiamo sottrarci alla suggestione che essa esercita sul nostro spirito.

Nel nostro cuore irrompe quella stessa gioia che pare rivelarsi in ogni angolo della natura, ed anche i nostri pensieri si fanno simili alle cose: divengono anch'essi leggeri e ridenti. Ma delle forre, dei precipizi pieni di rovi intrecciati, sotto un cielo plumbeo, ci opprimono. Una vecchia casa diruta dalle intemperie, circondata di ortiche, in una terra inclemente che l'uomo ha dovuto per sempre abbandonare, ci rattrista. Eppure noi non speriamo affatto di pagare di meno il grano al mercato nel primo caso, né temiamo – nell'altro – che il padrone di casa ci aumenti la pigione in seguito ad una crisi d'alloggi. Noi possiamo insomma rallegrarci o rattristarci indipendentemente dal nostro interesse particolare, e in modo affatto disinteressato.

Analogamente non è affatto necessario essere delle adultere e temere l'inferno per piangere sulla sorte di Francesca, e il fanciullo non aspetta una parte dei regali di nozze per rallegrarsi della giusta fortuna di Cenerentola. È che l'uomo è capace di simpatizzare con i suoi simili, è la sua *umanità* che si commuove a questi eventi. Allo stesso modo quando diciamo malvagio Nerone o buono Mosè, non è affatto un interesse personale che guida tale giudizio, ma un sentimento affatto indipendente dall'amor proprio, un sentimento che lo Hume chiama di *umanità*: un sentimento per cui tutto ciò che riesca *utile e piacevole a sé ed agli altri* attrae la nostra approvazione.

Ecco dunque trovato un principio che spiega – senza far ricorso a sistemi astrusi o remoti – l'origine delle distinzioni morali. Ecco un principio che pone fine all'anarchia Hobbesiana: l'avarizia, l'ambizione, la vanità, e tutte le passioni egoistiche sono condannate da tale principio: *la nozione di morale implica qualche sentimento comune a tutto il genere umano, che raccomanda lo stesso oggetto all'approvazione generale*, un sentimento indipendente cioè – come si è visto – dagli interessi particolari di un individuo. Voi vedete insomma che mentre Hume continua – secondo il costume del secolo – a parlare di utilità o di piacere, egli ha se non altro purificato tali termini per quanto essi possano essere purificati: non più il particolare, ma l'universale. Non più la brutalità dei sensi, ma l'*umanità*. Tale è la parola di questo spirito diffidente ma elevato. E a questo punto il tono di Hume diviene veramente eloquente: "l'ambizione di un uomo – egli dice – non è l'ambizione di un altro, né lo stesso avvenimento od oggetto li soddisfa ambedue; ma l'umanità di un uomo è l'umanità di ogni uomo, e lo stesso oggetto tocca questa passione in tutte le creature umane".

Come vedete non è un metafisico, ma un semplice osservatore chi perviene a queste conclusioni: quando chiamo un uomo mio rivale, o antagonista o avversario, il mio linguaggio è diverso da quando gli affibbio gli attributi di vizioso, odioso, depravato ecc. In questo secondo caso io debbo far astrazione dalla mia situazione particolare e privata, e debbo mettermi da un punto di vista che ho in comune con tutti gli altri uomini, devo muovere qualche principio universale della natura umana, e toccare una corda che risuona in tutti. La distinzione fra il puro amor proprio e l'umanità è sempre evidentissima. Un comportamento che guadagni la mia approvazione commovendo la mia umanità, guadagna anche il plauso di tutti gli uomini; ma il soddisfare la mia avarizia o la mia ambizione, fa soltanto contente queste passioni in me, e non tocca l'avarizia e l'ambizione del resto dei miei simili. Questa è *matters of fact*.

E se chiamerete interesse o disinteresse ciò che soddisfa o che non soddisfa tali passioni, dovrete trovare altri attributi per ciò che risponde, o che si contrappone, al sentimento di umanità. Ora, a meno che non vogliate riformare il dizionario, questi attributi sono due: virtù e vizio.

Tutto ciò è tanto chiaro che pare quasi banale. Né può farci ombra il pregiudizio di una natura umana essenzialmente egoistica e brutale. Qualunque sia la nostra esperienza degli uomini noi non possiamo assolutamente asserire questo. In primo luogo abbiamo già detto che l'uomo è disposto a simpatizzare con tutto ciò che possa essere utile o piacevole alla umanità anche indipendentemente da ogni suo interesse».[47]

Posto questo sostrato su cui si può dire si sia appoggiato anche Deleuze, allora si può comprendere una dimensione che non porta affatto all'irrazionale e all'immorale, ma solo all'umano, alla natura umana, con Hume, e per conseguenza, il processo de-

---

(47) U. FORTI, "Prefazione" a D. HUME, *Saggi morali, letterari e autobiografia*, Carabba, Lanciano, 1930, pgg. 18-23.

siderante non è affatto ingiudicabile perché in nome del desiderio allora tutto sarebbe possibile, come nei commenti che abbiamo visto, ultimi Clouscard e Eco.[48]

I processi desideranti sono assolutamente giudicabili e, a seconda dei casi, si può ampiamente trovarli riprovevoli. A seconda dei casi, in Spinoza e Nietzsche sono oggetto di critica anche feroce. E, con Hume, le affettività possono essere buone o cattive, come l'immaginazione può essere produttiva o vaneggiamento.

Non si comprende perciò come la critica non abbia letto la dualità insita nel monismo deleuziano e abbia letto il desiderio come solo "cattivo".[49]

Un'altra digressione ancora. Terza faglia: legge e giurisprudenza.

Potrà sembrare sorprendente che Deleuze, nell'insistenza sulla dimensione immanente e non trascendente, etica e non morale, non citi mai l'imperativo categorico di Kant «agisci in modo che la massima della tua volontà possa sempre valere in ogni tempo come principio di legislazione universale»,[50] forse una delle più chiare formulazioni dell'etica e quale sia lo strumento di misura da usarsi.

Non un trascendente ideale, ma la misura tutta immanente nel rapporto con l'altro.

Norma tutta etica, che possiamo trovare anche in Cristo, nel precetto "Ciò che volete gli uomini facciano a voi, anche voi fatelo a loro",[51] che è poi una delle varie versioni *dell'etica della reciprocità* o *regola d'oro*, presente nella filosofia greca, nel buddhismo, nell'ebraismo, nell'islamismo e nel confucianesimo.

Crediamo di poter dire che Deleuze non usi l'imperativo categorico per la sua totale avversione a qualcosa che affermi la staticità. Per quanto di natura immanente il pronunciamento kantiano suona come regola di carattere definitivo, esclude il domandarsi continuo dell'io nei confronti dell'altro-da-sé o nel momento dell'incontro.

---

(48) Anche in riparazione alla figura di Eco, vedi Appendice 4.
(49) Circolava una volta in rete lo strano video di una dissertazione su Hume (evitiamo i riferimenti per non suscitare suscettibilità) dove chi parlava si dispiaceva che il pensatore scozzese avesse dato un ruolo, a suo dire, "negativo" all'immaginazione, lì descritta come facoltà capace solo di partorire "chimere alate". È curioso il fatto, poiché Hume, semmai, eleva al massimo grado l'immaginazione facendola entrare nel novero delle facoltà fondamentali, pur segnalando possibili "effetti indesiderati", le "chimere alate". È dunque bizzarro che si legga in un senso opposto il ruolo dell'immaginazione e si elevi la prudenza di Hume al tutto dell'assunto, come se si dicesse che gli antibiotici servono solo per procurare bruciori di stomaco e non, e principalmente, per guarire infezioni, pur avendo, anche, un effetto indesiderato. Che l'immaginazione possa immaginare, che il desiderio possa desiderare, che il pensiero possa pensare in maniera "cattiva", è certo possibile. Brillante per il suo humour la battuta attribuita a James: «Molte persone ritengono di pensare, in realtà stanno solo riorganizzando i loro pregiudizi». C. FADIMAN, *American treasury, 1455-1955*, Harper & Brothers, New York, 1955, pg. 719. In effetti, se ammettiamo un principio organizzatore, questo è senz'altro un pre-giudizio, e perfino il *giudizio sintetico a priori* di Kant lo sarebbe. James ci mostra infatti che può esserlo, che pensare può essere "anche" questo e per lo stesso modo di essere, che è pur sempre pensare. Bachelard ricorda un procedimento analogo, un modo della coscienza di immaginare in assurdo, ma con una ragione, la necessità di esorcizzare la paura producendo un "falso", con un caso descritto da Jung: «"La coscienza si comporta allora come un uomo che, sentendo un rumore sospetto in cantina, si precipita in soffitta per constatarvi che non ci sono ladri e, conseguentemente, il rumore era pura immaginazione. In realtà quell'uomo prudente non ha osato avventurarsi in cantina"». (C.G. JUNG, *L'homme à la découverte de son âme*, Mont-Blanc, Geneve, 1950, pg. 203). Per cui Bachelard chiosa: «Invece di affrontare la cantina (l'inconscio) "l'uomo prudente" di Jung cerca per il suo coraggio gli alibi della soffitta». G. BACHELARD, *La poetica dello spazio*, cit. pg. 46-7. In effetti il pensiero pensa "anche" così. La macchina desiderante può agire "anche così". La macchina desiderante può essere anche questa. Ma non solo questa. Né principalmente questa.
(50) I. KANT, *Fondazione della metafisica dei costumi*, cit., Sez. II.
(51) LUCA, 6, 31.

Lo abbiamo visto prima nel problema della conoscenza, dove si mette a margine Kant per le pretese regolamentatrici insite nel suo pensiero, a favore di Hume che non elabora griglie decisive e immutabili. Treppiedi sottolinea bene la questione, ovvero come da Hume e Deleuze si affermi una giurisprudenza (anziché un codice): «Si comprende, in questo senso, la valorizzazione, in *Empirismo e soggettività*, dell'idea humeana di "circostanza". Un'idea che riecheggerà, da *Differenza e ripetizione* in poi, nella nozione deleuziana di "singolarità" intesa come il concetto ritagliato nel particolarissimo caso d'esperienza in virtù del quale il discorso filosofico si instaura al modo di una giurisprudenza, una casistica delle passioni e dell'affettività, laddove un nuovo e inatteso factum – ciò che Deleuze chiama "l'oggetto di un incontro" – implica la ridefinizione adeguata della domanda sulle sue condizioni necessarie. L'empirismo trascendentale di Deleuze, sotto questa luce, è un *modus philosophandi*, uno stile di pensiero che è tanto kantiano nelle aspirazioni, quanto più profondamente humeano nell'affrontare tutto ciò che il soggetto moderno stenta a "riconoscere" e che per ciò stesso, ancora una volta, lo "costringe a pensare"».[52]

O, come ebbe a dire con una bella immagine, Gérard Kaleka: «il filosofo come l'immagine della scimmia nella rischiosa sperimentazione di un apprendistato, che si schiude al senso e al vero, man mano che la sua mimica viene a sposarsi con le singolarità differenziali della questione che l'ostacola e insiste nel suo comportamento. Il vero è dell'ordine dell'*a cose fatte*, il limite ideale di senso prodotto per le serie genetiche appartenenti allo stesso tempo al comportamento del soggetto e al settore sul quale esso opera. Nessun sapere e metodo dunque ma un vero tirocinio, una cultura che suppone una selezione e un addestramento.

Come in Proust, la cui interpretazione è interamente organizzata sotto il segno del tirocinio, l'intelligenza viene dopo: ciò suppone tutto un uso disgiunto delle facoltà (contro Kant e la sua legislazione categoriale), tutta un'interpretazione brancolante dei segni, tutta una gelosia aggressiva e crudele (contro l'amicizia, contro la buona volontà), in breve tutto l'inconscio del pensiero messo in gioco».[53]

È un crinale, quello humeano, e poi deleuziano, minoritario in filosofia, da sempre affetta invece da desideri di definitivo, di assoluto, di unico. Qui, invece, abbiamo la giurisprudenza al posto della legge, la pluralità irriducibile all'unità.[54]

Su questo crinale ritroviamo quell'Heidegger di cui Deleuze dice: «si rammentino le profonde osservazioni di Heidegger quando dimostra che finché il pensiero si ferma al presupposto della sua buona natura e della sua buona volontà, nella forma di un senso comune, di una ratio, di una cogitatio natura universalis, esso non pensa affatto, ma resta prigioniero dell'opinione, irrigidito in una possibilità astratta...: "L'uomo sa pensare in quanto ne ha la possibilità, ma questo possibile non ci garantisce ancora

---

(52) F. TREPPIEDI, *Incidenza di Hume nell'empirismo trascendentale di Deleuze*, cit., pg. 138.
(53) G. KALEKA, *Un Hegel philosophiquement barbu*, 'L'Arc', n° 49, 1972, trad. it. *Un Hegel filosoficamente barbuto*, in AA. VV. *Deleuze*, cit., pgg. 120-1. Si veda anche MPS pg. 17: «All'idea filosofica di "metodo", Proust oppone la duplice idea di "costrizione" e di "caso". La verità dipende da un incontro con qualche cosa che ci obbliga a pensare, a cercare il vero».
(54) H. BERGSON, *La philosophie française*, Larousse, Paris, 1915, trad. it. *La filosofia francese*, Orthotes, Napoli-Salerno, 2013, pg. 22: «Come Gambetta ha potuto dire: "Non c'è *una* questione sociale, ci sono questioni sociali", così mi sembra che, se il mio contributo contiene qualcosa di nuovo, questo sta nel fatto che non c'è *un* problema filosofico, ma un'infinità di questioni particolari che richiedono di essere risolte separatamente e che è impossibile ridurre a una sola». Come minoritaria, per vocazione d'indirizzo e analisi "minore" di ciò che non è compreso nel "maggiore" nonché analisi dei casi e non del caso uno e unico, abbiamo già visto essere la "Patafisica" o il "falsificazionismo" di Popper, fra gli altri esempi citati.

che ne siamo capaci"; il pensiero non pensa se non costretto e forzato, davanti a ciò che "dà da pensare", a ciò che va pensato, e ciò che va pensato è poi l'impensabile o il non-pensato, cioè il fatto perpetuo che "noi non pensiamo ancora"».[55]

Zourabichvili nota correttamente: «Deleuze est ici à la fois le plus proche et le plus éloigné de Heidegger. Le plus proche parce qu'il reprend à son compte l'idée que la faculté de penser concerne une simple possibilité et non pas encore une capacité, et s'approprie le motif célèbre qui en découle "Nous ne pensons pas encore"».[56]

È la terza faglia: pensare ogni volta, all'incontro col singolo.

Contro la pretesa della filosofia maggiore, stabilire ora e per sempre, non avere da pensare costantemente.

Ma cosa impossibile. Pretesa assoluta che la semplice pratica contraddice. Spesso, addirittura, ridicolizza.

L'esperienza quotidiana, reale, di ognuno di noi ci offre esempi in abbondanza: visitando un malato terminale, distrutto fisicamente dalla malattia, che ci chiede come lo vediamo, cosa dobbiamo rispondere? La verità, per non infrangere il comando, un assoluto, "non mentire" e chiudendo al malato anche quella speranza, o pure quell'illusione, di valore comunque palliativo, che è nella sua domanda?

E se mentiamo, allora non è che lo facciamo in disprezzo del precetto, ma addirittura a valorizzarlo. Ovvero, occorre vedere che la Verità, pure, niente a volergli togliere, ora, nel dirla, viene così a essere tradita del suo senso stesso, del suo valore, del perché la verità vale. Perché a cosa vale, infatti in questo caso? A niente. Per meglio dire, in questo caso non vale a niente (se non al peggio, ma non importa neppure andare a valutare questo) perché non è "cosa" che servirà a qualcosa, come invece serve (e dunque vale) quando, se abbiamo la verità, allora la possiamo usare per qualcosa (avere la verità di una legge fisica ci permette di realizzare qualcosa che se non l'avessimo, o la tradissimo, quella verità, fallirebbe il progetto).

Ci piace aggiungere due contributi che dimostrano come sia impossibile una dimensione reale da viversi per assoluti o seguendo assoluti, a livello logico pure incontrovertibili, ma del tutto irrealizzabili sul piano pratico. Tema che percorre tutta l'opera di Schopenhauer, la cui attenzione principale è su quello che è stato chiamato, come anche comunemente è chiamato, il "buon senso", da non intendersi affatto come una semplice ermeneutica ma come una direzione di senso (come quando si dice "una cosa senza senso", anziché "una cosa sbagliata").

Quel senso che indirizza o esplode nel paradosso, che era anche tutto il tema di *Logica del senso* di Deleuze, ed è stato anche il tema che ha attraversato tutta l'opera di Schopenhauer come, a sintesi, vediamo nel celebre *paradosso dei porcospini*,[57] o disposti vicini fra di loro per darsi calore, prescrizione-legge giusta in sé, o disposti lontano fra di loro onde non ferirsi, ancora prescrizione-legge giusta in sé, ma dove né l'una né l'altra realizzano effetto efficace, da ottenersi, invece, per modulazione delle forme, del vicino e del lontano.

Potenza del paradosso, dove «il paradosso è innanzitutto ciò che distrugge il buon senso come senso unico, ma, anche, ciò che distrugge il senso comune come assegnazione di identità fisse».[58]

---

(55) DeR pg. 439, il passo virgolettato è tratto da M. HEIDEGGER, *Che cosa significa pensare*, cit., pg. 39.
(56) F. ZOURABICHVILI, *Deleuze*, cit., pg. 24. Idem per il virgolettato di Heidegger.
(57) Cfr. A. SCHOPENHAUER, *Parerga e paralipomena*, 1851, Vol. II, Cap. 31, sezione 396.
(58) LdS pg. 11.

Oppure nel caso sollevato da Abelardo, ancora per un effetto di "troppa vicinanza": «una povera donna ha un bambino lattante e non ha sufficienza di panni per il bambino che vagisce nella culla e per sé. Mossa allora da compassione per il bambino, se lo pone accanto per riscaldarlo coi propri panni e finalmente superata nella sua debolezza dalla forza della natura soffoca senza volerlo il bambino, mentre lo abbraccia con immenso amore».[59]

Nel caso proposto da Abelardo sarebbe nell'intenzione che si deve leggere e giudicare. Ma c'è qualcosa di più. Nella sua "filosofia dell'intenzione" Abelardo non rimanda a un'interiorità ma all'esteriorità del gesto, a ciò che si compie, cosiccome dice non essere peccato desiderare la donna d'altri (sentimento interiore), ma peccato è dare atto a quel desiderio, ovvero, a ciò che si va a compiere.[60]

Qui sarebbe stato compiuto allora un omicidio, un infanticidio? No, poiché l'atto stesso "non era diretto a questo scopo" (così dobbiamo dire, più che "non aveva questo intento"). Come giudicarlo, allora? Qui, occorre giudicarlo modulando l'assoluto "non uccidere", con il fatto reale, in cui pure qualcuno (il bambino) è stato ucciso. Spostare l'assoluto dalla sua posizione immobile e misurarlo nel fatto.

Come nel caso proposto da Schopenhauer, che, ancora, la questione è risolvibile solo con un atto di mediazione, di modulazione del dato in sé.

Compromesso, sì, ma non nel senso comune (*in medio stat virtus*),[61] come soluzione al ribasso, ma come la massima potenza della sintesi o *l'eccesso è nel mezzo*, come dice Deleuze quando, ancora sul teatro di Bene, scrive: «Ciò che è interessante non è mai il modo in cui qualcuno comincia o finisce. L'interessante è in mezzo, ciò che succede nel mezzo (*au milieu*). Non è un caso che la velocità massima sia in mezzo. [...]. Il divenire, il movimento, la velocità, il turbine, si trovano in mezzo. Il mezzo non è una media, è invece un eccesso. Le cose crescono dal mezzo».[62]

Il mezzo è l'eccesso come la massima forza del pensare, come il pensiero che si attiva e pensa, e sa pensare l'assoluto e il contingente nella soluzione *hic et nunc*, per quel caso. Sa pensare l'autentico. Foucault ci parla del limite come un elemento della virtù – come abbiamo già detto – da cui scaturisce un giusto mezzo, ma soprattutto ci dice che questa virtù non è un astratto, ma un modo, uno stile, come nella Grecia classica dove così ci si interroga e così ci si risponde: «come si può e come si deve servirsi di questa dinamica dei piaceri, dei desideri e degli atti?

È il problema del buon uso. Come dice Aristotele: "Tutti, in qualche misura, traggono piacere dalla tavola, dal vino e dall'amore; ma non tutti lo fanno come si deve"».[63] Dunque, la giurisprudenza come forma del pensiero, che è nel dato più significativo del pensiero deleuziano, dalla prima lezione di Hume a tutta la sua ricerca e a tutta la sua opera. Il troppo, il poco, il non abbastanza, il quanto, non come misure spaziali, ma come intensità puntuali nel momento, spostano le identità fisse, risalgono dalla loro collocazione subalterna di accessori a costituenti ontologiche a tutto titolo. La modalità (come) supera la definizione (è).

---

(59) P. ABELARDO, *Scito te ipsum*, trad. it. *Conosci te stesso o Etica*, Cap. I, Par. 5.
(60) Ibidem.
(61) Di senso comune nella derivazione da ARISTOTELE, *Etica Nicomachea*, Cap. II.
(62) SVR pg. 73.
(63) M. FOUCAULT, *L'uso dei piaceri*, cit., pg. 57, citando da ARISTOTELE, *Etica Nicomachea*, Cap. VII.

Capitolo Quinto

TERZO MALINTESO: ESTREMISMO DI SINISTRA

La rivoluzione sarà una festa.

Evidenziato quindi come il senso del processo è per effetto di *come* e non per un'identità ontologica pre-esistente (anziché è bene il Bene, ora abbiamo che è bene un effetto buono) e posto che, anche e soprattutto, dalla differenza dei modi della sostanza spinoziana, (desiderio come sostanza, buono e cattivo come modi), abbiamo una pluralità e non un unico mentre nella critica esaminata fin qui è stato visto quello *cattivo*, eletto a unico, di converso, sarebbe molto semplicistico, e altrettanto sbagliato concettualmente, allora, effettuare un semplice rovesciamento. Vedere il desiderio come solo *buono*. O che l'esito del desiderio sia solo rivoluzionario, come accadde, sull'altro versante. Già qui occorre precisare (o anticipare): il problema non è che il desiderio sia o possa essere rivoluzionario, ma *come* sarà rivoluzionario. Come deve esercitarsi un desiderio pure di apertura, di rinnovamento, di liberazione.

Se escludiamo il come, tutto diventa semplice, facile spontaneismo, ad esempio. Teoria di "gioiosa" rivoluzione non meglio specificata. Un'immagine di questo tipo se ne appropria il gauchismo, cosa della quale se ne lamenta, una volta, lo stesso Deleuze: «Ci vengono obiettate cose molto spiacevoli. Ci attribuiscono il ritorno a un vecchio culto del piacere, a un principio del piacere, o a una concezione della festa (la rivoluzione sarà una festa) [...]. Ma noi diciamo proprio il contrario: non c'è desiderio se non in un concatenamento o in una macchina».[1]

Questo è quanto avvenne infatti nel versante opposto, quello dei lettori di una natura gauchista de *L'anti-Edipo* da dividersi, per un verso, in critici e, per un altro verso, in fiancheggiatori, del testo di Deleuze e Guattari.[2]

Visto come (e da) sinistra. In parte – ma non solo per questo, come vedremo – per aver attribuito alla psicoanalisi un significato di ideologia repressiva, Deleuze e Guattari sono presentati da molti commentatori come i continuatori di una tradizione di stampo marxista, come si legge in un editoriale di 'Actuel' che presenta *L'anti-Edipo* come «un libro che raggiunge i toni di un nuovo gauchisme che si avventura fuori dalla strada tracciata da Marx e Lenin».[3]

---

(1) CNV pg. 111.
(2) Intendiamo per "gauchismo" un'area molto eterogenea, composta dai movimenti della contestazione a sinistra della sinistra tradizionale. Fra questi, vasta stampa definì "anarco-desideranti" quanti si sarebbero rifatti a *L'anti-Edipo*. In Italia è figura di spicco Franco (detto Bifo) Berardi, di cui abbiamo già detto qui nell'"Introduzione". Erano presenti poi il "movimento 77", gli "indiani metropolitani" e movimenti che metabolizzavano temi della controcultura americana, Marcuse, il buddismo. C'era poi una parte avversa e, come contro un'eresia, ne esorcizzava il contenuto. È il caso di Robert Linhart (R. LINHART, *Gauchisme à vendre?*, 'Libération', 1/4/1972) che scrive de *L'anti-Edipo*, riprendiamo la sintesi da Dosse, «comme la source de tous les maux du maoïsme agonisant». (F. DOSSE, *Deleuze Guattari*, cit., pg. 249). Nonché tutta la linea editoriale di 'Libération', diretto da Serge July, cofondatore, con Sartre, del giornale, membro del "Mouvement du 22 Mars" nel '68 (nonché "aiutato" da Guattari, come psichiatra, a evitare il servizio militare). Ancora in tempi relativamente recenti, si deve leggere di presunte responsabilità de *L'anti-Edipo* nelle derive del gauchismo, come in Jean-Pierre Le Goff (J.-P. LE GOFF, *Mai '68, l'héritage impossible*, La Decouverte, Paris, 1998) e in Jean-Christophe Goddard (J.-C GODDARD, *Violence et subjectivité. Derrida, Deleuze, Maldiney*, Vrin, Paris, 2008).
(3) AA.VV., *C'est deman la vieille*, Seuil, Paris, 1973, trad. it. *Aspettando la rivoluzione*, Guaraldi, Rimini-Firenze, 1975, pg. 114.

Un errore che, stando alla ricostruzione fin qui effettuata della concezione schizoanalitica, non può non apparire in tutta evidenza: tutt'altro che assente, e tutt'altro che minoritaria, abbiamo visto, è infatti la parte che descrive il desiderio come causa costrittiva. Inoltre, da parte di Deleuze e Guattari, se anche si sostiene che la psicoanalisi sia un prodotto dell'ideologia repressiva, non si sostiene peraltro che la psicoanalisi sia – al pari di altre culture deterministe e nichiliste – un prodotto confezionato dalla classe dominante e usato per imporre o perpetuare questa condizione.

Deleuze e Guattari dicono anzi a più riprese che «non sono gli psicoanalisti che inventano l'Edipo, sono i nevrotici. Il nevrotico per natura è uno che chiede dell'Edipo».[4] Dicono anche: «Non vogliamo dire che la psicoanalisi inventa Edipo. Risponde alla domanda, la gente arriva col suo Edipo. La psicoanalisi non fa che elevare Edipo al quadrato».[5]

Deleuze, come abbiamo visto, ha ben illustrato, seguendo Spinoza e Nietzsche e analizzando Sacher-Masoch, come egli vede il rapporto dominanti-dominati, un rapporto posto non in termini di imposizione dall'alto, dove il superiore domina con la forza e costringe l'inferiore, ma come frutto della volontà di chi vuol essere dominato e crea quel vertice che impone per primo su di sé e che, poi, estende anche oltre di sé, attraverso un'azione di "contagio" allargando questa volontà di subire la dominazione. Volontà che proviene essenzialmente dal basso e che resta un prodotto realizzato dai dominati stessi. E tutto *L'anti-Edipo* è una dimostrazione di come il soggetto si faccia *Edipo*: «Non siete nato Edipo ma avete fatto crescere Edipo in voi».[6]

Le culture nichiliste nascono dai dominati che realizzano il tiranno come abbiamo visto dire da Spinoza e come Deleuze dice del progetto di Sacher-Masoch: «Siamo di fronte a una vittima che cerca il carnefice, che ha bisogno di formare, di persuadere, di stabilire con esso un patto per la realizzazione della più strana delle imprese».[7]

Rispetto alla dialettica marxista di stampo classico, laddove la schizoanalisi è politica lo è per quanto – come già illustrato – non ha la sua istanza essenziale nella denuncia dell'ordine come repressore del desiderio, ma nella denuncia dei desideri, in primis laddove passioni tristi, come "danno" che il soggetto vuol farsi intenzionalmente da solo (per uno scopo ulteriore, di cui quel "danno" è solo il mezzo per quello scopo) e non come violenze che il desiderio subirebbe dall'ordine, ovvero – come abbiamo già visto precedentemente – «il problema che Spinoza seppe porre (e che Reich ha riscoperto): "perché gli uomini lottano per la loro schiavitù come se si trattasse della loro salvezza?"».[8]

Dove lo scopo, sappiamo, spiega il perché della sottomissione (come voluta), e dove c'è la risposta a quanto, come abbiamo visto, a Baudrillard sembrava essere un'aporia, che, se ancora la rammentiamo è perché, la questione, lungi dall'esser stata superata, ancor oggi riaffiora, per voci di autori diversi.[9]

---

(4) AA.VV., *Psicanalisi e politica*, Feltrinelli, Milano, 1973, pg. 171.
(5) C. BACKES-CLÉMENT (intervista a cura di), *Sur capitalisme et schizophrenie*, cit., pg. 75, trad. it. AA.VV., *Deleuze cit.*, pg. 75, *Una tomba*, cit., pg. 364, PPA pg. 28.
(6) AE pg. 383.
(7) SM pg. 9.
(8) AE pg. 32. Questo è il punto centrale de *L'anti-Edipo* anche per François Châtelet: «Enfin, Deleuze et Guattari posent la question qui nous hante depuis la défaite du nazisme: "Pourquoi les hommes combattent-ils pour leur servitude comme s'il s'agissait de leur salut?". F. CHÂTELET, *Le combat d'un nouveau Lucrèce*, 'Le monde', 28/4/1972.
(9) Se poteva sembrare questione superata l'incomprensione circa l'essere attivo del desiderio repressivo, o l'intervento di Baudrillard, ormai lontano anche nel tempo, purtroppo notiamo che ancora si persiste a

Ma, ciò posto, posta tutta la responsabilità del desiderio nella costruzione dei sistemi repressivi, si deve dunque concludere che il desiderio non può avere possibilità di processo, invece, rivoluzionario? Che il desiderio resta confinato in una produzione di ordine, di creazione di sottomissione? O, al contrario, si può pensare il desiderio come la potenza capace di innescare una rivoluzione che faccia esplodere questi stessi ordini? Può il desiderio, ora, essere rivoluzionario? Ci si può appellare all'altro polo del desiderio? Altro polo di cui parla esplicitamente *L'anti-Edipo*, peraltro.[10]

E, questo polo, questo "parziale", può essere allora, "libretto" per un pensiero rivoluzionario, per la pratica dei movimenti del gauchismo?

La questione è infinitamente più complessa. *L'anti-Edipo* ha segnalato il problema, contro la visione corrente di un'economia materiale, di dover realizzare un'analisi basata su un'economia (e, a seguire un ordinamento politico) desiderante, o libidinale per usare un termine di Lyotard.[11]

---

negarlo, ad esempio con Recalcati, per il quale non è possibile che il desiderio voglia la sua repressione, semmai, si tratterà (ancora) di pulsione di morte: «Dopo aver rifiutato, con un'interpretazione fantasiosa e pretesca, l'ipotesi freudiana della pulsione di morte, *L'anti-Edipo* mostra di fatto, come questa pulsione sia sempre silenziosamente operante». Perché, per Recalcati, è questa che spiega e risponde al quesito deleuze-guattariano com'egli stesso ci ricorda: «perché gli uomini lottano per la loro schiavitù come se si trattasse della loro salvezza, si chiedono Deleuze e Guattari, attraverso Spinoza e Reich?». M. RECALCATI, *Jacques Lacan. La clinica psicoanalitica: struttura e soggetto*, Cortina, Milano, 2016, pg. 215.

(10) AE pg. 315: «Abbiamo visto che ci sono due grandi tipi di investimento sociale, il segregativo e il nomadico, come due poli del delirio: un tipo o polo paranoico fascisteggiante, che investe la formazione di sovranità centrale, la surinveste facendone la causa finale eterna di tutte le forme sociali della storia, controinveste le enclavi e la periferia, disinveste ogni figura libera del desiderio: sì, sono dei vostri, della classe e della razza superiori. E un tipo o polo schizo-rivoluzionario che segue le linee di fuga del desiderio, attraversa il muro e fa passare i flussi, monta le sue macchine ed i suoi gruppi in fusione nelle enclavi o alla periferia, procedendo al contrario delle precedenti: non sono dei vostri, sono eternamente della razza inferiore, sono una bestia, un negro».

(11) "Economia libidinale" (*Economie libidinale*, Minuit, Paris, 1974, trad. it. *Economia libidinale*, Colportage, Firenze, 1978) e "capitalismo energumeno" (*Capitalisme énergumène*, 'Critique', n° 306, 11/1972) sono due concetti fondamentali in Jean-François Lyotard.

Anche Lyotard, come prima Simondon, preferiamo limitarci a vederlo come un "compagno di strada" di Deleuze, e di Deleuze e Guattari (con la tesi *Discour, figure*, poi edita Klincksieck, Paris, 1971, trad. it. *Discorso, figura*, Mimesis, Milano, 2008, Lyotard ottiene il suo dottorato, «Deleuze era stato uno dei membri della commissione», ID, nota pg. 272). La differenza ci sembra consista nel vedere da parte di Lyotard la dimensione "libidinale" come dimensione solo del capitalismo maturo, o dell'epoca del post-moderno, termine, quest'ultimo, che ha certo in Lyotard la paternità più importante. (Cfr. F. LYOTARD, *La condition postmoderne. Rapport sur le savoir*, Minuit, Paris, 1979, trad. it. *La condizione postmoderna. Rapporto sul sapere*, Feltrinelli, Milano, 1981). Abbiamo qui visto che, per Deleuze e poi per Deleuze e Guattari, questa condizione non sia del capitalismo post-moderno, ma si trovi anche nel capitalismo originario e, più radicalmente ancora, in ogni forma di ordinamento. Aggiungiamo un ulteriore contributo. In un libro uscito in tempi relativamente recenti, e pressoché sconosciuto, Curzio Malaparte effettua una lettura del fascismo da un punto di vista libidinale, schizo (Cfr. C. MALAPARTE, *Muss - Il grande imbecille*, Luni, Milano-Trento 1999): «Uno dei più gravi torti di Mussolini, uno dei torti davvero imperdonabili di cui storicamente egli si è reso colpevole, e di cui dovrà rendere conto, un giorno o l'altro, alla coscienza civile degli italiani, è quello di essersi servito dello Stato per imporre al Paese una idolatria, che si è già rivelata di maggior pregiudizio all'avvenire del popolo italiano che la peggiore delle dittature. Vi è una grandissima differenza fra dittatura e autoidolatria. Cromwell, Clemenceau, Pilsudski, per non citare che tre aspetti diversi del dispotismo, sono considerati dei dittatori veri e propri, nel senso proprio della parola. Ma non hanno mai imposto al popolo l'idolatria di se stessi, non hanno mai obbligato nessuno ad adorarli come esseri quasi divini. [...]. Ma la dittatura, per Mussolini, non era che il mezzo per imporre agli italiani l'idolatria di se medesimo. I suoi primi atti di Governo sono, in questo senso, particolarmente significativi. Il giorno dopo il suo avvento al potere, una disposizione d'ordine generale, firmata Mussolini, avvertiva le dipendenti autorità dello Stato che, a differenza dei Presidenti del Consiglio che lo avevano preceduto, egli non avrebbe dovuto esser chiamato Sua Eccellenza l'Ono-

È un'alternativa innanzitutto analitica, e seriamente scientifica, tutt'altro che un proclama-manifesto che aspira a sostituire un vago *desiderata* al bene materiale come centro del processo o della concreta richiesta politica alternativa.

Il problema è che le economie dette materiali – e, come tali, individuate ne *L'anti-Edipo* non solo nel marxismo, ma anche nelle economie classiche (Smith, Keynes) – sono invece già libidinali.

Dice infatti Deleuze nel convegno *Psicanalisi e politica*, rispondendo a un precedente intervento di Mario Spinella:[12] «Credo che Spinella dicesse che la fuga schizofrenica non era la sola. Certamente. Aggiungeva anche, se ho capito bene, che era di un modello relativamente recente. Di questo sono meno sicuro.

Non è dal maggio '68 che ci sono linee di fuga schizofreniche in Francia. In America non è a partire dagli hippies. Prendiamo un esempio come quello delle crociate: sono proprio partite da un movimento popolare di base. Erano veramente gente, contadini, artigiani che partivano, se ne andavano, se ne andavano secondo linee di fuga molto bizzarre, molto capricciose, lasciavano i loro campi, se ne andavano così, villaggi abbandonati, era terribile. I poteri si trovavano di fronte a un grande problema.

Il papato si chiedeva come tappare queste linee di fuga. E la grande idea del papato e del potere è stata di dare scopo che è stato la crociata».[13]

Ovvero, è la gestione da parte di un potere che poi crea uno scopo, cosiccome è la storiografia che riconduce movimenti-schizo a realtà di tipo economico-razionale.

Le crociate sono un movimento espansionistico, linee di fuga, affatto basato su un fine, tantomeno materiale. Altri momenti possiamo pensare lo siano stati: la rivoluzione francese, la rivoluzione russa, e siano stati ri-codificati dalla storiografia.[14]

---

revole Mussolini, né Sua Eccellenza il Presidente del Consiglio, ma semplicemente il Duce». E se questo era il *Gran Crostaceo*, il tiranno, questa era la *folla invertebrata*, le anime tristi a cui si rivolgeva e con cui creava la sua macchina dispotica, ancora per Malaparte: «Resta ora da dire quale sia il carattere della malafede italiana. La malafede del popolo italiano lo porta a finger di credere in cose, in persone, in idee, cui non crede, e ad agire in conseguenza. [...]. L'italiano non si sacrifica neppure per i propri interessi. Si sacrifica soltanto per l'idea che egli si è fatto di sé, e per smentire, o non smentire, l'idea che gli altri si son fatti di lui. "Gli altri". Ecco il prossimo degli italiani. Gli altri dominano la vita del popolo italiano, e di ogni italiano, con una potenza straordinaria. Il che significa che il carattere fondamentale degli italiani è la vanità. L'italiano si batte bene in piazza, in strada, sotto gli occhi delle sue donne, dei suoi vicini, della cittadinanza. Si batte bene sotto gli occhi del suo Capo, del suo Re, dei suoi generali. Sotto gli occhi dei suoi compagni, se egli è sicuro che i suoi compagni lo guardano. Se nessuno lo sta a vedere, l'italiano non si batte. L'ideale dell'italiano è l'avvocato: ma l'avvocato sotto la forma dell'oratore, e soltanto sotto questa forma».

(12) Mario Spinella è stato un importante intellettuale. Reduce dalla disfatta in Russia nella seconda guerra mondiale, entra nella Resistenza. Partigiano con il nome di battaglia "Parabellum" partecipa alla liberazione di Firenze nell'estate del 1944; scrittore e collaboratore delle riviste 'Il piccolo Hans' e 'Alfabeta', è stato segretario di Palmiro Togliatti e direttore della Scuola delle Frattocchie del PCI.

(13) AA.VV., *Psicanalisi e politica*, cit., pg. 170-1. Anche AA.VV. *Aspettando la rivoluzione*, cit., pg. 128.

(14) La lettura della storia attraverso discontinuità e il riempirsi improvviso (schizo?) di un nuovo contenuto quello spazio che è rimasto vuoto, al posto di legare i momenti in una catena di cui ogni anello precedente tiene in germe quello successivo, appartiene a una importante tradizione del pensiero francese del primo Novecento. Non sarebbe eccessivo, crediamo, attribuirne la genesi alla teoria delle discontinuità di Bachelard, fra i "maestri" di Deleuze (cfr. in particolare G. BACHELARD, *La philosophie du non: essai d'une philosophie du nouvel esprit scientifique*, Puf, Paris, 1940, trad. it. *La filosofia del non. Saggio di una filosofia del nuovo spirito scientifico*, Pellicanolibri, Catania, 1978) ed è tema centrale, come sopra accennato, del Sartre di *Questioni di metodo*.

Questo narrare fuggendo dalle categorie storiografiche o psicologiche è anche il tema del *Lorenzaccio* di Carmelo Bene, *al di là di Alfred De Musset e Benedetto Varchi* (come recita il sottotitolo), dove il crimine di Lorenzino de' Medici, che uccide lo zio Alessandro, per Bene, in «liquidazione della storia

Diranno infatti Deleuze e Guattari successivamente: «In fenomeni storici come la Rivoluzione del 1789, la Comune, la Rivoluzione del 1917, vi è sempre una parte d'evento, irriducibile ai determinismi sociali, alle serie causali. Gli storici non amano molto questo aspetto: essi restaurano delle causalità a cose fatte. Ma l'evento stesso sgancia o rompe tutte le causalità: è una biforcazione, una deviazione rispetto alle leggi, uno stato instabile che apre un nuovo campo di possibilità».[15]

Stesso processo, infine, per il capitalismo. Alla domanda: «Si può ritenere che ai suoi inizi il capitalismo sia giunto ad assumere desideri sociali?», Deleuze risponde: «Senz'altro, il capitalismo è stato ed è sempre una formidabile macchina di desiderio. I flussi di denaro, di mezzi di produzione, di mano d'opera, di nuovi mercati, tutto ciò è desiderio che scorre. È sufficiente considerare la serie di fatti contingenti che sono all'origine del capitalismo, per vedere fino a qual punto sia stato un incrocio di desideri, e come la sua infrastruttura, la sua economia stessa siano inscindibili da fenomeni di desiderio.[...]. Ma se la sua domanda vuol dire: il capitalismo ai suoi inizi è stato rivoluzionario? la rivoluzione industriale ha mai coinciso con una rivoluzione sociale – non mi sembra. Il capitalismo è stato legato, fin dalla sua nascita, a una repressione selvaggia, ha avuto poi la sua organizzazione di potere e il suo apparato statale.

Che il capitalismo abbia implicato una disgregazione dei codici e dei tipi di potere precedenti, questo sì. Ma la rotazione di potere era già implicita nella caduta dei regimi precedenti compreso il potere dello Stato. Ed è sempre così: le cose non sono molto progressive; ancor prima che si stabilisca una struttura sociale, i suoi strumenti di sfruttamento e di repressione sono già pronti, girano ancora a vuoto, ma son già pronti a funzionare a pieno ritmo. I primi capitalisti sono come uccelli da preda che aspettano. Aspettano il loro incontro con i lavoratori; questo avviene a seguito della caduta del sistema precedente. È tutto il significato che si attribuisce a quella che chiamiamo accumulazione primitiva».[16]

Il capitalismo è stato dunque un incontro, nel vuoto della fine del regime feudale, fra il lavoratore libero e il capitale che ha realizzato il processo schizo della produzione e l'"invenzione" del (marxiano) *plus valore*.

---

e della psicoanalisi» è l'atto che né storia né psicoanalisi comprendono, ma solo ricostruiscono perché «Lorenzaccio è quel gesto che nel suo compiersi si disapprova. Disapprova l'agire. E la storia medicea, dispensata, non sa di fatto stipare questo suo (–) enigma eroico; ha subìto e glorificato di peggio, questa Storia. Ma le cose son due: o la Storia, e il suo culto imbecille, è una immaginaria redazione esemplare delle infinite possibilità estromesse dalla arbitraria arroganza dei 'fatti' accaduti (infinità degli eventi abortiti); o è, comunque, un inventario di fatti senza artefici, generati, cioè, dall'incoscienza dei rispettivi attori (perché si dia un'azione è necessario un vuoto della memoria) che nella esecuzione del progetto, sospesi al vuoto del loro sogno, così a lungo perseguito e sfinito, dementi, quel progetto stesso smarrirono, (de)realizzandolo in pieno». C. BENE, *Opere, con l'autografia di un ritratto*, Bompiani, Milano, 1995, pg. 9 e P. VAGHEGGI (intervista a cura di), *Sono un genio è proprio così*, 'Repubblica', 2/11/1986
(15) G. DELEUZE, F. GUATTARI, *Mai 68 n'a pas eu lieu*, 'Les nouvelles', n° 3-9, 1984, DRF pg. 188.
Sulla rivoluzione del 1789, e il suo aspetto repressivo come già connaturato nell'inizio, Deleuze dichiara in un'altra occasione: «A proposito della rivoluzione del 1789, Daniel Guérin ha detto cose molto profonde. La borghesia non ha mai avuto dubbi sul suo vero nemico. Il suo vero nemico non era il sistema precedente, ma quello che sfuggiva al controllo del sistema precedente e che essa si poneva il compito di dominare a sua volta. Essa stessa doveva il proprio potere alla rovina del sistema precedente; ma questo potere lo poteva esercitare solo nella misura in cui assumeva come nemici tutti i rivoluzionari del sistema precedente. La borghesia non è mai stata rivoluzionaria. Essa ha manipolato, incanalato, represso un'enorme pulsione del desiderio popolare. La gente è andata a farsi ammazzare a Valmy». AA.VV. *Aspettando la rivoluzione*, cit., pg. 125. Cfr. D. GUERIN, *La lutte des classes sous la Première République*, Gallimard, Paris, 1968.
(16) AA.VV., *Aspettando la rivoluzione*, cit., pg. 124.

Ovvero, e sommariamente, nonché usando di categorie innanzitutto marxiane, ma come lette dall'occhio di Deleuze (e Guattari): non tanto una produzione di più beni materiali grazie a una diversa organizzazione del lavoro, l'industrializzazione in primis, rispetto alla stagnante economia feudale sostanzialmente bracciante, e nemmeno una maggior fruizione di beni da parte di una classe rispetto ad un'altra, che era già nell'economia feudale, sono i dati più significativi, che il dato veramente significativo è l'invenzione di un elemento assolutamente nuovo, il *plus valore*,[17] anche e soprattutto per mezzo della moneta, o per meglio dire della monetizzazione del lavoro.

Il *plus valore* è una ricchezza da estrarsi dal lavoro non solo come prodotto ma soprattutto come *plus*, come differenza fra il costo e il prezzo del bene, in cui il capitalista realizza il suo "salario" ma anche il capitale riproduttivo e dove il salariato è contemporaneamente il realizzatore del bene, col suo lavoro, a un costo, il suo salario, e il compratore, come consumatore, di quello stesso *prodotto* che, col suo salario compra, anzi, ri-compra, dopo averlo ceduto come *lavoro*.

Il processo deve essere allora tendente all'infinito, perché costantemente occorre una produzione di nuovi beni e un ripetersi del processo, comprendendo anche di allargare l'offerta, e la conseguente crescita del salario a far sì che si riacquistino, di più, i beni, in più, prodotti.[18]

Un'economia-schizo che ancora una volta non si basa su niente di oggettivo, ma sulla crescita del produrre, onde potersi ri-produrre, espandendosi, e non colmarsi nella saturazione. All'interno, salario e prodotto, nessuno dei due è elemento che, in sé, determina il valore, (il prodotto costa per quanto costa il salario, ma il salario costa per quanto si può comprare il prodotto con quel salario) per cui il valore è per "effetto" del movimento in cui i due si ri-collocano vicendevolmente l'uno verso l'altro attribuendosi un valore, vicendevolmente e non in gerarchia, ma in continua modificazione, e con necessità a crescere. Un assurdo razionalizzato?

Anche, ma più esattamente «come dice Klossowski nel suo profondo commento a Nietzsche, una forma di potenza si confonde con la forma di violenza che esercita per la sua stessa assurdità, ma non può esercitare questa violenza se non assegnando scopi e sensi condivisi anche dagli elementi più asserviti: "Le formazioni sovrane non avranno altro intento che quello di mascherare l'assenza di scopo e di senso della loro sovranità attraverso lo scopo organico della loro creazione", e di convertire così l'assurdità in spiritualità. Ecco perché è così vano cercar di distinguere quel che è razionale e quel che è irrazionale in una società».[19]

---

(17) AE pg. 269: «La definizione del plusvalore deve essere rimaneggiata in funzione del plusvalore macchinico del capitale costante, che si distingue dal plusvalore umano del capitale variabile, e dal carattere non misurabile di questo insieme di flussi. Il plusvalore non può essere definito dalla differenza tra il valore della forza-lavoro e il valore creato dalla forza-lavoro, ma dall'incommensurabilità tra i due flussi tuttavia immanenti l'uno all'altro, dalla disparità tra due aspetti della moneta che li esprimono, e dall'assenza di limite esterno al loro rapporto, l'uno misurando la vera e propria potenza economica, l'altro un potere d'acquisto determinato come "reddito"».

(18) AE pg. 429: «Gli aumenti di salario, il miglioramento del livello di vita sono realtà, ma realtà che derivano da questo o quell'assioma supplementare che il capitalismo è sempre in grado di aggiungere alla sua assiomatica in funzione di un ingrandimento dei suoi limiti».

(19) AE pg. 396, il passo in virgolettato è tratto da P. KLOSSOWSKI, *Nietzsche et le cercle vicieux*, Mercure de France, Paris, 1969, pgg. 174-5, trad. it. *Nietzsche e il circolo vizioso*, Adelphi, Milano, 1981. Un aneddoto relativo a Picasso (aneddoto di cui, chi scrive, non ha trovato testimonianza, e pertanto da prendere con cautela) è illuminante in questo senso. Sembra che un giorno dei visitatori ricevuti da Picasso a casa sua, si fossero mostrati sorpresi che non ci fossero suoi quadri alle pareti. Picasso avrebbe risposto che i quadri di Picasso avevano valutazioni altissime e che lui non poteva permettersi "un Picas-

Anche il capitalista è nella stessa trappola e deve far crescere la produzione all'infinito, allo scopo di recuperare il suo "salario" attraverso e grazie alla crescita della produzione che egli dirige e amministra.[20]

Processo folle, salariato e capitalista entrambi prigionieri di una giostra che non può fermarsi, e che deve costantemente espandersi, pena l'implosione, e costantemente re-includere nel consumo.[21]

Da cui due necessità.

Per l'espansione, l'"invenzione" di nuovi bisogni.[22]

Per la re-inclusione, l'"invenzione" di *Numen* (il progresso, come sintesi ideale di aumenti di salario, di miglioramento del livello di vita, fra gli altri) e la coercizione contro eventuali linee di fuga, a rifiuto del modello consumistico, come, ad esempio, la riduzione dell'acquisto, con intento di contestazione della produzione, e di conseguenza del regime, capitalista, coercizione prevalentemente di stile persuasivo, tendente a riportare "entro", entro l'ambito di interesse della macchina capitalistica: convincere ad amare la macchina, «Com'è bella macchina! [...] L'antiproduzione sciama nel sistema: si amerà l'antiproduzione per se stessa, e si amerà il modo in cui il desiderio reprime se stesso nel grande insieme capitalistico».[23]

Amare questo modello, amare il padrone, reintrodurre con l'*Edipo*, con Dio, con ogni artificio, l'immagine della sottomissione, l'immagine del capo, l'immagine della necessità superiore.

Più ancora l'immagine, che abbiamo visto essere amata dalle anime tristi, della necessità a cui non si può sfuggire. L'immagine incarnata, per Deleuze a seguire da Spinoza, da «tre generi di personaggi: l'uomo dalle passioni tristi; l'uomo che sfrutta queste passioni tristi, che ha bisogno di esse per stabilire il suo potere, infine, l'uomo che si rattrista per la condizione umana e per le passioni dell'uomo in generale [...], lo schiavo, il tiranno il prete... trinità moralista».[24]

Ma insieme allo schiavo, al tiranno e al prete, anche il filosofo, quel filosofo avvenuto con il socratismo e il platonismo, e riprodottosi incessantemente, come ha fortemente denunciato Nietzsche, e come Deleuze ricostruisce: «La degenerazione

---

so", perfetta realizzazione, peraltro, dei paradossi già espressi da Marx circa il concetto di «valore del lavoro» denunciato della stessa insussistenza di espressioni che vorrebbero misurare l'incommensurabile come quando si dice «il valore della Terra». K. MARX, *Il capitale*, cit., Libro I, Sez. VI, nota n° 28.
(20) AE pg. 398: «Oh, certo, il capitalista non lavora per sé e i suoi figli, ma per l'immortalità del sistema. Violenza senza scopo, gioia, pura gioia di sentirsi un congegno della macchina».
(21) Dice Sartre: «Un borghese oppressore è oppresso dalla sua stessa oppressione». J.-P. SARTRE, *Matérialisme et révolution*, 'Les temps modernes', 6/1946, trad. it. *Materialismo e rivoluzione*, il Saggiatore, Milano, 1977.
(22) L'idea che il sistema capitalista produca ed induca nuovi (o falsi) bisogni è un pezzo forte della critica di sinistra. Visione dall'alto verso il basso. Gian Paolo Ceserani, operatore e teorico del marketing, ribalta il percorso. Oltre a studi in questo senso che cita a conforto, una sua esperienza: scopre, un giorno, dell'esistenza di penne stilografiche a bassissimo costo. Se ne sorprende, essendo l'oggetto legato da sempre alla fascia alta dei prezzi e domanda al venditore come sia possibile. Questi gli risponde che essendoci state molte richieste da parte di scolari molto giovani, un'azienda aveva pensato di realizzarle a prezzi popolari. L'azienda, per estensione il sistema capitalistico, allora non creerebbe nuovi bisogni (o desideri), ma saprebbe intercettare quegli stessi desideri che, oltretutto, esulano dal bisogno e che provengono dal basso, da richieste. Innocente dall'essere un Grande Fratello che determina, dall'alto, il capitalismo intercetterebbe soltanto, vivendo dei desideri che lo alimentano. G. P. CESERANI, *Un'America targata "target"*, in U. ECO, G. P. CESERANI, B. PLACIDO, *La riscoperta dell'America*, Laterza, Bari, 1984.
(23) AE pg. 327.
(24) SP pg. 36-7.

della filosofia appare chiaramente con Socrate. Se si definisce la metafisica attraverso la distinzione di due mondi, attraverso l'opposizione dell'essenza e dell'apparenza, del vero e del falso, dell'intelligibile e del sensibile, allora bisogna dire che Socrate ha inventato la metafisica: egli pone la vita come qualcosa che deve essere giudicato, misurato, limitato, e pone il pensiero come una misura, un limite che si esercita in nome di valori superiori: Il Divino, il Bello, il Bene... Con Socrate appare la figura del filosofo volontariamente e sottilmente sottomesso.

Ma proseguiamo, con un salto di secoli. Chi può credere che Kant abbia restaurato la critica, o ritrovato l'idea di un filosofo legislatore? Kant mette in guardia contro le false pretese alla conoscenza, ma non mette assolutamente in discussione l'ideale del conoscere. Egli denuncia la falsa morale, ma non mette in questione le pretese della morale, né la natura e l'origine dei valori su cui essa si basa. Egli ci rimprovera di aver mescolato i vari domini, gli interessi: ma i domini rimangono intatti e gli interessi della ragione rimangono sacri (la vera conoscenza, la vera morale, la vera religione).

La dialettica stessa prolunga questa sorta di gioco di prestigio. La dialettica è l'arte che ci permette di recuperare le proprietà alienate. Tutto ritorna allo Spirito come motore e prodotto della dialettica; o alla coscienza di sé; oppure all'uomo come essere generico. Ma se le nostre proprietà esprimono in se stesse una vita diminuita e un pensiero mutilante, a che ci serve recuperarle, o diventarne il vero soggetto?

Si è forse eliminata la religione quando si sia interiorizzato il sacerdote, quando lo si sia messo nel fedele, come nella Riforma?

Si è forse ucciso Dio quando si sia messo l'uomo al suo posto e se ne sia conservato l'essenziale, cioè il posto?

Il solo mutamento è questo: invece che essere caricato dall'esterno l'uomo prende egli stesso i pesi per caricarseli addosso. Il filosofo dell'avvenire, il filosofo medico, diagnosticherà la continuazione di uno stesso male anche se questo presenta sintomi differenti: i valori possono mutare, l'uomo può mettersi al posto di Dio, il progresso, la felicità, l'utilità possono sostituire il vero, il bene, il divino – l'essenziale non cambia, cioè non mutano le prospettive o le valutazioni da cui questi valori, dipendono, vecchi e nuovi che siano. Siamo sempre invitati a sottometterci, a caricarci di un peso, a riconoscere solo le forme accusatorie della vita, le forme accusatorie del pensiero».[25]

Si rinnova quindi costantemente quello "stesso" che rivoluzioni politiche, culturali, religiose, filosofiche, anche, sembrava avessero abbattuto.

Ritorna lo "stesso", sul quale, e a favore della sua permanenza, presiedono le istituzioni: la trinità moralista che abbiamo visto, il filosofo come denunciato da Nietzsche nella descrizione di Deleuze, infine, lo psicanalista, con il suo *Edipo*, l'immagine attualizzata della causa a cui non si sfugge.

Posto dunque quest'ulteriore carico "negativo", ora le rivoluzioni, le linee di fuga fallite, carico che si aggiunge a quanto prima abbiamo visto essere il desiderio alla base del costrittivo, tutti argomenti che già non possono che sconfessare il facile gauchismo, torniamo a domandarci se, nonostante tutto, ci potrà essere, comunque, un esito rivoluzionario. Dove appare in tutta evidenza quale sia, allora, il problema.

Il problema è come il desiderio realizzi la rivoluzione e quale rivoluzione, parola molto spesa, ma raramente meglio specificata in quei giorni, si intenda. Dunque occorre vedere come sia possibile "fare" allora questa rivoluzione, visto che è sul "come" che le rivoluzioni sono fallite o domandarsi «come la rivoluzione possa es-

(25) N pgg. 25-7.

sere tradita?»⁽²⁶⁾ perché – giova insistere su questo punto – anche negli investimenti rivoluzionari «c'è innanzitutto taglio rivoluzionario libidinale reale, che si modifica poi in semplice taglio rivoluzionario di scopi o di interessi, e che riforma infine una riterritorialità soltanto specifica, un corpo specifico sul corpo pieno del capitale. I gruppi assoggettati non cessano di derivare dai gruppi-soggetto rivoluzionari».⁽²⁷⁾

O, il che è la stessa cosa, vista in un altro momento: «si capisce come gli uomini, i cui investimenti preconsci d'interesse non vanno o non dovrebbero andare nella direzione del capitalismo, mantengano un investimento libidinale inconscio conforme al capitalismo, o che lo minaccia ben poco.

Sia che releghino, localizzino il loro interesse preconscio nell'aumento salariale e nel miglioramento del livello di vita: potenti organizzazioni li rappresentano, che si incattiviscono non appena si mette in questione la natura degli scopi ("si vede che non siete operai, non avete la più pallida idea delle lotte reali, attachiamo i profitti per una migliore gestione del sistema, votate per la vostra città pulita, benvenuto signor Breznev")».⁽²⁸⁾

Questo era, ed è, il problema, come non essere gruppi-assoggettati, come non divenire dei gruppi-assoggettati.⁽²⁹⁾

Perché «un gruppo rivoluzionario quanto al preconscio rimane un gruppo assoggettato, anche se conquista il potere, nella misura in cui questo potere stesso rinvia a una forma di potenza che continua a asservire e a schiacciare la produzione desiderante. Nel momento stesso in cui è rivoluzionario preconscio, un tal gruppo manifesta già tutti i caratteri inconsci d'un gruppo assoggettato: la subordinazione a un socius come supporto fisso che si attribuisce le forze produttive, ne estrae e ne assorbe il plusvalore; la propagazione dell'antiproduzione e degli elementi mortiferi nel sistema che si sente e si vuole tanto più immortale; i fenomeni di "superegoizzazione", di narcisismo e di gerarchia di gruppo, i meccanismi di repressione del desiderio».⁽³⁰⁾

Quando il processo «termina col "benvenuto signor Breznev", sono ancora rivoluzionari che parlano a rivoluzionari o un villaggio che reclama la venuta di un nuovo prefetto?».⁽³¹⁾

Abbiamo visto dunque un "nuovo", un nuovo desiderio, anche un desiderio-schizo, irrompere nello stato corrente delle cose, come ancora diciamo tanto nell'ordine politico che in quello culturale e filosofico, come base dell'alternativa, ma dobbiamo constatare la sua insufficienza, essendo stato, quello spunto, quel moto, quel desiderio, altrettanto alla radice di rivoluzioni che hanno fallito nella maniera peggiore.⁽³²⁾

Questo dunque è il vero problema: come non fare investimenti repressivi e come fare affinché l'investimento rivoluzionario non diventi nuovo ordine repressivo.

Erano concetti basati su tre direttrici deleuziane:

- con Hume e Bergson, la sfida a pensare quando qualcosa ci spinge a pensare;
- non fare sistema, come il *pensiero nomade* di Nietzsche ci insegna;
- con Nietzsche, andare all'oltreuomo e, con Spinoza, come avere passioni gioiose.

---

(26) AE pg. 436.
(27) Idem pg. 431.
(28) Ibidem.
(29) Sul gruppo-soggetto Cfr. J.-P. SARTRE, *Critica della ragion dialettica*, cit.
(30) AE pg. 400.
(31) Idem pg. 432.
(32) N pg. 27: «Nietzsche è il primo a insegnarci che non è sufficiente uccidere Dio per operare la transvalutazione dei valori».

Ovvero: come e cosa fare per non divenire gruppi assoggettati? Questo è quanto chiede *L'anti-Edipo*, che pone questo problema.[33]

Non è riduttivo affermare questo, al contrario, sarebbe riduttivo pensare che *L'anti-Edipo* contenesse una dottrina, che avesse proposto "la" soluzione perché, allora, avrebbe mancato il suo obiettivo ben più importante: forzare il pensiero a pensare.

Chi lo prese per dottrina, sbagliò. Tutto qui. Non c'è molto di più da dire. Deleuze e Guattari lo avevano specificato peraltro chiaramente: «E poi, soprattutto, non cerchiamo scappatoie dicendo che la schizoanalisi in quanto tale non ha rigorosamente alcun programma politico da proporre. Se ne avesse uno, sarebbe nello stesso tempo grottesco e inquietante. Essa non si prende per un partito, e neppure per un gruppo, e non pretende di parlare in nome delle masse».[34]

Si trattava di appunti per un progetto sperimentale, da intendersi nella ricchezza che dà Cage a questa parola, come si legge in nota ne *L'anti-Edipo*: «cfr. tutta l'opera di John Cage e il suo libro *Silence*, Wesleyan University Press, 1961, (p. 13): "La parola sperimentale può andar bene, a condizione che la si intenda come designante non un atto destinato a essere giudicato in termini di successo o di scacco, ma semplicemente un atto il cui esito è sconosciuto"».[35]

Abbiamo visto quanto al "pensiero per l'avvenire" fosse stato offerto, l'analisi di un soggetto come determinante le sue stesse inibizioni, l'analisi di un mondo reale come composto da parti in mutua correlazione, anziché divise in unità differenziali. Erano semplicemente altri concetti, che furono tradotti secondo l'assiomatica antica. Il soggetto allora può tutto, il desiderio non ha possibili aspetti negativi, basta battere il nemico perché questo è sufficiente e tutto questo senza essersi interrogati, nemmeno aver risposto alle domande della schizoanalisi. Semplicemente, il modo reale è fatto da fazioni di unità, *noi rivoluzionari, loro fascisti*, è (tristemente) tutto qui ciò che si "elaborò" allora.[36]

---

(33) Su tutto questo, le migliori e più precisie e significative parole sono di Foucault, nella sua *Introduzione alla vita non fascista* che, abbiamo riproposto per intero per il documento straordinario che è, alla pagina 116. M. FOUCAULT, "Preface" a G. DELEUZE-F. GUATTARI, *Anti-Œdipus*, New York, Viking Press, 1977, pgg. XI-XIV, *Dits et écrits*, 2, Paris, Gallimard, 1994, trad. it. *Introduzione alla vita non fascista*, Maldoror Press, 2012 (parziale) e in *Archivio Foucault*, 2, Feltrinelli, Milano, 1997.
(34) AE pg. 437. «Deleuze si è sempre ben guardato dal proporre qualsiasi cosa, ma questa tranquilla astensione non esprimeva per lui alcun vuoto né alcuna carenza». F. ZOURABICHVILI, *Deleuze et le possible*, in (sous la direction de) E. ALLIEZ, *Gilles Deleuze, une vie philosophique*, Institut Synthélabo, Le Plessis-Robinson, 1998 (atti dell'incontro internazionale di Rio de Janeiro-São Paulo, 10-14 giugno 1996), trad. it. *Deleuze e il possibile (sul non volontarismo in politica)*, 'aut-aut', n° 276, 1966, pg. 59.
(35) AE pg. 426.
(36) Un resoconto di questo periodo, e di un lungo periodo si tratta, dal '68 a tutti gli anni '70, proprio perché troppo ampio, non ci può consentire che una sintesi con tutti i suoi limiti. Siamo nei cosiddetti "anni di piombo", quando alcune forze sociali si costituiscono al di là della destra e della sinistra rappresentate in Parlamento in formazioni di vario tipo e anche in organizzazioni armate. A bilancio, adesso, sappiamo di molte vittime per causa di azioni tanto dell'insurrezionalismo armato di sinistra che del terrorismo nero. Di grande e drammatica rilevanza il "caso Moro", l'uccisione da parte delle Brigate Rosse (BR) del Presidente della Democrazia Cristiana, Aldo Moro, già più volte Ministro e Presidente del Consiglio. Lo Stato italiano vara leggi speciali, che vengono contestate come autoritarie. A questa protesta aderiscono molti intellettuali francesi, Deleuze e Guattari compresi. Successivamente interviene perfino il Presidente della Repubblica Francese, François Mitterrand, che, dal 1982, offre asilo più o meno ufficiale (la cosiddetta "dottrina Mitterrand") agli indagati in Italia. Fra questi il poeta della neoavanguardia Nanni Balestrini, fra i fondatori delle riviste 'Il Verri' e 'Alfabeta', Franco Piperno, Oreste Scalzone e Toni Negri. Quest'ultimo è stato accusato di essere il telefonista delle BR che comunica ai congiunti del presidente Moro dell'avvenuta esecuzione e Guattari, che già ha scritto ai giornali italiani in passato, che partecipa con Bifo Berardi sulla piazza di Bologna, lo prende in custodia e gli procura vari

I concetti del pensiero di Deleuze e Guattari non potevano essere compresi in una realtà strettamente duale, antitetica, basata solo sul concetto di opposizione, una realtà in cui non si vedeva e non si pensava oltre l'antitesi e l'instaurazione di un nuovo potere (vagamente e confusamente marxista), ma nient'altro che, questo era, in quel momento, il nuovo '68, il "settantasette".

Il brevissimo periodo del '68, intendendo lo scarso mese di maggio in cui si consumò, aveva portato un linguaggio nuovo, un'espressione nuova e diversa rispetto all'antitesi borghesia-proletari, capitalismo-comunismo, ma tutto finì appunto nel breve mese di maggio e nel dopo'68, fino al "settantasette" presero campo piccoli eserciti che nella gerarchia, nell'organizzazione, nell'*Idea* comunista o rivoluzionaria, nella purezza del dogma, si fondavano e si atteggiavano a guardie rosse. Di contro, da parte delle istituzioni, e non solo, la risposta fu identica e contraria, e con lo stesso manicheismo: ogni e qualsiasi produzione critica del tempo venne vista come insurrezionale, marxista di tipo radicale, sospetta. Se, come abbiamo detto, nella mal percepita nozione di desiderio, *L'anti-Edipo* trae una peraltro imbarazzante notorietà, problema dell'analisi teorica del testo, altri fatti, concreti, della vita e della politica di quegli anni, nonché atti concreti e di Deleuze e di Guattari, contribuirono molto al prodursi di questa situazione che portò ad assimilare la teoria di Deleuze e Guattari ai movimenti gauchisti e contestatari e finanche insurrezionali. In particolare in Italia.

alloggiamenti, anche coprendolo col falso nome di Guattari, per cui Antonio (Toni) Negri sarà Antoine Guattari, episodio riportato in F. DOSSE, *Deleuze Guattari*, cit. pg. 355. Deleuze, che pure è rimasto più sfumato, scrive due lettere, una a 'Repubblica', 10/5/1979, *Lettera aperta ai giudici di Negri* (trad. it. in DRF pgg. 132-5) e una a 'Le matin de Paris', 13/12/1979, *Ce livre est littéralement une preuve d'innocence* (trad. it. in DRF pgg. 136-7, il libro in questione è A. NEGRI, *Marx oltre Marx*, Feltrinelli, Milano, 1979) per protestare l'innocenza di Negri, quindi scrive la "Prefazione" a un libro di Negri (A. NEGRI, *L'anomalia selvaggia: saggio su potere e potenza in Baruch Spinoza*, Feltrinelli, Milano, 1981, trad. fr. *L'anomalie sauvage: puissance et pouvoir chez Spinoza*, Puf, Paris, 1982). Questi fatti legano Deleuze e Guattari a quella parte, almeno secondo l'opinione pubblica e alcuni commentatori politici. Elemento, di fatto, adesso non teorico, della assimilazione fra l'estremismo di sinistra italiano e Deleuze e Guattari, da cui si avranno ostracismi di non poca portata, compresa la difficoltà di arrivare alla pubblicazione italiana di *Mille plateaux*.

Circa questo periodo, sempre ricordando la necessità di una sintesi, qui, con tutti i suoi limiti, ricordiamo che si affacciano tematiche nuove a livello politico, quali la contestazione dell'imperialismo e dell'appartenenza dell'Italia alla Nato, insieme alla preoccupazione circa un'involuzione borghese delle sinistre parlamentari, in Italia col "compromesso storico", in Spagna, Francia e ancora Italia, col progetto chiamato "eurocomunismo" oltre, a livello sociale, alle battaglie per il divorzio e l'aborto, all'emergere di nuove tematiche, quali il femminismo, i diritti degli omosessuali, e l'incapacità della politica a leggerle, ovvero una società nuova che non è compresa neppure da grande parte della cultura. Pasolini predica nel deserto interrogandosi su questo "nuovo". (Cfr. fra gli altri P. P. PASOLINI, *Scritti corsari*, Garzanti, Milano, 1975). E per Deleuze e Guattari verranno gli *années d'hiver*: «Les thèses critiques de l'institution psychiatrique ont eu en Italie d'autant plus d'échos que l'expérience antipsychiatrique de Franco Basaglia à Trieste a cristalisé beaucoup d'espoirs culturels et politiques. Dans ces conditions, *L'Anti-Œdipe*, qui a été rapidement traduit, dès 1975, chez un grand éditeur italien, Einaudi, a connu un grand retentissement et a accompagné la vague de radicalisation des mouvements de l'autonomie italienne dans le milieu des années 1970. Le succès a été tellement spectaculaire que le retour de baton a été sévère, au rythme du reflux des mouvements alternatifs dans les années 1980. Si Guattari parle de ces années comme d'"années d'hiver" en France, il s'agit en Italie d'une véritable glaciation, et la pensée Deleuze-Guattari qui s'est identifiée à une radicalité critique en a fait les frais. L'éditeur Einaudi, qui avait les droits pour *Mille plateaux*, et dont la traduction était prête dès 1981, un an seulement après la sortie française, a finalement renoncé à publier l'ouvrage. Le livre paraîtra en 1987 dans l'indifférence générale et sera soigneusement ignoré par la critique universitaire à sa sortie. Jusqu'aux années 1990, Deleuze et Guattari tombent dans l'oubli le plus total». F. DOSSE, *Deleuze Guattari*, cit., pg. 581. La versione italiana sarà edita dall'Istituto dell'Enciclopedia Treccani solo nel 1987.

Sul piano reale, nella dialettica concreta di quel tempo, molti "gruppuscoli" agivano in uno spazio, abbiamo detto, di contestazione e di aspirazione rivoluzionaria.

A ripensare oggi a tutto ciò, si trova come in queste formazioni ci fosse molta superficialità, intolleranza, una facile assiomatica rivoluzionaria priva di fondamento teorico o comunque realmente progettuale e, soprattutto, un'organizzazione gerarchica assai poco libertaria, insomma una sorta di "umore nero" che poco dava a sperare.

Nella più volte citata *Lettre à Michel Cressole*, abbiamo un flash rapido che vale quanto un intero trattato sociologico circa l'ideologia del tempo.

Qui Deleuze tratteggia un quadro impietoso di certe organizzazioni e del costume di queste organizzazioni di cui lo stesso Cressole è parte e rappresentante.

Diciamo di un antefatto. Innanzitutto chi è Michel Cressole. Al tempo è un giovane militante del FHAR (Front homosexuel d'action révolutionnaire), successivamente sarà giornalista di 'Liberation' fino alla prematura scomparsa nel 1995 (a 47 anni d'età) a causa dell'Aids.

Cressole scrive, appena un anno dopo l'uscita de *L'anti-Edipo*, un libro, leggero e di non moltissime pagine, che è comunque importante storiograficamente perché è il primo studio monografico su Deleuze. Cressole ripercorre tutta la produzione letteraria di Deleuze fino a *L'anti-Edipo* per tratteggiare un quadro maligno di Deleuze.

L'apoteosi è nella lettera di Cressole a Deleuze, pubblicata alla fine dello stesso testo, dove l'autore lo rimprovererà di protagonismo, perfino di non essere un rivoluzionario perché sposato e con una figlia (Deleuze peraltro ha anche un figlio), ovvero un borghese edipico e, fra altre cattiverie ancora, arriverà perfino a sbeffeggiare la lunghezza delle unghie di Deleuze.

La lettera di risposta di Deleuze è pacata e piena di humour, ma è un'analisi di grande forza circa i "tic" e le facili assunzioni, le presunzioni, le pratiche e il modo di pensare dei vari gruppuscoli rivoluzionari di cui Cressole ne è modo estremamente rappresentativo e non certo unico e solo.

Infatti, superato il piano personale, Deleuze si rivolge al plurale dicendo: «Certo che la benevolenza non è il vostro forte. Quando non saprò più amare e ammirare alcune persone o alcune cose (non molte), mi sentirò come morto, mortificato. Ma si direbbe che voi siate nati già pieni di amarezza, la vostra è l'arte dell'ammiccamento "a me non la si fa ... faccio un libro su di te, ma ti farò vedere...". Tra le molte interpretazioni possibili scegliete generalmente la più malevola o la più bassa. [...].

Un testo che tu conosci spiega questa malevolenza innata degli eredi della sinistra: "Se siete abbastanza sfrontati, provate un po' a pronunciare davanti a un'assemblea di gauchistes la parola fraternità o benevolenza. Essi si dedicano alla pratica estremamente zelante dell'animosità in tutti i suoi travestimenti, dell'aggressività e della derisione applicate a ogni occasione e a ogni persona, presente o assente, amica o nemica. Non si tratta di comprendere l'altro, ma di sorvegliarlo" ('Recherches', numero di marzo 1973, *Grande Encyclopédie des homosexualités*).*

La tua lettera è pura sorveglianza. Ricordo la dichiarazione di un tizio del FHAR durante un'assemblea: "se non ci fossimo noi a farvi da cattiva coscienza...". Curioso ideale, un po' poliziesco, voler essere la cattiva coscienza di qualcuno. Quanto a te,

---

*La rivista 'Recherches', per i suoi contenuti di dottrina omosessuale, viene denunciata e perseguita. Il 26 aprile 1974 «Deleuze e Foucault sono citati in tribunale come testi. Foucault alla sbarra dichiara: "Quando l'omosessualità riceverà gli stessi diritti di espressione e di esercizio della sessualità detta normale?"». M. FOUCAULT, *Archivio Foucault*, 2, cit., pg. 30 (Cronologia 1971-1977 a cura di A. DEL LAGO).

si direbbe che, nella tua mente, fare un libro su (o contro) di me debba conferirti un potere su di me. Niente affatto. Per conto mio, la possibilità di avere cattiva coscienza mi disgusta quanto quella di essere la cattiva coscienza di altri».[37]

Michel Cressole, *Deleuze*, Puf, Paris, 1972
fonte: proprietà dell'autore

Dunque, non una lotta sulla base contraddizioni del sistema, ma un'altra strada: «il marxismo insiste sempre, in un sistema sociale dato e particolarmente nel sistema capitalistico, sull'esistenza delle contraddizioni sociali e conta sullo sviluppo di queste contraddizioni per fondare la sua azione politica rivoluzionaria.

Però, una formazione sociale, e soprattutto il capitalismo vive benissimo delle sue contraddizioni. Le sue contraddizioni sono per esso proprio una specie di motore, sono per esso anche una specie di nutrimento; e già da tanto tempo hanno tutti rinunciato all'idea che il capitalismo morirebbe delle sue contraddizioni, invece, esso vive delle sue contraddizioni, le sue contraddizioni sono il suo affare. Cosicché insistiamo, in una formazione sociale come il capitalismo, non sull'esistenza di contraddizioni sociali, ma sulle linee di fuga che attraversano un sistema. E le linee di fuga non sono affatto la stessa cosa delle contraddizioni».[38]

La *linea di fuga* non è un facile espediente per rimandare a un'immagine vaga, o facile come il termine può dare a pensare. Ha una profonda valenza a-dialettica, ovvero «Cos'è questa fuga? La parola è mal scelta per piacere. Il coraggio consiste tuttavia nell'accettare di fuggire piuttosto che vivere quietamente e ipocritamente in falsi rifugi»[39] e come idea, fondamentale, di costruzione di un nuovo; fuggire è andare in un altro spazio, non capovolgere lo stesso, è allontanarsi il più possibile dalle condizioni che permarrebbero dello stesso anche quando rivoltato o distrutto.

Un'altra linea di fuga sarà indicata nel divenire minore, in particolare con l'opera di Kafka, ovvero sul fare un uso minore, della lingua maggiore.[40]

Il minore è un linguaggio, il minore è un genere, da cui la passione di Deleuze per la "Serie noir", il "noir", il parente francese del "giallo" italiano, genere minore.

---

(37) G. DELEUZE, *Lettre à Michel Cressole*, cit., PPA, pg. 22. Col suo humour Deleuze utilizza il "si dice" di Heidegger, o l'inautenticità, mentre incolpa Cressole di avegli scritto non solo una lettera piena di risentimento (anch'essa pubblicata nel testo di Cressole, nell'originale pgg. 107-8) ma anche di "si dice", non di "intendo dire", non di proprio, ovvero di "chiacchiere", di rumori, (bruits): «Che cosa c'è in fondo nella tua lettera? Niente di tuo, salvo un bel passaggio. Un insieme di rumori "si dice... si dice..."».
(38) AA.VV., *Psicanalisi e politica*, cit., pg. 169.
(39) AE pg. 391.
(40) K pg. 30: «l'aggettivo "minore" non qualifica più certe letterature ma le condizioni rivoluzionarie di ogni letteratura all'interno di quell'altra letteratura che prende il nome di grande (o stabilita)».

Il minore, non trovandosi sullo stesso tavolo concettuale del maggiore, permette di evitare la censura che abitualmente si esercita solo sui casi rilevanti, maggiori, da cui il minore ricava la sua libertà di veicolare pensieri altrimenti a rischio censura.

Si veda a questo proposito analoga idea in Eco a proposito dei fumetti.[41]

Ma il minore è anche l'orrore per il maggiore. O il suo esorcismo. Il maggiore è infatti un'altra figura dello smacco (oltre a quelle già mostrate). Ogni cosa che nasce, che cerca la sua esistenza è, in origine, minore. Lo sono i movimenti politici alternativi o contestatari, ma ogni minore tende a una singolare e inquietante evoluzione che gli darà la morte. Infatti, diventando maggiore si istituzionalizza, si ripiega sulla sua stessa conservazione o di quanto raggiunto. Ciò che era a porsi ora è da difendere.

Dirà Deleuze: «Che le rivoluzioni vanno a finir male... Fa ridere. Ma chi prendiamo in giro? Quando i "nouveaux philosophes" hanno scoperto che le rivoluzioni finiscono male... allora bisogna essere veramente ottusi. L'hanno scoperto con Stalin, poi la strada era spianata, l'hanno scoperto tutti. Per esempio, recentemente, a proposito della rivoluzione algerina: "vedi, è finita male perché hanno sparato sugli studenti".

Ma insomma chi ha mai creduto che una rivoluzione potesse finire bene? Chi?

Si dice che gli inglesi almeno evitano di fare le rivoluzioni, ed è assolutamente falso. Ma oggi viviamo in una tale mistificazione... Gli inglesi hanno fatto una rivoluzione, hanno ucciso il loro re... e cosa hanno ottenuto? Cromwell. E cos'è il Romanticismo inglese... è una lunga meditazione sul fallimento della rivoluzione. Non hanno dovuto aspettare Glucksmann per riflettere sul fallimento della rivoluzione staliniana. L'avevano già. E gli americani, non si parla mai degli americani che hanno fallito nella loro rivoluzione e molto più dei bolscevichi. Non prendiamoci in giro. Gli americani perfino prima della guerra di indipendenza, attenzione, di indipendenza, si presentano meglio come... meglio di una nuova nazione. Hanno superato la "nazione", esattamente come dirà Marx del proletariato. Superata la nazione, basta con la nazione, realizzano il nuovo popolo, fanno la vera rivoluzione, esattamente come i marxisti scommetteranno sulla proletarizzazione universale, gli americani scommettono sull'emigrazione universale. Sono le due facce della lotta di classe.

È assolutamente rivoluzionario.

È l'America di Jefferson, di Thoreau, di Melville. Un'America completamente rivoluzionaria che annuncia l'"uomo nuovo", esattamente come lo annunciava la rivoluzione bolscevica. Ebbene, ha fallito, tutte le rivoluzioni falliscono, lo sanno tutti. Si fa finta di riscoprirlo adesso, ma bisogna essere ottusi.

Oggi si rifugiano tutti nel revisionismo. Furet scopre che la Rivoluzione Francese non andava poi così bene. Benissimo, d'accordo, è fallita anche quella, ma lo sanno tutti. La rivoluzione francese ha partorito Napoleone... si scoprono cose che certo non impressionano per novità. La rivoluzione inglese ha partorito Cromwell, la rivoluzione americana cosa ha dato... ancora peggio. Ha partorito non so... Reagan.

Non mi sembra poi tanto meglio».[42]

Si veda anche l'esempio di Masaniello che, da pescivendolo e figlio del popolo, guida l'insurrezione contro il viceré (Rivolta di Napoli, 7-16 luglio 1647) e si impossessa del potere per esercitarlo in forma ancora più assoluta.

E se citiamo Masaniello non è a caso, ma per un particolare e curioso riferimento di Deleuze a Spinoza o, per meglio dire, a quanto uno dei biografi di Spinoza narra:

---

(41) Anche su questo tema, ancora Appendice 4.
(42) ABC, *G comme Gauche*.

Spinoza che si sarebbe autoritratto vestito da Masaniello, [43] per Deleuze, allora, sentendosi, come lui, un ribelle.[44]

Tutto ciò posto, allora, si tratta di realizzare un'altra lotta: «La lotta deve essere condotta nei propri ranghi, contro la propria polizia interiore» come dirà Guattari.[45]

Dunque, anche rispetto al gauchismo tipico di quegli anni, di difficile identificabilità oltre l'aspetto contestatario del sistema, il desiderio per Deleuze e Guattari non è quel semplice e immediato arnese che pensavano quegli stessi gauchisti.

Molteplicità.

Tutto li separa. Tutto separa Deleuze e Guattari dai gauchismi del tempo. Distante, sul piano reale, il "gruppo" quale si legge ne *L'anti-Edipo* e la realtà dei gruppi gerarchizzati e militarizzati del tempo. E distanza ancora maggiore sul piano concettuale, poiché Deleuze vede il gruppo come un molteplice bergsoniano e non, appunto, come una struttura gerarchizzata. Il piano d'immanenza, l'assoluta determinazione immanente del soggetto e del suo "habitat", ovvero il mondo, ancor più il mondo politico, la polis, l'etica come regola, al posto della morale, il suo essere come-essere-per-l'incontro, vorremmo dire, costituiscono lo spessore "politico" del pensiero di Deleuze e poi di Deleuze e Guattari, come dicevamo.

Vorremmo altrettanto dire che è come implicito il motto aristotelico *l'uomo è un animale politico*.[46] Vive come condizione essenziale nella polis, con gli altri. È soggetto fra soggetti. Si misura nel rapporto con essi, come abbiamo visto.

Ma, ancor di più, si forma nel rapporto con gli altri. Quest'insieme non è statico, ma dinamico, ovvero è *la molteplicità*. Altro concetto che Deleuze divide con Simondon, ugualmente condividendo l'assoluta concretezza reale di questo contesto del problema, e la positività di base, lontana da visioni *homo homini lupus*, la concezione di Hobbes da cui parte infatti Simondon, a confutazione.[47]

---

(43) J. COLERUS (Johannes Köhler), *Korte, dog waarachtige Levens-beschryving van Benedictus de Spinoza*, Amsterdam, 1705, trad. it. *Breve ma veridica vita di Benedetto Spinoza*, in J. M. LUCAS-J. COLERUS, *Le vite di Spinoza*, Quodlibet, Macerata, 1994.
(44) SP pg. 16. Deleuze conforterà l'interpretazione analoga di questo aneddoto da parte di Toni Negri. Un'interpretazione, quella di Negri, e di Deleuze, che, ci permettiamo dire, non è del tutto convincente (o perlomeno per chi scrive). Negri pensa che Spinoza si sentisse il Masaniello della filosofia, il "sovversivo". Per quanto Spinoza potesse avvertire gli elementi sovversivi del suo pensiero, ci permettiamo avanzare l'ipotesi che Spinoza, sul cui sigillo era impresso il motto "CAUTE", avesse un sentimento diverso: il timore di diventare come Masaniello, un minore che si perde nel diventare maggiore, e si fosse ritratto in tale veste non per realizzare la sua immagine gloriosa, ma per appuntarsi un monito su che cosa non diventare. Cfr. A. NEGRI, *L'anomalia selvaggia: saggio su potere e potenza in Baruch Spinoza*, cit. Relativamente a Deleuze si veda la "Prefazione" al testo summenzionato, ora in DRF, pgg. 150-3. In chiave leggera, si veda come Woody Allen descrive in maniera analoga il divenire da rivoluzionario a dittatore del personaggio Vargas, il protagonista del racconto *Viva Vargas* in *Getting even*, Random House, New York, 1971, trad. it. *Saperla lunga*, Bompiani, Milano, 1973, e nel film, che è uno sviluppo dello stesso racconto, *Bananas*, United Artists, Los Angeles, 1971, ed. it. *Il dittatore dello stato libero di Bananas*.
(45) *Psicanalisi e politica*, cit., pg. 43.
(46) ARISTOTELE, *Politica*, I, 2, 1253a. Giova ricordare come Spinoza sottolinei questo punto: «Fra queste cose esterne non si può, per quanto ci si pensi, trovarne di preferibili a quelle che s'accordano appieno con la nostra natura: infatti, se, per esempio, due individui di identica natura stringono l'un con l'altro un rapporto vitale, essi compongono un individuo di potenza doppia di quella d'un singolo. Nulla, dunque, è più utile a un umano di un altro umano». B. SPINOZA, *Etica*, Parte IV, Proposizione 18.
(47) Per Simondon si rimanda alla nota 17 a pg. 139. È profondamente simondodiana la frase di Jackie Robinson, oggi a epitaffio sulla sua tomba al Cypress Hills Cemetery di Brooklyn: «A life is not important

Ancora, e anche in questo caso, insieme a Bergson, sopravvive quell'ascendenza strettamente humeana di Deleuze. Su questa base si realizza quello spostamento dal solipsismo per approdare a una visione plurale e accomunante, come Sartre, altrettanto, aveva realizzato, spostando dal solipsismo heideggeriano il baricentro del pensiero esistenzialista.

Quest'insieme, questa umanità, non è "popolo", e neppure è, come ritroveremo nelle definizioni collettive, classe o nazione e altre ancora. La differenza è profonda: la molteplicità sfugge all'identità molare della definizione collettiva, dove gli individui sono sussunti nella personificazione unitaria del popolo, della classe, della nazione. Qui sono, ben al contrario di copie dell'uno e, come tali, uguali fra loro, differenze fra loro. La molteplicità non esprime dunque una somma (mentre il "popolo" di Hobbes è sostanzialmente una somma o, possiamo dire, in Hobbes ha tale significato) ma esprime come non sia possibile realizzare la somma, è la sua differenza. Esprime la differenza. Definizione ontica, tuttavia, per ancora. O, per meglio dire, statica.

Qui occorre riprendere e ulteriormente sottolineare ancora un dato a completare l'ultimo tassello della molteplicità qualitativa di derivazione bergsoniana in Deleuze, e la dimensione ontologica, in quanto dinamica, dove questo dinamismo non è un movimento esterno ma è ciò che costituisce questa specifica dimensione ontologica.

Riprendiamo e concludiamo il processo della carriera amorosa vista precedentemente come una molteplicità qualitativa, molteplicità della ripetizione dell'atto di amare. Abbiamo visto i differenti oggetti dell'amore (madre-amori futuri) non come semplici elementi costituenti la collezione ma come differenze, non copie i secondi della prima ma tutti ugualmente costituenti lo spessore, ancora, però, solo della collezione, e abbiamo visto come sia, la molteplicità, se qualitativa, l'atto, dinamico, del ripetersi dell'atto dell'amore. Questo dinamismo non è una semplice descrizione di un movimento ma – come abbiamo detto sopra – è qualcosa di più.

Completiamo il processo humeano del farsi del soggetto nel dato. Il soggetto all'incontro con il dato sviluppa una trascendenza del dato, in tal modo acquisisce una forma nuova della sua coscienza, egli si scopre di sé, scoprendo, nell'esperienza, chi è, per l'atto e la direzione che impone nella risoluzione che egli attua nel superamento del dato. Il soggetto dunque non è quel soggetto del primato che dice appunto Lapoujade essere quello di cui Deleuze si sbarazza. Non lo è in quanto il suo costituirsi a soggetto non viene dalla sua idea di sé, ma dallo sviluppo di un incontro. Concetto anche, o totalmente, stoico, come vedremo alla fine.

Nondimeno quel soggetto non è affatto in balìa del caso (lettura psichista) perché attua una sua particolare sintesi, o trascendenza dal dato. Che è sua, e che attua, e che

except in the impact it has on others lives». Jackie Robinson è stato il primo giocatore di colore ingaggiato dal circuito professionistico americano di baseball (MLB) mente vigeva una regola "non-scritta" di apartheid per cui i giocatori di colore erano confinati in una lega a parte, la "Negro Ligue".
Branch Rickey (general manager dei Brooklyn Dodgers) volle a tutti i costi sfidare questa regola e contrattualizzò Robinson. Tutti si rivoltarono. Ma Rickey non si scoraggiò e Robinson poté sfondare questo tabù, dando luogo alla possibilità per altri atleti di colore di essere ingaggiati nella MLB. Grazie alla sua riuscita, altri poterono avere l'accesso fin lì a loro negato. Non si può negare che la sua vita abbia avuto un impatto su altre vite. Robinson esordì il 15/4/1947 e cinquanta anni dopo, alla ricorrenza di quel giorno, nel 1997, una cerimonia presieduta dall'allora presidente americano Bill Clinton, presente la vedova di Robinson, Rachel, sancì il ritiro del numero di casacca di Robinson, il 42, da tutte le squadre della MLB, a massimo onore mai tributato ad un giocatore. A seguire e fino ad oggi, il 15 aprile, tutti i giocatori di tutte le squadre (e perfino gli arbitri, che in MLB esibiscono una numerazione come i giocatori) vestono, solo per quel giorno, il numero 42.

non è *nella forza delle cose*, già data (dotata in sé) di necessità sufficiente, che abbiamo già visto non avere, se è il soggetto che la attua, facendo diventare reale quello che in sé è soltanto virtuale, e quello che realizza è non un obbligato, ma un possibile. Meglio, uno dei tanti virtuali, uno dei tanti possibili, a maggior scongiuro di *Essere*, essendo neppure **il** possibile, ma **uno** dei tanti possibili.

Parliamo qui di un incontro semplice, o singolo. Ma andiamo avanti, riprendiamo la carriera amorosa. Adattando dal caso appena visto, ora abbiamo, come già detto precedentemente circa il ripetersi *differente* della prima volta nella seconda, che all'esperienza amorosa 1 il soggetto1 (s1) esce con un dato x1 che da quella ha realizzato (misto del portato dell'esperienza e del taglio soggettivo che ha dato a quell'esperienza) ed è quindi s2, modificatosi da e per questo incontro. Successivamente si riattiverà in un ulteriore e seguente incontro, con l'oggetto2, dove si pone già come prodotto e non più come ciò che era in originario.

Qui opererà una successiva trasformazione che lo costituirà in nuovo soggetto s3 che, ancora andando, quando incontrerà l'oggetto3, si modificherà ancora. All'oggetto2, però, non è, non era, più lo stesso soggetto che era al tempo1 dell'incontro1, o s1. Il soggetto s1 e l'oggetto2 non si incontreranno, il soggetto s1 a quel momento si è già trasformato in s2. La molteplicità, l'interrelazione, l'incontro, modifica, non induce, non determina ma, come detto precedentemente, offre l'occasione di una modificazione che è imprevedibile, per senso, direzione, concetto, questo in rapporto a quanto il soggetto attuerà da, in, e per le forze che attuerà quell'incontro.

Si potrà dire che questo è già nella dialettica. Ma non sarebbe esatto e la differenza è invece enorme. Perché «la dialettica usa quanto meno maglie larghe [...] attraverso cui fuggono i pesci più grossi»,[48] ovvero la dialettica riduce la complessità della sintesi in un movimento semplice, deduce un risultato come sintesi necessaria, quando questo è solo definibile come un possibile ma non un necessariamente necessitante, nullifica lo spirito soggettivo come forza di piegare in infinite direzioni l'incontro, e quindi le possibilità infinite di sviluppo, limitandosi allo sviluppo solo dei termini già compresi nel problema, oblitera la soggettività come forza verso infinite (o comunque plurime) direzioni, da cui ipotizza allora la necessarietà di quanto risultante.

In quel caso sì che si potrebbe parlare di morte del soggetto, semplice pezzo compositivo del rapporto dialettico, che questo è il soggetto per la dialettica.

Possiamo dire che ancora in Deleuze avviene un nuovo concetto per effetto della torsione del precedente. Ammessa per un momento la dialettica, si dia a quello schema inanimato e dato come certo dei suoi elementi, l'indeterminatezza della risposta di quegli elementi, si metta in essi forza e forze diverse e si ottiene tutt'altro scenario.

---

(48) DeR pg. 295: «L'uno e il multiplo sono concetti dell'intelletto che formano le maglie quanto meno larghe di una dialettica degradata, procedente per opposizione, attraverso cui fuggono i pesci più grossi». E, in maniera assai incisiva, Foucault così commenta la differenza e il rifiuto della dialettica in Deleuze: «come non riconoscere in Hegel il filosofo delle più grandi differenze, di fronte a Leibniz, il pensatore delle più piccole differenze? A dire il vero, la dialettica non libera il diverso; al contrario, garantisce che sarà sempre ripreso. La sovranità dialettica dello stesso consiste nel lasciarlo esistere, ma sempre assoggettato alla legge del negativo, come momento del non-essere. Crediamo di veder risplendere la sovversione dell'Altro, ma segretamente la contraddizione agisce per la salvezza dell'identico. Bisogna richiamare l'origine costantemente istitutrice della dialettica? Ciò che la riattiva senza tregua, facendo rinascere indefinitamente l'aporia dell'essere e del non-essere, è l'umile interrogazione scolastica, il dialogo fittizio dell'allievo: "Questo è rosso; quello non è rosso – In questo momento è giorno? No, in questo momento è notte". Nel crepuscolo della notte d'ottobre, la civetta di Minerva non vola molto in alto: "Scrivete, scrivete – gracchia – domattina non sarà più notte". M. FOUCAULT, *Theatrum*, cit., www.engramma.it.

Anche la dialettica, come l'*Edipo*, è un falso movimento, che scheletrizza la struttura, toglie le forze per le quali la struttura si attua ed elegge a noumeno teoretico quella scheletrizzazione. Ugualmente nel rapporto non fra soggetto e oggetto, ma fra soggetti, avviene lo stesso movimento. Come nella conoscenza si costituisce un soggetto nel dato fra sé e un fenomeno esterno a sé, il sorgere del sole, altrettanto nella pratica si costituisce un soggetto nel dato fra sé e altri da sé, qui le persone degli amori futuri.

L'io e l'altro producono un incontro, da questo entrambi saranno modificati e si riscopriranno diversi a seguito dell'esito, e saranno diversi anche quando non accadesse una modificazione, che comunque una mantenuta uguaglianza qui non vorrebbe dire indifferenza ma ribadenza, portare alla seconda potenza quello che si era alla prima. Perché, ancor più che rispetto alla dialettica, che pure cerca "grossolanamente" di dar conto della sintesi, la differenza profonda è, come abbiamo già più volte accennato, fra la "collezione" e la "ripetizione".

La collezione si può schematizzare così: elementi (differenze) costituenti, ognuno in sé, solo somma di essi. La ripetizione va invece schematizzata così: elementi (differenze) che costantemente mantengono il precedente e modificano il successivo per cui nessuno è in sé ma è costantemente modificato nel prima-ora-dopo, effetto di moltiplicazioni continue (come detto precedentemente dall'interpretazione di Ronchi).

La collezione è un insieme di elementi ontici posati su un piano, la ripetizione è un insieme di esperienze vissute, non posate su un piano, che scorrono in un tempo che altrettanto scorre tanto che, di fatto, sono assenti i precedenti rispetto all'attuale, solo conservati dalla memoria e modificati dall'azione riflessiva che li congiunge.

Allora, e altrettanto, la "folla" non è solo una somma di differenze, ma il processo che queste differenze attuano nell'incontro fra di loro, risultato di una soluzione del problema sollevato a ogni incontro fra le differenze. Non è una staticità, ma qualcosa che "avviene".[49]

(49) Ci si permetta infine di commentare che se la differenza fra sistema molare statico e sistema plurale dinamico o fra molteplicità quantitativa e molteplicità qualitativa, ancora, fosse stata accolta non si sarebbe verificato quel corto circuito delle sociologie molari come espresse dalla politica. In un partito tutti appaiono (e devono) essere uguali all'idea-partito. Le loro individualità non sono più percepibili. Non esistono nemmeno più. Non esistendo, non esprimono, non rappresentano, e non sono, forze attive. Da qui l'incapacità di leggere i singoli desideri che poi spiazza quel partito che insiste su un'identità molare del tutto immaginaria e perde le forze propulsive delle singolarità (differenze), e della forza dell'incontro di queste differenze (ripetizioni). E anche il disagio, come abbiamo già detto prima, laddove le singolarità propongano temi nuovi o il mondo stesso esterno si imponga con nuovi incontri. Che gli diventa fatale. Ma il problema ha una base ontologica, un non riconoscimento della differenza (e della ripetizione). Si prenda un esempio particolare: l'*uguaglianza*, tanto professata universalmente e come, di fatto, praticata nei regimi comunisti. Concretamente: uguale stipendio per tutti, che tutti siamo uguali. Il primario d'ospedale e il manovale hanno lo stesso stipendio. È modalità corretta?
Julien Benda scriveva: «Gli apostoli dell'ordine ritengono normalmente che sono loro a incarnare la ragione, cioè lo spirito scientifico, perché loro rispettano le differenze reali che esistono tra gli uomini; realtà che la democrazia vìola cinicamente con il suo romantico egalitarismo. C'è in questo una concezione completamente falsa dell'egualitarismo democratico, che i nemici di questo regime sanno essere falsa e utilizzano come ordigno di guerra, ma bisogna pur dire che numerosi democratici l'adottano in assoluta buona fede e si trovano così senza difesa di fronte ai fulmini dell'avversario. Essa consiste nell'ignorare che la democrazia non vuole l'eguaglianza dei cittadini se non di fronte alla legge e alle possibilità di accesso alle funzioni pubbliche; per il resto, la sua posizione è definita da queste parole del filosofo inglese Grant Allen: "Tutti gli uomini nascono liberi e *ineguali*, scopo del socialismo è mantenere questa ineguaglianza naturale e trarne il miglior partito possibile", o da queste altre del democratico francese Louis Blanc, che dichiarava la vera uguaglianza essere la "proporzionalità" e consistere per tutti gli uomini nell'"*eguale* sviluppo delle loro facoltà *ineguali*". [...]. Inutile dire che è diseguaglianza riconoscere l'uguale (qui nel compenso o stipendio) in chi ha maggiore applicazione, studio, responsabilità. Dunque

Accade quindi che questa folla non è il risultato di un'identità che le pre-esiste, ma, soprattutto, non solo è essa che forma quella nozione unificante, ma quella nozione unificante, anche ammessa, non può esser che provvisoria, sottoposta a continue possibili modificazioni per effetto di possibili nuovi incontri, nuove insorgenze, nuove contingenze che spingono a produrre ulteriori effetti. Esattamente come abbiamo detto a conclusione del problema gnoseologico, si hanno concretizzazioni solo momentanee, pronte a essere modificate alla successione di nuovi incontri. O come abbiamo già detto del molteplice, per cui "gregge" esprime non la ripetizione dei suoi componenti "25 pecore", ma ciò che avviene quando 25 soggetti si interrelazionano.

Siamo lontanissimi da ogni gauchismo e anche dal marxismo istituzionale.

Il nomade.

Come lontano lo è il *nomade*, forse la figura più citata allora dal gauchismo (e in varie declinazioni anche oggi da vari deleuzianismi). Il nomade non è semplicisticamente l'antitetico alla legge, o all'ordine costituito.[50]

l'uguaglianza non è la soppressione della differenza, ma il suo riconoscimento. La vera uguaglianza è formata dalla differenza». J. BENDA, *Il tradimento* cit., pgg. 12-3.
Sembrerà strano dopo la teoria e la pratica politica dei movimenti comunisti, nonché la vulgata del marxismo, che proprio Marx abbia sempre fatto lo stesso ragionamento, basato sulla differenza che Bergson introdurrà fra quantità e qualità e nel valore positivo quale sarà in Deleuze, arrivando, Marx, a sostenere che un'uguaglianza quantitativa (materiale) è una diseguaglianza qualitativa, e dunque, etica. Si ricordi questo passo (fra gli altri): «Nonostante questo processo, questo ugual diritto è ancor sempre contenuto entro un limite borghese. Il diritto dei produttori è proporzionale alle loro prestazioni di lavoro, l'uguaglianza consiste nel fatto che esso viene misurato con una misura uguale, il lavoro. Ma l'uno è fisicamente o moralmente superiore all'altro, e fornisce quindi nello stesso tempo più lavoro, oppure può lavorare durante un tempo più lungo; e il lavoro, per servire come misura, dev'essere determinato secondo la durata o l'intensità, altrimenti cessa di essere misura. Questo diritto uguale è un diritto disuguale, per lavoro disuguale. Esso non riconosce nessuna distinzione di classe, perché ognuno è soltanto operaio come tutti gli altri, ma riconosce tacitamente l'ineguale attitudine individuale e quindi la capacità di rendimento come privilegi naturali. Esso è perciò, pel suo contenuto, un diritto della disuguaglianza, come ogni diritto. Il diritto può consistere soltanto, per sua natura, nell'applicazione di un'uguale misura; ma gli individui disuguali (e non sarebbero individui diversi se non fossero disuguali) sono misurabili con uguale misura solo in quanto vengono sottomessi a un uguale punto di vista, in quanto vengono considerati soltanto secondo un lato determinato: per esempio in questo caso, soltanto come operai, e si vede in loro soltanto questo, prescindendo da ogni altra cosa. Inoltre: un operaio è ammogliato, l'altro no; uno ha più figli dell'altro, ecc. ecc. Supposti uguali il rendimento e quindi la partecipazione al fondo di consumo sociale, l'uno riceve dunque più dell'altro, l'uno è più ricco dell'altro e così via. Per evitare tutti questi inconvenienti, il diritto, invece di essere uguale, dovrebbe essere disuguale". K. MARX, *Kritik des Gothaer Programms*, (1875) prima pubblicazione 1891, Cap. 1, trad. it. *Critica del programma di Gotha*. Dove si legge anche la celebre, e rimossa, frase «Ognuno secondo le sue capacità; a ognuno secondo i suoi bisogni!», per cui il godimento dei beni non è soggetto a livellamenti egalitaristi, ma avviene per ciascuno secondo le differenze, di merito e di necessità. Infine, breve clip di Charles Fourier, nelle riassuntive parole del già citato Ceserani, che ancora ribalta la concezione comune della massificazione come indotta, questa volta indicando che il marketing, anziché essere indottrinamento di massa è invece ricerca dell'individuale: «Fourier ipotizzava una società fondata proprio sulle "diseguaglianze". La sua armonia universale era perfettamente in sintonia con la filosofia di marketing che pratichiamo oggi. [...]. Così va inteso il famoso esempio dei meloni: c'è chi ama il melone maturo e chi no; impiegando queste differenze *spontanee* noi riusciremo a realizzare un ottimo sistema economico e sociale: non butteremo via alcun melone e soddisferemo i gusti e le attitudini di tutti i cittadini. Insomma: una *società di tutti diseguali!*». G. P. CESERANI, *Un'America targata "target"*, cit. pg. 71-2.
(50) Dice Guattari: «Fin che si rimane a un'alternativa fra lo spontaneismo impotente dell'anarchia e la codificazione burocratica di partito, non ci sarà liberazione del desiderio». AA.VV., *Aspettando la rivoluzione*, cit., pg. 123.

Il nomade è tutt'altro che la figura *ribelle* che ci ha dato la lettura gauchista de *L'anti-Edipo*. In Deleuze, il nomade, inizia nel pensiero di Nietzsche, come pensiero che non crea un'antitesi, innanzitutto, ma crea un pensiero che resti fuori dalla possibilità di codificarsi, di porre, ancora, seppure nuovi, comunque, valori. Fondazioni, zavorre, pesi. Questo, nel primo momento della ricerca deleuziana

Al suo esordio, nel pensiero di Deleuze, il nomade è così descritto nel pensiero di Nietzsche: «Si ritiene che all'alba della nostra cultura contemporanea stia la trinità Nietzsche, Freud, Marx.

Poco importa che siano stati anzitempo disinnescati. Può darsi che Marx e Freud siano l'alba della nostra cultura, ma Nietzsche è qualcosa di completamente diverso, è l'alba di una controcultura. È evidente che la società contemporanea non funziona a partire da codici. È una società che funziona su altre basi.

Ora, se si considera non la lettera di Marx e Freud, ma il divenire del marxismo o il divenire del freudismo, si può vedere come si siano lanciati paradossalmente in una specie di tentativo di ricodificazione: ricodificazione mediante lo stato nel caso del marxismo ("siete malati a causa dello stato, e guarirete grazie allo stato", non sarà lo stesso stato) – ricodificazione mediante la famiglia (essere malati di famiglia e guarire grazie alla famiglia, non la stessa famiglia).

E questo fa sì che, all'orizzonte della nostra cultura, il marxismo e la psicoanalisi siano davvero le due burocrazie fondamentali, l'una pubblica e l'altra privata, il cui fine è di operare alla meno peggio una ricodificazione di ciò che all'orizzonte non cessa di decodificarsi. Per quanto riguarda Nietzsche, al contrario, le cose non stanno affatto così. Il suo problema è altrove. Attraverso tutti i codici, del passato, del presente e del futuro, si tratta nel suo caso di far passare qualcosa che non si lascia e non si lascerà codificare».[51]

Un concetto che resta ne *L'anti-Edipo* dove si legge che in primo luogo il nomade è prodotto dalla stessa forza costrittiva, come ciò che è "resto" dopo l'impossessamento della polis da parte di un potere.

Alla periferia, senza essere compreso, o all'interno, come i Palestinesi,[52] non ha luogo, il luogo dove la polis distribuisce dei luoghi, delle funzioni.

Non volontà antitetica, ma prodotto di scarto, resto, appunto, situato nel non-paese.

Fuori dalla città e, se dentro, ugualmente fuori perché non appartenente ad essa. E, fin qui, abbiamo il prodotto antitetico. E dunque un'ideale figura di ispirazione per un movimento sovversivo, rivoluzionario. Quel nomade che c'è oggi e che è perdente, e sconfitto. Lo dimostrano due casi, quello degli indiani d'America e quello, appunto, dei palestinesi. In quanto popolazioni nomadi che non hanno costruito uno Stato, si sono dimostrate vulnerabili agli aggressori perché, in primo, non avendo uno Stato non avevano un confine militare atto alla difesa ma, in secondo, e quello che è forse più importante, perché non avendo uno Stato non potevano dimostrare la ragione del loro diritto ad esserci. A stare in quel luogo.

Dice splendidamente Deleuze, sulla questione palestinese (e di quella che fu degli Indiani d'America): «Israele non ha mai nascosto il suo obiettivo, fin da principio: fare il vuoto nel territorio palestinese. Anzi, fare come se il territorio palestinese fosse vuoto, destinato da sempre ai sionisti. Era sì colonizzazione, ma non nel senso

---

(51) G. DELEUZE, *Pensiero nomade*, cit., 'aut-aut', n° 276, 11-12/1966, pg. 14, ID pg. 320.
(52) L'esempio non è a caso, e rappresenta un tema di grande attenzione in Deleuze, come abbiamo già detto e come diremo qui immediatamente a seguire.

europeo del XIX secolo: non si trattava di sfruttare gli abitanti del luogo, ma di farli andare via. E quelli che restavano non sarebbero diventati mano d'opera dipendente locale, ma mano d'opera itinerante e separata, come se fossero immigrati, messi in un ghetto. Fin da principio l'acquisto delle terre ha come condizione che siano vuote o che lo possano diventare. È un genocidio, ma un genocidio in cui lo sterminio fisico resta subordinato all'evacuazione geografica: poiché non sono che arabi in generale, i palestinesi sopravvissuti debbono andare a fondersi con gli altri arabi. Lo sterminio fisico, affidato o meno a mercenari, è interamente presente.

Ma non è un genocidio, si dice, perché lo sterminio non è "lo scopo finale": ed effettivamente non è che un mezzo fra gli altri. La complicità fra gli Stati Uniti e Israele non deriva soltanto dalla potenza di una lobby sionista.

Elias Sanbar ha mostrato come gli Stati Uniti ritrovino in Israele un elemento della loro storia: lo sterminio degli indiani, che anche in quel caso fu fisico solo parzialmente. Bisognava fare il vuoto, bisognava fare come se gli indiani non ci fossero mai stati, tranne che nei ghetti che ne fanno degli immigrati dall'interno.

Per molti aspetti i palestinesi sono i nuovi indiani, gli indiani di Israele».[53]

Certo, questa umanità distrutta dalla forza e dalla prepotenza di Stato deve raccogliere la simpatia di chi si oppone, ora, alla forza e alla prepotenza del suo Stato, o dello stato globale, o del mercato capitalistico, ma non è sufficiente erigere un feticcio del nomade per aver fatto un progresso.

Perché, già subito, ancora ne *L'anti-Edipo* si legge: «Lo spazio dell'accampamento resta adiacente a quello della foresta, è costantemente riprodotto nel processo di produzione, ma non se l'è ancora appropriato. Il movimento oggettivo apparente dell'iscrizione non ha soppresso il movimento reale del nomadismo. Ma non esiste **puro nomade**, c'è già e sempre un accampamento ove si tratta di immagazzinare, per quanto poco, di iscrivere e di distribuire, di sposarsi e di nutrirsi».[54]

E questo è il punto. Dove riappare il monismo deleuziano che sconfessa l'apparente dualità nomade/sedentario, libero/assoggettato come due essenze autonome.

---

(53) G. DELEUZE, *Grandezza di Yasser Arafat*, cit., pgg. 20-21. Sorvoliamo sulla incredibile polemica sollevata successivamente da Éric Marty (cfr. É. MARTY, *Foucault, Deleuze, les Juifs et Israël*, 'Le meilleur des mondes', n° 1, 9/ 2006, Denoël, Paris) e sull'imbarazzata – e imbarazzante – risposta di Droit (cfr. R-P. DROIT, *C'est une histoire qui comporte beaucoup d'Oradour*, in *L'énigme juive*, 'Pardès', n° 45, 2009). Va ricordato che il già citato Marty se la prende con Deleuze anche per la sua definizione di "juif riche" (G. DELEUZE, *Le juif riche*, 'Le monde', 18/2/1977, anche in DRF, pgg. 104-6) e anche il vecchio amico Lanzmann ha parole poco tenere nei confronti di Deleuze per il suo non impegno a favore della sconfessione di un film su "der reiche Jude": «Deleuze, chiamato in soccorso per difendere e sostenere quel film rivoltante, scrisse che aveva un bello "sgranare gli occhi", ma non vedeva l'ombra dell'ombra del minimo antisemitismo». C. LANZMANN, *La lepre della Patagonia*, cit., pg. 230. Il film in questione è D. SCHMID (regia di), *Schatten der Engel*, Albatros Filmproduktion, Artco Film, 1976, in precedenza pièce teatrale: W. M. FASSBINDER (regia di), *Der Müll, die Stadt und der Tod*, 1976. Radicalizzazione di questo strano modo di vedere, il ritornare ciclico sulla questione-Heidegger (ultima puntata, al momento, la pubblicazione degli *Schwarze Hefte* (trad. it. M. HEIDEGGER, *Quaderni neri*, Bompiani, Milano, 2018) e la moda recente di riscoprire antisemitismo in personaggi fin ora non sospettati di tanto. Vedi la "scoperta" del *Journal* di Alain stigmatizzata ad alta voce da Onfray, confortato in questo da – ancora – Droit. A poco serve loro, a Onfray e a Droit, ricordare, essi stessi, che questo *Journal* è un diario privato, e che lo stesso Alain vede con biasimo il suo stesso atteggiamento che definisce "passion triste". Rovistare nella *poubelle* e abbattere statue, spesso, è un desiderio irrefrenabile. Cfr. ALAIN, *Journal inédit 1937-1951*, Editions des Equateurs, Sainte-Marguerite-sur-Mer, 2018; M. ONFRAY, *Solstice d'hiver. Alain, les Juifs, Hitler et l'occupation*, Editions de l'Observatoire, Paris, 2018; R-P. DROIT, *Alain, antisémite opiniâtre*, 'Le monde', 1/3/2018.

(54) AE pg. 165 [il grassetto è nostro].

Antinomiche, potremmo dire, ma non opposte, differenti, in differente modalità o momento, perché il sedentario non è l'opposto del nomade, ma è il nomade alla fine del suo percorso, è il nomade quando si ferma. È il nomade *épuisé*.⁽⁵⁵⁾

Non solo. C'è un'antica querelle che oppone i filologi circa il significato di nomade. Per una parte il termine deriva esattamente dal greco *nemein*, che significa tanto *pascolare* quanto *dividere*.

Pascolare vuol dire appunto spostarsi ma anche e poi dividere, appunto, l'area. Costituire la polis. Dunque la parola greca *nomos* che deriva da *nemein*, deriva da (fare la) legge ("norma" deriverebbe da *nomos*).⁽⁵⁶⁾

Ora, dunque, il nomade è l'uomo che crea la legge, nel luogo, vuoto, che ha raggiunto. Tutt'altro che antitetico alla legge sarebbe invece il creatore della legge. Ma altrettanto quel nomade ha, nel suo inizio, il pascolare, lo spostarsi, prima di essere arrivato a fermarsi. Spostarsi e risiedere dunque non sono essenze antitetiche, ma modi di una stessa sostanza, quella stessa persona che, prima, si sposta (o quando si sposta) e che, successivamente, si ferma (o quando si ferma).

D'altronde come potrebbe essere legislatore se già vivesse in una polis legislata? Perché lo possa essere ha bisogno di un "fuori" e, ancora, possiamo infatti domandarci, chi ha fatto, a suo tempo, quella polis e quella legge della polis quale oggi c'è?

È evidente che prima dell'inizio non c'era, quindi nacque dal nulla, dal vuoto, nel vuoto. Da un nomade che la pose. E così in un "a ritroso" all'infinito. Così, all'alba della civiltà, l'umanità è nomade, alla ricerca, ed è colonizzatrice, poi, della "sua" terra trovata. E sulla quale decide di fermarsi "hic manebimus optime",⁽⁵⁷⁾ si potrebbe dire. Dunque, in primis, come nomade, quell'umanità è creativa, in seconda battuta, difendendo la sua creazione, è repressiva, come anche per Bruce Chatwin,⁽⁵⁸⁾ o come vedremo, più avanti, è anche nell'idea di Foucault.

Ma, ancor più, come già nell'avvertimento precedentemente citato da *L'anti-Edipo*, anche nello Stato, pure, nomade, si insinua un elemento di fissità. Il nomade non viaggia, preciserà Deleuze, i viaggiatori viaggiano, gli emigranti, anche, viaggiano, fanno un viaggio, il nomade si muove sullo stesso (e quindi suo) territorio, dirà, sostanzialmente Deleuze: «Toynbee mostra che i nomadi, in senso stretto, in senso geografico, non sono né degli emigranti, né dei viaggiatori, ma al contrario quelli che non si muovono, che si avvinghiano alla steppa, immobili a grandi passi, secondo una linea di fuga sul posto, loro, i più grandi inventori di nuove armi».⁽⁵⁹⁾

---

(55) Come e nel senso della fine dei possibili ne *L'esausto*, cit.
(56) A sintesi della questione citiamo A. LABBUCCI, *Camminare, una rivoluzione*, Donzelli, Roma, 2011.
(57) L'espressione, come riportataci da Tito Livio nella sua *Storia romana* (*Ab urbe condita libri*, V, 55), in origine indica una volontà di restare nella propria città, essendo a pronunciarla un centurione che afferma di voler restare e ricostruire la città di Roma dopo il sacco di Brenno. Successivamente è stata adottata come espressione di fermarsi in un una nuova terra conquistata, come quando a pronunciarla sarà Gabriele D'Annunzio durante l'occupazione della città di Fiume (1919-1920).
(58) Ancora Labbucci sintetizza la radicalità di Chatwin dicendo che questi «non ha dubbi che il mondo nomade sia moralmente superiore a quello stanziale e che la decadenza nasca proprio dalla scelta stanziale». A. LABBUCCI, *Camminare*, cit., pg. 73.
Bruce Chatwin (1940-1989) è stato uno scrittore britannico che ha fatto del camminare e dell'avversione totale alla sedentarietà la sua ragione di vita nonché il contenuto della sua opera. Per Graham Huggan, Chatwin ha in parte subìto l'influenza di Deleuze e Guattari (si veda G. HUGGAN, *Interdisciplinary measures. Literature and the future of postcolonial studies*, Liverpool University Press, Liverpool, 2008). I dati cronologici ci dicono che questo possa anche essere avvenuto, ma già in una fase in cui Chatwin aveva comunque fatto la sua scelta.
(59) CNV pg. 46.

Dunque, il nomade non è il viaggiatore, perché questi va in un altro spazio, il nomade, invece, resta nel proprio, ma percorrendolo, non standovi in forma sedentaria, perché il nomade si sposta entro un territorio, cambiando di posizione, ma all'interno di questo stesso territorio, che non è quello che contiene le sue edificazione, come nello stanziale, ma quello che è disegnato dalle scie del suo passare e ripassare.

All'estremo del concetto, Labbucci dice: «nomade non è chi si sposta da un luogo a un altro; nomade è colui che in determinati periodi dell'anno con i suoi pascoli si muove lungo percorsi prestabiliti, che possono sì cambiare, ma solo a causa di eventi naturali (siccità, carestia, inondazioni) o per contrasti tribali. Nomade quindi non è colui che spinto da un irrefrenabile e incontrollabile impulso si muove per muoversi; al contrario il suo muoversi è dettato da precise ragioni e da tempi e modalità quasi ferree. La conseguenza è che ciò che avviene o è concesso per consuetudine, come appunto nel nomadismo, o rientra nella sfera della legge che glielo attribuisce. Eccoci giunti a una prima rivelazione: nomade e legge stanno insieme, sono legati».[60]

Concordiamo: sì — e come dice Deleuze — il nomade percorre un "suo" territorio, lo vive dinamicamente anziché stanzialmente, e il suo territorio è composto dalle linee di percorrenza anziché dall'ingombro della città edificata.

Una considerazione: se prima avevamo detto che gli indiani d'America e i Palestinesi non avevano uno Stato, ora dobbiamo correggerci. Avevano, invece, uno Stato, uno Stato "mobile" e non sedentario, uno Stato rappresentato non dagli immobili impiantati nella terra ma dalle linee della percorrenza dei loro spostamenti, con un accampamento sempre smontato e rimontato altrove, e ulteriormente smontato e rimontato altrove. E questa è stata la loro "debolezza" di fronte al conquistatore occidentale il quale riconosce uno Stato solo alle condizioni di imbattersi in elementi stabili (anche se quando lo riconosca non significa automaticamente che lo rispetti come tale, ma nel caso, lo ingloba come nella colonizzazione di cui abbiamo visto dire prima da Deleuze o lo conquista dichiarandogli guerra, possiamo aggiungere).

Lo Stato dinamico, del nomade, dell'indiano d'America o del palestinese di fronte all'idea-Stato stanziale dei conquistatori.

Il dinamico ha perso la battaglia contro lo statico. Lo statico si è affermato come valore della civiltà occidentale.

Tuttavia, e per quanto alla specificità del nomade, questo nomade che vive un "suo" territorio, è – potremmo dire – già il nomade di seconda generazione, colui che ha già trovato questa geografia delle linee dai padri (al limite, quello stesso quando ri-percorre la stessa rotta che ha percorso la prima volta).

Precedentemente allora deve esserci un pre-nomade, o un **puro** nomade, che ha fatto un'altra operazione, quella appunto di partire da un punto (anziché restarvici) per andare a un altro punto, e lì, stabilire un "nuovo" accampamento.

---

(60) A. LABBUCCI, *Camminare*, cit., pg. 73. Aggiungiamo che il nomade non è il "vagabondo", e non scegliamo a caso questo termine perché l'immagine del vagabondo, a livello di costume, e nel periodo in questione, affascina e riecheggia in varie canzoni del tempo, sì da avere un valore di cultura, ancorché popolare, assai significativo: lo cantano I Nomadi (!) gruppo "impegnato" (*Io, vagabondo*, RCA Italia, 1970), e lo canta Georges Moustaki, autore raffinato (*Le meteque*, versione italiana *Lo straniero*, Polydor, 1969): «Metà pirata metà artista, un vagabondo, un musicista che ruba quasi quanto dà». Lo canta il più popolare Nicola Di Bari (*Vagabondo*, RCA italia, 1970): celebrano l'equivoco, o lo anticipano, del nomade, inteso solo come un disimpegnato andare errante, certo altrove dalla società borghese, si fa intendere, ma senza volontà di andare per creare. Così come i viaggi, allora, verso l'India, l'Oriente, i luoghi buddisti. Movimenti, semmai, ancor più passivi, volti com'erano a trovare solo nuove icone. Più che cercare un "fuori", era un volersi riempire di un'altra immagine.

Nel vuoto, nel fuori, non in un altro posto come l'altro posto del viaggiatore.

Il nomade, il **puro** nomade ha quindi un rapporto con il fuori, ed è questa la sua caratteristica più importante, quella di andare oltre (come si dice comunemente "andare oltre la conoscenza attuale") e di creare, appunto, un nuovo. Oltre, verso il nuovo, a edificare, però, un nuovo, e qui sta la doppia caratteristica che da un lato respinge il luogo che lo stanzializzerebbe, dall'altro crea un luogo, che può stanzializzarlo.

Allora il nomade, il **puro** nomade, non è semplicemente quello che sfugge dalla regola per l'anarchia, è colui che sfugge dalla fissazione (che forma la regola) e colui che creerà una regola, si può dire sua, o si può dire, meglio, oltre. Ma creerà, pur sempre, la regola. La norma. Il pericolo è in agguato. Si metterà a difenderla?

Se sì, non sarà più nomade, mentre, se una volta creata, l'abbandonerà per non mettersi ad adorare il feticcio, tale è diventata in, e per, questo uso, la sua stessa creazione, allora sarà nomade. Sull'orlo della sua capitolazione dall'esser nomade, che – abbiamo appena visto – ci sono funzioni da assegnare, spazi da distribuire, dunque, c'è da legiferare, non diversamente dal sistema come tale, fino a diventare anch'esso sistema. C'è quindi altra operazione da fare, anziché semplicemente credere di aver trovato in questa figura ogni risposta, o la risposta, e venerare questa figura, come avvenne. C'è da "estrarre" dal nomadismo un concetto, insito nel nomadismo, ma non necessariamente inverato nel nomadismo reale.

Certo, già da qui, possiamo concordare che in una situazione in cui l'accampamento viene costantemente smontato e rimontato altrove, dove le strutture sono fatte senza una fondazione che si blocchi nella terra, sarà più difficile, come avviene con l'insediamento sedentario, la città, edificare un luogo che, bloccato dalle fondazioni nella terra, con l'intento proprio di dargli stabilità, resti immobile, si trasformi in gabbia, obblighi a starci, e così a fermarsi. Spenga ogni dinamismo.

Ma non è sufficiente. Occorre portare al limite il nomade e fare il **puro** nomade, che sarebbe colui che si sposta per creare un nuovo e, appena realizzatolo, affinché questo non gli sia la sua stessa gabbia, riparte. Che costantemente sfugge alla ri-codificazione, così da porre che non possa avvenire una ri-codificazione.

Si ritorna quindi a quanto detto a proposito di Nietzsche, qui indicato precedentemente come l'esordio del concetto di nomade nel pensiero deleuziano.

Piccolo trattato sul '68, e sul nomade, in forma di novella breve, è il film di Louis Malle, *Milou a Maggio*.[61]

La storia: nella casa di famiglia, il maturo Milou (uno straordinario Michel Piccoli) e sua madre, madame Vieuzac, vivono da soli, gli altri parenti lontani. È il maggio '68 e la radio riporta i tumulti di Parigi. D'un tratto, l'anziana signora muore, colpita da infarto. Arrivano i figli di Milou per le esequie: Camille con il marito e i giovani figli,

---

(61) L. MALLE (regia di), *Milou en mai*, Nouvelles Éditions de Films, TF1 Films Production, Paris, Ellipi Films, Roma, 1990, versione italiana: *Milou a maggio*. Un altro film, molto leggero, sia detto come un complimento, *Chocolat*, ci mostra il nomade, al femminile, questa volta. La protagonista (interpretata da Juliette Binoche) arriva insieme alla figlia in un piccolo paese dove vuole aprire una cioccolateria. Le reazioni del paese, impregnato di bigottismo, saranno forti, contro lo scandalo di una ragazza-madre, dai vestiti vivaci e dalle scarpe rosse, la cui attività è la produzione e la vendita un articolo che, alla ristretta mentalità del luogo, appare perfino peccaminoso, ma alla fine la cioccolataia realizza un rapporto con l'ambiente e tutto va per il meglio. Arrivati dunque all'esito conclusivo della fatica, realizzato il piano, decide di ripartire per il suo desiderio di ricominciare e di non stanzializzarsi (tralasciamo il finale sdolcinato per cui invece resterà per amore di un nomade, anche egli, ora, deciso a piantare lì le tende definitivamente). L. HALLSTRÖM (regia di) *Chocolat*, Miramax, Uk-USA, 2000, tratto da J. HARRIS, *Chocolat*, Doubleday, New York, 1999, trad. it. *Chocolat*, Garzanti, Milano, 2012.

Françoise e due piccoli gemelli, il fratello di Milou, Georges, con la moglie inglese Lily, e Claire, figlia di una sorella defunta di Milou e Georges, con la sua compagna, Marie-Laure, e della quale è molto gelosa, nonché Pierre-Alain, infine, il giovane rivoluzionario da manuale del tempo.

L'inizio vede tutti contro tutti in pieno sfoggio, ognuno, delle proprie rigidità.

Tutti tranne Milou, personaggio in certo senso estraneo, stravagante e quasi allegramente infantile. Spiccano per aridità Camille, perbenista, e Claire che, pure avendo un rapporto "alternativo", nondimeno con la sua compagna ha la stessa rigidità del più tradizionale rapporto di coppia, anzi portato all'estremo: a dimostrazione di possesso, la giovane amante viene ammanettata al letto durante la notte.

Tutto verte sulla spartizione dei beni dove ognuno dà il peggio di sé. Intanto le notizie da Parigi sono sempre più drammatiche. Ormai sembra sia saltato ogni equilibrio tradizionale di tipo politico e sociale.

Un camionista di passaggio, Grimaldi, darà ulteriori e drammatiche notizie sulla situazione a Parigi e nella Francia. Come dei profughi da un mondo che non c'è più, i personaggi perdono quelle caratteristiche che avevano entro l'ordine dato da quel mondo. E si danno a manifestazioni spontanee di gioco e di nuova e diversa aggregazione. Così la perbenista Camille consuma un rapporto sessuale con il notaio, venuto per il testamento, e amore giovanile non coltivato alla ricerca di più alta posizione sociale, così sia Claire che Marie-Laure si aprono a una nuova esplorazione, Marie-Laure si legherà a Pierre-Alain, Claire a Grimaldi.

Naturalmente nulla deve fare pensare, circa questo punto, la riconversione eterosessuale di Claire e di Marie-Laure, a un ritorno al "giusto", ma, semmai, alla scelta semplicemente "nuova" ora che i quadri incasellanti sono saltati, fino alla scelta più radicale, non solo un altro partner, ma anche un'altra sessualità. Qui, sono nomadi, non hanno più uno spazio come una scacchiera sopra la quale sono pezzi di movimento obbligati, e identità fisse. Si muovono, verso nuove forme e formulazioni. Diventeranno ancor più nomadi quando le notizie si faranno ancor più gravi e fuggiranno per i boschi lasciando anche la casa. Ma tutto finisce presto, come appunto breve è la durata del maggio '68 che si conclude con la ripresa del pieno potere da parte di de Gaulle alla fine dello stesso mese. E i nostri personaggi, avvertiti da Adèle, la governante, torneranno, prima a casa, poi, a quello che erano.

Nomadismo, dunque, come assenza di una struttura condizionante, non semplice mito del buon selvaggio, perché, questa libertà, anziché essere un'estasi naturalistica è la possibilità, vediamo, di nuovi ingaggi, Camille e il notaio, Claire e Grimaldi, Marie-Laure e Pierre-Alain, nel senso di nuova costituzione di trame, rapporti, stati. Perfetta metafora del '68, nella paura che reca non tanto ai tradizionalisti, ma alle identità dei tradizionalisti e stupenda metafora di un anti-umanesimo di tipo strutturalista che vede le persone come conseguenze e non come identità, quasi le livree dei celibi nel *Grand Verre* di Duchamp,[62] nonché perfetta metafora della "follia" del Maggio,

---

(62) Con *Le Grand Verre* (Il Grande Vetro) si indica correntemente l'opera il cui titolo è *La mariée mise à nu par ses célibataires, même* (La sposa messa a nudo dai suoi scapoli, anche), realizzata da Marcel Duchamp tra il 1915 e il 1923. Dal 1954 è conservata nel Philadelphia Museum of Art, dove arrivò danneggiata, le pareti di vetro che costituiscono il materiale su cui Duchamp dipinse, erano state "brisé" dalla guida sportiva del trasportatore. Duchamp non se ne dolse e anzi arrivò a gradirle, come intervento, non suo, ma che ora diventata suo, questo, sostanzialmente il senso della sua dichiarazione, variamente riportata nelle differenti biografie dedicategli. Esempio forse più rappresentativo, certo il più celebre, di quelle che, anche qui, abbiamo indicato come "macchine celibi", l'opera di Duchamp

poiché i personaggi diventano "folli", schizo, non antitetici, da borghesi a comunisti, esattamente com'è il breve maggio del *sous les pavés la plage*, e non quello, successivo, delle parole d'ordine dell'ortodossia rivoluzionaria. Stupenda descrizione del nomade deleuziano, con un finale amaro come fu con la marcia a favore di de Gaulle negli ultimi giorni di maggio del 1968.

Ora, la questione è: come essere nomadi? Il finale abortisce la possibilità e chiama a un rientro. Ma fosse stato diverso, il finale, fosse stato anche che i protagonisti restavano in quel fuori, quale destino avrebbero potuto avere? Si vede che essi ricostruiscono legami, esattamente il desiderio essendo deleuzianamente costruttivista, e dunque, forse, ugualmente, questi stessi nuovi legami avrebbero potuto, poi, cristallizzarsi, altrettanto il nomadismo poteva avere uguale esito abortivo.

Perché la questione è che si è nomadi non perché si assume un'altra identità, ma perché si perde un'identità, o, più ancora, si potrebbe dire, si perde l'abitudine a farsi un'identità. Dunque, può il nomade esserlo perennemente? Perché, come già detto, dove si fissi nel suo nuovo, quel nuovo diventa subito antico, quel dinamico si immobilizza, nuovamente la macchina desiderante si fa paranoica. Si può riuscire a non farsi prendere dalle stesse radici che mettiamo noi, dai nostri stessi possedimenti, che poi ci possiedono?[63]

Questo è il quesito aperto, autentica ricchezza per un pensiero a venire, a farsi, appunto in quanto non chiuso dalla risposta deleuziana.

Azzardiamo che può. E azzardiamo questa ipotesi ancora e solo per quanto possa essere un esempio per la comprensione del concetto.

Azzardiamo, dunque, che può, a patto di ripartite – come fa il **puro** nomade – al completamento della nuova edificazione, quando pure fosse avvenuta, non fissarsi a quanto ha creato pure se creato da esso stesso, ora questa creazione essendo per lui la sua gabbia, la macchina desiderante divenuta macchina costrittiva o paranoica. Partire nuovamente, ripartire incessantemente.

Come dice Foucault, in questa fra le sue "raccomandazioni" su come leggere *L'anti-Edipo*: «affranchissez-vous des vieilles catégories du Négatif (la loi, la limite, la castration, le manque, la lacune), que la pensée occidentale a si longtemps sacralisées comme forme du pouvoir et mode d'accès à la réalité. Préférez ce qui est positif et multiple, la différence à l'uniforme, le flux aux unités, les agencements mobiles aux systèmes. Considérez que *ce qui est productif n'est pas sédentaire*, mais nomade».[64]

---

non ha cessato di essere sottoposta alle più varie interpretazioni. Non stiamo qui ad analizzarle, ma ricordiamo appunto la zona inferiore, denominata "Cimitero delle uniforme e livree". Qui si trovano, dalla parte opposta della sposa, i "celibi", raffigurati come gusci vuoti, ognuno dei quali indossa un abito professionale, collegati per mezzo di" Vasi capillari" e comunicano con i "sette Setacci". Ciascun abito è una divisa (da corazziere, gendarme, lacchè, fattorino, vigile, prete, impresario di pompe funebri, capostazione e poliziotto). Anche relativamente a queste figure, le interpretazioni sono le più varie, qui li ricordiamo, aldilà del simbolo che potrebbero esprimere, per questo effetto di crisalide essiccata che nel *Gran Verre*, opera indicata sempre come "intellettuale", "cerebrale", non mancano invece di una forte espressività grottesca.

(63) Nel 1945-46, Sartre è all'apice della sua popolarità negli Stati Uniti. Tiene varie conferenze, i giornali se lo contendono per le interviste. 'Harper's bazaar' chiede a Simone de Beauvoir un *Sartre strictement confidential*. Nell'articolo, che apparirà nel gennaio del 1946, la De Beauvoir lo dipinge senza indulgere a celebrazioni e lo presenta con i suoi pregi e i suoi difetti. Sottolinea che Sartre non possiede nulla, né ha nulla nelle mani né nelle tasche e soprattutto «il est "un usufruiter du monde". Il est en effet sans attaches». M. BERNE (sous la direction), *Sartre*, Bibliothèque national de France/Gallimard, Paris, 2005, pg. 112.

(64) M. FOUCAULT, *Introduzione alla vita non fascista*, cit. (un ampio parziale, ricordiamo, qui, alla pagina 116).

Spinoza aveva detto: «Quanto è maggiore la perfezione che una cosa possiede, tanto più quella cosa è attiva e tanto meno è passiva; e, viceversa, quanto più essa è attiva, tanto più è perfetta».[65] Dunque, non esaurire la funzione attiva. E creativa.

Ma – beninteso e lontano dal gauchismo – soprattutto non negare (o limitarsi a negare), bensì creare un nuovo. E non un opposto, che è invece lo scopo del pensiero antitetico che attraversa tutte le posizioni a sinistra. Un differente, non un opposto. E la differenza è nel dinamismo che deve essere infinito, non ristretto al solo tempo dell'edificazione di un "uno", peggio se un "uno" opposto, e poi fermarsi.

È una differenza qualitativa, non una categoria ideologica.

Il nomade è un altro "stile di vita", in senso foucaultiano, non è in opposizione, non vuole un'altra città, vuole andarsene dalla città.

Si ritorna dunque a quanto detto in quest'inizio, riuscire a sfuggire dal "siete malati a causa dello stato, e guarirete grazie allo stato".

Ma questo è un salto. È un andare altrove, è inventare un nuovo.

Non è un'opposizione antitetica (e men che mai dialettica).[66]

Qualcosa si indica: desiderare all'infinito onde non fare gabbie, non fissarsi, ma continuare il movimento per l'estensione della superficie, in ampiezza anziché in profondità perché la profondità, l'unicità del punto, darebbe come effetto solo un ancoraggio. Un immobilizzamento.

Una negazione delle possibilità. Del possibile.[67]

Ma è triste dover ammettere che ai movimenti gauchisti piacque solo la *pars destruens* de *L'anti-Edipo*, come nel caso del nomade piacque una fantasia, una visione fantasiosa, del nomade, che nulla aveva a che fare col pensiero di Deleuze e Guattari.

---

(65) B. SPINOZA, *Etica*, Parte V, Prop. 40.
(66) Un ricordo personale di una descrizione non per opposizione e contrario, ma in senso *nomade*. Quando sono al primo anno di Università, quello è anche l'anno che ha liberalizzato l'accesso ad ogni facoltà indipendentemente dalla provenienza della scuola precedente. Sorge il (molto falso) problema della (presupposta) ineguaglianza fra chi viene da uno dei due licei e chi no nella facoltà di filosofia. I primi sarebbero stati avvantaggiati perché già "edotti", i secondi sarebbero partiti con un handicap, niente avendo studiato di filosofia negli anni precedenti. Per restituire ai secondi quanto in loro mancanza, vengono istituiti (ridicoli) corsi brevi, una lezione per argomento, la prima lezione è "Presocratici e Platone". Il professor Francesco Adorno apre la lezione affermando che già corsi così concepiti possono solo suscitare l'ilarità per le loro dimensioni temporali, ma che il problema è assolutamente sbagliato, poiché, egli sostiene, sono semmai svantaggiati quelli che hanno "fatto filosofia" nelle medie superiori. Quella filosofia essendo fatta di rimando, ci dice ancora il professor Adorno, senza letture dirette, su manuali che ti dicono cos'è quello che dovresti imparare a capire, e secondo un tradizione storico-manualistica per cui tutto si spiega con il filosofo successivo che è contro il precedente. Che è quello che effettivamente ci aveva fornito il liceo nostro. E qui il professor Adorno fa l'esempio di Aristotele che, ci dice, sicuramente conoscerete come quello che, preso Platone, lo contesta e lo ribalta. E crea un suo pensiero per opposto. Effettivamente così lo conoscevamo. Invece – ci dice ancora il professor Adorno – le cose non stanno così. E ci illustra un processo e un viaggio alla maniera nomade: Aristotele è il più fedele allievo di Platone perché da vero allievo non si limita ad assorbire e ripetere il maestro, ma va oltre. Ovvero – possiamo adesso dire – il professor Adorno ci descrive Aristotele come colui che, partendo da Platone, anziché porsi a difendere questo territorio, si affaccia sul fuori e si mette a percorrere questo fuori fino ad arrivare, anche, se pure si volesse leggere così, come effetto finale, a una (sorta di) antitesi, questa però non premeditata o realizzata sul territorio di eredità, non distrutta la città in cui è nato (il platonismo) ma realizzata come esito di quell'aver percorso un fuori altro. Aristotele nel suo percorso mobile, un Aristotele deleuzianamente spiegato come processo, non in quanto è/non è, né identità né opposizione, ma come movimento. E realizzazione per effetto di quel movimento, fino a costituire il "suo" territorio.
(67) «Un po' di possibile, sennò soffoco». I-T, pg. 140. Già in Lds (pg. 279) si legge: «Quando l'eroe di Kierkegaard reclama: "del possibile, del possibile o soffoco", quando James reclama "l'ossigeno della possibilità", non fanno che invocare Altri a priori».

Per questo il monismo deleuziano, un monismo che poneva l'altro non come antitetico e facilmente indegno in sé, come nato da una natura in sé maledetta, ma invece come nato per torsione dello stesso, appartenente allo stesso, fu indegnamente tradotto nel suo contrario, in un manicheismo, nell'esatto contrario del monismo.

Come conseguenza, infatti, i movimenti non reificarono altro che nuove piccole burocrazie di capi e capetti, spesso di poca durata, burocrazie molto spesso patetiche nel loro ridicolo senso dell'organizzazione e nella fissità degli slogan, nella povertà di un orizzonte, nella perseveranza dello schema dialettico (hegeliano, qui, non marxiano che di logica dello schema si tratta), uno schema vecchio e stantìo che non seppero affatto superare, anzi lo consolidarono.[68]

Perché, in ultimo, per rispondere alle domande già poste sul possibile ruolo rivoluzionario del desiderio, o qual era la rivoluzione, la società a venire che si poteva immaginare con *L'anti-Edipo*, e quanto non può appartenere al gauchismo reale di quel tempo o in cosa invece differiva l'impegno di Deleuze e Guattari da quel gauchismo, ecco che vediamo come il problema fosse (e lo sarebbe ancora) un altro.

Riguardo a Spinoza, Deleuze dice: «In ogni società, come mostrerà Spinoza, si tratta d'obbedire e nient'altro: ecco perché le nozioni di colpa, di merito e demerito, di bene e di male, sono esclusivamente sociali, essendo correlate all'obbedienza e alla disobbedienza.

La società migliore sarà dunque quella che esonera la potenza di pensare dal dovere di obbedire e, nel proprio interesse, evita di sottometterla alla ragion di Stato, che non vale se non per le azioni. Finché il pensiero è libero, dunque vitale, nulla è compromesso; quando cessa di esistere, tutte le altre oppressioni sono allora possibili, e già effettive, poco importa quale azione sia colpevole, l'intera vita è minacciata.

Certamente, il filosofo trova nello Stato democratico e negli ambienti liberali le condizioni più favorevoli. Ma in nessun caso confonde i suoi fini con quelli di uno Stato, né con gli scopi di un ambiente, poiché sollecita nel pensiero forze che si sottraggono all'obbedienza come alla colpa, e riveste l'immagine di una vita al di là del bene e del male,[*] rigorosa Innocenza senza merito né colpevolezza».[69]

---

(68) «Oppure tra i Greci, dei quali tu sei, quali ti paiono vivere più felicemente? quelli che tengono il comando, o quelli che sono ad esso soggetti? [disse Socrate].
Io — disse Aristippo — non mi metto in schiavitù, ma bensì mi pare che ci sia una via di mezzo, per la quale procuro di camminare. Tale via non passa né per il comando né per la schiavitù.
Ma se questa via — replicò Socrate — così come non passa per il comando e per la schiavitù, non passasse nemmeno per la società degli uomini, forse tu diresti qualcosa. Ma se tu, che vivi tra gli uomini, non vuoi né comandare, né star soggetto al comando, né servire di buon grado coloro che comandano, io credo che tu veda che i più potenti sanno trattare da servi i loro inferiori e tra loro intendersi per recar danno ai più deboli. Non ti è forse noto come altri seminano e piantano, altri mietono le biade e tagliano gli alberi e in ogni maniera assediano quelli che rifiutano di servirli, fintanto che li persuadono a preferire la schiavitù piuttosto che far guerra ai potenti...
Si — disse Aristippo — ma io per evitar questi mali non mi rinchiudo in alcuna repubblica, e sono forestiero in ogni parte del mondo.
Ecco certo un ingegnoso artificio — esclamò Socrate». SENOFONTE, *Detti memorabili di Socrate* (II, 1). Anche citato in esergo in R. CASTEL, *Lo psicanalismo*, cit.
(*) «Intendo per bene ogni genere di Letizia, e altresì qualsiasi cosa che conduca alla Gioia, e principalmente ciò che soddisfa un desiderio, qualunque esso sia. Per male invece intendo ogni genere di Tristezza, e principalmente ciò che frustra un desiderio». B. SPINOZA, *Etica*, Parte III, Proposizione 39.
(69) SP pg. 12. Alain conclude il suo studio su Spinoza, raccomandando: «À chacun de fêter sa Pentecôte, qui consiste à jouir du bonheur de penser, et à pardonner à Dieu. C'est là l'idée la plus cachée et la plus pacifiante. Repousser de soi le Pascal qui ne cesse d'importuner Dieu». ALAIN, *Spinoza*, cit., pg. 71.

A latere

GRANDEUR DE MARX

Desiderio e bisogno.

Relativamente a Marx, sottolineate le differenze, le distanze, dal marxismo, come abbiamo visto fin qui, Deleuze stupirà, forse, quando dichiarerà, nei suoi ultimi anni, l'intenzione di scrivere su Marx, addirittura, sulla "grandeur" di Marx (come abbiamo già detto nell'"Introduzione") e soprattutto, quanto dichiarerà lo stesso Deleuze – a proseguire dalla questione per cui non sia stato comunista, avendo visto come il partito trattava i suoi intellettuali, come altrettanto accennato precedentemente – quando aggiunge: «E poi, devo confessare che non ero marxista perché, in fondo, a quell'epoca non conoscevo Marx. Ho letto Marx quando ho letto Nietzsche e l'ho trovato fantastico. Per me sono concetti ancora validi, che hanno al loro interno una critica radicale. *L'anti-Edipo* e *Mille piani* sono completamente pervasi da Marx e dal marxismo. L'articolo che ho pubblicato *Poscritto sulla società di controllo*,[*] per esempio, è completamente marxista, anche se scrivo a proposito di argomenti che Marx non conosceva. Non capisco ciò che le persone vogliono dire quando scrivono che Marx si è sbagliato. E ancora meno capisco quando dicono che Marx è morto.[**] Ci sono dei compiti urgenti oggi: abbiamo bisogno di analizzare che cos'è il mercato mondiale, quali sono le sue trasformazioni. E per fare questo, bisogna passare per Marx».[1]

Eppure Deleuze e Guattari avevano dichiarato una distanza dal marxismo, insistendo sul concetto di desiderio e ridimensionando il marxiano bisogno.

Dov'è allora che ha un senso questa "ripresa" del marxismo e di Marx?

Vorremmo dire che è una questione, in sé, assai semplice, anzi di tutt'evidenza.

L'anti-Edipo è già, ed è perfino ovvio sottolinearlo, una feroce critica della società capitalistica che spesso supera perfino, nel tema, *la concezione materialistica della storia* di Marx. La distanza, si è detto più volte, è data dal differente "motore" che regola il meccanismo, il *bisogno* per Marx, il *desiderio* per Deleuze e Guattari. Ma è stata troppo abusata, da parte di lettori ortodossi e militanti l'icona-bisogno quale crisma per essere marxisti. Con grave danno recato peraltro a Marx, ristretto in un limite che egli non aveva certamente.

In effetti dovremmo ricordare, ancora una volta, la distanza fra la teoria marxiana e la pratica politica delle forze di sinistra (tutte, dai partiti, ai sindacati, ai gruppi e ai gruppuscoli) che, tutte insieme, ci hanno dato un altro Marx, quello per cui Marx stesso già ebbe a dire «je ne suis pas marxiste».[2]

A livello teorico, ci sono grandi errori. Il primo: una radicalizzazione anti-capitalistica che nega la stessa "necessità" del capitalismo nell'evolversi della storia, o il capitalismo come fenomeno da leggersi come solo negativo, mentre Marx stesso, invece, lo indica come il fenomeno positivo che supera la stagnante economia feudale,

---

(*) G. DELEUZE, *Post-scriptum sur les sociétés de contrôle*, 'L'autre journal', n° 1, 1990. PP pgg. 234-41.
(**) In inciso, ricordiamo che fra i "nouveaux philosophes" si aggregò Jean-Marie Benoist che di questo "slogan" aveva fatto titolo di un suo libro. Cfr. J.-M. BENOIST, *Marx est mort*, Gallimard, Paris, 1970.
(1) D. ERIBON, *"Je me souviens"*, cit., pg. 116.
(2) Marx pronuncia questa frase in un colloquio con Paul Lafargue, come ricordato in due lettere scritte da Engels, dopo la morte di Marx, una a Eduard Bernstein (23/11/1882), l'altra a Conrad Schimdt (5/8/1890),

e introduce un percorso virtuoso di progresso. Dove si riconosce, anche, che la classe dirigente, ora borghese, non è la classe dirigente "parassitaria" dell'epoca feudale ed è necessaria, come prima tappa dello sviluppo stesso del processo storico-dialettico.[3]

Quindi, un'altra radicalizzazione, fino a diventare una vera e propria invenzione che non ha nulla a che fare con Marx, un malinteso egalitarismo che, come abbiamo già detto, citando il *Programma di Gotha*, lo stesso Marx non concepiva affatto, in quelle vesti, almeno, come condizione necessaria nella società socialista una volta pure realizzatasi, nonché, infine e soprattutto, un'unica attenzione, l'aspetto economico come sola direttrice del tema politico della sinistra — come già notato, attenzione alle rivendicazioni salariali, ma fastidio per altre di carattere culturale e sociale e, fra i vari esempi, in particolare nel Maggio '68 quando gli accordi fra il governo e le parti sociali su questioni legate solo a dinamiche del lavoro segnano la fine dell'impegno delle forze di sinistra[4] — mentre lo stesso Marx è ben più del teorico di un meccanicismo fondato solo ed esclusivamente sul primato del materiale e, più specificatamente, dell'economico. Che non è elemento solo ed esclusivo, come specifica Engels in una lettera a Joseph Bloch dicendo: «[...] secondo la concezione materialistica della storia la produzione e riproduzione della vita reale è nella storia il momento in ultima istanza determinante. Di più né io né Marx abbiamo mai affermato. Se ora qualcuno distorce quell'affermazione in modo che il momento economico risulti essere l'unico

---

trad. it. in K. MARX-F. ENGELS, *Opere complete*, Voll. 46-47, Editori Riuniti, Roma, 1990. Su questo tema si veda anche: G. MEJAT, *Gilles Deleuze et Félix Guattari lecteurs de Marx: l'inspiration marxiste de la conception du désir développée dans l'Anti-Œdipe*, 'Philosophique', Annales littéraires de l'Université de la Franche-Compté, n° 15, 2012, journals.openedition.org/philosophique/693.
(3) Come scrive il marxista "eretico" Domenico Settembrini: «dagli scritti economici di Marx ed Engels s'innalza un Cantico dei cantici in onore del capitalismo. Leggere per credere. D'altra parte, se ciò che i nostri autori si attendono dal capitalismo è addirittura esageratamente ottimistico — perché idealisticamente ottimistica è la visione del futuro a cui il capitalismo deve apprestare le condizioni materiali adeguate — del tutto realistica è invece la concezione che in queste pagine essi si fanno della reale natura del capitale, identificato non nelle macchine o altri apprestamenti tecnici e naturali, men che mai nel denaro, ma nello "spirito d'invenzione", nella capacità organizzativa, nella passione prometeica di dominare l'ambiente, nella scienza e nella tecnologia, nel "pensiero" per dir tutto». D. SETTEMBRINI, *Il labirinto marxista*, Rizzoli, 1975, pg. 49. A riprova della necessità di una fase borghese, si può citare il fallimento del comunismo nell'Unione Sovietica. Superata la fase feudale e abbattuto il potere in carica, la rivoluzione del 1917 si trova nell'incapacità di avviare quel processo realizzato in Francia e in Inghilterra dopo le analoghe rivoluzioni antifeudali. Lenin tenterà con la NEP (Nuova Politica Economica), di creare una classe borghese imprenditrice, capace di gestire lo sviluppo. Ma fallirà, non esistono borghesi né reali né potenziali in Unione Sovietica, che per essere tali occorre avere quello spirito che Settembrini, sopra, descrive e, a fronte di questo vuoto, con Stalin, il potere politico si assumerà questo compito. Ma come non ci si improvvisa imprenditori se non lo si è (fase-Lenin), altrettanto non si possono svolgere questi compiti se, ancora, non lo si è (fase-Stalin). Il fallimento del comunismo in Unione Sovietica non è la confutazione di Marx, ma la conferma della sua teoria: senza questa fase tutto abortisce. Prodigi, forse, del bicentenario della nascita di Marx, si leggono, finalmente, anche a livello più diffuso, anche a livello giornalistico, analisi più attente che restituiscono il Marx pensatore e una più corretta visione del materialismo storico, nonché, su quelle stesse basi, una visione corretta del non essersi realizzato uno stato comunista in quella che fu, dopo la rivoluzione russa, l'Unione Sovietica, come appunto qui abbiamo appena detto. Scrive Eugenio Scalfari: «Un tempo — che risale ai primi anni del Novecento, ma che aveva raggiunto il suo massimo nell'Ottocento — le libertà borghesi erano in pieno sviluppo e raggiunsero il loro massimo nel1848: una serie di rivoluzioni ritenute essenziali al raggiungimento di quelle libertà democratiche che lo stesso Marx riteneva necessarie come premessa alla rivoluzione proletaria e all'avvento di un comunismo che secondo la filosofia politica marxista avrebbe portato alla libertà di tutti connessa all'eguaglianza». E. SCALFARI, *Se tutto il mondo va a destra*, 'L'Espresso', 1/7/2018, pg. 108.
(4) Relativamente all'epilogo del '68, il già citato Winock annota fra i vari fattori che lo determinarono: ««l secondo fattore che ha portato all'epilogo è stato il ruolo esercitato dall'inizio alla fine dal partito

determinante, trasforma quel principio in una frase fatta insignificante, astratta e assurda. La situazione economica è la base, ma i diversi momenti della sovrastruttura — le forme politiche della lotta di classe e i risultati di questa – costituzioni stabilite dalla classe vittoriosa dopo una battaglia vinta, ecc. – le forme giuridiche, anzi persino i riflessi di tutte queste lotte reali nel cervello di coloro che vi prendono parte, le teorie politiche, giuridiche, filosofiche, le visioni religiose ed il loro successivo sviluppo in sistemi dogmatici, esercitano altresì la loro influenza sul decorso delle lotte storiche e in molti casi ne determinano in modo preponderante la forma.

È un'azione reciproca di tutti questi momenti, in cui alla fine il movimento economico si impone come fattore necessario attraverso un'enorme quantità di fatti casuali (cioè di cose e di eventi il cui interno nesso è così vago e così poco dimostrabile che noi possiamo fare come se non ci fosse e trascurarlo). In caso contrario, applicare la teoria a un qualsiasi periodo storico sarebbe certo più facile che risolvere una semplice equazione di primo grado».(5)

Londra. 30, Dean Street (Soho). La casa dove abitò Marx dal 1851 al 1856.
fonte: Chiara Blandina

Per cui, l'economia libidinale si affianca e irrobustisce (e condivide) la marxiana critica materialistica della società capitalistica, non la sostituisce.(6) Anche, come abbiamo proposto, si può dire che la precede metacriticamente, il bisogno non essendo negato, ma posto come a seguito del desiderio. Certo, possiamo dire, ammonisce

comunista che, volente o nolente, ha rappresentato uno dei più efficaci strumenti di ritorno all'ordine. Sartre, per quanto chimerico possa sembrare il suo rivoluzionarismo, non ha torto a dire che tra il Pcf e de Gaulle ci fu, malgrado i discorsi, un'alleanza di fatto. Qualunque interpretazione si dia alla politica comunista, fermiamoci all'indiscutibile realtà che l'azione del partito comunista durante tutta la crisi è stata caratterizzata dalla sua opposizione all'"avventura estremista", dalla sua volontà di inquadrare il movimento sociale per mantenerlo nei confini di un conflitto classico, dal consenso immediato dato alle due vie d'uscita legali proposte in successione dal potere (il referendum e poi le elezioni legislative), e dalla sua condanna dell'indulgenza delle altre organizzazioni di sinistra verso gli "estremisti". Ciò non significa necessariamente che il Pcf volesse mantenere a ogni costo de Gaulle al potere (anche se nulla impedisce di fare questa ipotesi); la soluzione ufficiale proposta dai comunisti — quella di un "governo popolare" in cui si sarebbe preso la parte del leone — non poteva tuttavia che suscitare la disapprovazione dei loro eventuali partner». M. WINOCK, *La febbre francese*, cit., pg. 289
(5) F. ENGELS, *Lettera a Joseph Bloch*, 21/9/1890, trad. it. in K. MARX-F. ENGELS, *Opere complete*, Vol. 48, Editori Riuniti, Roma, 1990.
(6) Ricorda Derrida, nel suo omaggio a Deleuze in occasione della sua morte: «Quando scrivo su Marx nel momento peggiore, tre anni fa, mi rassicurai un poco sapendo che anche lui progettava di farlo. E rileggo stasera ciò che mi diceva su questo argomento nel 1990: "... Félix Guattari e io siamo sempre rima-

la marxiana critica materialistica circa l'impossibilità di quella "saturazione" per la quale Marx poteva auspicare a breve, o relativamente a breve, la fine del capitalismo, l'aspetto materiale essendo, anche se non il solo, comunque preminente. Perché l'economia, in quanto libidinale e non strettamente materiale o strettamente legata al solo bisogno o, quand'anche si voglia, ampliata della parte libidinale rispetto a quella strettamente materiale, si può così riprodurre in un'espansione assai più ampia in estensione e in tempo. Basta guardare la nostra scrivania per vedere che abbiamo 5-10 penne, che già non usiamo più, imperando la tastiera, per notare che non le abbiamo comprate per bisogno, ovvero che dalla prima in poi esse non erano più "necessarie", ma "gradite", per la forma, per il design, per il colore. E così di ogni bene e merce, e così di ogni nuovo "bisogno" che si affaccia nuovamente e che è – come abbiamo già detto precedentemente – il "paniere" dove sono inseriti beni che iniziano come voluttuari e poi diventano stabili e ordinari, finanche "necessari" col tempo.

Come abbiamo già detto prima ricordando Bataille e l'ortodossia di Clouscard. Tutto questo, nuovi oggetti, per nuovi bisogni, o desideri, amplia il possibile produttivo, e allunga nel tempo la durata del Modo di Produzione Capitalistico o MPC.

E, come ci sono nuovi oggetti, per nuovi bisogni o desideri, c'è – conseguentemente – una diversa società che è messa in moto da questo nuovo mercato, con differenti figure, differenza spesso formale e non sostanziale, come accennato.

Un tempo quello che è oggi il commercialista con il suo studio, sarebbe stato un contabile in fabbrica. Un dipendente, come l'operaio. Oggi è un libero professionista. Un imprenditore.

Non è una differenza di poco conto, accessoria, è un salto di categoria, o di classe. Ma è solo apparente. Ci sono stati cambiamenti, ma solo di abito, ed è rimasta la stessa società delle diseguaglianze e della subalternità nella filiera del lavoro quali erano nella società capitalistica tradizionale o del passato, come in un balletto a coreografia di un congresso del PSI negli anni '80, che mostrava ballerini in tuta da operaio che venivano spogliati di quell'abito e, tolto quello, ora appariva un completo giacca-pantaloni in trionfante stile executive con cravatta e valigetta 24 ore.

Darwinismo sociale che indicava la "vittoria socialista" solo in un gradino (anche) superato, ma non certo in un cambiamento di particolare consistenza; pura esteriorità. Perché, anche ammettendo che quest'uomo incravattato e ben abbigliato potesse pure essere in condizioni di lavoro migliori rispetto a fatica, pesantezza e, anche, salario, rispetto alle condizioni che, un tempo, avrebbe avuto, tutto ciò non è quanto possa fare, di questi, un essere realizzato, un essere non subalterno.

Visione miope che Marx certo non aveva, l'aspetto economico non essendo il fine ultimo, ma il mezzo per un fine ulteriore, non solo il possesso di beni, ma il possesso

---

sti marxisti, in modo diverso, ma tutti e due marxisti. Perché non crediamo a una filosofia politica che non sia incentrata sull'analisi del capitalismo e dei suoi sviluppi. Ciò che di più ci interessa in Marx è l'analisi del capitalismo come sistema immanente che non cessa di sospingere i propri limiti, e che li ritrova sempre in scala maggiorata, perché il limite è il capitale stesso"». J. DERRIDA, *Je devrai errer seul...*, cit., pg. 10.
A una domanda circa le difficoltà del marxismo negli anni 70, Sartre aveva risposto: «Dirò semplicemente che l'analisi del capitalismo nazionale e internazionale nel 1848 non ha nulla a che fare con il capitalismo contemporaneo. Non si può spiegare una società multinazionale nei termini marxisti del 1848. Bisogna introdurre una nozione nuova che Marx non ha previsto e che, quindi, non è marxista nel senso puro del termine». M. RYBALKA, (intervista a cura di), *Una vita per la filosofia*, cit.
E questo – come abbiamo visto anche in precedenza – è il problema: quel "non marxista nel senso puro del termine" è spesso visto non come un'attualizzazione (da farsi) del marxismo, ma come una negazione totale del marxismo.

della dignità, per la quale non è sufficiente il solo abito "bello". Al possesso del quale, qui, invece, si inneggiava. Si inneggiava, in fondo, ad un cambio di "abiti".

E questo punto centrale del pensiero di Marx, Deleuze, e l'economia desiderante, o l'economia libidinale, lo colgono e lo capiscono in pieno.

Infatti Deleuze, per l'analisi della società, conferma la validità dell'impianto marxiano, che oggi sarebbe semmai da ripulire dalle mascherature che gli si sono sovrapposte e che lo fanno sembrare obsoleto o infondato.

Non lo ha capito invece la sinistra, e questo è un punto cruciale perché qui c'è tutto il fallimento del Partito Comunista (PC) inteso in toto, in tutte le sue declinazioni nazionali. Mantenere Marx, dice in definitiva Deleuze, aggiornandolo dei contenuti reali del presente, rispetto ai contenuti del tempo in cui Marx scriveva.

Per cui, a livello pratico, c'è il grave errore del PC che, arroccato sull'ortodossia marxista non sa leggere ulteriori istanze oltre quelle strettamente materialistiche. O non sa essere marxista capace di inserire, ancora con Deleuze, argomenti che Marx non conosceva e fatti che non esistevano nei tempi di Marx. Ovvero, a conclusione, e sul piano concreto i partiti comunisti sono rimasti alla finestra quando sono apparse altre istanze rispetto al marxiano MPC: i temi del divorzio e dell'aborto, il femminismo, una "nuova" università. Erano temi che non gli appartenevano (desideri, visto che non erano più nell'ambito della problematica del MPC?), e non gli apparteneva quella folla che non apparteneva, almeno non tutta, all'in sé della classe operaia: gli studenti, in primis, respinti in Italia dal PCI, in Francia, come abbiamo già detto, dal PCF, tutti temi di cui abbiamo già detto.

Ma, ancor più grave, c'è un secondo errore (dismettere Marx): il PC non volle vedere l'appartenenza a quella classe, che era la sua classe di riferimento (e, prosaicamente, il suo bacino elettorale) di forme, nuove, di un altro lavoratore, solo apparentemente, non dipendente. Non volle aggiornare le classi all'oggi, con la realtà appunto dei nuovi soggetti dell'oggi, diversi da quelli di ieri, ma non per questo non appartenenti alle classi come disegnate da Marx, così da far evaporare in toto le classi e le ragioni dei conflitti.

Free-lance. Il nuovo proletariato.

Appare infatti, e va ad aumentare progressivamente per quantità, una nuova figura di lavoratore, il lavoratore autonomo, così indicato con un eufemismo assai ricercato, se non addirittura indicato con l'esotizzante termine di "free-lance", per un fenomeno che, iniziato negli anni '80, è oggi endemico e ha costruito tutto un diverso mercato del lavoro e una diversa struttura della società.

Chi era, ed è, questo lavoratore, oggi finalmente chiamato nella sua povertà "partita IVA" (in Francia auto-entrepreneur, auto-imprenditore)?

Era (ed è ancora) un lavoratore che proviene spesso dalla classe medio-bassa, e che non sarà assunto dall'azienda, non diventerà "dipendente" e dunque "operaio". Dovrà lavorare in proprio e vendere il suo prodotto all'azienda che preferisce comprare il prodotto piuttosto che assumere, maniera più snella di agire, opzione meno impegnativa che assumere. Di fatto, *proletario*, perfino più proletario dei proletari, più debole degli stessi operai, perché necessitato a investire per sé, mentre all'operaio luogo e strumenti di lavoro sono "prestati", ma altrettanto in balìa del "padrone", perché è questi che fissa il prezzo del prodotto (è il mercato, bellezza), come altrove aveva fissato il *quantum* del salario.

È senza nessuna garanzia perché non ha un contratto come il dipendente, è fornitore per oggi di quel prodotto, domani forse no; è privo di diritti sindacali, ferie, permessi, malattie. Perché non è in azienda. È nella "sua" azienda (spesso il suo solo corpo). È, anzi, sono, perché sono varie figure, la "partita Iva", l'avventizio, il turnista, il precario, il *rider* delle consegne a domicilio, solo per dire di alcuni.

Ma il pregiudizio è antico: già l'artigiano, anche se era da solo, era malvisto a sinistra. Tutte figure malviste. Colpevoli di essere "indipendenti". Se parafrasiamo le parole di Deleuze circa la "percezione" come metro di giudizio fra destra e sinistra, potremmo dire che nella percezione della sinistra c'è il gregario, non l'indipendente.

Per cui, come Deleuze aveva perfettamente visto nel succitato *Postscriptum*, dalla società disciplinare (Foucault) che raggruppava in strutture (scuola, caserma, fabbrica) si è passati alla società di controllo, che non raggruppa, ma controlla a distanza. Come controlla a distanza attraverso bancomat, carte di credito, connessioni internet, altrettanto "delocalizza" il suo dipendente assegnandogli un lavoro o un compito, ora a distanza. Risparmio per l'impresa circa i costi e per gli ambienti di lavoro e per l'acquisto dei mezzi di produzione da darsi a un personale invece interno, ma soprattutto, come detto, libertà di troncare ogni rapporto, e soprattutto polverizzazione della classe che, non essendo più composta di persone che vivono gomito a gomito, a dividere uno stesso destino in comune (e ad opporvisi, quando fosse, con la forza del numero) è ora composta di individui separati, incapaci di poter costituire "massa" o, al minimo, "gruppo", come invece nelle classiche corporazioni o nei moderni sindacati.

Ma la sinistra non coglie questa trasformazione nel metodo che lascia inalterata la sostanza, anzi, a partire, come detto sopra, che il lavoratore è nella "sua" azienda, ecco dunque la folle deduzione: se ha una sua azienda è un "padrone", e non appartiene alla classe di interesse cui si riferisce il Partito Comunista (PC, ancora, nel senso di Partito Comunista, non necessariamente solo italiano) e comunque qualsivoglia organizzazione "di sinistra". Spaventosa cecità, il fatto di non avere caratteristiche immediatamente assimilabili al "dipendente", dunque all'operaio, lo esclude, il Partito Comunista, le organizzazioni di sinistra, i sindacati lo escludono.

Per questi apparati esiste solo "Cipputi", l'operaio disegnato da Altan, ma come grottesca satira.[7]

Per questi apparati la tuta blu è il solo significante dell'*in sé* marxista. È ovvio che con il MPC rinnovato, aggiornato, esso sì, sempre più esternalizzando, e sempre meno internalizzando, sempre meno diventeranno i dipendenti, gli operai, ergo il bacino della sinistra. Ma la sinistra resta superbamente indifferente a questo e priva, perché essa stessa privatasi, di un bacino elettorale, così da destinarsi alla scomparsa.

Occorreva (semplicemente) aggiornare il contenitore dell'in sé marxista, interpretando e riconoscendo dove in questo nuovo lavoratore permanessero gli stessi tratti per cui potesse essere ancora in quell'*in sé*. Occorreva arricchire l'orizzonte degli obiettivi oltre il ristretto campo del lavoro, anche, capire le "nuove" necessità "desideranti". Successe nel '68, successe nel '77, quando il PCI arrivò a definire "untorelli e diciannovisti"[8] i movimenti contestatari. Accusa grave, se si pensa che per "dician-

---

(7) Francesco Tullio Altan, più noto come Altan, è un fumettista, disegnatore, sceneggiatore e autore satirico italiano. Insieme alla "Pimpa", una cagnetta a pois rossi, il suo personaggio più famoso è "Cipputi", l'operaio metalmeccanico perennemente in tuta blu, emblema dell'operaio nel sistema industriale.
(8) Cfr. fra gli altri, F. MENNEAS, *Omicidio Francesco Lorusso. Una storia di giustizia negata*, Pendragon, Bologna, 2015 e G. LERNER, *"Untorelli e diciannovisti". Torna il tempo che fu?*, www.gadlerner.it.
La rivista 'Critique' (n° 20, 11/1977) dedicò un numero dal titolo *Les unturelles*, a questa svolta italiana,

novisti" si intendevano i fascisti del 1919, i "fascisti della prima ora" che portarono all'instaurazione del fascismo. E non molto tempo fa, nel 2006, in occasione delle elezioni politiche in Italia, si è avuta una triste conferma di questa "fissità" quando un leader della rimasta formazione comunista, residuo della virata del vecchio PCI, in Italia, ha esclamato che il punto di riferimento del suo partito era l'orizzonte del lavoro dipendente. Non importa aggiungere, peraltro, di chi si trattasse, segnaliamo che dal 2006 a oggi quel partito, non privo di una sua consistenza, seppure "minore", è praticamente scomparso.

Così il PC, ripetiamo, non solo quello italiano, si è suicidato.[9] Con la sinistra tutta.

La società è ancora divisa in classi, e segnata da una profonda disparità, ma il gioco di prestigio di non avere più l'operaio ma l'autonomo, sembra cancellare la differenza di classe e l'analisi delle classi secondo il dettato marxiano.

Responsabilità della sinistra e responsabilità della peggiore classe imprenditoriale e capitalista, peraltro, che mai la storia abbia prodotto.

È una classe, infatti, che non conosce essa stessa le regole del suo stesso modo di funzionare, che ha preferito virare verso il contenimento del salario, senza capire che, in tal modo, non potrà avere più chi compra il prodotto, ora pure, realizzato al minimo, realizzato con forte guadagno. Ma solo virtuale, se resta invenduto.

Un guadagno illusorio, solo teorico. Perché il capitalismo – come aveva perfettamente visto Marx – si basa sul far ri-comprare al dipendente il prodotto che egli stesso ha realizzato. Ma quest'ultimo deve avere un salario capace a poter comprare.

Come Simonetta Fiori dice della perfetta analisi di Stefano Petrucciani: «La terza faglia intravista da Marx s'incunea fra la necessità di comprimere i salari – per aumentare il profitto – e il bisogno di vendere le merci ai lavoratori. "L'ultima grande crisi del capitalismo scaturisce proprio da questa contraddizione", sostiene Petrucciani. "Per sostenere il consumo delle classi a basso reddito le si è spinte a indebitarsi con finanziamenti, mutui, etc. E da qui è nata la grande bolla immobiliare poi deflagrata nell'economia mondiale". Marx anticipatore del fallimento della Lehman Brothers? A pensarci bene sono proprio le mani nei capelli degli operatori finanziari di Wall Street a chiudere le immagini che scorrono in coda a *Il giovane Karl Marx*».[10]

Disastri della finanza, chiamata a inserirsi dove il lavoro non rende, disastri dello schema capitalistico, innanzitutto, che anche senza quest'ultimo momento, che anche

---

con articoli di Bruno Giorgini, Toni Negri, Bifo Berardi, Félix Guattari, Anna Orsini, Silvia Schiassi, Lion Murard, Patrick Zylberman, e uno a firma collettiva "Centre d'études, de recherches et de formation institutionnelles" (CERFI). Deleuze scrisse *Nous croyons au caractère constructiviste de certaines agitations de gauche*.

(9) Alcune anime belle lessero la scomparsa dei PC con l'orrore della scoperta del "gulag" descritto da Solšenicyn, (A. SOLŠENICYN, *L'archipel du Gulag*, Seuil, Paris, 1973, trad. it. *Arcipelago Gulag*, Mondadori, Milano, 1974) poi rilanciato dai "nouveaux philosophes", che permette loro di porsi, di rivendicarsi, addirittura, se non come la causa, la quasi-causa della fine del comunismo, tutto, come se gli orrori sovietici non fossero tema noto, dalla denuncia di Krusciov, alla polemica Sartre-Camus, all'abbandono di molti intellettuali e di molti militanti dopo l'Ungheria e, poi, dopo la Cecoslovacchia. Prese di posizione che non mancarono neppure di visibilità e di popolarità, dato che a quelle proteste partecipano anche personaggi noti dello spettacolo e non solo intellettuali di nicchia ristretta. Si veda su questo AA.VV, *Sartre*, cit., e si veda anche S. SIGNORET, *La nostalgie n'est plus ce qu'elle était*, Seuil, Paris, 1978, trad. it. *La nostalgia non è più quella di un tempo*, Einaudi, Torino, 1980.

(10) S. FIORI, *Avanti Marx*, 'Robinson' supplemento a 'Repubblica', 29/4/2018, pg 17. Per i riferimenti citati nell'articolo: S. PETRUCCIANI, *Storia del marxismo*, Carocci, Roma, 2015 e R. PECK (regia di), *Le jeune Karl Marx*, Agat Films & Cie, Velvet Film, Rohfilm, Artémis Productions, France 3 Cinéma, Jouror, Südwestrundfunk, RTBF, VOO, BeTv, Shelter Prod., 2017, versione italiana: *Il giovane Karl Marx*.

senza il disastroso intervento dell'elemento finanza, è uno schema che non può funzionare. Non può funzionare per il "proletario". Non può funzionare, nemmeno, e tanto più, incredibilmente, per il "padrone". Per cui, e tanto più, Marx sarebbe necessario.

Perché solo attualizzando i contenuti dello schema vedremmo che lo schema è ancora valido, e lo sarebbe già per l'élite capitalistica, che dovrebbe prendere lezione dai suoi antenati, capaci di creare sviluppo, come indica lo stesso Marx, e non utile per l'oggi con danno, anche per se stessa, domani, e quale energia e sostanza ci sarebbe per una forza che si definisse di sinistra. Occorrerebbe riprendere lo schema marxiano e i concetti di "in sé", "per sé", "in sé e per sé", e riempire questi spazi con i soggetti di adesso.

Vedremo che l'autonomo, che sembra "per sé" un imprenditore, è invece, "in sé" un proletario. Ma altre figure si utilizzano invece delle classi. Nella nostra "cultura", in questo gioco illusionistico. Del quale, si prenda l'ultima e più aberrante faccia.

L'immigrazione. Il problema dell'immigrazione (e il conseguente razzismo che ne è derivato). La sostituzione del motivo di conflitto, la lotta di classe, con il motivo etnico e religioso.

L'"altro": il nero, l'arabo, l'islamico.
Il nuovo sottoproletariato.

Chi sono, infatti, i neri, gli arabi, gli islamici, nella struttura sociale? Sono, innanzitutto e ancora, il proletariato, anzi, il sottoproletariato, il *Lumpenproletariat*. Ancora utile, come nell'analisi Marx, al capitalismo quale "riserva" di forza-lavoro per calmierare le pretese del proletario, con, in più, poter essere stigmatizzato in quanto "diverso", così da distrarre la bontà di sue eventuali richieste, evocando problemi di razza, anziché di classe. Ma la lotta di oggi è quella di sempre, con la differenza che il proletariato, o il sottoproletariato, una volta era composto da persone della stessa etnia, dello stesso colore della pelle, della stessa religione. Per quanto, già, certe volte non della stessa nazionalità, in primis per gli italiani, immigrati in tanti punti del mondo. Un tempo il sottoproletario francese o americano poteva essere proprio l'italiano *macaroni*. E già allora si era vista questa illusionistica prospettiva di leggere per etnie, razze o nazionalità "aliene" quello che restava essere un conflitto fra classi.

Ma quando questo non accadeva, e il proletario, o il sottoproletario, era della stessa nazionalità del borghese, da questi diviso solo dalla sua estrazione sociale e dalla sua ricchezza, si vedeva chiaramente che era problema di classe e di lotta di classe. Per questo le analisi odierne, tanto della scienza sociologica che della politica sono fallimentari. Lo sono nell'attribuire a elementi assolutamente secondari ("abiti", si diceva prima, ora etnia o religione), il *quid* del problema, anziché leggere il problema per quello che è, realmente, e che ancora è, la lotta di classe, e per questa via, non solo, queste analisi, non rispondono al problema, ma lo acuiscono.

Ma il problema per un immigrato islamico non è poter pregare o affermare il suo Dio, è poter vivere nelle condizioni di decenza promesse da una società sviluppata, o comunque da quella in cui si trova ad essere. Ed è ovvio che poi, altrettanto, si cristallizzi da parte degli ultimi un'identità altrettanto fittizia, un *Numen*, appunto, oggi, la confessione religiosa, in cui essi stessi si rifugiano, o trovano una bandiera. Eppure non dovrebbe sorprendere, se si pensa alla lunga tradizione del Numen religioso che ha investito sempre tutti, noi occidentali per primi, dall'*In hoc signo vinces* a *Gott mit uns*, a *In Good we trust*.

Vediamo tutto questo attraverso l'analisi di due fatti. Nel 1961, in piena questione algerina, avvenne a Parigi un massacro incredibile per la portata, il silenzio della stampa e l'assenza totale di un'attenzione da parte dell'opinione pubblica: il massacro di Pont Saint-Michel.

Migliaia di algerini residenti ormai stabilmente a Parigi si erano dati appuntamento per una manifestazione di carattere prettamente sindacale. Il 5 ottobre viene stabilito il coprifuoco per i cosiddetti FMA, "Francesi musulmani d'Algeria", impossibilitati ad uscire di casa dalle ore 20 in poi. Il FLN (Front de Libération Nationale) si organizza per rispondere contro una misura chiaramente razzista che impedisce soprattutto a molti operai di recarsi nelle fabbriche per il turno di notte. Organizza una mobilitazione con scioperi e altri atti di disobbedienza non violenta: la manifestazione della sera del 17 ottobre fa parte di questa più ampia strategia e circa 30.000 algerini arrivano dalle banlieue per una manifestazione totalmente pacifica, con donne e bambini. Ogni arma era stata infatti vietata e il servizio d'ordine della manifestazione perquisiva tutti gli uomini in arrivo dalle periferie. I cortei vengono bloccati a Pont de Neuilly, a Pont Saint-Michel, a Place de la République. Nei giorni seguenti, la Senna restituirà molti corpi, mentre altri verranno ritrovati nei "bois" di Boulogne e Vincennes: per occultare le prove non solo sono state lavate in tutta fretta le strade con gli idranti, ma sono stati gettati i cadaveri nel fiume o sono stati lasciati nei boschi fuori la capitale.

Secretazione e distruzione degli archivi rendono difficile dire del numero delle vittime: chi minimizza parla di una cifra variabile tra i 30 e i 50 morti. Altri storici, tra cui Jean-Luc Einaudi, parlano di un numero più prossimo ai 200. Tutti algerini. I feriti furono più di 2.000. Il 17 ottobre 1961, il giorno del fatto, il prefetto di Parigi è un ex collaborazionista, Maurice Papon, che ha saputo far sparire il suo passato e si è abilmente riciclato dopo la guerra. È stato perfino insignito della "Legion d'honneur" da de Gaulle. Nei mesi antecedenti ai fatti d'ottobre, ha autorizzato i suoi uomini ad usare le maniere forti sotto copertura. In quella che è la versione ufficiale della polizia i morti saranno solo due. Tutto fu coperto.[11]

---

(11) Cfr. J.-L. EINAUDI, *La bataille de Paris - 17 octobre 1961*, Seuil, Paris, 1991, riedito 2001, dal quale abbiamo sintetizzato la ricostruzione dei fatti.
Sul "massacro di Pont Saint-Michel", oltre il libro di Einaudi già citato, si vedano i documentari: A. DENIS-M LALLAOUI, *Le silence du fleuve. Au nom de la mémoire*, 1991 e Y. ADI, *Ici on noie les Algériens - 17 octobre 1961*, Agat Films & Cie/Ex Nihilo, INA, France, 2011.
La vicenda tornerà alla luce per merito ancora di Jean-Luc Einaudi, dopo che il suo libro, qui sopra citato, non era riuscito a suscitare particolare attenzione, che riaprirà la questione con un articolo (J.-L. EINAUDI, *Octobre 1961, pour la vérité, enfin*, 'Le monde', 20/5/1998) dove vengono indicate le responsabilità di Papon. Quest'ultimo ha la sciagurata idea di citarlo in tribunale per diffamazione e lì perde. Il Tribunale rifiuta infatti l'accusa di diffamazione mossa da Papon.
Papon non è accusato, a sua volta, ma l'*assoluzione* di Einaudi è un'accusa, di fatto, per Papon, che non pagherà comunque per questa colpa. Papon sarà condannato nello stesso anno, ma come "collaborazionista", appurando che da Bordeaux, come segretario generale della prefettura della Gironda, alle dipendenze del Governo Vichy di Pétain, ha mandato treni di ebrei al massacro. Aveva sollevato la questione il giornalista Nicolas Brimo con un articolo che ricostruiva l'attività di Papon durante l'occupazione tedesca. N. BRIMO, *Papon, aide de camp*, 'Le canard enchaîné', 6/5/1981. Il "boia di Vichy", come allora diventerà Papon, arrivato ad essere perfino ministro del bilancio, viene, dunque, condannato per delitti contro l'umanità, ma in riferimento al passato collaborazionista, senza che vengano inclusi i crimini compiuti come prefetto di Parigi, quasi a bastare alla giustizia questo atto da trascurare il secondo, per il quale, di fatto, ripetiamo, non è condannato. Giustizia pelosa, come memoria pelosa, quando, il 17 ottobre 2001, il sindaco di Parigi, il socialista Bertrand Delanoë farà mettere una targa commemorativa al Pont Saint-Michel che, per ubicazione e bell'effetto stilistico delle lettere incise sul bronzo, è di non immediata evidenza. Il presidente François Hollande, l'anno dopo, sul sito ufficiale della

Una questione di lotta di etnie, algerini contro francesi? Una guerra religiosa, musulmani contro cristiani? L'anno dopo, se stiamo al millesimo, ma in realtà sono passati appena quattro mesi, abbiamo una contro-prova. Una prova al contrario.

L'8 febbraio 1962, una manifestazione contro la fascistizzazione della vita politica, per impulso, in particolare, dell'OAS (Organisation Armée Secrète), e a seguito di un attentato compiuto dalla stessa OAS, ma una manifestazione ora gestita da sindacalisti francesi della CGT, è repressa ancora brutalmente dalla polizia. Il massacro questa volta avviene alla stazione della metro di Charonne. Sono "i morti di Charonne".

Muoiono otto persone. Successivamente, una nona morirà a causa delle ferite riportate.[12] Ancora lo stesso Papon aveva dato "disposizioni" in merito.

Risulta evidente che la repressione si sta esercitando esclusivamente sul piano dei diritti, del lavoro, della critica alla società.

La polizia ha lo stesso ordine sia che si tratti di algerini e musulmani che di francesi e cristiani. Evidentemente il problema è un altro.

Ma nel 2005 alla "rivolta delle banlieue", ancora si ipotizza una ribellione di "altri" per questioni di differente etnia (e religione). L'allora ministro dell'interno Nicolas Sarkozy, che sarà successivamente Presidente della Repubblica, bolla sbrigativamente questi giovani protestatari come «racaille», feccia.[13]

Non si azzarda a dire esplicitamente che sono un'altra razza, si limita ambiguamente a farlo capire. Ma lo contraddice proprio il suo superiore, il Presidente della Repubblica in carica al momento, Jacques Chirac – non certo un socialista progressista – che, a gettare acqua sul fuoco attizzato, fa un'affermazione che è un'importante affermazione. Dice Chirac, sostanzialmente, che sono giovani che sbagliano nell'usare la violenza, ma sono nostri fratelli, sono francesi, nati in Francia. Sarkozy è sconfessato ed è sconfessata la teoria di soggetti come "altri". Si afferma, da parte di Chirac, che si tratta di soggetti che appartengono allo stesso *milieu*, anche se nello strato povero, *Lumpenproletariat*, appunto. E che la questione riguarda la struttura della società, nulla avendo a che fare con una guerra etnica o religiosa.[14]

Presidenza della Repubblica, dichiarerà: «Le 17 octobre 1961, des Algériens qui manifestaient pour le droit à l'indépendance ont été tués lors d'une sanglante répression. La République reconnaît avec lucidité ces faits. Cinquante et un ans après cette tragédie, je rends hommage à la mémoire des victimes». Cinquante et un ans après, cinquantuno anni dopo.
(12) È passato mezzo secolo e Jean-Paul Piérot, ricorda: «Les victimes du massacre de Charonne étaient toutes des militants de la CGT et pratiquement toutes communistes; trois d'entre elles étaient des salariés de 'L'humanité'. Six hommes, trois femmes, le plus jeune avait quinze ans, ils étaient ouvriers, employés, techniciens. L'un d'eux avait choisi la France quand il quitta l'Italie des chemises noires de Mussolini. Ils étaient représentatifs du monde du travail, défendaient les valeurs du mouvement ouvrier, pétries d'attachement à la démocratie et de solidarité envers les opprimés. Des millions de Français, révoltés par la sauvagerie de la répression, se reconnurent dans les neuf de Charonne. Ce crime, survenant moins de quatre mois après le massacre des Algériens, le 17 octobre 1961, achevait de faire basculer l'opinion publique dans le refus de la poursuite de la guerre». J.-P. PIÉROT, *Au nom des morts de Charonne*, 'L'humanité', 8/2/2012. Ai funerali parteciperanno, fra gli altri, la de Beauvor e Sartre, cui l'OAS aveva fatto esplodere l'appartamento appena un mese prima. P. FAUTRIER, *Le Paris de Sartre et Beauvoir*, cit., pg. 99.
(13) Sarkozy, in visita ufficiale a Val d'argent, Argenteuil, il 26 ottobre 2005, dichiara: «Vous en avez assez de cette bande de racailles? On va vous en débarrasser». Si veda il filmato al link ina.fr/video/I09166721.
(14) Qualche tempo dopo, il 13/12/2005, in un'intervista a 'Le monde' Chirac ritornerà sulla questione e affermerà: «Le principe c'est qu'en France la nationalité et le suffrage sont liés. C'est un principe fondamental de la République. [...]. Un étranger qui a fait le choix de vivre en France et de s'investir dans notre communauté nationale peut être naturalisé et voter».

C'è un bellissimo articolo, ancora, di Debord – come Deleuze *un* marxista, come Guattari *un altro* marxista, anch'egli *un altro* marxista *ancora*, che i marxisti sono stati assai, tutti quelli non riconosciuti dall'ortodossia, loro, lo erano, erano *altri* (o forse i veri) marxisti – *Le déclin et la chute de l'économie spectaculaire-marchande*,[15] che spiega una stessa questione, quella del pregiudizio razziale degli Stati Uniti. Ancora, come anche nel caso, falso problema.

Si dirà che è un'analisi vecchia, e in effetti lo è, sia rispetto all'oggetto, la rivolta di Los Angeles del 1965, sia rispetto allo scritto stesso, che – per quanto apparso recentemente – Debord presenta appena l'anno dopo il fatto.

È invece il contrario: è la dimostrazione di come si continui semmai quell'errore che Debord denunciava, sollecitando implicitamente quanto sia necessario pensare *con* Marx, come abbiamo detto indicherà esplicitamente Deleuze.

In questo articolo, Debord scrive: «Entre le 13 et le 16 août 1965, la population noire de Los Angeles s'est soulevée. Un incident opposant policiers de la circulation et passants s'est développé en deux journées d'émeutes spontanées. Les renforts croissants des forces de l'ordre n'ont pas été capables de reprendre le contrôle de la rue. Vers le troisième jour, les Noirs ont pris les armes, pillant les armureries accessibles, de sorte qu'ils ont pu tirer même sur les hélicoptères de la police. Des milliers de soldats et de policiers – le poids militaire d'une division d'infanterie, appuyée par des tanks – ont dû être jetés dans la lutte pour cerner la révolte dans le quartier de Watts; ensuite pour le reconquérir au prix de nombreux combats de rue, durant plusieurs jours, les insurgée on procédé un pillage généralisé des magasins, et ils y ont mis le feu. Selon le chiffres officiels, il y aurait eu 32 morts, dont 27 Noirs, plus de 800 blessés, 3.000 emprisonnés. [...].

Qui donc a pris la défense des insurgés de Los Angeles, dans les termes qu'ils méritent? Nous allons le faire. Laissons les économistes pleurer sur les 27 millions de dollars perdus, et les urbanistes sur un de leurs plus beaux *supermarkets* parti en fumée, et McIntyre sur son shérif abattu; laissons les sociologues se lamenter sur l'absurdité et l'ivresse dans cette révolte. C'est le rôle d'une publication révolutionnaire, non seulement de donner raison aux insurgés de Los Angeles, mais de contribuer à *leur donner leurs raisons*, d'expliquer théoriquement la vérité dont l'action pratique exprime ici la recherche.

Dans l'*Adresse* publiée à Alger en juillet 1965, après le coup d'État de Boumediene, les situationnistes, qui exposaient aux Algériens et aux révolutionnaires du monde les conditions en Algérie et dans le reste du monde *comme un tout*, montraient parmi leurs exemples le mouvement des Noirs américains qui, "s'il peut s'affirmer avec conséquence", dévoilera les contradictions du capitalisme le plus avancé. Cinq semaines plus tard, cette conséquence s'est manifestée dans la rue.

La critique théorique de la société moderne, dans ce qu'elle a de plus nouveau, et la critique en actes de la même société existent déjà l'une et l'autre; encore séparées mais aussi avancées jusqu'aux mêmes réalités, parlant de la même chose. Ces deux critiques s'expliquent l'une par l'autre; et chacune est sans l'autre inexplicable. La théorie de la survie et du spectacle est éclairée et vérifiée par ces actes qui sont incompréhensibles à la fausse conscience américaine.

Elle éclairera en retour ces actes quelque jour.

---

(15) G. DEBORD, *Le déclin et la chute de l'économie spectaculaire-marchande* in *La planète malade*, Gallimard, Paris, 2004 [nel testo a seguire, i grassetti sono nostri].

Jusqu'ici, les manifestations des Noirs pour les "droits civiques" avaient été maintenues par leurs chefs dans une légalité qui tolérait les pires violences des forces de l'ordre et des racistes, comme au mois de mars précédent en Alabama, lors de la marche sur Montgomery; et même après ce scandale, une entente discrète du gouvernement fédéral, du gouverneur Wallace et du pasteur King avait conduit la marche de Selma, le 10 mars, à reculer devant la première sommation, dans la dignité et la prière.

L'affrontement attendu alors par la foule des manifestants n'avait été que le spectacle d'un affrontement possible. En même temps la non-violence avait atteint la limite ridicule de son courage: s'exposer aux coups de l'ennemi, et pousser ensuite la grandeur morale jusqu'à lui épargner la nécessité d'user à nouveau de sa force. Mais la donnée de base est que le mouvement de droits civiques ne posait, par des moyens légaux, que des problèmes légaux. Il est logique d'en appeler légalement à la loi. Ce qui est irrationnel, c'est de quémander légalement devant l'illégalité patente, comme si elle était un non-sens qui se dissoudra en étant montré du doigt. Il est manifeste que l'illégalité superficielle, outrageusement visible, encore appliquée aux Noirs dans beaucoup d'États américains, a ses racines dans une contradiction économico-sociale qui n'est pas du ressort des lois existantes; et qu'aucune loi *juridique* future ne peut même défaire, contre les lois plus fondamentales de la société où les Noirs américains finalement osent demander de vivre.

Les Noirs américains, en vérité, veulent la subversion totale de cette société, ou rien. Et le problème de la subversion nécessaire apparait de lui-même dès que les Noirs en viennent aux moyens subversifs; or le passage à de tels moyens surgit dans leur vie quotidienne comme ce qui y est à la fois le plus accidentel et le plus objectivement justifié. Ce n'est plus la crise du statut des Noirs en Amérique; c'est la crise du statut de l'Amérique, posé d'abord parmi les Noirs. **Il n'y a pas eu ici de conflit *racial***: les Noirs n'ont pas attaqué les Blancs qui étaient sur leur chemin, mais seulement les policiers blancs; et de même la communauté noire ne s'est pas étendue aux propriétaires noirs de magasins, ni même aux automobilistes noirs. Luther King lui-même a dû admettre que les limites de sa spécialité étaient franchies, en déclarant, à Paris, en octobre, que "ce n'étaient pas des émeutes de race, mais de classe".

La révolte de Los Angeles est une révolte contre la marchandise, contre le monde de la marchandise et du travailleur-consommateur *hiérarchiquement* soumis aux mesures de la marchandise. Les Noirs de Los Angeles, comme les bandes de jeunes délinquants de tous les pays avancés, mais plus radicalement parce qu'à l'échelle d'une classe globalement sans avenir, d'une partie du prolétariat qui ne peut croire à des chances notables de promotion et d'intégration, *prennent au mot* la propagande du capitalisme moderne, sa publicité de l'abondance. Ils veulent *tout de suite* tous les objets montrés et abstraitement disponibles, parce qu'ils veulent *en faire usage*. De ce fait ils en récusent la valeur d'échange, la *réalité marchande* qui en est le moule, la motivation et la fin dernière, et *qui a tout sélectionné*. Par le vol et le cadeau, ils retrouvent un usage qui, aussitôt, dément la rationalité oppressive de la marchandise, qui fait apparaître ses relations et sa fabrication même comme arbitraires et non nécessaires. Le pillage du quartier de Watts manifestait la réalisation la plus sommaire du principe bâtard: "À chacun selon ses faux besoins"».

Conclusione

LA PASSIONE GIOIOSA E L'INCONTRO
ESSERE ALL'ALTEZZA DEL DESTINO
QUARTA FAGLIA

«Spinoza non credeva nella speranza e tanto meno nel coraggio; non credeva che nella gioia».[1]

Si potrebbe usare questa frase di Deleuze su Spinoza per dire del senso, dell'interesse verso "cosa", del pensiero di Deleuze stesso. C'è un tratto comune, nella produzione deleuziana, che possiamo indicare nell'aver affermato il positivo, dalla transvalutazione, in positivo, della differenza e della ripetizione, al totale rifiuto del negativo e alla costante affermazione della vita, della vita da viversi completamente.

Dirà Giorgio Agamben: «Per una singolare coincidenza, l'ultimo testo che M. Foucault e G. Deleuze hanno pubblicato prima di morire ha, in entrambi i casi, al suo centro il concetto di vita. Il significato di questa coincidenza testamentaria (in un caso come nell'altro si tratta, infatti, di qualcosa dell'ordine di un testamento) va al di là della segreta solidarietà fra amici. Esso implica l'enunciazione di un lascito che concerne inequivocabilmente la filosofia che viene.

Questa, se vorrà raccoglierlo, dovrà partire da quel concetto di vita verso il quale il gesto ultimo dei filosofi indicava».[2]

Gesto, indicazione, che Deleuze ha fatto costantemente, anche quando ha scritto di altri, del pensiero di altri, dove a questi – come abbiamo insistito a dire – ha dato vita: leggere di Hume o di Nietzsche o di Spinoza o di Bergson, è leggere di un ritorno in vita, alla vita, di questi autori. Deleuze ha letto soprattutto dove c'era la vita.

Questa vita, *una vita, una vita al di là del bene e del male, rigorosa innocenza senza merito né colpevolezza*, come abbiamo detto prima. Che cos'è "questa vita"?

È una vita che supera l'*esistenza*, come già è apparsa con Heidegger e poi con Sartre. *L'immanenza, una vita.* La vita quando, finalmente avendogli tolto le incrostazioni, le limitazioni, le medaglie che gli si sono attaccate sopra, si mostra, fuori da queste finzioni di vita, come la vita: «Cos'è l'immanenza? Una vita... Nessuno meglio di Dickens ha raccontato cos'è "una" vita, dove l'articolo indeterminativo è indice del trascendentale. Una canaglia, un cattivo soggetto disprezzato da tutti, è ridotto in fin di vita; ed ecco che quelli che se ne prendono cura mostrano una sorta di sollecitudine, di rispetto, di amore per il minimo segno di vita del moribondo. Tutti si danno da fare per salvarlo, al punto che nel più profondo del suo coma il malvagio sente qualcosa di dolce penetrare in lui. Ma, via via che si riprende i suoi salvatori diventano sempre più freddi, e lui riacquista tutta la sua volgarità, la sua cattiveria.

Tra la sua vita e la sua morte c'è un momento in cui "una" vita gioca con la morte e nient'altro.

La vita dell'individuo ha lasciato il posto a una vita impersonale, e tuttavia singolare, che esprime un puro evento affrancato dagli accidenti della vita esteriore e interiore, ossia dalla soggettività e dall'oggettività di ciò che accade. "Homo tantum" di cui tutti hanno compassione e che conquista una sorta di beatitudine. È un'eccei-

---

(1) SP pg. 12. Aveva detto Sartre: «Non credo che la felicità esista; credo che esista soltanto la gioia». C. BO (intervista filmata a cura di), *Incontro con Jean Paul Sartre: i poteri dell'intellettuale*, Rai, 1966.
(2) G. AGAMBEN, *L'immanenza assoluta*, 'aut-aut', n° 276, 11/12, 1996, pg. 39.

tà, che non deriva più da una individuazione, ma da una singolarizzazione: vita di pura immanenza, neutra, al di là del bene e del male, poiché solo il soggetto che la incarnava in mezzo alle cose la rendeva buona o cattiva. La vita di questa individualità scompare a vantaggio della vita singolare immanente a un uomo che non ha più nome, sebbene non si confonda con nessun altro.

Essenza singolare, una vita...».[3]

Sappiamo dall'esperienza comune che siamo soliti disprezzare la vita per le incrostazioni che ce l'hanno ridotta, le limitazioni che ce l'hanno ristretta, le medaglie che, non avendo ricevute, ci rendono irati. Verso la vita stessa. Tutta. Verso la vita.

Eppure, basta un allarme, una paura, e tutto questo è nulla, rispetto al perdere il bene della vita, e la vita, in quel momento, allora risplende, allora, «onde si scosse e paventò al morte chi la vita aborrìa» come scrive Giacomo Leopardi.[4]

O, come scrive Nietzsche: «Che accadrebbe se, un giorno o una notte, un demone strisciasse furtivo nella più solitaria delle tue solitudini e ti dicesse: "Questa vita, come tu ora la vivi e l'hai vissuta, dovrai viverla ancora una volta e ancora innumerevoli volte, e non ci sarà in essa mai niente di nuovo, ma ogni dolore e ogni piacere e ogni pensiero e sospiro, e ogni indicibilmente piccola e grande cosa della tua vita dovrà fare ritorno a te, e tutte nella stessa sequenza e successione – e così pure questo ragno e questo lume di luna tra i rami e così pure questo attimo e io stesso. L'eterna clessidra dell'esistenza viene sempre di nuovo capovolta e tu con essa, granello di polvere!"? Non ti rovesceresti a terra, digrignando i denti e maledicendo il demone che così ha parlato? Oppure hai forse vissuto una volta un attimo immenso, in cui questa sarebbe stata la tua risposta: "Tu sei un dio e mai intesi cosa più divina!"? Se quel pensiero ti prendesse in suo potere, a te, quale sei ora, farebbe subire una metamorfosi, e forse ti stritolerebbe; la domanda per qualsiasi cosa "Vuoi tu questo ancora una volta e ancora innumerevoli volte?" graverebbe sul tuo agire come il peso più grande!

Oppure, quanto dovresti amare te stesso e la vita per non desiderare più alcun'altra cosa che questa ultima eterna sanzione, questo suggello?».[5]

Come nella grande lezione, qui, di Nietzsche, come in Spinoza, come nell'altra grande *lezione per la vita*, la lezione degli Stoici, infine, ma anche e soprattutto. Se era impresa ardua trasformare la differenza e la ripetizione dal versante hegeliano del negativo, altrettanto era arduo leggere questa volta, contro l'interpretazione corrente, e spesso anche quella accademica, il pensiero stoico come un pensiero affermativo. Un pensiero per la vita. Si dice, comunemente, che avrebbero detto di sopportare il destino. Deleuze ci avverte che dissero tutt'altro, dissero di "essere all'altezza del destino", come abbiamo precedentemente accennato: «agenti o pazienti, allorché agiamo o subiamo, resta sempre a noi di essere degni di ciò che ci accade. È senza dubbio questa la morale stoica: non essere inferiore all'evento, divenire il figlio dei propri eventi».[6]

---

(3) G. DELEUZE, *L'immanence, une vie*, 'Philosophie', n° 47, 1995, trad. it. DRF, pg. 322 e 'aut aut', n° 271-272, 1996, pg. 6. Marc Doelnitz vive la stessa esperienza quando, alla liberazione di Parigi, "bracadier" (portantino, barelliere) compie la sua prima azione e, pensando di andare a salvare i suoi compatrioti, si trova di fronte a un ferito nemico, un tedesco: «Par une ironie du sort, notre premier blessé fut un soldat allemand affreusement truffé par l'explosion d'une grenade. Sur l'instant, je cherchais des yeux è secourir plutôt l'un des nôtres. Voyant mon hésitation, un des combattents me lança: "Mon pote, Chleuh ou pas, un blessé, ça se soigne"». M. DOELNITZ, *La fête à Saint-Germain des Prés*, cit. pg. 140.
(4) G. LEOPARDI, *La quiete dopo la tempesta*, 1831.
(5) F. NIETZSCHE, *La gaia scienza*, 1882, aforisma 341.
(6) CNV pg. 76.

Amor fati, il destino determina ma non necessita. Non ha potere necessitante. Determina certe condizioni, ovvero la concretezza reale e condizionante col suo peso reale dell'incontro, *quasi-causa*.[7] Ma non lo necessita, ovvero non ha forza di necessità, di determinante assoluto.

È l'*evento*. L'evento come ciò che avviene per mezzo, ma non per causa, ciò che avviene nell'incontro di punti o di percorsi, o "nel mezzo" come usa dire Deleuze, di punti o di percorsi, di oggetti o di situazioni, nessun singolo pezzo determinante, tutti compartecipanti di quanto sarà il prodotto. Eredità del grande pensiero stoico.[8]

Siamo alla quarta faglia del terremoto nel corpus filosofico, immobile nella scelta fra una tabula rasa, per cui l'incontro determina e, all'opposto, un soggetto legislatore e immune dalle contingenze dell'incontro. Da una parte un soggetto schiavo, ma dall'altra un temerario che appare sopra le righe per la sua presupposta capacità di essere, in sé, principio primo e superno. Solo con gli Stoici siamo alla più sensata, reale, e capace di comprendere la vita, risposta al quesito rispetto al quale le posizioni sopra, entrambe, mancano. Gli Stoici danno la migliore risposta a questo quesito.[9]

Il soggetto vive in un mondo di incontri e non è superiore o astratto da essi, ma non può chiamare ad agente l'oggetto dell'incontro. Il soggetto ha facoltà, pur partendo da lì, e non da sé, di non essere determinato in assoluto dall'oggetto.

Il destino si può abbattere su di noi, in forma anche negativa, come un incontro che potrebbe piegarci.

Cosa fa uno Stoico? Non sopporta, non si limita alla sopportazione (come nella vulgata si dice), e tantomeno fa come se la sopportazione fosse una virtù, ma cerca nell'incontro, anche il più infelice, di "essere all'altezza di quell'incontro",[10] di svilupparne le forze possibili. Anziché piegarsi ad esso e piagnucolare per la vita, assolvendosi dalla vita per colpa di quell'incontro. L'atteggiamento invece più comune, dalle anime tristi per Spinoza, all'uomo del risentimento per Nietzsche.

Dunque, il soggetto, per concludere, esiste, come punto dell'incontro, sostrato su cui l'incontro va a portare il suo segno. Non trascendente, come abbiamo già detto, il soggetto è segnato dall'effetto dell'incontro. Ma non lo è passivamente, come solo si limitasse a registrare l'effetto, lo è attivamente dando all'incontro una sintesi e non solo un'accettazione, contribuendo a determinare la direzione successiva, e questo per

---

(7) Così, in LdS, pgg. 94-100, viene a essere chiamata la parte delle due parti, entrambe sono *quasi causa*, costituiscono l'incontro ma non possono, appunto, dirsi causa.

(8) Per completare le ascendenze deleuziane ricordiamo gli studi di Bréhier e, in particolare, su questo tema, G. BRÉHIER, *La théorie des incorporels dans l'ancien stoïcisme*, Picard & fils, Paris, 1907, che sembra aver avuto particolare incidenza su Deleuze, Bréhier peraltro non figurando fra gli insegnanti frequentati da Deleuze (almeno direttamente) nella sua formazione. Deleuze citerà Bréhier come chiave dell'interpretazione dell'evento stoico, ("l'incorporel") in *Logica del Senso*.

(9) Anche, nelle "situations" di Sartre, si ha un'altra grande teoria dell'incontro. Cfr. J.-P. SARTRE, *Situations*, I-X, Gallimard, Paris, 1947-1976.

(10) Si vedano i vergognosi commenti alla dichiarazione della conduttrice Tv Nadia Toffa circa il cancro come «opportunità» ('Repubblica', 22/9/2018) che offendono il senso positivo del discorso stoico della Toffa, da parte di persone per cui di fronte al male si piange e si soccombe, solo così essendo virtuosi, in realtà dimostrandosi solo misere anime tristi e brutti uomini del risentimento. Bellissima la risposta di Matilde d'Errico, madre di un bambino affetto da tumore e di una bambina affetta da "sindrome di Rett" che non solo comprende il punto di vista della Toffa, ma rilancia ricordando che: «Ho desiderato morire. Ma ora devo vivere. Come Nadia Toffa. E per vivere, e per lottare, e per sperare, devo trovare il bello. Devo dare a tutto questo un vestito che non sa di morte ma di vita». M. TARI, *Una mamma scrive a Repubblica: "Ai miei figli malati offro il dono della vita qui e ora"*, 'Repubblica', 5/10/2018. Nadia Toffa ha perduto la sua battaglia recentissimamente. Chi scrive le manda il suo abbraccio.

effetto della "qualità" sua, la qualità del sostrato stesso. Un vitigno è un vitigno, ma il terreno, questo sostrato, non si limita ad accettarne l'inserimento e dare al vitigno ciò di cui il vitigno necessita. Così, con quello stesso vitigno, ma impiantato in terreni di differente natura (qualità), si avranno sintesi differenti, nel caso, vini differenti.

Il sostrato farà che possa venire un vino "buono" e un vino "cattivo", pur dallo stesso vitigno. Così l'incontro, fra un sostrato d'animo gioioso e un sostrato d'animo triste, darà differenti esiti, pur l'oggetto dell'incontro essendo lo stesso. Il soggetto è questo meta-soggetto che è solo virtuale qualità, nondimeno capace di forza determinante rispetto all'oggetto dell'incontro.

Bisogna chiamare William Demant stoico. Ci permettiamo quest'inserimento.

Chi è William Demant? È un signore danese che sposa una donna che a breve diventa sorda. Quale migliore occasione per l'animo vile (triste) per fare di questo la causa di una rinuncia, uomo colpito da mala sorte, e far esplodere risentimento e inazione a causa di quest'incontro. Le anime tristi non attendono altro. La letteratura triste non attenderebbe altro per fare un romanzo tragico.

Ma Demant non solo reagisce, ma va oltre. Contatta un'impresa, americana, al tempo pressoché unica nel campo degli apparecchi acustici, e non si limita a fare uso di quegli apparecchi, o farne fare uso alla moglie, nel caso. Li vuole migliori; crea un'azienda di apparecchi acustici, che poi sarà un'industria, che darà lavoro a migliaia di persone nel mondo:[11] svilupperà al massimo le potenzialità (nascoste, difficile da vedere ci potessero essere) di quest'incontro.

Non si può sostenere che Demant sia diventato imprenditore per effetto di una causa necessaria (poteva, come detto, diventare altro, un uomo rancoroso con il destino), né si può sostenere che sia diventato imprenditore a conseguenza di una sua sola decisione, un suo astratto volere, una tutta sua volontà, un'idea partorita in un lampo in una stanza chiusa, fuori dal mondo, perché, vediamo, è per effetto di un incontro.

All'incontro con il dato, supera il dato, sviluppando di quell'incontro la potenza possibile, stoicamente, e costituendosi come quel soggetto che viene ad essere dal superamento del dato, humeanamente, in virtù dell'Incontro e dello sviluppo dell'incontro. Si costituirà come industriale non in quanto atto della sua decisione anticipatrice a esserlo, come avente una potenza già identificabile come tale, da svilupparsi, in atto necessario, ma si costituirà come tale, e si scoprirà tale, *per* effetto e *nell'*effetto.

Effetto di un incontro, effetto di una piegatura positiva delle potenze dell'incontro.

Analogamente è in Spinoza la negazione del libero arbitrio. Che va intesa nel senso sottile della dichiarazione di Spinoza. L'uomo non ha un libero arbitrio, una volontà libera come comunemente si intenderebbe la volontà quando libera, o trascendente.

L'uomo, ancora, anche in Spinoza, e forse soprattutto in Spinoza, si trova ad agire dall'incontro. Dunque deve rispondere all'incontro. Si attiva dall'incontro, non per un atto puro e trascendente. E nell'attivarsi agisce o in modo adeguato o in modo inadeguato. Anche il modo adeguato è dunque già dato nelle risposte possibili e non nell'invenzione tutta sua. Ma si differenzia l'uomo che attua la risposta inadeguata, e si fa rendere schiavo dall'incontro, e l'uomo che attua la risposta adeguata e non si fa rendere schiavo dall'incontro.

Questa è la libertà, ovvero la risposta adeguata, superiore perfino alla "falsa" potenza del libero arbitrio. O, come nella lezione stoica, ancora, piegare l'incontro a svilupparne le potenze positive.

---

(11) Cfr. *Founded on care*, Oticon Foundation-William Demant, Smørum, 2004.

Scrive Deleuze: «O la morale non ha alcun senso o è appunto questo che essa vuol dire, non ha nient'altro da dire: non essere indegni di ciò che ci accade. Al contrario, cogliere ciò che accade come ingiusto e non meritato (è sempre la colpa di qualcuno), ecco ciò che rende ripugnanti le nostre piaghe, il risentimento personificato, il risentimento contro l'evento. Non vi sono altre volontà cattive.

Ciò che è veramente immorale, è qualunque utilizzazione delle nozioni morali, giusto, ingiusto, merito, colpa. Cosa vuol dire allora voler l'evento? Vuol dire forse accettare la guerra quando capita, la ferita e la morte quando capitano? È molto probabile che la rassegnazione sia ancora una figura del risentimento, che, in verità, possiede tante figure. Se volere l'evento è innanzitutto liberarne l'eterna verità, come il fuoco che lo alimenta, tale volere raggiunge il punto in cui la guerra è condotta contro la guerra, la ferita, tracciata vivente, come la cicatrice di tutte le ferite, la morte rovesciata voluta contro tutte le morti. Intuizione volitiva e trasmutazione. "Al mio gusto della morte," dice Bousquet, "che era fallimento della volontà, io sostituirò una voglia di morire che sia l'apoteosi della volontà"».[12]

Essere all'altezza del destino.

Anche nell'incontro limite, la morte. Dice Deleuze in *Logica del Senso*: «Bisogna chiamare Jöe Bousquet stoico».[13]

Chi è Jöe Bousquet? Rimasto paralizzato nella prima guerra mondiale, Bousquet vivrà una vita da infermo, a finestre chiuse, della sua infermità realizzando uno sviluppo possibile, lo scrivere. Scriverà poesie. Quando la sua salute è andata peggiorando da non farlo più essere attivo, e la morte ora sarà l'istanza attiva su di lui, non vuole che l'incontro lo domini, non si volge ad accettare, vuole essere vitale, vuole sviluppare, ancora, l'incontro. Si dà, lui, la morte.

Spinoza, forse, si è suicidato. Non lo dice espressamente ma lo lascia intendere il suo biografo Colerus.[14]

Eppure Spinoza aveva detto «l'uomo che sia libero pensa alla morte meno che a qualsiasi altra cosa, e la sua sapienza risulta dal meditare non sulla morte, ma sulla vita».[15]

È una contraddizione? O, nella frase, c'è già che *non tutti gli uomini* non pensano alla morte ma *solo quello libero*. E Spinoza, ormai fatto prigioniero dalla sua tisi, non era più un uomo libero. Non è una giustificazione, non ne ha bisogno, quell'uomo, ora, non più libero.

Con tutto il pudore del caso aggiungiamo che Gilles Deleuze era ormai bloccato a una macchina per poter respirare, senza un polmone asportatogli in anni ormai lon-

---

(12) LdS pg. 134-5.
(13) Idem pg. 133.
(14) Una sorta di quello che oggi si chiamerebbe suicidio assistito, da J. COLERUS, *Breve ma veridica vita di Benedetto Spinoza*, cit., pg. 103: «[Spinoza] Aveva fatto venire presso di sé un certo medico L. M. di Amsterdam il quale incaricò i casigliani di acquistare un vecchio gallo e di cuocerlo la mattina affinché Spinoza a mezzogiorno potesse sorbirne il brodo, e ciò di fatto avvenne. E quando il padrone e sua moglie tornarono a casa, egli ne stava mangiando ancora con gusto. Nel pomeriggio i casigliani si recarono tutti insieme in chiesa e con lui restò solo il predetto dottor L. M. Ma al ritorno, essi appresero che Spinoza era morto alle tre alla presenza di questo dottore, il quale ripartì la sera stessa per Amsterdam con il battello della notte, non prendendosi più nessuna cura del defunto». Il dottor M. L. è sicuramente Lodewijk Meyer, a cui si deve, insieme a Jan Rieuwertsz, la pubblicazione postuma dell'*Etica* di Spinoza.
(15) B. SPINOZA, *Etica*, Parte IV, Proposizione 67. Sono spinoziani Sartre e Merleau-Ponty quando affermano «On oublie toujours la mort quand on vit». J.-P. SARTRE-M. MERLEAU-PONTY, *Les jours de notre vie*, 'Les temps modernes', n° 51, 1/1950.

tani, impossibilitato a scrivere, quando si è ucciso, gettandosi dalla finestra della sua abitazione, scegliendo la morte e il luogo della morte.

Appena pochi anni prima aveva detto nell'*Abécédaire*: «Contrariamente a quello che si dice non sono gli uomini che sanno morire o che muoiono, sono gli animali, e quando gli uomini muoiono lo fanno come le bestie.

Torniamo allora, e con tutto il rispetto, ai gatti. Tra i molti che sono passati di qui c'è un gattino che è morto in poco tempo.

Ho visto quello che hanno visto tanti, come un animale cerca un luogo per morire.

C'è anche un territorio per la morte, la ricerca del territorio della morte, dove si può morire. Questo gattino che cercava di infilarsi, da qualche parte, in un angolo, come fosse il posto buono per morire».[16]

---

(16) ABC, *A comme animal*.

APPENDICE 1 (1978)
L'anti-Edipo e *Arancia meccanica*. Un'apologia della violenza?

L'uomo se inteso come macchina desiderante: il pensiero mosso dal desiderio e macchina di esso come mezzo per la realizzazione di uno scopo. Ne *L'anti-Edipo* di Deleuze e Guattari si leggeva una visione dell'uomo come soggetto dipendente dal desiderio che allarmò certi osservatori, apparendo come una possibile giustificazione, se non addirittura un'apologia, della violenza. Per Michel Clouscard – come scrive ne *I tartufi della rivoluzione*, Editori Riuniti, 1975 – la teoria di Deleuze e Guattari ben si sposerebbe alle gesta della banda di *Arancia meccanica*. Un'analogia possibile, anche se in senso del tutto opposto a quello temuto da Clouscard che, troppo spingendo sul solo aspetto della truce sequenza di violenze che nell'opera vengono narrate, si è fermato a un facile luogo comune che niente ha a che vedere con la problematica trattata, innanzitutto, proprio da Kubrick.

Torniamo dunque al punto, al Kubrick (possibile) deleuziano. Al di là delle sue prime pagine – o delle sue prime scene, a seconda di quanto si voglia riferirsi al romanzo di Burgess o al film di Kubrick, che differisce per un finale totalmente reinventato e sposta peraltro assai la questione – *Arancia Meccanica* è un'analisi delle condizioni di forza che regolano la società ed è anche una constatazione del fallimento della morale rispetto all'etica, o di norme astratte rispetto a norme basate su un utilitarismo pratico, quali regole della società, in un'ottica, questa sì, deleuziana.

In *Arancia meccanica*, il film – a questo credendo di dover fare riferimento, poiché Clouscard cita questo titolo che è, appunto, il titolo del film, il romanzo intitolandosi *Un'arancia a orologeria* – si narra di una banda capeggiata da Alex, il protagonista, che compie azioni di violenza.

Nel teppismo disordinato lì descritto c'è contemporaneamente una metafora di un'aggressione più lucida e ordinata, l'aggressione compiuta a tutti gli elementi costituenti la società civile e il rapporto, in generale, fra violenza e forme dell'ordine. La casa dello scrittore reca il significativo cartello *Home* a dimostrare di non essere una casa qualsiasi ma la casa come istituzione. Ciò non significa peraltro che Alex e i suoi compiano azioni, ancorché violente, per intenti di significato politico. Il problema è un altro, è il problema ad essere politico, e la storia narrata è l'esperimento per tentare di risolverlo. Risolvere il problema, politico, della convivenza pacifica al di fuori dalla violenza. Problema che pare avere una soluzione quando, dopo una serie di violenze, Alex e gli altri vengono catturati. Alex, in particolare, è sottoposto a un trattamento – la "cura Ludovico" – che lo renderà incapace di essere violento e lo restituirà alla società perfettamente aderente al modello voluto dalla società stessa.

Il risultato è però negativo, perché Alex è adesso alla mercé di coloro che martirizzava e subisce le loro violenze. Deve passare "le disavventure della virtù" come la *Justine* di Sade. Un dato non deve trarre in inganno: Alex non subisce solo il risentimento di coloro che hanno sofferto la sua violenza ma viene aggredito anche in quanto riconosciuto come incapace di usare adesso la forza ed è vessato in maniera proporzionale a quanto viene ad essere scoperto inoffensivo e incapace di difendersi.

Dunque, come ottenere un rapporto pacifico, osservando che la società è incapace di difendersi dalla violenza, e che la società stessa è però dotata di una certa violenza per cui può accadere di dover subire nella misura della propria mancanza di forza?

Il film disegna il tracciato di una violenza che sempre permane nella stessa misura comunque siano cambiati i termini. In entrambi i casi non si è raggiunto un rapporto soddisfacente fra il soggetto (Alex) e gli altri o il fallimento stesso della morale: ora Alex sarebbe moralmente giusto ma questo è un handicap per la sua vita nella società. Se si toglie a un leone ciò che lo rendeva feroce, non si vedrà il meraviglioso spettacolo di una giungla finalmente in pace ma si vedrà invece la gazzella farsi tanto intraprendente fino a esercitare la sua forza nella misura in cui scopre nel leone un'impossibilità a sapersi difendere, possiamo sintetizzare.

Il terzo atto risolverà la situazione, crudamente, con un compromesso, un cinico e pragmatico gioco di aggiustamento. Nel finale – di Kubrick, di contro a Burgess che opta per una soluzione basata sulla stanchezza e sull'appesantimento del protagonista, "corrotto" dai valori borghesi – Alex è restituito a quello che era prima: potrà martirizzare nuovamente, non sarà martirizzato dagli altri, né martirizzerà questi.

Com'è possibile tanto miracolo? Semplicemente mettendo, da parte di Alex, la sua violenza al servizio degli altri. Nella generica assunzione di Alex alle dipendenze del Primo Ministro – questa è la soluzione inventata nel film – si può leggere ciò che si crede in quanto a ruoli specifici (fare il militare, e finalmente uccidere, ma adesso, *giustamente* e con encomio, per fare un esempio), nella sostanza Alex sarà un agente di quella violenza che, adesso, è legittimata, perché serve alla società civile, la quale legittima quindi la crudeltà di soggetti moralmente violenti, rigenerandoli, con quest'artificio, come soggetti degni.

In tal senso Kubrick è ben lontano da un'apologia della violenza che, anzi, mostra con orrore e con tanto più orrore quando essa, raffinata e scaltrita, riesce a trovare una protezione che la preserva e la nobilita perfino, secondo un'ottica deleuziana che è centrata esattamente su questo aspetto del problema, ovvero non del desiderio nella sua forma più violenta che – com'è anche in *Arancia meccanica* – è destinato a essere controllato, ma di quel desiderio altrettanto violento, ma più scaltro e subdolo, che riesce a trovare protezioni per sé, che sfuggirà il controllo, che si farà "giusto".

Nessun valore è infatti in gioco, ma è solo un problema d'uso: Alex è *nel giusto* quando, pur essendo lo stesso, *agisce a favore del giusto*, quando cambia il modo di usare la sua stessa azione, e la sua violenza favorisce il Primo Ministro, la legge, il contratto politico della società. Con il suo finale Kubrick si associa quindi a Deleuze – e pure a Spinoza e Hume – nel sostenere una superiorità di fatto dell'etica rispetto alla morale, non essendo su ciò che è morale, ma su ciò che è funzionale a un utile riconosciuto, che si gioca, realmente, ogni concetto di valore. Nel suo paradosso, possiamo dire, perché la ricostruzione di Kubrick è appunto un paradosso che porta a una sorta di contraddizione (in negativo, diremmo) del valore etico: un intento "cattivo" nella sua natura morale, può essere un comportamento "buono" nella sua realtà etica. D'altronde, non avviene che si arruolino delle persone per compiere atti, in sé, certamente disumani (uccidere), ma utili (uccidere per difendere la comunità)? Potremmo pensare che queste persone siano, in sé, desiderose di fare il male, moralmente quindi riprovevoli, purtuttavia, perché utili, eticamente apprezzabili.

Un piccolo film per la Tv, del 1970, *Il bracconiere*, su soggetto di Mario Rigoni Stern, mostra che il protagonista, un bracconiere, trova l'accettazione sociale quando viene assunto come guardiacaccia. Qui la sua competenza di materia "illegale", come appropriarsi illegalmente di selvaggina, viene rivoltata a 360° gradi, a impedire, grazie a quella competenza, che altri si approprino illegalmente di selvaggina.

A Clockwork Orange, regia di Stanley Kubrick, Warner Bros. 1971. Versione italiana *Arancia meccanica*. Tratto da A. Burgess, *A Clockwork Orange*, Heinemann, London, 1962. Traduzione italiana *Un'arancia a orologeria*, Einaudi, Torino, 1969.

APPENDICE 2 (1985)
Un'analisi schizoanalitica: l'*Otello* di Carmelo Bene.

Una maniera comune ha unito, negli anni '70, i molti differenti tentativi, anche lodevoli nell'intenzione, di "vitalizzare" il teatro o di strapparlo da una dimensione liturgica: il saccheggio del testo e l'imporsi violentemente del regista sulla traccia dell'autore sono stati fra gli artifici più usati. Comprensibile, e in parte giustificabile, ma solo in parte, fu quindi l'atteggiamento della critica che, un po' stufa di tanto manierismo d'avanguardia e ormai in crisi per eccesso d'ingestione novista-avanguardista, non seppe più distinguere, così da vedere comunque e sempre un narcisismo fine a se stesso praticato dal regista, un gusto, diventato presto assai ovvio, di stupire.

In questa generalizzazione incappò anche Carmelo Bene considerato come il "sommo", ma il sommo tutto negativo di questa maniera di fare teatro, per quanto grandi autori abbiano positivamente scritto su di lui, da Klossowski a Manganaro allo stesso Deleuze, solo per dire di alcuni.

Domandiamoci oggi, cos'è – e che cos'è stato – *l'Otello di Bene da Shakespeare* che inizia dalla fine, dalla scena dell'uccisione di Desdemona. Allora fu inteso come la rituale aggressione del testo, o il tentativo di rifare l'azione mettendo dentro suggestioni tipo flashback di gusto moderno, insomma la consueta pirateria proterva di un regista che maramaldeggia in maniera sacrilega un autore la cui autorità invita al dileggio.

Un brutto pregiudizio gravò dunque su Bene e la critica mostrò qui tutta la sua resa, la sua superficialità, la sua mancanza di aggiornamento e di preparazione culturale in senso lato o, comunque, un po' più ampio rispetto al perimetro del solo teatro. Altrimenti avrebbe potuto, quantomeno, informare che il teatro di Bene – e l'*Otello* in particolare – si basava sui principi della *schizoanalisi* di Deleuze e Guattari e realizzava appunto questo: una lettura (un'analisi) schizoanalitica del testo.

Come assertore della schizoanalisi, Bene deve sviluppare il suo discorso su un duplice binario: da una parte deve accusare e sconfessare la "causa", dall'altro deve elaborare una "spiegazione" in termini schizoanalitici.

Gli occorre quindi un "caso" che abbia queste modalità o, comunque, che sia accettato in questi termini come l'*Otello* di Shakespeare, o ancor più l'interpretazione correntemente accettata di esso, che si svolge in senso deterministico, il protagonista essendo indotto da alcuni fatti – il disprezzo del suocero, la trama di Jago – a compiere un gesto, il gesto finale e tragico di uccidere Desdemona.

Un caso, un dramma, anche, tutto psicoanalitico. Per due ragioni: nella struttura, perché – come detto – è basato su uno schema causale, la soluzione finale essendo data come il frutto, l'effetto, di certe cause e nell'atmosfera, si potrebbe anche dire – che poi è qualcosa di più, è una cultura, con tutte le sue implicazioni morali e le sue conseguenze pratiche – perché induce a manifestare una certa pietà e una forte compassione nei confronti dell'assassino, visto qui come la vittima, in ultima analisi, di qualcuno che ha agito a suo danno e visto come colui che, in fondo, non ha colpa, così da risolversi, infine, il tutto, con una sentenza di assoluzione.

Non si associa al trionfo, però, il cinismo schizoanalitico che non crede a questo tipo di spiegazione.

Non ci crede a un punto tale da chiedere una revisione del dibattimento, perché questo è infatti l'*Otello* rivisto da Bene: un ricorso in appello rispetto alla lettura del primo dibattimento.

Prima ragione della scelta della scena finale come inizio: il fatto è ormai dato, non si tratta di vederlo nuovamente ma di rivederlo nel senso di riesaminare il caso che è ormai appurato come fatto. Bene non intende infatti rimettere in scena l'*Otello* di Shakespeare ma avviare un riesame di esso. Una discussione alla quale porta la sua, differente, spiegazione del fatto, su base, questa, tutta schizoanalitica. Seconda ragione dello "strano" inizio dell'*Otello* di Bene: la psicoanalisi crede a un rapporto causa-effetto, a un processo lineare che passa fra due momenti, fra le ragioni che generano una certa soluzione e questa soluzione come ciò che viene a essere naturalmente prodotto da esse. L'*Otello* tradizionale ha ragione ad avere quest'unità di azione, questa scansione cronologica, questo tempo a freccia, che va dal disprezzo del suocero e dalla tresca di Jago, come cause, all'uccisione di Desdemona, come effetto.

La schizoanalisi crede invece a un rapporto differente. Crede a una volontà, propria del soggetto, all'inizio dell'azione, come vera ragione di essa, come progetto verso un fine, della quale il discorso, come spiegazione attraverso la causa, ne sarebbe non la regola interna ma l'artificio retorico e strumentale. La schizoanalisi crede a un rapporto fra desiderio e fine congiunti dal discorso che si incarica di trovare il modo, che è dunque il mezzo di una volontà e la maschera di essa quando, come in questo caso, anziché affermare l'intento cerca di coprirlo nascondendolo con una giustificazione, trasformando il fine, voluto, in un effetto, causato.

Non due – causa-effetto – ma tre sono dunque i momenti per la schizoanalisi: volontà, artificio discorsivo, fine (Libido, Numen, Voluptas). Per questa ragione Bene inizia quindi dalla fine, dalla scena finale: essa rappresenta, anche, il primo percorso dell'agire secondo lo schema schizoanalitico come l'atto immaginato, il progetto di una volontà che pone un fine che intende realizzare. Si veda dal testo scritto (ora in C. Bene, *Opere*, Bompiani, Milano 1995, pgg. 916-7) come si attua il finale che, nel testo, è effettivamente in finale:

OTELLO – È la causa... È la causa, anima mia... È la causa... Spegni la luce e poi... Spegni la luce... Ma spenta te, dove trovare il fuoco di Prometeo per riaccenderti, luce... *(raccoglie ed esamina una rosa bianca)*...

... Colta la rosa, non puoi restituirle la sua vita!...Dovrà appassire... *(si china su Desdemona e le bacia sulla fronte)*...

... Resta così da morta... e io ti ucciderò e poi t'amerò... per sempre... Un bacio... un altro... L'ultimo... il più dolce e mortale... Sono costretto a piangere... Ma lacrime spietate... Questo dolore è azzurro... annienta... e dove più ama... E tu... come sei pallida e stanca... e fredda... come la tua castità sei fredda!... Dolcissima, conviene che tu muoia di tanto in tanto...

DESDEMONA – ... Uccidetemi!... Domani!...

OTELLO (la bacia sulla fronte) – ... È troppo tardi!...

(e piangendo si lascia scivolare giù dal letto e, accecato dalle lacrime, cerca tentoni i brani del suo costume...

... poi, affascinato, contempla la sua mano, quasi nera della polvere del palcoscenico, ed è, ma per un attimo, sfiorato da una carezza svogliata della sua memoria, e tentando di portarsi quella mano al volto...)

... Ah, ... ecco... Una volta io,... ad Aleppo...

(dimenticando il gesto... S'addormenta...)

        "EGLI L'ONORE TOLTO M'AVEVA
        ED IO A LUI HO LA VITA LEVATA"*

        (Buona notte)

Finale. Ma il pezzo qui trascritto è sopravanzato da quest'avvertimento per la scena, come qui tutto in maiuscolo:

(IL MONOLOGO SEGUENTE È PIÙ OPPORTUNO COLLOCARLO IN TESTA ALLO "SPETTACOLO", DA VERO E PROPRIO PROLOGO)

Con quest'inizio Bene realizza, quindi, un profondo spiazzamento del testo: non si rappresenta l'*Otello* di Shakespeare, non si ripete nuovamente ciò che è già avvenuto, non tanto il testo quanto ciò che è l'accaduto che il testo ci narra, ma si discute – come detto per la prima ragione del rimaneggiamento – a partire dal punto in cui siamo già arrivati, dal fatto ormai compiuto, e lo si ridiscute ipotizzando una storia diversa, non più quella delle umiliazioni che avrebbero armato la mano di Otello, dei falsi indizi di prova forniti da Jago, ma quella di un Otello che sarebbe partito – seconda ragione del rimaneggiamento – da una, tutta sua, volontà, in questo caso, omicida. Distruttiva? Triste?

Infine, grazie a questo stesso rimaneggiamento, si ottiene un altro effetto, quello che pone tutta questa storia come non più reale. Ricominciando dalla fine (più che cominciando dalla fine, poiché si ricomincia, in Bene, a trattare della storia), come avviene in un dibattimento penale, o in una seduta analitica, non si rivede la scena reale ma la si ricostruisce nel racconto. Col racconto, dell'imputato, del paziente in analisi. E così anche nell'*Otello* (di Bene) non è un flashback quello che segue dalla prima scena, non è l'*Otello* di Shakespeare raccontato con l'espediente del flashback, ma è il racconto fatto in prima persona da Otello. I personaggi del dramma – il suocero, Jago – non parleranno più con la loro voce ma con quella di Otello, sarà dunque Otello a narrare, per loro, ciò che essi avrebbero detto. Il fatto che, con quest'artificio, Bene abbia inquadrato Otello come un imputato in presunzione di colpevolezza è fuori dubbio: è Otello che narra, che si discolpa: questo è quanto è stato ottenuto facendo l'*Otello* attraverso la narrazione di Otello stesso.

Ma non è solo questo ciò che Bene vuol dire. Il fatto che sia Otello a parlare, a fare la sua storia, a essere più narratore che protagonista significa anche qualcos'altro. Significa ancora una precisa scelta a favore della schizoanalisi e della sua teoretica di fondo.

Per la schizoanalisi, infatti, che nella sua parte teorica è basata su concezioni ricavate da Hume e Bergson, niente ha, in sé, la possibilità di porsi come elemento significante e agente ma è sempre per il soggetto che un dato appare in un certo modo.

Terza, e più importante, ragione del rimaneggiamento di Bene: ogni serie di fatti deve essere vista secondo la ricostruzione, la composizione effettuata dal soggetto, i fatti non valendo in sé ma solo per il soggetto, secondo un significato costruito, pur con questi fatti, dal soggetto. Così la storia di Otello deve essere vista dalla parte di Otello non potendo attribuire agli eventi un potere causante ma dovendo ritrovarsi la ragione, tutta soggettiva, per la quale gli eventi hanno assunto certe caratteristiche.

Così, col suo rimaneggiamento, Bene vuol mostrare che non crede a una regola "oggettiva" – come apparirebbe se la storia fosse rappresentata nel modo classico – ma a un'altra "regola", proprio a livello di metodo, che si basa sul *desiderio* come ragione dell'avvenire dei fatti. I personaggi, quindi, poiché rievocati e non in persona, perdono di realtà effettiva e, con essa, di ruolo causante, per diventare immagini e, dunque, artifici del soggetto, di Otello o, più genericamente, elementi *virtuali* di un fatto. La vicenda non è più reale – come si crede nell'analisi psicoanalitica – ma *secondo Otello* o, ancora nell'aspetto generale, a partire da un intento singolare. Non per questo è falsa ma è, più precisamente, "fittizia". Il significato cambia profondamente poiché non si è più di fronte a un fatto nella sua "verità", ma si ascolta invece una versione personale, di cui adesso è lecito poter sospettare e dubitare, dunque si analizza il fatto attraverso una possibile metodologia differente, fatta per *scopi-fini* e non per *causa-effetto*. È l'interessata versione di Otello – com'è sempre un discorso, non essendo affatto una rappresentazione oggettiva ma una costruzione strumentale in funzione di un fine, questo per la schizoanalisi – è dunque qualcosa sul quale si pone l'interrogativo schizoanalitico del *cui prodest?*, sul quale si realizza l'analisi per cercare di scoprire quale scopo, quale fine, questo discorso, abbia. E appare per essere il tentativo operato da Otello per scaricare su altri (su altre persone, qui, persone come "cause") la responsabilità del suo gesto, per giustificare il suo gesto.

È dunque Otello il responsabile della sua azione, per la quale ha egli stesso ordito tutta una trama, tutta una spiegazione causale come la fittizia ragione di essa, come il suo mezzo e la sua maschera. Bene e la schizoanalisi lo sapevano fin dall'inizio, come ha infatti mostrato lo stesso Bene iniziando da quella scena che rappresentava la volontà di Otello come la ragione di tutto ciò che sarebbe accaduto.

Se la schizoanalisi "interpreta", il suo metodo è infatti relativamente semplice: le ragioni di un gesto non sono le "cause", ovvero degli agenti che possono apparire in una certa continuità con esso, al contrario, quel gesto può rimandare solo alle intenzioni di quel che vediamo esser realizzato; appartengono al soggetto stesso e non ad agenti esterni a lui. Il discorso non dice niente, non vi sono – com'è invece per la psicoanalisi – cause da cercare in esso, il discorso è una cortina fumogena, un tentativo di depistare, di sottrarsi alle proprie responsabilità.

Soltanto una volontà, una volizione, un *desiderio*, è la vera causa dell'agire, la vera causa di un fatto. Il perché dell'uccisione di Desdemona non si può cercare nelle cause su Otello, negli elementi esterni a Otello, ma in Otello stesso come volontà libera di ogni suo fine, di ogni sua azione, come volontà triste che, per la sua tristezza, per la sua incapacità a vivere la felicità, uccide e distrugge e, nondimeno, chiama in causa altri come i responsabili del suo modo d'essere.

Rivisitato da Bene, il dramma di Otello diventa dunque la farsa, la farsa della cattiva coscienza nichilista che inventa il dramma per giustificare la sua non-volontà a vivere o, meglio, la sua volontà di non-vivere.

Otello di William Shakespeare - secondo C.B. è uno spettacolo teatrale del 1979, riproposto nel 1985, diretto, curato e interpretato da Carmelo Bene, tratto da Shakespeare.
* Matteo Bandello (1485-1561), *Novella ottava*.

APPENDICE 3 (1986)
Come dare alle macchine un'intelligenza umana (e che cos'è l'intelligenza umana).
Corto circuito di John Badham: le macchine desideranti non funzionano se non guaste.

Un tempo paragonato e confrontato rispetto all'animale, oggi, cambiati i tempi, discusso in riferimento alle macchine, l'uomo, in questo duplice raffronto, sfugge sempre a una possibile omologazione e si mostra, in entrambi i casi, più differente che simile. Il carattere libero della volontà dell'uomo – a meno di non negarlo aprioristicamente come avviene in molte concezioni filosofiche e psicologiche – resta un problema irrisolto e un dato di differenza, non essendo rintracciabile né nell'animale né nella macchina, a proposito della quale sempre più spesso ci si domanda che cosa manchi a quest'ultima per poter pensare come l'uomo. Per John Badham, autore del film *Corto circuito*, le manca un qualcosa di assai particolare e, certo, impensabile: un "guasto", com'è il corto circuito, che ne "sballi" il suo funzionamento.

Badham sembra pensare questo: la macchina non ha, in funzione di una libera e autonoma capacità di decisione, un principio suo proprio di selezione e di sintesi dei dati appresi, tale da poter orientare la prassi in maniera differenziale, e soggettiva, rispetto ai possibili pratici. La macchina, in altri termini, immagazzina i dati e li riproietta nello stesso modo con il quale li ha appresi.

La macchina non ha dunque un principio di selezione spontaneo o proprio tale da costituirla a soggetto. Questo è ciò che non le dà intelligenza umana e, di converso, l'intelligenza umana è un errore rispetto all'esattezza. All'oggettività.

Per Badham questo potrà nondimeno avvenire: sarà necessario l'insorgere di un guasto, il corto circuito. Con Deleuze, Badham afferma dunque che "le macchine desideranti non funzionano se non guastate" e che l'uomo, dove lo vediamo come macchina desiderante è ciò che deriva da questo stesso guasto. Grazie a un guasto, infatti, il protagonista del film, il robot *Numero 5*, potrà recepire e ricomporre in maniera del tutto anomala – ma proprio per questo "sua" – la realtà fino a giungere a formulare giudizi di carattere affettivo e, quindi, di valore morale, su fatti che altrimenti avrebbe valutato meccanicisticamente (ora la morte e l'esistenza come qualcosa di più del suo essere assemblato o disgiunto delle proprie parti), tale da permettergli indirizzi pratici e decisioni singolari e proprie. Il robot arriva così a una sensazione di amore e di odio; l'eros si inserisce sulla sua, altrimenti fredda, logica.

L'originalità di Badham non sta tuttavia in questo. Non sta nell'avere voluto indicare nell'amore, in *Eros*, la facoltà capace di fare la differenza; l'argomento dell'*Eros* come attivatore dell'intelligenza umana avendo, oltretutto, una lunga tradizione. L'originalità di Badham è nella spiegazione dell'*Eros* che, anziché apparire come il corollario di un'intelligenza superiore, il premio che quasi spetterebbe di diritto a un'intelligenza cosiffatta, è invece fatto derivare da un guasto – ipotesi deleuziana – da un deterioramento, un peggioramento di questa intelligenza; da qualcosa non in più, ma in meno. È infatti a seguito di un guasto, essendo questo ciò che può sconvolgere l'ordine delle informazioni ricevute, che il soggetto ha di non essere in stretto contatto con esse a un punto tale da doverle passivamente obbedire. Ed è questo guasto ciò che permette al soggetto di avere una sua propria visione della realtà, rispetto alla quale soltanto, decide, così da non rispondere obbligatoriamente a un fatto, ma solo a una sua personale visione del fatto stesso.

Badham pertanto ci informa che se volessimo dotare le macchine di un'intelligenza simile alla nostra dovremmo peggiorarle, guastarle.

Di converso, emergono due dati importanti da questa ricostruzione dell'uomo fatta in laboratorio. L'uomo – innanzitutto – non è affatto, superiore, rispetto alle macchine. Rispetto a esse non presenta qualcosa in più, ma in meno, la sua volontà essendo da intendersi – da quest'esperimento, qual è *Numero 5* – come il frutto di un empirismo scorretto, sfalsato, profondamente segnato da un'imperfezione della ricezione, da quell'imperfezione che è la nostra affettività stessa che ci pone di fronte alla realtà non in condizioni di verità, ma di partecipazione simpatetica.

Cosicché la decisione, come volontà che si realizza di fatto, non è data, causata, dalle "cose", ma da noi, avendo noi recepito le cose come volevamo, secondo un nostro particolare affetto. Qui sta il paradosso sul quale si costituisce l'essere umano come tale, paradosso espresso da Deleuze sulla scia di Hume, di Bergson, di Spinoza, e ripreso da Badham: l'uomo deve la sua particolarità a questo fondo di passione, a questo essere interessato, a questo essere *inobiettivo*. La cosa può apparire nota – in fondo si dice che *l'uomo è imperfetto* – ma, in questo caso, il significato è diverso. L'imperfezione infatti non è un correlato negativo o un limite in qualche modo periferico ma è invece la definizione più essenziale e positiva dell'uomo. Badham, in altri termini, non ci dice tanto che *l'uomo è imperfetto*, quanto che *l'uomo è l'imperfetto*.

Senza quest'imperfezione sarebbe uguale all'animale, al dio, alla macchina, ma non sarebbe l'uomo. Sarebbe come l'animale poiché se, anche in esso vi è un principio di passione, un guasto, questo è disposto come dato che caratterizza più per gruppi – di genere e di specie – che non fino al singolo. O sarebbe come Dio – secondo un concetto che ha una mirabile espressione in Plotino, *Enneadi III*, e per cui, appunto, l'uomo è l'imperfetto – e alla macchina che è troppo capace di recepire *in verità* per poter essere libera rispetto alla sua esperienza-informazione.

Badham professa, infine, la sua inclinazione antideterministica, che lo avvicina ancor più a Deleuze, pur non partendo da una visione deleuziana, materialistica e immanente, perché preferisce chiamare in causa Dio per ottenere, comunque, uno stesso, e forse ancor più forte, significato antideterministico.

Per rendere conto di questo punto, occorre fare un passo indietro.

In prima battuta si potrebbe pensare infatti che Badham pone una causa esterna come ragione del guasto: il robot viene a essere infatti guastato da un fulmine. Apparentemente Badham sceglie una spiegazione causale ma, più in profondo, si mantiene, invece, su una posizione antipsicoanalitica e antideterministica: il robot più che essere guastato da una causa è guastato da un fulmine, simbolo di un intervento superiore che, in quello che era il segno di Zeus, chiama in causa Dio. È dunque da Dio che deriva quel guasto, atto d'amore – nella genesi secondo Badham – che permette a ciò che sarebbe stato un automa soltanto, di giungere alla vita più vera come assoluta libertà di sé. Dono e non causa o causa non di sé, ma della sua libertà.

Pertanto Badham resta – pur chiamando in causa una ragione esterna al soggetto – all'interno di un'ipotesi antipsicoanalitica e antideterministica: non solo quel guasto è un elemento di fatto che si dovrebbe accettare come la caratteristica più specifica dell'uomo ma, ancor più, quel guasto è la vita stessa nei termini in cui è data all'uomo, come gridano gli amici di *Numero 5* ai soldati che vogliono distruggerlo ("Non uccidetelo!") perché, come si può dire ormai, ora, è ucciderlo.

Badham si schiera dunque contro questo tipo di determinismo reo di colpe non solo "scientifiche" (un amico del robot grida peraltro anche questo ai militari, grida che stanno distruggendo la più grande scoperta scientifica) ovvero sul piano puramente teoretico, ma soprattutto reo di colpe morali poiché, in quel disconoscere il valore del guasto c'è un attentato alla libertà stessa dell'uomo, un rinnegare ciò che Dio avrebbe dato all'uomo per poter essere veramente tale e non un semplice automa.

E si schiera, Badham, a favore di una concezione dell'uomo che mantiene una caratteristica deleuziana vedendo l'uomo come un ente agìto da un principio di passione e giocando – in modo ancora tutto deleuziano – sul paradosso che è nella stessa definizione di affettività, *affetto* come sentimento forte, dunque capace di originare l'azione e, allo stesso tempo, debolezza di chi *è affetto* da qualcosa, da un'imperfezione, un guasto.

E, quindi, si riconosce ancora, Badham, nelle altre eredità della filosofia di Deleuze. Con Hume quando si sostiene che l'agire è il frutto di un empirismo scorretto, sfalsato da un fondo soggettivo, l'affettività, che caratterizza la natura umana. Con

Bergson, infine laddove si ricompone il singolare paradosso tutto bergsoniano per il quale la nostra libertà è il frutto di una mancanza di oggettività, dunque di verità; il nostro grande potere pratico, il frutto di uno scarso valore teoretico. "Puttana santa", per usare un termine di Rainer Werner Fassbinder: l'uomo come ciò che riesce ad avere un valore grazie a un effetto causato da una mancanza e da un difetto.

La domanda che sorge a questo punto è: si è sicuri che si vorrebbe dare alle macchine un'intelligenza umana, dunque una soggettività individuale, un'eccentricità rispetto al modello, infine, una libertà, che questa è la necessaria conseguenza di soggettività e di eccentricità, e che è la caratteristica principale dell'intelligenza umana, quando ci si impegna, invece, incessantemente, per limitare la differenza e ricondurla all'omogeneo, a limitare la libertà umana?

Short Circuit, regia di John Badham, Tristar Pictures, 1986. Versione italiana *Corto circuito*).

APPENDICE 4 (2016)
Umberto Eco e Gilles Deleuze, il *fuori* del filosofo.

In tempi assai recenti è morto Umberto Eco. Straordinario personaggio, in tanti aspetti simile a Deleuze, per l'humour, la curiosità.

Come Deleuze, Eco si è interessato di tante cose, di tante, si dice, discipline diverse, senza alcuna preclusione, fino al "minore", ai fumetti, per fare un esempio, di cui scoprì, per primo, la carica di strumento di espressione privo di censure. I fumetti, la letteratura popolare, in quanto genere minore, era come fuori da un controllo censorio. E potevano. Potevano dire. Nato come intrattenimento puro, il fumetto, in breve tempo, passò infatti a essere lo "specchio deformante" della società americana. L'importanza del minore. Come in Deleuze.

Alla sua morte lo si è ricordato, in primo istanza, come *tuttologo*.

Termine in parte non particolarmente elogiativo, anche se qui, e nel caso, con deferenza essendo usato, rende merito alla vasta ampiezza degli interessi di Eco. Di Deleuze, si dice invece di lui come più filosofo o come filosofo che si occupa, anche, di altri settori. La letteratura, la musica, la pittura, il cinema, per dire dei maggiori.

Parlando di Eco, però, nel sottolineare questa sua varietà di interessi, emergeva dai commenti di quei giorni una strana figura del filosofo come, in rovescio, quello che invece solo di filosofia si occuperebbe, Eco essendo (e Deleuze aggiungiamo) un'eccezione. Il fatto è sorprendente. Questa figura del filosofo chiuso in un mondo a sé, lontano da quello delle scienze e delle arti, del maggiore e del minore, anche, da quello della vita, è un'immagine che non può che sorprendere. E spaventare. Può solo spaventare che si pensi questo, che questa debba essere la filosofia, e quel che è grave proprio da alcuni filosofi che così si sono espressi riguardo a Eco e, di converso, a ciò che sarebbe un filosofo.

Sarebbe inutile ricordare che proprio nel suo inizio, nel suo *nascimento*, la filosofia era tuttologia, dacché i greci per primi e da loro per lunga discendenza, il filosofo si occupava di gnoseologia e morale, ma anche di cosmogonia, di fisica, di arte, di psicologia. Ma anche in tempi recenti, sappiamo, per dire così, un po' alla rinfusa, che Bergson conosceva fisica e psichiatria, logica matematica, e solo per accennare, che Hegel possedeva una collezione di minerali superiore a quella di uno specialista. Galileo morì col rimpianto di non essere considerato anche filosofo. Non parliamo poi di Leibniz, di Cartesio, di Wittgenstein. Lo stesso si può dire di Schopenhauer e di tantissimi ancora, in quanto a varietà di interessi, che è inutile ora stare a elencare.

Beninteso, la questione non è certo "di quantità", o di ampiezza di campi dominati e Deleuze, come adesso vedremo dalle sue stesse parole, non è affatto preso da Eco e dalla sua enorme e vasta erudizione. Non ritiene la cultura sia appunto l'ampiezza del sapere, l'erudizione appunto, al contrario di quanto fraintenda invece Bernard-Henri Lévy che così scrive dell'incontro fra Eco e Deleuze: «Un altro incontro, poco prima, più breve, in rue de Bizerte, da Gilles Deleuze, stupito da quel pozzo senza fondo di scienza, da quella riserva quasi infinita di intelligenza: lo interroga come si fa con un campione di giochi televisivi... Va in visibilio per la sua erudizione come davanti a un lottatore da circo, a una donna con la barba...». (B.-H. Lévy, *Quando Umberto Eco rispose ai quiz*, 'Corriere della Sera', 22/2/2016). No, non sarebbe stato possibile questo da parte di chi ha teorizzato, con Hume, la "parzialità" del sapere e il sapere solo per quanto interessa il fare adesso e immediato.

Deleuze infatti, rispondendo a Claire Parnet su cosa sia la cultura, dice: «È erudizione? Un'opinione su tutti gli argomenti? No, non è erudizione. Sanno, sanno parlare, hanno prima di tutto viaggiato, hanno viaggiato nella storia, nella geografia, sanno parlare di tutto. Ho sentito alla televisione, è sorprendente. Ho sentito dei nomi e dal momento che sono pieno di ammirazione posso anche dirli... delle persone come Eco, Umberto Eco. È prodigioso, qualsiasi cosa gli si dica è come se si spingesse un bottone e via, e per di più lo sa… Allora non posso dire di invidiarlo, sono stupefatto ma non lo invidio per niente». (*C comme Culture* in ABC).

Ma, ciò posto, paurosa è comunque l'idea del filosofo che maneggerebbe in un luogo chiuso la sola materia della filosofia. Ben al contrario la filosofia non solo si interessa *anche di*, come "dépendances" di un giardino di lusso, ma vive insieme ad altre discipline, vi dialoga, "prende" dove da prendere, si permette di rifletterci insieme. È il "fuori" del filosofo su cui ha insistito Deleuze. Il *tutto ciò*, il *qualsiasi cosa* che, in qualsiasi ambito si trovi, sollecita il pensiero a pensare, e fa pensare il pensiero in maniera reale, o per la vita.

Il "fuori", che probabilmente ha una nascita precisa, la ormai leggendaria conversazione al bistrot "Bec-de-gaz", in rue Montparnasse, fra gli allora giovani Sartre, de Beauvoir e Raymond Aron quando quest'ultimo dice a Sartre la celebre frase «se sei fenomenologo anche questo cocktail d'albicocca è filosofia» (l'episodio è riportato ormai in molti testi) indirizzandolo verso quella linea che Sartre farà sua, e che non è tanto la fenomenologia, il suo codice metodologico, quanto il recepire dal fuori per il dentro. Doverosamente ricordando che, indubbiamente, la fenomenologia, nel suo principio fondante, nella sua nuova idea di cosa e su cosa o con che cosa pensare ha aperto a un nuovo, a una nuova maniera di pensare, a un nuovo mondo da guardare. Ad un "fuori". Senza il quale, o stando all'idea del filosofo solo "filosofico", come dicevamo immediatamente prima, non può che nascere un grave danno per la filosofia.

Ma anche per la cultura in toto, per le scienze tutte se, smembrata un'unità di intreccio, i campi, allora, non si toccano, non si corroborano vicendevolmente, come purtroppo oggi avviene con la radicalizzazione dello specialismo e del settorialismo. Immaginiamo infine, su queste basi, quale possa essere un insegnamento della filosofia stessa, e anche a cosa, se così intesa la filosofia, possa servire, o che senso abbia allora studiare la filosofia. Scriveva Guattari nel 1966 in *Réflexions quelque peu philosophiques sur la psychothérapie institutionnelle* in 'Cahiers de philosophie', n°1, e 'Recherches', n°1, 1966, trad. it. *Riflessioni per dei filosofi a proposito della psicoterapia istituzionale* e *Una tomba per Edipo*, Bertani, Verona, 1974, pgg. 123-4: «Esiste un tipo di appercezione filosofica che può permettersi a buon diritto di rinchiudersi nella soggettività individuale? Questa stessa domanda si pone nel campo della creazione artistica.

Dalla risposta dipende la possibilità di operare una vera ricomposizione dei problemi sociali, politici, estetici e morali, ecc., e di farli uscire dalla loro attuale separazione. Se si considera che l'istituzione filosofica deve farsi l'interprete, l'esperta di grammatica delle lingue che si parlano nei vari campi tecnici, scientifici e letterari nelle differenti epoche, allora è forse possibile considerare che l'oggetto della filosofia sia precisamente di cogliere questa soggettività sociale di cui dicevamo che non si dà se non attraverso contenuti manifesti, i quali chiedono di essere decifrati ed interpretati in quanto sfuggono agli accidenti storici, alle contingenze di scuola, alle specificazioni tecniche, ecc.

All'istituzione filosofica toccherebbe allora il compito di cogliere una struttura di referenza, che ha in qualche modo il ruolo di "analizzatore", per mezzo di una maieutica che si ristabilisce continuamente partendo dalle produzioni concettuali delle varie scienze umane. Essa dovrebbe riconoscere, innanzitutto, che la psicoanalisi così come la terapia istituzionale, l'etnologia, la linguistica, ecc., stabiliscono in negativo la necessità di una ridefinizione della ricerca filosofica.

Resta da sapere se la sua istituzione attuale sarà capace di "parlare" partendo da tale mancanza, o se parecchie generazioni e alcune crisi filosofiche saranno necessarie prima di arrivarci. Ci sarà un tempo in cui si studierà con la stessa serietà, lo stesso rigore, le definizioni di Dio del presidente Schreber o di Antonin Artaud – quelle di Cartesio o Malebranche? Si continuerà per molto a mantenere la discriminazione tra ciò che sarebbe di competenza di una critica teorica pura e l'attività analitica concreta delle scienze umane? I guasti causati da questa rottura nell'antropologia sono da imputare a circostanze simili a quelle che hanno diviso il mondo in due con la cortina di ferro? Questa non sta per rompersi in molte altre regioni secondo la natura dello sviluppo degli stati? L'esame di queste divisioni successive dell'universo contemporaneo è di competenza esclusiva dei politici professionisti, dei diplomatici e dei giornalisti specializzati?

Noi siamo ben preparati per sapere che ogni individuo subisce oggi queste specie di rotture nell'immaginario in una maniera molto più pregnante dei miti antichi ai quali sono generalmente riferiti i complessi psicosessuali.

La ricerca filosofica dovrebbe così non solo preoccuparsi di una costante rielaborazione concettuale, ma anche di pensare, sul "terreno", le condizioni per stabilire e mantenere una logica del non senso man mano che irrompe in tutti i campi, cioè preoccuparsi di tener aggiornato il registro delle possibilità di significazione dell'esistenza umana, qui, altrove ed ora».

Riportiamo, infine, un intervento di Deleuze circa l'insegnamento a Vincennes.

Vediamo come siamo andati indietro anni-luce, a leggere quanto.

«Vorrei parlare di un aspetto molto particolare. Nella situazione tradizionale, un professore parla davanti a degli studenti che cominciano ad avere o hanno già una certa conoscenza di quella disciplina. Questi studenti seguono anche altre discipline; ci sono inoltre degli insegnamenti interdisciplinari, per quanto secondari. In generale, gli studenti sono "giudicati" in base al loro livello in una certa disciplina considerata in modo astratto.

A Vincennes la situazione è diversa.

Un professore, per esempio di filosofia, parla davanti a un pubblico che comporta, a diversi livelli, matematici, musicisti, di formazione classica o di pop music, psicologi, storici ecc. Ma invece di "mettere tra parentesi" queste altre discipline per accedere meglio a quella che si pretende di insegnare loro, gli uditori, al contrario, si aspettano dalla filosofia, per esempio, qualcosa che gli servirà dal punto di vista personale o che intersecherà le loro altre attività. La filosofia li riguarderà non in funzione di un livello che possiederanno in questo tipo di sapere, anche se è un livello zero di iniziazione, ma in funzione diretta del loro interesse, cioè delle altre materie o materiali di cui hanno già una certa padronanza. È quindi per se stessi che gli uditori vengono a cercare qualcosa in un insegnamento. L'insegnamento della filosofia perciò si orienta direttamente verso il problema di sapere in che cosa la filosofia possa servire a dei matematici, o a dei musicisti ecc. – anche e soprattutto quando non parla di musica o di matematica.

Un insegnamento di questo genere non è affatto di cultura generale, ma è pragmatico e sperimentale, sempre fuori da se stesso, proprio perché gli uditori sono portati a intervenire in funzione dei loro bisogni o dei loro contributi.

Di conseguenza, sono due i fattori importanti per cui Vincennes non si trova nella stessa situazione delle altre facoltà: da una parte, per quanto riguarda la distinzione degli anni di studio, poiché Vincennes possiede gli strumenti per far coesistere, a uno stesso livello di insegnamento, uditori con qualifiche ed età diverse; dall'altra, il problema della selezione, poiché questa, a Vincennes, può essere subordinata a un metodo di diversificazione, in cui la direzione di un insegnamento si rapporta costantemente a quelle espresse dagli uditori. La presenza di numerosi lavoratori e di numerosi stranieri conferma e rafforza questa situazione. Si obietta, allora, che un insegnamento di questo tipo non risponda alle norme e non riguardi uno studente tradizionale che pretende legittimamente di acquisire la padronanza di una disciplina in quanto tale.

Questa obiezione non ci sembra assolutamente fondata; al contrario, è di grandissimo interesse pedagogico far risuonare *all'interno* di ogni disciplina queste risonanze tra livelli e campi di esteriorità. Non esiste uditore o studente che arrivi senza dei domini propri, sui quali la disciplina insegnata deve "attecchire" invece che lasciarli da parte. È l'unico modo per cogliere una materia in se stessa e dall'interno. Lungi dall'opporsi alle norme richieste dal ministero, l'insegnamento a Vincennes dovrebbe far parte di queste norme.

Anche se ci si attenesse al progetto di riforma dell'insegnamento superiore – fondare università concorrenziali a quella americana – bisognerebbe, invece di sopprimere Vincennes, crearne altre tre o quattro. In particolare, una Vincennes-scienze, con questo metodo di insegnamento, sarebbe indispensabile (molti di noi potrebbero parteciparvi come uditori).

Attualmente questo metodo è legato di fatto a una situazione specifica di Vincennes, a una storia di Vincennes, che tuttavia nessuno potrà sopprimere senza far sparire anche uno dei principali tentativi di rinnovamento pedagogico in Francia. Ciò che ci minaccia è una sorta di lobotomia dell'insegnamento, degli insegnanti e dei discenti, a cui Vincennes oppone una capacità di resistenza».

G. Deleuze, *En quoi la philosophie peut servir à des mathématiciens, ou même à des musiciens — même et surtout quand elle ne parle pas de musique ou de mathématiques*, in J. Brunet, B. Cassen, F. Châtelet, P. Merlin e M. Rebérioux, Vincennes ou le désir d'apprendre, Moreau, Paris, 1979, anche in J.-M Djian, *Vincennes. Une aventure de la pensée critique*, Flammarion, Paris, 2009, trad. it. *In che cosa la filosofia può servire ai matematici o ai musicisti soprattutto quando non parla di musica o di matematica*, G. Deleuze, *Due regimi di folli*, Einaudi, Torino, 2010.

APPENDICE 5 (2017)
Marie triste et Marie joyeuse. Scientismo e filosofismo.

Esiste un diffuso, robusto, imperante scientismo. Troppo lunga la sua tradizione per dire adesso. Sudditanza della filosofia, timore che la filosofia sia pre-scientifica più ancora che a-scientifica, già da parte dei filosofi, richiesta, dagli uditori, di dottrina "scientifica", spesso non meglio specificata di cosa dovrebbe essere per esserlo davvero, sono alcuni dei punti dell'atteggiamento culturale oggi predominante. Aggiungiamo, anche, a riprova di questo, un'inclinazione attualmente assai diffusa, a livello universitario, nelle sedi di filosofia (alcune, almeno), che tende a spostare la filosofia stessa verso la neurologia.

In fondo, se per pensare usiamo il cervello, chi meglio del neurologo può dirci "come" pensiamo?

Idea, in fondo, non peregrina. Anzi, un filosofo serio dovrebbe tenere in debita considerazione i risultati della scienza medica, della neurologia appunto (e non solo) per quanto attiene a formulare un'idea di cosa sia il pensiero, o la memoria, anche e forse soprattutto. Come i suoi predecessori hanno sempre fatto.

Non è questo il punto.

Qui, adesso, vogliamo segnalare che – sul versante contrario – esiste un fronte di segno opposto altrettanto trincerato, duro, dogmatico.

Potremmo chiamarlo filosofismo, allora, o spiritualismo, solo per dire di un qualcosa che fa protagonista lo spirito e non la materia, ma si potrebbe cadere nell'equivoco di questa parola, che evoca, a livello comune, più il paranormale che l'*esprit*, come nella nozione filosofica.

Difficile dargli un nome, in effetti, e difficile anche disegnarne la mappa che va da istanze che possono essere serie e nobili, a cominciare dalla stessa filosofia per arrivare a istanze ormai addirittura modaiole, prive di ogni fondamento, percorse da acritiche isterie fideiste, se non anche, e sfortunatamente, da intenti truffaldini. Nel lato peggiore, l'anti-medicina che raccomanda di curare il tumore con la forza del pensiero e di rifiutare chemioterapia o cure tradizionali. Mondo variegato, con le sue simpatie rivolte alla new age, a quanto di sapore iniziatico, ecco il primato dello spirito sulla materia, com'è attualmente.

Beninteso, qui parliamo appunto di simpatie, senza entrare nei meriti delle dottrine, un po' come siamo tutti freudiani, e sicuramente non tutti avendolo letto, ovvero nel modo in cui, ormai, è corrente che siamo inclini a quel verbo, per cui è diffusissimo che, parlando di una persona, si faccia accenno ai suoi genitori (poveri genitori, peraltro, sempre incolpati, e mai nemmeno che venga in mente che anch'essi son stati figli, quindi altrettanto innocenti, in un rimando all'infinito).

Come una volta eravamo tutti marxisti, altrettanto, senza aver letto Marx.

Mondo al quale appartiene anche una psicologia, già pure scientifica, o quantomeno seria e rigorosa, pur tuttavia basata esclusivamente sull'immateriale, detto in senso lato. Psicologia basata sull'osservazione del caso nell'analisi di sentimenti e pulsioni e che, quando anche, indaga nella storia reale del soggetto, ed è quindi fatta di "cose", mai si domanda, ad esempio, se questo soggetto "depresso" (poniamo nel caso) lo è a causa di quelle stesse "cose", esperienze del suo vissuto, traumi emotivi, contingenze, o manca di sostanze importanti nel suo organismo, per ragioni di patologia del metabolismo o carenze organiche di vario tipo. Dice Woody Allen: «Schopenhauer lo denominò "volontà", ma il suo medico lo diagnosticò come febbre da fieno". (W.

Allen, *Gettin even*, Random House, New York, trad. it. *Saperla lunga*, Bompiani, Milano, 1980, pg. 54).

In effetti: quand'è che è volontà, e quand'è che è febbre da fieno? Quand'è che è pensiero pessimista (scelta volontaria, trascendente, pura ed esente da condizionamenti materiali e reali, ammesso che si possa, o scelta più empirica, derivata dalle esperienze vissute) e quand'è che è – poniamo a titolo d'esempio – broncopolmonite (per cui il soggetto, soffrendo, vede – e pensa – in maniera negativa, pessimistica)?

La battuta di Woody Allen non è priva di profondità. E non è solo una battuta, anche se l'humour si incarica di presentare il problema in forma appunto di battuta. E far sorridere. Anche, ridere.

Forza dello humour che, come ci insegna Deleuze, fa esplodere il paradosso.

Woody Allen ha qui un antenato illustre, Alain, che nei suoi *Propos*, e in particolare sul tema della felicità (*bonheur*, sarebbe giusto trattenere l'originale anziché tradurre) ci parla di «Marie triste» e di «Marie joyeuse».

Scrive Alain: «Il n'est pas inutile de réfléchir sur les folies circulaires, et notamment sur cette "Marie triste et Marie joyeuse" qu'un de nos professeurs de psychologie a heureusement trouvée dans sa clinique. L'histoire, déjà trop oubliée, est bonne à conserver. Cette fille était gaie une semaine et triste l'autre, avec la régularité d'une horloge. Quand elle était gaie, tout marchait bien; elle aimait la pluie comme le soleil; les moindres marques d'amitié la jetaient dans le ravissement; si elle pensait à quelque amour, elle disait: "Quelle bonne chance pour moi!"

Elle ne s'ennuyait jamais; ses moindres pensées avaient une couleur réjouissante, comme de belles fleurs bien saines, qui plaisent toutes. Elle était dans l'état que je vous souhaite, mes amis.

Car toute cruche, comme dit le sage, a deux anses, et de même tout événement a deux aspects, toujours accablant si l'on veut, toujours réconfortant et consolant si l'on veut; et l'effort qu'on fait pour être heureux n'est jamais perdu.

Mais après une semaine tout changeait de ton. Elle tombait à une langueur désespérée; rien ne l'intéressait plus; son regard tanait toutes choses. Elle ne croyait plus au bonheur; elle ne croyait plus à l'affection. Personne ne l'avait jamais aimée; et les gens avaient bien raison; elle se jugeait sotte et ennuyeuse; elle aggravait le mal en y pensant; elle le savait; elle se tuait en détail, avec une espèce d'horrible méthode. Elle disait: "Vous voulez me faire croire que vous vous intéressez à moi; mais je ne suis point dupe de vos comédies." Un compliment c'était pour se moquer; un bienfait pour l'humilier. Un secret c'était un complot bien noir. Ces maux d'imagination sont sans remède, en ce sens que les meilleurs événements sourient en vain à l'homme malheureux. Et il y a plus de volonté qu'on ne croit dans le bonheur.

Mais le professeur de psychologie allait découvrir une leçon plus rude encore, une plus redoutable épreuve pour l'âme courageuse. Parmi un grand nombre d'observations et de mesures autour de ces courtes saisons humaines, il en vint à compter les globules du sang par centimètre cube. Et la loi fut manifeste. Vers la fin d'une période de joie, les globules se raréfiaient; vers la fin d'une période de tristesse, ils recommençaient à foisonner. Pauvreté et richesse du sang, telle était la cause de toute cette fantasmagorie d'imagination. Ainsi le médecin était en mesure de répondre à ses discours passionnés: "Consolez-vous; vous serez heureuse demain." Mais elle n'en voulait rien croire.

Un ami, qui veut se croire triste dans le fond, me disait là-dessus: "Quoi de plus clair? Nous n'y pouvons rien. Je ne puis me donner des globules par réflexion. Ainsi toute philosophie est vaine. Ce grand univers nous apportera la joie ou la tristesse selon ses lois, comme l'hiver et l'été, comme la pluie et le soleil. Mon désir d'être heureux ne compte pas plus que mon désir de promenade; je ne fais pas la pluie sur cette vallée; je ne fais pas la mélancolie en moi; je la subis, et je sais que je la subis; belle consolation!". Ce n'est pas si simple.

Il est clair qu'à remâcher des jugements sévères, des prédictions sinistres, des souvenirs noirs, on se présente sa propre tristesse; on la déguste en quelque sorte. Mais si je sais bien qu'il y a des globules là-dessous, je ris de mes raisonnements; je repousse la tristesse dans le corps, où elle n'est plus que fatigue ou maladie, sans aucun ornement. On supporte mieux un mal d'estomac qu'une trahison. Et n'est-il pas mieux de dire que les globules manquent, au lieu de dire que les vrais amis manquent? Le passionné repousse à la fois les raisons et le bromure. N'est-il pas remarquable que par cette méthode que je dis, on ouvre en même temps la porte aux deux remèdes?».

Grande lezione, quella di Alain, ma – con tutta l'immodestia del caso – potremmo pensare di andare oltre? Ovvero di colmare questa distanza, questa frattura, che permane?

Già sarebbe gran cosa, pur mantenendo questa frattura, saper scegliere, per ogni caso, e per ogni singolo caso, quale scienza usare, se quella "metafisica" (un dialogo, sole parole, dunque, che battessero e sconfiggessero il "nero" di un pensiero e lo riaprissero alla sua potenza, diciamo a titolo d'esempio) o quella "fisica" (medicinali che compensassero mancanze o squilibri dell'organismo, ancora a titolo d'esempio, per tornare a quanto già detto circa la causa organica o fisica che dir di voglia).

Nondimeno, insistiamo, si potrebbe superare quell'"e" che sta ben piantato fra metafisica e fisica, e che può esser certo congiuntiva, "questo e quello", dove le due entità sono solidali, in società, e non disgiuntiva "questo e quello", dove le due entità sono affiancate ma restano ognuna per sé (e pronte ad essere inimiche)? E dove già l'"e" congiuntiva sarebbe un progresso. Cos'è il "corpo" di Spinoza? È l'assenza dell'"e", è la sintesi senza sintesi, che la sintesi mantiene sempre l'opposizione originaria. L'opposizione che era all'origine.

Quale scienza si potrebbe allora pensare? Una scienza dove il filosofo è medico e il medico è filosofo. Cosicché Ippocrate è filosofo e Hume è medico. Come Galileo voleva essere non solo astronomo, ma filosofo, dimostrando sì come l'universo è fatto e come si regola, ma non per rimanere al rilievo ontico, ma per comprenderne il suo "senso", e tanto se ne ebbe, Galileo, che questo titolo non gli fu riconosciuto.

Ovvero «essere filosofo, fisiologo e medico», come Deleuze dice ripetutamente di Nietzsche. O partecipare [i filosofi] come uditori a una Vincennes-scienze, come si augurava avvenisse, ancora, Deleuze.

È sicuramente una chimera pensare ad una soluzione di questo tipo. Domina oggi semmai l'iperspecializzazione, e la separazione dell'altro dal "mio" ambito. E, nella separazione, ritornando a quanto all'inizio, ecco l'ipertrofia dello scientismo, ma, anche, del filosofismo.

Che ognuno dei quali rafforza la sua forza centrifuga rispetto al punto del problema, al centro. No, non sappiamo cosa può un corpo. Anzi, ne siamo ben lontani. E non sappiamo nemmeno cos'è un corpo, per conseguenza, ma questo sarebbe secondario, o verrebbe da solo sapendo già cosa può, un corpo. Ma sappiamo che c'è il corpo e l'anima. Ancora.

Alain, *Propos sur le bonheur*, Cahiers du Capricorne, Nîmes, 1925, riedito 1928.

APPENDICE 6 (2019)
Ultime notizie dalla società di controllo.

Anche, *De tribus pentitorum* o *Tre uomini in barca* (per tacer della collaboratrice). Ma facciamo un passo indietro. Grande amicizia, con grande affetto e grande stima, reciproca, quella che ci fu tra Deleuze e Foucault. Con una rottura. Come Sartre e Camus, come, ancora Sartre, e Merleau-Ponty.

Sul piano dei fatti, per l'appoggio di Foucault ai "nouveaux philosophes", sul piano concettuale, per la contesa di principio fra piacere o desiderio come "motore primo". Foucault non si mostrò infatti entusiasta dell'ipotesi di Deleuze (e, a quel momento, anche di Guattari), e insisté col mettere il piacere quale agente primario dell'azione.

Un'altra questione separò Deleuze e Foucault, il controllo che viene esercitato nella e sulla società. Questa differenza non porterà a scontri. Sfortunatamente, è il caso di dire, però. Foucault è morto nel 1985, lo scritto deleuziano su questo tema, *Post-scriptum sur les sociétés de contrôle*, appare nel 1990. Giova dire, peraltro, che, in questa riflessione, Deleuze inizia da Foucault e mai mostra di volerlo contraddire, anzi, prende quel punto per procedere oltre. È Aristotele che procede da (e non contro) Platone, che così avvenne, e solo una cattiva storiografia ha fatto la caricatura di un'antitesi, di una lotta.

Società *disciplinare* per Foucault, di *controllo* per Deleuze.

Secondo Foucault, come scrive in *Surveiller et punir*, la società tende a costituire gruppi raccolti per poter esercitare un controllo altrimenti impossibile in spazi estesi e privi di un nodo grazie al quale sintetizzare l'azione repressiva. Occorre dunque un luogo ristretto, occorre creare luoghi ristretti, dove questa azione possa al meglio realizzarsi. Non si tratta solo delle prigioni ma anche delle scuole, delle officine, degli ospedali e dei manicomi.

Il modello è il Panopticon di Jeremy Bentham che, col fratello Samuel, propose per questi luoghi una struttura circolare avente un solo punto di controllo, la torre (*lodge* nell'originale). Si tratta di una situazione che permette la sorveglianza con il minimo di personale addetto e, soprattutto, permette di instillare nei sorvegliati una sensazione di essere costantemente visti, a prevenzione di ogni tentativo di insubordinazione, più ancora che di repressione quando avvenisse e fosse notato per questo mezzo dal personale della torre.

Quindi, anche, uno strumento di modellamento del comportamento. Dice infatti Deleuze, a commento dell'analisi foucaultiana: «definendo il panoptismo, a volte Foucault lo determina concretamente come il concatenamento ottico o luminoso che caratterizza la prigione, a volte astrattamente come una macchina che non solo si applica alla materia visibile in generale (atelier, caserma, scuola, ospedale così come prigione), ma attraversa anche in generale tutte le funzioni enunciabili. Quindi la formula astratta del panoptismo non è più "vedere senza essere visti" ma *imporre una condotta qualunque a una molteplicità umana qualunque*». G. Deleuze, *Foucault*, Feltrinelli, Milano, 1987.

Infatti, già in Bentham, con questo "trattamento", che così possiamo definirlo, la condotta "imposta" sarebbe entrata nella mente dei detenuti/sorvegliati come unico modo possibile di comportamento, modificando così il loro carattere. Bentham è esplicito: il Panopticon è «un nuovo modo per ottenere potere mentale sulla mente, in maniera e quantità mai vista prima». Prima funzione del Panopticon o funzione pedagogica.

La seconda funzione è poi, come detto, nell'economizzazione dei costi. Una sola guardia, da un punto centrale avrebbe svolto lo stesso compito di un certo numero di guardie da dislocare nei vari bracci, come nella struttura classica del luogo di inclusione o di reclusione. E, perfino, si potrebbe arrivare anche a risparmiare il sorvegliante stesso, se i sorvegliati non potessero vedere il sorvegliante, che varrebbe la sensazione, sola, di essere sorvegliati, da parte dei sottoposti.

Non stiamo qui, peraltro, a dire quanto, nell'intenzione di Bentham ci fosse il desiderio di creare un luogo non di sola imposizione, ma anzi un luogo pedagogico di valore positivo e, ancora, a basso costo per il gestore che, quando in luogo pubblico, carcere, scuola, ospedale, recasse beneficio per le casse della comunità. Ingenuo o meno che fosse, Bentham, la sua idea si è trasformata nel senso peggiore e possiamo dire essere divenuta il modello del potere autoritario. Dall'utopia alla distopia.

In inciso, aggiungiamo poi che il Panopticon non è cosa rimasta nelle carte di Bentham ma, in vari luoghi, sono state realizzate delle strutture su questo modello. Sono circa una trentina nel mondo. In Italia possiamo trovare il Padiglione Conolly a Siena presso l'ex ospedale psichiatrico di San Niccolò, l'ex carcere Le Nuove di Torino, e soprattutto l'ex carcere di Santo Stefano, sull'isola attigua all'isola di Ventotene. Santo Stefano ha avuto detenuti illustri: il regicida Gaetano Bresci, gli antifascisti Umberto Terracini, Sandro Pertini, Ernesto Rossi e Altiero Spinelli. Gli ultimi due proprio qui immaginarono l'unità dell'Europa e stilarono il celebre *Manifesto di Ventotene*, fondamento, peraltro assai tradito, della UE attuale.

Deleuze, e siamo già anni dopo l'apparizione dello scritto di Foucault, osserva la realtà quale è al momento, realtà che ha avuto un cambiamento sostanziale, per cui si va oltre il Panopticon benthamiano. Un cambiamento reso possibile dall'accresciuta capacità della comunicazione, in particolare grazie al mezzo elettronico. Non sarà più necessario raggruppare in un luogo per poter controllare, la rete informatica, ora, può controllare a distanza. Si avrà dunque, al posto della *società disciplinare*, la *società di controllo*, il braccialetto elettronico a piede libero, anziché la prigione a detenzione coatta. Sorvegliare, dunque, a distanza. E sorvegliare ben oltre il luogo di sorveglianza, come nel caso del Panopticon, il quale, sia carcere o scuola o fabbrica, è comunque un ambiente ristretto, circoscritto, perché adesso si tratta di una sorveglianza che investe l'intera società o, anche, il mondo. Un Panopticon che si rovescia sulla totalità del mondo anziché inscriversi in un luogo ristretto, ritagliato entro la totalità del mondo.

Scrive infatti Deleuze, nel *Postscriptum*: «Non c'è bisogno di ricorrere alla fantascienza per concepire un meccanismo di controllo che ad ogni istante dia la posizione di un elemento in ambiente aperto, animale in una riserva, uomo in un'impresa (collare elettronico). Félix Guattari immaginava una città in cui ciascuno potesse lasciare il proprio appartamento, la propria via, il proprio quartiere, grazie a una personale carta elettronica (dividuale) capace di rimuovere questa o quella barriera; ma, d'altro lato, che la carta potesse essere respinta il tale giorno, o a una tale ora; quello che conta non è la barriera, ma il computer che individua la posizione di ciascuno, lecita o illecita, e opera una modulazione universale».

Ovvero, come nel Panopticon, si producono effetti di repressione e di induzione, conseguenza del sentirsi/sapersi osservato. Tutto questo si è avverato con internet. E, come diremo, con varie e diverse applicazioni che si collocano in questo ambito.

Se possiamo tentare qualche tappa di questo processo, potremmo dire che, prima di internet, la carta di credito, o meglio la sua diffusione a livello ampio dopo essere stato strumento solo di un'élite ristretta, e poi il bancomat, soprattutto nella sua funzione di mezzo di pagamento, più ancora che come mezzo di prelievo, hanno aperto la strada a una tracciabilità degli acquisti da parte di un soggetto, tale da ricostruire la vita e la personalità stessa del soggetto, la sua, fin a qui non svelata, intimità.

Non furono pochi, allora, all'inizio della diffusione di questi strumenti, a rifiutarli, preferendo fare prelievi di contanti e pagare cash, affinché non si potesse sapere dei loro interessi. E non perché fossero illeciti, chi intende fare operazioni illecite, allora come oggi, è già ben avvertito e organizzato altrimenti, ma semplicemente per il pudore, l'amore di sé e della propria intimità che una persona non voleva fosse nota al guardiano al di là del terminale, al possessore della banca dati delle operazioni.

Dunque, con i nuovi strumenti offerti dal progresso tecnologico e non necessariamente costruiti a scopo di sorveglianza o controllo, internet in senso esteso, si ha, nondimeno, un salto importante sul piano della sorveglianza e del controllo. Più correttamente, si portano, la sorveglianza e il controllo, a livelli altissimi, ora decisamente significativi della società attuale e dell'esercizio del potere.

Non una novità in assoluto, semmai un potenziamento di qualità, si potrebbe anche dire, poiché ognuno ricorderà che questa sorveglianza era possibile, ancorché in misura minore, anche prima, anche in tempi relativamente lontani. Con gli strumenti tecnologici del tempo, e prima di internet.

La polizia poteva richiedere il tabulato telefonico di un indagato. Le "tracce" potevano essere lasciate anche un tempo. Certamente. Già, tuttavia, ci sarebbe da notare che non è la stessa cosa, non solo per dimensione del controllo, problema di quantità, ma per la natura e la liceità stessa del controllo, altro problema, di qualità.

Nel tempo andato era un organismo di polizia, dunque un organismo legittimato a quel compito, legalmente costituito per quel compito e qui a tutela dei cittadini, a svolgere questa funzione. Funzione che si attivava solo per casi gravi e degni di indagine, per cui era ampiamente giustificato penetrare nell'intimità di una persona.

Ma qui c'è un altro soggetto che ha possesso di quei dati, è l'industria, che usa di quei dati per la sua attività commerciale, dunque un organo che non ha alcuna legittimità a poter sapere qualcosa di chi, e in un quadro non di eccezionalità che possa giustificare, come nel reato quando commesso, la violazione dell'intimità.

Nato per essere un *rizoma* non verticale, quindi senza centralità, un anti-Panopticon, il web, in primo luogo, fra i vari dispositivi possibili con internet, è stato ripreso da più centralità che confluiscono poi in una (ogni azienda usa questo metodo, il sistema produttivo tutto, somma delle aziende, usa questo metodo) e viene quindi a ri-codificarsi la rete rizomatica che è usata allora non per la libertà che questa rete anarchica avrebbe, ma per usi di controllo e, ancor più, di induzione, di imposizione più o meno larvata, di condizionamento, diventando un super-Panopticon.

Esattamente il contrario di quello che avrebbe dovuto essere come strumento di libertà. E avviene anche, in conseguenza, che l'industria, avendo il dato del prodotto che è maggiormente desiderato, e del suo contrario, aumenta la produzione del primo e cessa quella del secondo, sì da realizzare un'omogeneità che annulla differenze e minoranze. Ulteriore effetto negativo.

Come le passioni spinoziane possono essere o gioiose o tristi, ed essere la dualità, beninteso e soprattutto, dello stesso, non un bene e un male ognuno di pienezza ontologica, ma modi di un unico (passione) che solo esso ha pienezza ontologica, ugualmente il rizoma può essere buono (rimasto, oggi si può dire, solo nei desideri e nei sogni) o cattivo (che è quello che troviamo nella realtà in maniera preponderante).

È paura da catastrofisti, pessimisti, anti-modernisti, nostalgici, neo-luddisti, fare rilievi di questo tipo? Sfortunatamente no. Che questo sia lo stato delle cose lo certifica proprio l'inventore del web, Tim Berners-Lee, che, al trentesimo compleanno del web, denuncia cosa sia diventata la sua creatura. In primo luogo, una palestra libera per aizzare odi, diffondere strumentali false notizie. Chiunque dice sul web ma, va aggiunto, anche su twitter, su facebook, di tutto, nessuna competenza avendo per dire su quanto dice.

Drammatica la possibilità di commentare gli articoli dei giornali nelle versioni on-line degli stessi, dove si vede sprizzare odio da persone miserrime, le peggiori delle quali elevate a onore col titolo di "hater" quando occorrerebbe chiamarle col loro nome. Nel mentre, si assiste a un massacro della lingua italiana il cui futuro è davvero fosco, dato il trattamento in corso, rivelatore di un analfabetismo da tempi che credevamo superati, ed emerge impreparazione e ignoranza, proprio tecnica, circa la tematica affrontata, sì da aver reso normale non essere preparati.

Impreparazione e ignoranza sono infatti diventati la normalità, anziché un deficit, ed è una normalità che si arroga perfino il diritto di rivendicarsi meritevole, superiore, contro la conoscenza, la cultura, la preparazione, addirittura attaccata come il nemico, come è nemico chi ne è in possesso, che è nemico proprio per questo ed è nemico del "popolo", che rivendica la cifra della sua impreparazione.

Si è perfino arrivati, recentissimamente, a "inventarsi" una nuova lotta di classe: élite *versus* popolo. Se nella tradizione l'antitesi fra ricchi e poveri verteva sulla questione di chi possedeva di più e chi meno, e il pensiero "illuminato" si impegnava per una più equa distribuzione delle ricchezze, sì da chiedere, per gli ultimi, possibilità di crescita, adesso la questione è semplicemente fra chi sa e chi non sa, ma soprattutto, chi non sa non chiede di poter avere possibilità di accedere al sapere, di poter dunque salire ad un livello migliore, come nelle rivendicazioni precedenti, ora la sua soddisfazione è che si azzerino o si silenzino quelli che sanno. Con molto humour Giacomo Papi ci racconta uno di questi scenari nel suo libro *Il censimento del radical chic*, Feltrinelli, Milano, 2018. Lo sintetizza bene Stefania Rossini scrivendo: «si narra di un professore, competente *malgré soi*, che durante un talk show si lascia sfuggire il nome di Spinoza. Apriti cielo! Il Ministro dell'Interno telefona in diretta infuriato perché i telespettatori non devono sentirsi inferiori e poco dopo un gruppo di ragazzotti uccide il professore a bastonate. L'incompetenza è salva». S. Rossini, *Mi denuncio: sono uno dell'élite*, 'L'Espresso', 24/2/2019.

Semplicemente pazzesco poi è voler dire, come invece sta avvenendo, che lo strumento elettronico permette una democrazia diretta. Per quanto visto nelle ultime esperienze della politica italiana, esprimono il loro "voto" minuscole quantità di cittadini, una ristretta oligarchia, esattamente il contrario della democrazia, e su temi di cui è possibile, al massimo, solo una conoscenza vaga, poiché in molti casi si tratta di questioni specifiche e tecniche e, infine, avvalendosi dell'anonimato. Con effetti ridicoli: recentemente si è visto decidere di bloccare la magistratura da parte di un (piccolo, come già detto) esercito di Pluto86, Puffo71 e Lalla55 (o simili) che è difficile credere siano dei competenti in materia, dei giuristi.

Si tratta di un problema importantissimo, ma che lasciamo a latere rispetto al tema qui affrontato, per ritornare a quello principale, il controllo e, ancora, con Berners-Lee quando indica il secondo aspetto negativo del web: l'essere tracciati, tutti noi, e, queste tracce, inviate all'attenzione delle aziende. Esattamente come si diceva qui sopra, esattamente come ammoniva – abbiamo visto – Deleuze. «The genie may seem to have come out of the bottle», dichiara lo stesso Berners-Lee in un'intervista a 'The guardian', 5/11/2018, e il concetto è ribadito in un articolo su 'Le monde', 18/2/2019, in cui titolo e sottotitolo sono sintesi inequivocabili: *Les 30 ans du Web: de l'utopie à un capitalisme de surveillance. Son inventeur, l'informaticien britannique Tim Berners-Lee, ne s'y résout pas: sa créature lui a échappé, l'utopie d'Internet a déraillé*, e in un altro articolo: L. Ronfaut, *Le Web, 30 ans de rêves et de dérives*, 'Le figaro', 11/3/2019.

Ma tutto ciò non è ancora quanto. All'oggi, a circa trent'anni dal *Postscriptum* deleuziano. Che qualcosa in più si è prodotto. Oltre ciò che aveva visto Deleuze, oltre quello che denuncia, oggi, Berners-Lee.

Ricordiamo che il Panopticon, oltre alla funzione di controllo e di induzione a un certo comportamento, dunque di produzione (forzata) di un'etica, ha un'altra caratteristica importante, la convenienza economica. Nondimeno il Panopticon ha raggio ristretto, ha raggio entro la sua struttura. Come fare ad avere ancor più potenza? Come ampliarlo? Come ampliare il suo raggio di azione? E come mantenere la convenienza economica nel caso di un ampliamento? Con un ampliamento sicuramente crescerebbe il numero delle guardie. Perché, ampliandosi, la struttura, da un punto centrale solo non si arriverebbe a vedere alla distanza maggiorata dall'ampliamento. Altri punti centrali, una proliferazione di Panoptici? Sicuramente più guardie, però. Il problema, abbiamo visto, è assai significativo, poiché il Panopticon ha possibilità se e solo se contempla anche questa seconda componente, come è giusto sia, peraltro, che ogni operazione deve avere convenienza (o possibilità, sostenibilità) economica. Forse il rapporto sarebbe pur sempre economico, 1 guardia per 100 sorvegliati, 2 guardie per 200 sorvegliati. Ma internet fa ancora di più. Riesce a coprire il mondo intero, Panopticon rivoltato, non più efficace solo nel raggio di comprensione dell'area, ma su tutto l'esterno, a comprendere tutto. "World", una "w" delle tre di "www" e perfino più economico ancora. Il tutto, a costo zero.

E il web non è, qui, l'unico e il solo. Ci sono ulteriori dispositivi che hanno ancora più potere, per un rivolgimento totale del Panopticon. Si tratta dei social, di facebook, di instagram e simili, «il wc di Internet» come li definisce Lady Gaga, a proposito dello scatenarsi dei fans, per usare un eufemismo, che hanno intasato i social per insistere su una relazione fra la cantante e il suo partner, artistico, Bradley Cooper, nella serata degli Oscar, tutto per un duetto musicale dei due sotto gli occhi dei rispettivi partner, a rendere più eccitante la fantasia malata delle migliaia che hanno messo post al riguardo, come si può leggere in: *Lady Gaga da Jimmy Kimmel nega il flirt con Bradley Cooper. "I social network sono il wc di Internet"*, 'Repubblica', 28/2/2019.

Secondo della grande triade dei pentiti, Mark Zuckeberg, inventore di facebook, anch'egli si duole e promette un'altra logica per la sua creatura. Ma il problema è ben più profondo e investe una vera e propria visone etica perché, come dice Martin Untersinger, «Pour saisir comment ce projet – encore très vague – peut changer la vie des 2,3 milliards d'utilisateurs actifs mensuels de Facebook, il faut considérer une chose très simple: Mark Zuckerberg ne comprend pas – et n'a jamais compris – le concept de vie privée. D'abord, dans les premières années du réseau social, il était persuadé que cette notion était totalement dépassée. Il anticipait très officiellement un futur où personne n'aurait rien à cacher, et où toute vie pouvait être documentée publiquement. [...]. Pour Mark Zuckerberg, la vie privée s'est toujours définie ainsi: par rapport aux autres utilisateurs». M. Untersinger, *Mark Zuckeberg n'a toujours rien compri à la vie privé*, 'Le monde', 7/3/2019.

Qui, e soprattutto, nei social, nel mentre si mantiene la sorveglianza-controllo dei sorvegliati, e si vende la loro intimità alle aziende (scandalo Facebook-Cambridge Analytica), ancor più, si realizza la cosa ritenuta irrealizzabile, 100 guardie per 100 prigionieri, ma gratuitamente, perfino più economico del Panopticon che, anche nell'ipotesi minima, una guardia dovrebbe averla. E mantenendo, dal Panopticon, la capacità di non far neppure nascere il gesto da dover reprimere.

Qui il problema salta di piano, e non è più questione ristretta all'ambito commerciale, qui è il controllo globale, come abbiamo detto, della società in tutte le sue componenti, le sue espressioni, i suoi valori, i suoi indirizzi, i suoi costumi, la sua cultura. La trasparenza – facciamo un passo indietro – grande problema. Anche qui, un ottimo principio che può avere effetti drammatici. Si prenda la trasparenza della bolletta del telefono, oggi circostanziata (almeno con parte significativa del numero selezionato) dalle chiamate effettuate. Tutte le persone che coabitano possono sapere a chi telefonano (o avere di questo traccia significativa) gli altri componenti del gruppo di coabitanti (famiglia o meno che sia). Non c'è più bisogno di essere polizia per accedere a un tabulato. La persona che legge la bolletta telefonica, anche non avesse nemmeno pensato di esserlo, o di doverlo essere, può o potrebbe diventare guardiana. Lasciamo fare ogni rimando a facili situazioni pruriginose, pensiamo invece: e se il soggetto avesse telefonato ad un medico perché aveva un dubbio, e non voleva preoccupare altri, dunque tutto assai lecito, anzi commendevole, perché ora non può (più)?

E, ora mettendo sul tappeto la situazione pruriginosa, essendo, a causa di questi strumenti più difficile realizzare un adulterio, un tradimento, potrebbe essere che il soggetto in questione finisca per rinunciarci. Sia modellato da questi strumenti. In sé, di trasparenza, per sé, di controllo. Poi, che sia modellato in bene o in male poco adesso interessa, certo lo è non in forma "autentica" come maturazione di una "giusta" decisione, ma in maniera "inautentica", come conseguenza di difficoltà materiali, per effetto di essere controllato, dunque non per un'idea morale, non per un eventuale accrescimento della coscienza che fosse. Ribadiamo: chi ci circonda può essere chi ci controlla, è nelle condizioni di poterlo fare e le condizioni possono costituire stimolo ad esserlo. Potremmo fare molti esempi simili, ma torniamo a facebook e instagram.

Cosa va in onda su questi due (e su altri) social? Il racconto, ossessivo, della vita di una persona. Essa stessa si priva della sua intimità e si espone alla visione del guardiano, anzi, ora, dei guardiani. Si potrà dire che una persona può fare pochi selfie, o post, e mantenere ampie zone di intimità, ma sarebbe inesatto. Come ogni meccanismo di forzosa comunicazione, e qui la pubblicità insegna, quello che conta è la ripetizione massiva, a saturazione. Come uno spot in Tv, che se passasse raramente non avrebbe effetto, altrettanto i post devono essere continui, in gran quantità nel giorno, e poi per i giorni, da non permettere, di conseguenza, nessun momento di intimità e di segreto o, come nota Natalia Aspesi, *Lo stile discreto che ha segnato un'epoca*, 'Repubblica', 24/2/2019, commemorando Marella Agnelli, il cui fascino è stato fondato sulla discrezione, mentre attualmente domina l'opposto, «oggi vivere appartati è impossibile, se non ti posti più volte al dì, foto, pensieri, rancori, non esisti».

Così, il soggetto che si esibisce rinuncia alla sua intimità. Poco male, forse dell'intimità non ce ne facciamo niente. Potrebbe essere, anche se è difficile credere che senza di quella il pensiero riesca ancora a pensare. Ma per quanto grave, lasciamo questo aspetto come, per un'altra volta ancora, laterale.

Il punto è che per quell'esibizione il soggetto deve essere (o finisce per essere) come i voyer/sorveglianti vogliono, altrimenti non "prende" *like*, non ha successo.

I *like* producono questo. Infatti, anche in questo caso, anche nel caso del *like*, il suo inventore, Justin Rosenstein, terzo della triade dei pentiti, o sulla stessa barca di Berners-Lee e Zuckeberg, insieme alla sua collaboratrice, Leah Pearlman, dichiara la sua contrizione, come si legge in P. Lewis, *"Our minds can be hijacked": the tech insiders who fear a smartphone dystopia*, 'The guardian', 6/10/2017 e G. Scorza Barcellona, *Justin Rosenstein, l'uomo che ha inventato il Like rinuncia a Facebook*, 'Repubblica', 6/10/2017.

I sorvegliati sono diventati, dunque, anche sorveglianti, una volta si esibiscono, un'altra giudicano. È come se il Panopticon fosse riuscito a convincere i sorvegliati a essere secondini, guardie. Cosa non impossibile. In un carcere, dal punto in cui un detenuto può vedere un altro detenuto può controllarlo. Potrebbe farlo perché teme che un comportamento scorretto del detenuto suo compagno possa portare a provvedimenti di cui sarebbe danneggiato egli stesso. In una fabbrica, altrettanto.

Insomma, il Panopticon si evolve dal suo modello originario (fig. 1), e adesso non è più lo sguardo dal centro che controlla, ma tutti gli sguardi che osservano il loro dirimpettaio. Il centro, a rigore, non c'è davvero più, puro punto d'incrocio di forze che agiscono da sole. O, nel caso del costume, quel centro (torre) c'è, ma non per ospitare la voce dell'unico che dice cosa si deve essere, adesso è un centro impersonale, è la sintesi dei giudizi a realizzare l'esistenza e l'essenza di quel centro, depositario dell'essere ciò che si deve essere.

In quel centro ora si stringe il nodo dell'uniformità/maggioranza degli sguardi, ora messaggi o *like* dei sorvegliati quando in funzione di sorveglianti, e quel centro diviene il modello, la cultura quale sintesi delle osservazioni dei sorveglianti. Prima fase: costituzione di contenuto (fig. 2).

Questo contenuto diventa "il modello" e, conseguentemente, dopo aver assorbito i messaggi, per cui è venuto costituendosi, come effetto, come l'essere ciò che si deve essere, ora rimanda il messaggio, e si fa agente, agente del dettato. Dell'essere che si deve essere. Seconda fase: imposizione di contenuto (fig. 3).

È quello che accade con i social.

 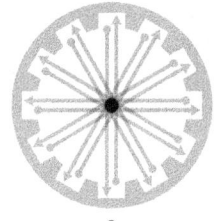 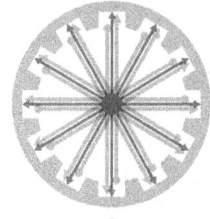

1
Panopticon originario: dal punto centrale, torre (lodge) si sviluppa il controllo verso i punti periferici, a vigilare che essi aderiscano o si conformino a quanto vuole il centro, che li condiziona ad essere.

2
Panopticon evoluto "prima fase": dai punti periferici si sviluppa il controllo di ognuno di essi verso gli altri che, incrociandosi, stabiliscono il centro o cosa il centro vuole, costituendo, essi stessi, il centro che li condiziona ad essere.

3
Panopticon evoluto "seconda fase": creatosi il centro, come risultante passiva, semplice convergenza del controllo dei punti periferici, il centro rimanda quello che è diventato il suo contenuto agli stessi punti periferici.

Questo è il vero problema – rispetto al quale quanto segnalano gli stessi inventori pentiti (per tacere della collaboratrice), è poca cosa, pagliuzza anziché trave nell'occhio – ovvero non solo controllo ma, com'era anche nel Panopticon di Bentham, formazione di contenuto, produzione di comportamento, dunque di cultura, un lavoro ben superiore a quello del semplice secondino e, soprattutto, non solo controllo centrale (quindi limitato), limite del Panopticon di Bentham, ma controllo assoluto, che tutti i punti sorvegliati sono stati attivati ad essere, anche, sorveglianti.

A questo punto viene ovviamente da domandarsi: se in situazioni di prigione o di fabbrica questo può anche essere comprensibile, per le ragioni accennate, com'è che questo avviene nella vita normale, in spazi aperti, liberi, per mezzo dello strumento elettronico? Qual è il motore di tutto questo?

Viene da pensare che, quel motore, non possa essere altro che un triste desiderio di esibizionismo. Si potrebbe dire che è il passaggio aggiornato della *società dello spettacolo*, vista da Debord, dove si è solo se ci si esternalizza e in quell'esterno *ci si è*, e che, un tempo avveniva direttamente, fisicamente, presenziando dove bisogna esser*ci*, oggi anche per via indiretta, presenziando con la propria immagine.

Ogni macchina di controllo deve essere alimentata da desideri, come qui l'esibizionismo, in altri casi, altri desideri, ogni macchina paranoica nasce come desiderante.

C'è poi anche un'altra questione: attualmente troviamo sempre più ricorrenti intenzioni, non solo in Italia, di realizzare una legge per la legittima difesa stile Far West. Si vocifera siano le lobby delle armi a volerlo, sempre per la visione del grande comandante oscuro che ci governerebbe, o dell'industria che imporrebbe i suoi prodotti. Più semplice pensare che il problema sia come incrementare il servizio di sorveglianza, che deve essere garantito dallo Stato, con il metodo più economico. Arruolando sempre più agenti, aumenterebbe certo il livello, ma anche il costo. Cosa c'è di meglio di permettere, legalmente, ai cittadini, di farlo da soli? Si permetta di sparare, di avere armi, si permettano perfino le ronde, e abbiamo forze di polizia a costo gratuito. I cittadini, un po' perché spaventati dalle notizie messe ad arte circa la crescita della delinquenza (che in realtà la situazione è all'opposto), operazione delle forze politiche che tendono a terrorizzare per ricavare il loro credito, un po' perché spaventati dal loro stesso desiderio di spaventarsi, di avere un nemico, che è un orribile sentimento che sta diventando sempre più esteso e acuto, un po' per credersi "qualcuno", o "per mettersi gli stivali", si prestano volentieri. Durante il fascismo, Mussolini istituì un sistema di sorveglianza enorme, e non solo attraverso l'organo deputato, l'Ovra, ma anche incoraggiando la delazione, arrivando, in una miscela di grottesco e di ridicolo nel tragico di quel periodo, a coinvolgere i portinai, investendoli di potere di sorveglianza. "Portinai all'erta" era il motto. Il povero portinaio, persona di basso grado socio-economico, si sentì qualcuno, da servitore dei suoi condomini diventava autorità sorvegliante i suoi condomini, al punto tale da fare questo servizio gratuitamente.

Ribadiamo, occorrono desideri di un certo tipo perché certi progetti si realizzino, come ci ammoniva già Spinoza. Va anche aggiunto – in inciso – che qui si verifica anche un altro risparmio, ben più grave, del risparmio materiale: nel delegare l'esercizio reale della giustizia al cittadino, si dà al cittadino di realizzare la stessa dottrina della giustizia e si risparmiano, le forze governative, di produrla esse stesse, come sarebbe invece nei loro (impegnativi) compiti e doveri.

C'è un lato assai sinistro in molte concessioni di democrazia: spesso è solo scaricare su altri il compito e la responsabilità che dovrebbe assumersi chi governa.

Ma, tornando al punto, ovvero come si realizza il rapporto di sorveglianza, o di controllo, e quanto noi – noi – non il Potere, non il Guardiano, non il Tiranno, contribuiamo a che si possa realizzare, non possiamo non notare che è per questa connaturata passione insana che ci costituiamo a essere vigilati e vigilanti, indotti a... (come sorvegliati) e inducendo a... (come sorveglianti). La *società dello spettacolo* e la *società di controllo* si saldano in una macchina paranoica di estrema potenza.

Avviene dunque che la società di controllo, che già esordiva con le tracciabilità rese possibili dallo strumento elettronico, ora si potenzia con la società dello spettacolo, dove i soggetti corrono a denunciare la loro tracciabilità, producendo come esito finale l'imporre/accettare che l'immagine quale risulta vincente dalla somma dei consensi (condivisioni o *like*), sia "l'immagine" che, penetrando a livello individuale, diventa l'essere di ognuno.

Abbiamo ampiamente surclassato Bentham: il controllo è sul mondo, i sorveglianti non devono essere pagati, non è necessario neppure un sorvegliante centrale, neppure un produttore centrale della dottrina che detterebbe le regole di controllo, i sorvegliati si offrono essi stessi ad essere sorvegliati e sono d'accordo, anzi, lo desiderano assolutamente. Sono felici di modellarsi per quello che il modello detta.

Si diventa internati, di questo Panopticon immateriale, per eccesso di esternalizzazione. Un articolo, a firma del sociologo Carlo Bordoni, *Attenzione al nuovo Panopticon*, 'Il fatto quotidiano', 29/2/2012, è esplicito su questo problema, come sono espliciti gli autori lì citati: Franco Ferrarotti per cui «come tanti Lemmings – Ferrarotti parla addirittura di *Un popolo di frenetici informatissimi idioti*, in un libro appena edito da Solfanelli – ci gettiamo nell'oceano dell'illibertà, sottoponendoci volontariamente all'asservimento di oscuri padroni delle nostre vite con l'entusiasmo di chi pensa di aver ottenuto piena libertà d'espressione».

Ed è altrettanto esplicito Zygmunt Bauman, il cui pensiero, sempre da Bordoni, è così sintetizzato: «La disponibilità di accesso alla rete dà l'impressione di una grande libertà d'azione, invece nasconde trappole micidiali, peggiori di ogni divieto di comunicare. Lo scrive a chiare lettere Zygmunt Bauman nel nuovo libro [..], *Liquid Surveillance* (con David Lyon), dedicato al nuovo Panopticon della società moderna: la rete».

La società di controllo 40 anni dopo quella che era in essere quando scrive Deleuze.

Per cui, e infine, se ci domandiamo chi lo comanda questo gioco, diventa difficile pensare lo comandino solo le industrie, messe sul banco degli accusati dagli stessi inventori dei congegni citati, per quanto, pure, abbiamo visto quanto pure ne siano beneficiarie e, contro una possibile teoria complottista di un Potere che ci guida, facile alibi per dare la colpa ad altri, ad altro, anziché "revisionare" noi stessi, i nostri comportamenti, le nostre responsabilità, rilanciando la tesi spinoziana per cui non è il tiranno che fa gli schiavi, ma sono gli schiavi che fanno il tiranno, è ampiamente lecito avanzare che siano gli stessi sorvegliati a voler essere, essi stessi mostrandosi, anziché chiudersi nel giusto pudore, nel giusto affetto, o perlomeno in quello che è sempre stato un giusto affetto, verso la propria intimità.

O, ricorrendo alla differenza, come in Deleuze, Sade-Masoch, entrambi associabili (solo) nel gusto di imporre una pedagogia – Sade non vuole solo la supremazia sulla vittima, ma vuol convincere la vittima ad esserlo, esercizio raffinato e non violenza bruta come nella vulgata, e Masoch vuole non solo sottomettersi ma vuole convincere la "padrona" ad essere tale, la forgia egli stesso come tale e dunque, adesso, per quanto si possa ad un'imposizione da parte del "dominus" (con Sade) – si deve pensare invece a una realizzazione del "dominus" da parte degli stessi sottomessi (con Masoch).

Più che Orwell, sono La Boétie e Spinoza che riappaiono in tutta la loro evidenza.

E la questione diventa non da poco, perché correggere questo sistema non è cosa semplice. I tre inventori pentiti propongono un altro congegno, quello che sia, dove non si possano controllare gli utenti.

Ma siamo sicuri che gli utenti non vogliono essere controllati? In vari casi è possibile che sia così, ma facebook e instagram sono il libero e trionfante desiderio di esporsi, di darsi allo sguardo. Banalmente, per non esser controllato su facebook (e non intendiamo il controllo di chi vende i nostri dati, ma i controllori che con i loro post o *like* controllano, dimensionano e forgiano) basta non usarlo. Se lo si usa non è neppure questione di accettare il controllo, è ben di più: ci si offre volontariamente al controllo, prezzo della possibilità di esprimere il proprio esibizionismo, il proprio "ci sono".

Se è possibile proibire il male che non si desidera (ed è già faticoso e non sempre riesce), com'è possibile proibire il male che si desidera?

Su una possibile resistenza, Deleuze osservava: «Una delle questioni più importanti concerne l'inettitudine dei sindacati: legati in tutta la loro storia alla lotta contro le discipline o nei luoghi di internamento, riusciranno ad adattarsi o lasceranno il posto a nuove forme di resistenza contro le società di controllo? Si possono cogliere fin d'ora i prodromi di queste forme a venire, capaci di intaccare i vantaggi del marketing? Molti giovani pretendono stranamente di essere "motivati", richiedono stage e formazione permanente; sta a loro scoprire di che cosa diverranno servi, così come i loro antenati hanno scoperto, non senza dolore, la finalità delle discipline. Le spire di un serpente sono ancora più complicate del sistema di tunnel di una talpa».

Per quanto attiene ai sindacati, oggi possiamo dire, la partita è stata ed è disastrosamente persa: sì, hanno confermato ampiamente che sanno leggere (e già quando lo fanno) solo una società che non c'è più.

Per quanto ai giovani, e qui più estesamente, a tutti, ovvero alle persone (certo i giovani in primis che ogni proiezione dei fenomeni sociali tocca loro in primo piano), per rispondere affermativamente o negativamente all'esito possibile di questa sfida, occorre riproporre il vecchio quesito spinoziano, "Perché gli uomini cercano la loro schiavitù come fosse la loro salvezza?".

Se si invertisse questo processo, se finalmente cessasse di essere così, se cessassimo di cercare la nostra schiavitù come fosse la nostra salvezza, la soluzione si realizzerebbe da sola.

Ma, vorremmo mai smettere di essere schiavi?

G. Deleuze, *Post-scriptum sur les sociétés de contrôle*, 'L'autre journal', n°1, 1990, trad. it. *Post-scriptum sulle società di controllo*, in *Pourparlers*. M. Foucault, *Surveiller et punir. Naissance de la prison*, Gallimard, Paris, 1975, trad. it. *Sorvegliare e punire. Nascita della prigione*, 1975, Einaudi, Torino, 1976. J. Bentham, *Panopticon*, 1787, poi 1791, trad. it. (raccomandata per il ricco corredo che qui indichiamo) *Panopticon, ovvero la casa d'ispezione*, Marsilio, Venezia, 1983, con un saggio di M. Pierrot, *L'ispettore Bentham*, e un'intervista a M. Foucault, *L'occhio del potere*, a cura di J.-P. Barou e M. Pierrot.

APPENDICE 7 (2019)
Ontologia parmenidea e ontologia della differenza.

L'ontologia occidentale è un'ontologia parmenidea. Rigidamente parmenidea.

L'essere è, il non essere non è. In prima battuta esiste un essere, e chi non partecipa di questo è escluso, è non-essere.

Su questo tutti concordiamo. È l'ontologia parmenidea, base della cultura occidentale. Con l'unica sfida della sostanza spinoziana, dove esiste un solo essere che si differenzia in modi, i modi tutti quindi facenti parte di essere o, meglio ancora, tutti dotati di pienezza d'essere, dunque come nell'ontologia deleuziana dove esistono differenze e tutte esprimono proprio perché differenze una pienezza d'essere, come tanto il capitano che il sergente sono soldati, e non il capitano è un soldato, il sergente è un non-soldato, anche se il sergente è un non-capitano. O viceversa.

Viceversa. Qui si tocca il primo problema: chi stabilisce chi sia l'essere? Chi stabilisce che la distribuzione di essere e non essere parta dal capitano, e non dal sergente (per cui il capitano sarebbe un non-sergente).

E cosa comporta? Che questo è il punto, perché la questione, se andiamo a valutare le conseguenze (o ciò che comporta, o produce, nella realtà), diventa questione di non poco conto.

Innanzitutto dovremmo ammettere che non esiste fondamento, e che il fondamento, a ben pensarci, è una scelta. Si possono analizzare mille casi e non troveremo che quell'oggetto, quell'ente, quella cosa, possa avere in sé, di per sé, pienezza d'essere.

Certo, gli universali vengono in soccorso: è essere-cavallo tutto ciò che presenta caratteristiche simili e da quella raccolta si può stabilire un "tipo" che fa affermare il cavallo (ed escludere il gatto, una sedia rossa, un'automobile).

Anche l'essere umano è identificabile con analogo procedimento, ma, ma c'è un "ma". Il folle appartiene all'essere umano? L'antipsichiatria lo dovette far ammettere in questo consesso, perché, all'inizio degli anni 70, il folle non era un essere umano. Non era un malato, come altri malati, che nel genere umano già, e per fortuna, si comprendeva anche il malato, ma di malattie fisiche, che tutti i malati delle varie patologie avevano reparto ospedaliero a loro e per la loro patologia dedicato, ma non il folle (per lui c'era il manicomio).

L'antipsichiatria fece un intervento ontologico, spostò un non-essere, come tale era considerato, all'essere (essere umano, nel caso).

Per cui si vede bene che questa è una scelta, più che una risultante dell'osservazione. Ma il problema continua. È un essere umano il nero?, il negro?

Il razzismo, e non solo sul colore della pelle, ma anche sulla sessualità (è un essere umano l'omosessuale?) sull'etnia (è un essere umano l'africano, il terrone?), sullo stile di vita (è un essere umano il nomade, il senza-fondamento?) si basa su questo. Sull'ontologia parmenidea, strumento che permette l'affermazione (di un essere) e l'esclusione di altri (non-essere). Ancora, con conseguenze disastrose, il primo può godere di diritti, il secondo no.

Naturalmente è difficile rispondere alla domanda di base, sottesa, ovvero se nasce prima l'uovo o la gallina, nel caso, se siamo così perché nati entro l'ontologia parmenidea, o se, perché nati così, abbiamo inventato (e sostenuto) l'ontologia parmenidea. O, ancora: l'ontologia parmenidea è la causa o è solo il Numen?

Un pragmatista risponderebbe con "Quelo", il personaggio di Guzzanti: «la seconda che hai detto».

Indubbiamente l'ontologia parmenidea, se valutata in termini d'utile, o di utilizzo, non può che mostrarsi come funzionale al peggior desiderio d'affermazione e, a seguire, di esclusione. E, se valutata alla luce anche della più normale e semplice esperienza, non può che mostrarsi in tutta la sua povertà logica, epistemologica e fattuale.

Perché, stranamente, noi viviamo per differenze. Amiamo le differenze.

Si veda nella vasta letteratura relativa alle problematiche dei gemelli. Si sa che spesso i gemelli hanno delle difficoltà, dei turbamenti, diciamo, nel vedere un altro identico a sé, come un fastidio, per dirla alla buona, di non vedersi come unici, quel gemello (e l'altro, pure, di converso) non vedendosi come proprio, come sé, che è appunto essere unico, quindi, differente. Ciò per cui uno non è un altro è ciò per cui esso è. E dove, qui, il "non" non esclude, ma afferma.

Chi scrive ricorda una sua ingenua e (al tempo) infantile sorpresa nel sapere di un uomo che era innamorato di una donna, che era una gemella, identica, della sorella.

Per quel che vale, diciamo pure una parte dei protagonisti della storia: negli anni '60 spopolava in Tv una coppia di soubrette, bellissime, le gemelle Kessler, Alice ed Ellen. Identiche, accentuavano la loro identicità, così dobbiamo dire che somiglianza è dir poco, presentandosi entrambe sempre vestite con un costume di scena identico ed eseguendo danze in cui, sostanzialmente, raddoppiavano il passo coreografico abitualmente dell'unica vedette.

Il gossip rivela un giorno di una relazione di una delle due gemelle con un noto attore da cui ecco l'infantile sorpresa sopra anticipata: perché una e non l'altra (o entrambe) se sono identiche? È evidente che, a una distanza più ravvicinata le due gemelle avranno sicuramente avuto delle (piccole pure che fossero) differenze. Non solo fisiche, ma anche caratteriali, e comunque lì era la chiave. Quel signore si era innamorato della differenza.

Così come ciò che astrae dalla folla generica, sostanzialmente simile, sempre di uomini e di donne si tratta, quella persona di cui ci si innamora e della quale ci si innamora per quel *quid* tutto suo, che differisce. Che c'è, è, ma c'è ed è perché differisce.

Allora quando si fosse anche a livello ontologico affermata un'ontologia della differenza, anziché dell'Essere, noi, oggi, non saremmo razzisti. Nei confronti di alcun "diverso", perché, tutti essendo differenze, nessuno sarebbe "diverso".

O, con le parole di Deleuze: «l'essere si dice in un solo e stesso senso di tutto ciò di cui si dice, ma ciò di cui si dice differisce: si dice proprio della differenza».

Lezione di umanità, ben più che questione di logica, l'ontologia della differenza è l'antidoto all'avvelenamento della vita, alla creazione del nemico, al desiderio di violenza, alla stupidità di credersi di essere "essere". Al voler "essere" che, l'unico volere possibile è essere come gli altri, non meno degli altri, certo, come nella giusta rivendicazione dei Palestinesi che, ci dice Deleuze, «vogliono essere come tutti». Non altro. (G. Deleuze, *Grandezza di Yasser Arafat)*

Come tutti, non più degli altri, non "essere", ma differenze riconosciute.

Antidoto, infine, alla povertà nella quale ci costringiamo, perché escludere è impoverirsi. Sempre chi scrive, e per quello che vale, ricorda che una volta uno scout del mondo del baseball gli disse che le organizzazioni professionistiche cercavano i futuri campioni (o comunque i futuri giocatori) nell'area caraibica, dove i giovani erano meno "irrigiditi" che negli Stati Uniti, sia per propria cultura, sia perché la formazione che avveniva nei college americani era come troppo militare e spegneva una certa personalità, utile anche ai fini del rendimento agonistico. Necessario equilibrare con un altro, una differenza, un tipo più gioioso, più informale, pur con qualche difetto tecnico che la minore formazione istituzionale gli avesse provocato. Arricchirsi dell'altro, della differenza. Capovolgere completamente il senso, insomma, neppure "accettare", "tollerare" l'altro, ma diventare tutti, "altri" o, con Derrida, «Cosmopoliti di tutti i paesi, ancora uno sforzo!».

J. Derrida, *Cosmopoliti di tutti i paesi, ancora uno sforzo!*, Cronopio, Napoli, 2019.

BIBLIOGRAFIA

LIBRI
- con André Cresson, *David Hume, sa vie, son oeuvre, avec un exposé de sa philosophie*, Puf, Paris, 1952.
- *Empirisme et subjectivité. Essai sur la nature humaine selon Hume*, Puf, Paris, 1953. IT: *Empirismo e soggettività. Saggio sulla natura umana secondo Hume*, Cappelli, Bologna, 1981.
- *Instincts et institutions*, Hachette, Paris, 1955 (Deleuze scrive l'"Introduzione" di una antologia all'interno di una serie curata da Georges Canguilhem, ma, per la scelta stessa dei testi, possiamo considerarla un'opera di Deleuze). IT: *Istinti e istituzioni*, Mimesis, Milano, 2002. L'"Introduzione" in ID.
- *Nietzsche et la philosophie*, Puf, Paris, 1962. IT: *Nietzsche e la filosofia*, Colportage, Firenze, 1978.
- *La philosophie critique de Kant. Doctrine des facultés*, Puf, Paris, 1963. IT: *La filosofia critica di Kant*, Cappelli, Bologna, 1979.
- *Marcel Proust et les signes*, Puf, Paris, 1964, seconda edizione, 1970, col titolo *Proust et les signes* e l'aggiunta di *La machine littéraire*; terza edizione, 1976, con l'aggiunta di *Présence et fonction de la folie. L'araignée*. IT: *Marcel Proust e i segni*, Einaudi, Torino, 1967.
- *Nietzsche: sa vie, son oeuvre, avec un exposé de sa philosophie*, Puf, Paris, 1965. IT: *Nietzsche*, Bertani, Verona, 1973.
- *Le bergsonisme*, Puf, Paris, 1966. IT: *Il bergsonismo*, Feltrinelli, Milano, 1983.
- *Présentation de Sacher-Masoch*, Minuit, Paris, 1967, contiene *Le froid et le cruel* di G. Deleuze e *Venus à la fourrure*, di Leopold Sacher-Masoch. IT: *Presentazione di Sacher-Masoch*. Bompiani, Milano, 1978 e *Il freddo e il crudele*, ES, Milano, 1991.
- *Différence et répétition*, Puf, Paris, 1968. IT: *Differenza e ripetizione*, Il Mulino, Bologna, 1972.
- *Spinoza et le problème de l'expression*, Minuit, Paris, 1968. IT: *Spinoza e il problema dell'espressione*, Quodlibet, Macerata, 1999.
- *Logique du sens*, Minuit, Paris, 1969. IT: *Logica del senso*, Feltrinelli, Milano, 1976.
- *Spinoza. Textes choisis*, Puf, Paris, 1970, seconda edizione, *Spinoza. Philosophie pratique*, Minuit, Paris, 1981, con aggiunta di: *Les lettres du mal*, di *L'evolution de Spinoza* e di *Spinoza et nous*. IT: *Spinoza. Filosofia pratica*, Quodlibet, Macerata, 1981.
- con Félix Guattari, *Capitalisme et schizophrénie tome 1. l'Anti-Oedipe*, Minuit, Paris, 1972, seconda edizione 1973, con l'aggiunta di *Bilan-programme pour machines-désirantes*, in appendice. IT: *L'anti-Edipo*, Einaudi, Torino, 1975.
- con Michel Foucault, *Mélanges: pouvoir et surface*, Karl Klinker, Paris, 1973.
- con Félix Guattari, *Kafka. Pour une litterature mineure* Minuit, Paris, 1975. IT: *Kafka. Per una letterature minore*, Feltrinelli, Milano, 1975.
- con Félix Guattari, *Politique et psychanalyse*, Bibliothèque des mots perdus, Alençon, 1977. Brochure pubblicata in opposizione alle versioni pirata degli interventi di Deleuze e di Guattari al convegno "Psicanalisi e politica" (vedi Convegni). Il testo di Deleuze è *Quatre propositions sur la psychanalyse*. DRF.
- con Claire Parnet, *Dialogues*, Flammarion, Paris, 1977. IT: *Conversazioni*, Feltrinelli, Milano, 1980.
- con Carmelo Bene, *Sovrapposizioni*, Feltrinelli, Milano, 1978, traduzione francese: *Superpositions*, Minuit, Paris, 1979.
- con Félix Guattari, *Rhizome*, Puf, Paris, 1976, trad. it. *Rizoma*, Pratiche, Parma-Lucca, 1977.
- con Félix Guattari, *Capitalisme et schizophrenie, tome 2. Mille plateaux*, Minuit, Paris, 1980. IT: *Mille piani. Capitalismo e schizofrenia*, Treccani, Roma, 1987.
- *Francis Bacon. Logique de la sensation*, Différence, Paris, 1981. IT: *Francis Bacon. Logica della sensazione*, Quodlibet, Macerata, 1995.
- *Cinema-1. L'image-mouvement*, Minuit, Paris, 1983. IT: *L'immagine-movimento*, Ubulibri, Roma, 1984.
- *Cinéma-2. L'image-temps*, Minuit, Paris, 1985. IT: *L'immagine-tempo*, Ubulibri, Roma, 1989.
- *Foucault*, Minuit, Paris, 1986, IT: *Foucault*, Feltrinelli, Milano, 1987.
- *Le pli. Leibniz et le baroque* Minuit, Paris, 1988. IT: *La piega. Leibniz e il barocco*, Einaudi, Torino, 1990.

ABBREVIAZIONI:
CeC: *Critique et clinique*, Minuit, Paris, 1993. IT: *Critica e clinica*, Cortina, Milano, 1996.
PP: *Pourparlers*, Minuit, Paris, 1990. IT: *Pourparler*, Quodlibet, Macerata, 2000.
DRF: *Deux regimes de fous. Textes et entretiens 1975-1995*. Minuit, Paris, 2003. IT: *Due regimi di folli. Testi e interviste 1975-1995*, Einaudi, Torino, 2010.
ID: *L'Île déserte et autres textes*, Minuit, Paris, 2002, IT: *L'isola deserta e altri testi*, Einaudi, Torino, 2007.
DCAB: *Da Cristo alla borghesia e altri scritti. Saggi, recensioni, lezioni 1945-1957*, Mimesis, Milano, 2010.
NOTA:
Per le traduzioni in italiano, dove è indicato CeC, PP, DRF, ID. dCaB, si intende che sono già comprese senza ulteriormente indicarle con la voce IT.
Dove in italiano, a queste, si aggiunge un'altra edizione si indica ulteriormente con IT.

GENERALE

- con Giorgio Agamben, *Bartleby o la formula della creazione*, Quodlibet, Macerata, 1993.
- *Pourparlers*, Minuit, Paris, 1990. IT: *Pourparler*, Quodlibet, Macerata, 2000.
- con Félix Guattari, *Qu'est-ce que la philosophie?*, Minuit, Paris, 1991. IT: *Che cos'è la filosofia*, Einaudi, Torino, 1996.
- con Michel Foucault, *Photogenic Painting/Peinture Photogénique. Gerard Fromanger*, Black Dog Publishing, London, 1991.
- *Périclès et Verdi. La philosophie de François Châtelet*, Minuit, Paris, 1988. IT: *Pericle e Verdi. La filosofia di François Châtelet*, Cronopio, Napoli, 1996.
- *Critique et clinique*, Minuit, Paris, 1993. IT: *Critica e clinica*, Cortina, Milano, 1996.
- *Deux regimes de fous. Textes et entretiens 1975-1995*. Minuit, Paris, 2003. IT: *Due regimi di folli. Testi e interviste 1975-1995*, Einaudi, Torino, 2010.
- *L'île déserte et autres textes*, Minuit, Paris, 2002, IT: *L'isola deserta e altri testi*, Einaudi, Torino, 2007.
- *Che cos'è l'atto di creazione?*, Cronopio, Napoli, 2003.
- *Lettres et autres textes*, Minuit, Paris, 2005.
- *Il significato della vita* (con un testo di G. Canguilhem), Mimesis, Milano, 2006.
- *Divenire molteplice. Saggi su Nietzsche e Foucault*, Ombre corte, Verona, 1999.
- *Cosa può un corpo*, Ombre corte, Verona, 2010.
- *Da Cristo alla borghesia e altri scritti. Saggi, recensioni, lezioni 1945-1957*, Mimesis, Milano, 2010.
- *Il sapere. Corso su Michel Foucault (1985-1986)*, Ombre corte, Verona, 2014.
- *Il potere. Corso su Michel Foucault (1985-1986)*, Ombre corte, Verona, 2018.

IN OPERE COLLETTIVE

- *Bergson 1859-1941*, in M. MERLEAU-PONTY, *Les philosophes célèbres*, Mazenod, Paris, 1956. ID.
- C. VON BÜLOW, J. GENET, D DEFERT, G. DELEUZE, M. FOUCAULT, *L'assassinat de George Jackson*, Gallimard, Paris, 1971.
- GIP (Groupe d'information sur le prison), *Suicides dans les prisons en 1972*, Gallimard, Paris, 1973.
- *Hume*, in F. CHÂTELET, *Histoire de la philosophie*, Hachette, Paris, 1972-1973, vol. 4. IT: *Storia della filosofia*, Rizzoli, Milano, 1976. ID.
- *A quoi reconnait-on le structuralisme?*, in F. CHÂTELET, *Histoire de la philosophie*, Hachette, Paris, 1972-1973, vol. 8. IT: *Storia della filosofia*, Rizzoli, Milano, 1976. ID.
- *Présence et fonction de la folie dans la "Recherche du temps perdu"*, in *Saggi e richerche di letteratura francese*, vol. XII, Bulzoni, Bologna, 1973, riedito in *Proust et les signes*. IT. *Marcel Proust e i segni* e 'aut aut' n° 193-194, 1983.
- *Un art de planteur*, in *Deleuze, Faye, Roubaud, Touraine parlent de 'Les autres'*, Bourgois, Paris, 1974 (pubblicato come brochure da distribuire a supporto e difesa del film di Hugo Santiago, *Les autres*). ID.
- *Schizophrénie et société*, in *Encyclopædia Universalis*, Paris, vol. XIV, 1975. DRF.
- *Deux question*, in F. CHÂTELET, G. DELEUZE, E. GENEVOIS, F. GUATTARI, R. INGOLD, N. MUSARD, C. OLIEVENSTEIN, *Où il est la question de la toxicomanie?*, Bibliothèque des mots perdus, Alençon, 1978. DRF.
- *Les plages d'immanence*, in A. CAZENAVE - J.-F. LYOTARD, (direzione di), *L'art des confins. Mélanges offert à Maurice de Gandillac*, Puf. Paris, 1985.
- *Boulez, Proust et les temps: occuper sans compter*, in C. SAMUEL (direzione di), *Eclats/Boulez*, Centre Georges Pompidou, Paris, 1986. DRF.
- *En quoi la philosophie peut servir à des mathématiens, ou même à des musiciens - même et surtout quand elle ne parle pas de musique ou de mathématiques*, in J. BRUNET, B. CASSEN, F. CHÂTELET, P. MERLIN e M. REBERIOUX, *Vincennes ou le désir d'apprendre*, Moreau, Paris, 1979, riedito in J.-M. DIJAN (direzione di), *Vincennes. Une aventure de la pensée critique*, Flammarion, Paris, 2009. DRF.
- *Avoir une idée en cinéma. À propos du cinéma des Straub-Huillet*, in J.-M. STRAUB - D. HUILLET, *Hölderlin, Cézanne*, Antigone, Lédignan, 1990.

CONVEGNI

- *Conclusions: sur la volonté de puissance et l'éternel retourn*, in AA.VV., *Cahiers de Royaumont*, Minuit, Paris, 1966. Atti del "VIIe colloque philosophique international de Royaumont", *Nietzsche*, 4-8/7/1964. ID. IT: anche *Divenire molteplice* (vedi Libri).
- *La méthode de dramatisation*, (dibattito presso la Société française de philosophie con Ferdinand Alquié, Jean Beaufret, Maurice de Gandillac, Jacques Merleau-Ponty, Jean Wahl e altri), 'Bulletin de la société française de philosophie', n° 61, 1967. ID.
- *Relazione di Gilles Deleuze*, Atti del Convegno di Milano "Psicanalisi e politica", 8-975/1973, in A. VERDIGLIONE (direzione di), *Psicanalisi e politica*, Feltrinelli, Milano, 1973. ID.
- *Due regimi di folli*, Atti del Covegno di Milano "Psicanalisi e semiotica", 23-25/5/1974, in A. VERDIGLIONE

(direzione di), *Psicanalisi e semiotica*, Feltrinelli, Milano, 1975, traduzione in lingua francese: *Psychanalyse et sémiotique: Actes du colloque de Milan*, UGE, Paris, 1975, DRF.

• *Rendre audibles des forces non-audibles par elle-mêmes*, "Conférence sur le temps musical". 'Institut de Recherche et de Coordination Acoustique/Musique (IRCAM)', 1978. DRF. IT: anche 'aut aut' n° 276, col titolo *Il tempo musicale*.

• *Pensée nomade*, Atti del "Colloque Nietzsche aujourd'hui", Centre culturel international, Cerisy-la-Salle, luglio 1972, in AA.VV., *Nietzsche aujourd'hui?*, UGE, Paris, 1973. ID. IT: anche *Pensiero nomade*, 'aut aut', n° 276, 1996, in *Divenire molteplice* (vedi Libri) e in appendice nell'edizione *Nietzsche e la filosofia*, Einaudi, Torino 2002.

• *Table ronde sur Proust* (con Roland Barthes, Serge Doubrovsky, Jean-Pierre Richard, Gérard Genette, Jean Ricardou), Cahiers Marcel Proust, n° 7, Paris, Gallimard, 1975, DRF.

• *Qu'est-ce que l'acte de création?*, FEMIS, 17/4/1987. IT: *Che cos'è l'atto di creazione*, Cronopio, Napoli, 2003 (vedi Libri). DRF.

• *Qu'est-ce qu'un dispositif?*, Rencontre internationale, Paris, "Michel Foucault philosophe", 9-11/1988, Seuil, Paris, 1989. DRF. IT: A. GRILLO (a cura di), *A partire da Foucault. Studi su potere e soggettività*, La Zisa, Palermo, 1994; *Che cos'è un dispositivo?*, Cronopio, Napoli, 2007. Divenire molteplice, Ombre corte, Verona, 1996. Parziale: *Foucault, historien du présent*, 'Magazine littérarire', n° 257, 1988.

• *Platon, les Grecs*, in B. CASSIN (direzione di), *Nos grecs et leurs modernes. Les stratégies contemporaines d'appropriation de l'antiquité*, Seuil, Paris, 1992. CeC.

ARTICOLI

• *Description de la femme: pour une philosophie d'autrui sexuée*, 'Poésie' n° 28, 1945, riedito in *Lettres et autres textes*. IT: DCAB.

• *Du Christ à la bourgeoisie*, 'Espace' 1946, riedito in *Lettres et autres textes*. IT: DCAB.

• *Dires et profils*, 'Poésie', 47 n° 36, 1946, riedito in *Lettres et autres textes*. IT: DCAB.

• *La conception de la différence chez Bergson*, in AA.VV. *Les études bergsoniennes*, vol. IV, 1956, riedito in *Le bergsonisme* (vedi Libri). ID. IT: *La concezione della differenza in Bergson*, 'aut aut', n° 204, 1984.

• *Sens et valeurs*, 'Arguments' n° 15, 1959, rivisto e riedito in *Nietzsche et la philosophie* (vedi Libri).

• *De Sacher-Masoch au masochism*, 'Arguments' n° 21, 1961, ripreso in *Présentation de Sacher-Masoch* (vedi Libri), riedito in *Lettres et autres textes* (vedi Libri).

• *Lucrèce et le naturalisme*, 'Études philosophiques', 1961, ripreso in *Logique du sens* (vedi Libri).

• *250ᵉ anniversaire de la naissance de Rousseau. Jean-Jacques Rousseau, précurseur de Kafka, de Céline et de Ponge*, 'Arts' n° 872, 1962. ID.

• *Mystère d'Ariane*, 'Bulletin de la société français d'études nietzschéennes' n° 3, 1963, riedito in 'Philosophie', n° 17, 1987, riedito in 'Magazine littéraire', n° 298, 1992 e (versione rivista), 'Magazine littéraire', n° 298, 1992, CeC. IT: *Divenire molteplice* (vedi Libri).

• *L'idée de genèse dans l'esthétique de Kant*, 'Revue d'esthétique', vol XVI, 1963. ID.

• *Unité de "À la recherche du Temps perdu"*, 'Révue de metaphysique et de morale', n° 4, 10-12/1963, rivisto e ripreso in *Marcel Proust et les signes* (vedi Libri).

• *En créant la pataphysique Jarry a ouvert la voie à la phénoménologie*, 'Arts', 27/5-2/6/1964. ID.

• *Il a été mon maître*, 'Arts', 10-11/1964. ID.

• *Pierre Klossowski ou les corps-langage*, 'Critique', n° 214, 1965, rivisto e ripreso in appendice a *Logique du sens* (vedi Libri).

• *Philosophie de la "Série noire"*, 'Arts & Loisirs', n°18, 1966. ID.

• *Gilbert Simondon. L'individu et sa genèse physico-biologique*, 'Revue philosophique de la France et de l'étranger', n° 155, 1966. ID.

• *Renverser le platonisme*, 'Revue de métaphysique et de morale', n° 4, 1966, rivisto e ripreso in appendice a *Logique du sens* (vedi Libri).

• *Le schizophrène et le mot*, 'Critique', n° 255-256, 1968.

• *Spinoza et la méthode générale de Martial Gueroult*, 'Revue de métaphysique et de morale', n°4, 1969. ID.

• con Félix Guattari: *Le synthèse disjonctive*,' L'arc', n° 43, 1970 (numero dedicato a Klossowski), rivisto e riedito in *l'Anti-Oedipe* (vedi Libri).

• *Un nouvel archiviste*, 'Critique', n° 274, 1970, riedito in separata edizione, Fata Morgana, Saint Clément de Rivière, 1972 (con illustrazioni di Jean-Robert Ipoustéguy), rivisto e ripreso in *Foucault* (vedi Libri). IT: *Un nuovo archivista*, in AA.VV. *Deleuze*, Lerici, Cosenza, 1976.

• *Proust et les signes*, 'La quinzaine littéraire', n° 103, 1970, rivisto in *Marcel Poust et les signes* (vedi Libri).

• *Le troisieme chef-d'oeuvre: "Sylie et Bruno"*, 'Le monde', 11/6/1971.

• con Michel Foucault, Denis Langlois, Claude Mauriac e Denis Perrier-Daville, *Questions à Marcellin*, 'Le nouvel observateur,' 5/7/1971.

• *À propos des psychiatres dans les prisons*, 'APL informations', n° 12, 1972.

• *Ce que les prisonniers attendent de nous...*, 'Le nouvel observateur', 31/1/1972. ID.

- con Jean-Paul Sartre, Simone de Beauvoir, Claude Mauriac, Jean-Marie Domenach, Hélène Cixous, Jean-Pierre Faye, Michel Foucault, Maurice Clavel, *On en parlera demain: les dossiers (incomplets) de l'écran*, 'Le nouvel observateur', 7/2/1972.
- *Suicide et prison*, 'Le monde', 8/11/1972.
- *Des Indiens contés avec amour*, 'Le monde', 24/11/1972.
- *Responses au questionnaire "La belle vie des gauchistes" de Guy Hocquenghem et Jean-François Bizot*, 'Actuel', n° 29, 1973, riedito in G. HOCQUENGHEM, *L'après-Mai des faunes*, Grasset, Paris, 1974. ID.
- con Félix Guattari, *Bilan-programme pour machines désirantes*, 'Minuit', n° 2, 1973, rivisto e riedito in *l'Anti-Oedipe* (vedi Libri).
- con Félix Guattari, *14 Mai 1914. Un seul ou plusieurs loups?*, 'Minuit', n° 5, 1973, rivisto e riedito in *Mille plateaux*. (vedi Libri).
- con Félix Guattari, *Le nouvel arpenteur: intensités et blocs d'enfance dans "Le Château"*, 'Critique', n° 319, 1973, rivisto e riedito in *Kafka. Pour une littérature mineure* (vedi Libri).
- *Lettre à Michel Cressole*, 'La quinzaine littéraire', n°161, 1973, riedito in M. CRESSOLE, *Deleuze*, Puf, Paris, 1973 e come *Lettre à un critique sévère* in PP.
- con Félix Guattari, *28 novembre 1947. Comment se faire un corps sans organes?*, 'Minuit', n° 10, 1974, rivisto e riedito in *Mille plateaux* (vedi Libri).
- *Ecrivain non: un nouveau cartographe*, 'Critique', n° 343, 1975, rivisto e ripreso in *Foucault* (vedi Libri). IT: in AA.VV. *Deleuze*, Lerici, Cosenza, 1976.
- con Jean-François Lyotard: *À propos du departement de psychanalyse à Vincennes*, 'Les temps modernes', n° 342, 1975. DRF.
- *Nota dell'autore* all'edizione italiana di *Logica del senso*, Feltrinelli, Milano, 1976. DRF.
- *Le juif riche*, 'Le monde', 18/2/1977. DRF.
- *Nous croyons au caractère constructiviste de certaines agitations de gauche*,'Critique', n° 20, 11/1977.
- con Félix Guattari: *Le pire moyen de faire l'Europe*, 'Le monde', 2/11/1977. DRF
- con Félix Guattari, Claire Parnet e André Scala, *Interpretations des énoncés*, seminario Université de Vincennes, quindi in *Politique et psycanalyse* (vedi Libri). DRF. IT: 'aut aut', n° 191-192, 1982.
- *Spinoza et nous*, 'Revue de synthèse', n° 89-91, 1978, rivisto e riedito in *Spinoza. Philosophe pratique* (vedi Libri).
- *Philosophie et minorité*, 'Critique', n° 369, 1978, rivisto e riedito in *Mille plateaux* (vedi Libri). DRF.
- *Les gêneurs*, 'Le monde', 7/4/1978. DRF.
- *Ce livre est littéralement une preuve d'innocence*, 'Le matin de Paris', 13/12/1979. DRF.
- *Peindre le cri*, 'Critique', n° 408, 1981.
- *Lettre à Uno sur le langage*, 'Gendai shisō', Tokyo, 12/1982. DRF.
- con Kuniichi Uno, *Exposé d'une poétique rhizomatique*, 'Gendai shisō', Tokyo, 12/1982.
- *L'abstraction lyrique*, 'Change international', n° 1, 1983.
- *Godard et Rivette*, 'La quinzaine littéraire', n° 404, 1983, rivisto e riedito in *Cinéma-2* (vedi Libri).
- con Félix Guattari, *Mai 68 n'a pas eu lieu*, 'Les nouvelles littéraires', 3-10/5/1984. DRF.
- con François Châtelet e Félix Guattari, *Pour un droit d'asile politique un et indivisible*, 'Le nouvel observateur', n° 1041, 1984, edito anche col titolo *Quelle Europe veut-on construire?*, 'Le monde', 18/10/1984.
- *Sur quatre formules poétiques qui pourraient résumer la philosophie kantienne*, 'Philosophie', n° 9, 1986. CeC.
- *Lettre à Uno: comment nous avons travaillé à deux*, 'Gendai shisō', Tokyo, n° 9, 1984. DRF.
- *Grandeur de Yasser Arafat*, 'Revue d'études palestiniennes', n° 10, 1984. DRF. IT. Grandezza di *Yasser Arafat* (con un saggio di F. Châtelet), Cronopio, Napoli, 2002.
- *Il était une étoile de groupe* (in morte di F. Châtelet), 'Libération', 27/12/1985. DRF.
- *La philosophie perd une voix* (in morte di V. Jankélévitch), 'Libération', 8 9/6/1985.
- *Ce que la voix apporte au texte*, 'Théatre national populaire, Lyon', 11/1987. DRF.
- *Un critère pour le baroque*, 'Chimères', n° 5/6, 1988, riedito in *Le Pli. Leibniz et le baroque* (vedi Libri).
- *A philosophical concept...*, 'Topoi', n° 2, 1988. Traduzione francese (di René Major dopo la perdita dell'originale francese de) *Un concept philosophique*, 'Cahiers confrontation', n° 20, 1989. DRF.
- *Les pierres*, (testo edito in lingua araba, dopo la prima Intifada, col titolo, traducendo in italiano, *Da dove possiamo ancora vederla*), 'al-Karmel', n° 29, 1988. DRF.
- *Les trois cercles de Rivette*, 'Cahiers du cinéma', n° 416, 1989. DRF.
- *Re-présentation de Masoch*, 'Libération', 18/5/1989. CeC.
- *Lettre à Réda Bensmaïa*, 'Lendemains', n° 53, 1989, PP.
- *Post-scriptum sur les sociétés de contrôle*, 'L'autre journal', n° 1, 1990. PP.
- *Les conditions de la question: qu'est-ce que la philosophie?*, 'Chimères', n° 8, 1990, rivisto e riedito in *Qu'est-ce que la philosophie?* (vedi Libri).
- *A return to Bergson*, 'Zone', New York, 1991. DRF.
- *Pour Félix* (in morte di Guattari), 'Chimères', n° 18, 1992. DRF.

• con Ferdinand Alquié, Louis Guillermit e Alain Vinson, *La chose en soi chez Kant*, 'Lettres philosophiques', n° 7, 1994 (con le lettere scritte da Deleuze, Alquié e Guillermit a Vinson nel 196).
• *L'immanence: une vie...*, 'Philosophie', n° 47, 1995. DRF. IT: 'aut aut', n° 271-272, 1996.

RECENSIONI
• a R. JOLIVET, *Le problème de la mort chez M. Heidegger et J.-P. Sartre*, 'Revue philosophique de la France et de l'étranger', n° 1-3, 1953.
• a K.E. LÖGSTRUP, *Kierkegaard und Heideggers Existenzanalyse und ihr Verhältnis zur Verkündigung*, 'Revue philosophique de la France et de l'étranger', n° 1-3, 1953.
• a H. KUHN, *Encounter with Nothingness/Begegnung mit dem Nichts*, 'Revue philosophique de la France et de l'étranger', n° 1-3, 1953.
• a B. RUSSELL, *Macht und Persönlichkeit*, 'Revue philosophique de la France et de l'étranger', n° 1-3, 1953.
• a C. JORGENSEN, *Two commandments*, 'Revue philosophique de la France et de l'étranger', n° 1-3, 1953.
• a A. DARBON, *Philosophie de la volonté*, 'Revue philosophique de la France et de l'étranger', n° 4-6, 1954.
• a J. HYPPOLITE, *Logique et existence*, 'Revue philosophique de la France et de l'étranger', n° 7-9, 1954. ID.
• a É. LEONARD, *L'Illuminisme dans un protestantisme de constitution récente (Brésil)*, 'Revue philosophique de la France et de l'étranger', n° 4-6, 1955.
• a J.-P. SARTRE, *Materialismus und Revolution*, 'Revue philosophique de la France et de l'étranger', n° 4-6, 1955.
• a F. ALQUIÉ, *Descartes, l'homme et l'oeuvre*, 'Cahiers du Sud', n° 337, 1956. DCAB.
• a M. BERNARD, *La philosophie religieuse de Gabriel Marcel (Étude critique)*, 'Revue philosophique de la France et de l'étranger', n° 1-3, 1957.
• a M. FOUCAULT, *Raymond Roussel*, Gallimard, Paris, 1963. *Raymond Roussel ou l'horreur du vide*, 'Arts', 23/10/1963. ID.
• a K. AXELOS, *Vers la pensée planétaire*, Minuit, Paris, 1964, *Faille et feux locaux. Kostas Axelos*, 'Critique', n° 275, 1970. ID.
• a A. ROGER, *Le misogyne*, Denoël, Paris, 1976. *Gilles Deleuze fasciné par "Le misogyne"*, 'La quinzaine littéraire', n° 229, 1976.
• a A. SCHNEIDER (regia di), *Film*, su sceneggiatura di S. BECKETT, *Le plus grand film irlandais*, 'Revue d'esthétique', 1986. CeC.
• a M. FOUCAULT, *Les mots et les choses*, Gallimard, Paris, 1966. *L'homme, une existence douteuse*, 'Le nouvel observateur', 1/6/1966. ID.
• a J.-F. LYOTARD, *Discours, figure*, Klincksieck, Paris, 1971. *Appréciation*, 'La quinzaine littéraire', n°140, 1972. ID.
• a H. CIXOUS, *Neutre*, Grasset, Paris, 1972. *Hélène Cixous ou l'écriture stroboscopique*, 'Le monde', 11/8/1972. ID.
• a P. FÉDIDA, *l'absence*, Gallimard, Paris. *La plainte et le corps*, 'Le monde', 13/10/1978. DRF.

PREFAZIONI, INTRODUZIONI, POSTFAZIONI
• *Mathèse. Science et philosophie*, "Introduzione" a J. MALFATTI DE MONTEREGGIO, *Études sur la mathèse ou anarchie et hiérarchie de la science*, Griffon d'Or, Paris, 1946, riedito in *Lettres et autres textes*. DCAB.
• *Préface*, a D. DIDEROT, *La religieuse*, Daubin, Paris 1947, riedito in *Lettres et autres textes*. DCAB.
• *Introduction*, a F. ALQUIÉ, *Philosophie du surréalisme*, Flammarion, Paris, 1955.
• *Introduction*, a É. ZOLA, *La bête humaine*, Cercle du livre précieux, Paris, 1967, rivisto e riedito in *Logique du sens* (vedi Libri) e "Prefazione" a *La bête humaine*, Gallimard, Paris, 1977.
• con Michel Foucault, *Introduction générale*, a F. NIETZSCHE, *Le gai savoir et fragments posthumes*, Gallimard, Paris, 1967.
• *Une théorie d'autrui. Michel Tournier*, 1967, "Postfazione" a M. TOURNIER, *Vendredi ou les limbes du Pacifique*, Gallimard, Paris, 1967, riedito in 'Critique', n° 241 e 'Critique', n° 591-592, 1996, rivisto e ripreso in appendice a *Logique du sens* (vedi Libri).
• *Schizologie*, "Prefazione" a L. WOLFSON, *Le schizo et les langues*, Gallimard, Paris, 1970. CeC.
• *Qu'est-ce que c'est, tes "machines désirantes" a toi?*, "Introduzione" a P. BÉNICHOU, *Sainte Jackie, comedienne et bourreau*, riedito in 'Les temps modernes', n° 316, 1972. ID.
• *Trois problèmes de groupe*, "Prefazione" a F. GUATTARI, *Psychanalyse et transversalité*, Maspero, Paris, 1972, riedito in 'Chimères', n° 23, 1994, col titolo *Pierre-Félix*. IT: in F. GUATTARI, *Una tomba per Edipo. Psicanalisi e metodo politico*, Bertani, Verona, 1974. ID.
• *Le froid et le chaud*, "Prefazione" a *G. Fromanger, le peintre et le modèle*, Catalogo della mostra Galerie 9, Paris. 1973. ID.
• *Préface*, a G. HOCQUENGHEM, *L'après-mai des faunes*, Grasset, Paris, 1974.
• *Avenir de linguistique*, "Prefazione" a H. GOBARD, *L'aliénation linguistique*, Flammarion, Paris, 1976, contemporaneamente pubblicato come *Les langues sont des bouillies où des fonctions et des mouvements mettent un peu d'ordre polémique*, 'La quinzaine littéraire', n°1, 1976. DRF.

- *Ascension du social*, "Postfazione" a J. DONZELOT, *La police des familles*, Minuit, Paris, 1977. IT: in 'aut aut', n° 167-168, 1978. DRF
- con Fanny Deleuze, *Nietzsche et Paulus, Lawrence et Jean de Patmos*, "Prefazione" a D.H. LAWRENCE, *Apocalypse*, Balland, Paris 1978, rivisto e riedito CeC.
- *A proposito del 'Manfred' alla Scala (1 ottobre 1980)*, in C. BENE, *Otello, o la deficienza della donna*, Feltrinelli, Milano, 1981. DRF.
- *Préface*, a A. NEGRI, *L'anomalie sauvage: puissance et pouvoir chez Spinoza*, Puf, Paris, 1982 (originale: *L'anomalia selvaggia: saggio su potere e potenza in Baruch Spinoza*, Feltrinelli, Milano, 1981). DRF.
- *Preface*, edizione americana di *Nietzsche and philosophy*, Columbia University Press, New York, 1983. DRF.
- *On the four poetic formulas which might summarize the kantian philosophy*, "Prefazione" all'edizione inglese di *Kant's critical philosophy. The doctrine of the faculties*, University of Minnesota Press, Minneapolis, 1984.
- *Optimisme, pessimisme et voyage. Lettre à Serge Daney*, "Prefazione" a S. DANEY, *Ciné Journal*, 'Cahiers du cinéma', Paris, 1986. PP.
- *Preface*, all'edizione americana di *Cinema 1. The movement-image*, University of Minnesota Press, Minneapolis, 1986. DRF.
- *Preface*, all'edizione americana di *Dialogues*, Columbia University Press, New York, 1987. DRF.
- con Félix Guattari, "Prefazione" all'edizione italiana di *Mille piani*, Treccani, Roma, 1987. DRF.
- "Prefazione" all'edizione inglese di *Cinema 2: The Time-Image*, University of Minnesota Press, Minneapolis, 1989.
- *Postface. Bartleby, ou la formule* in H. MELVILLE, *Bartleby. Les îles enchantées*, Flammarion, Paris, 1989. CeC. IT: *Bartleby o la formula della creazione* (vedi Libri).
- *Lettre-préface*, a M. BUYDENS, *Sahara: l'esthétique de Gilles Deleuze*, Vrin, Paris, 1990.
- *Preface*, edizione americana di *Empiricism and subjectivity. An essay on Hume's theory of human nature*, Columbia University Press, New York, 1991. DRF.
- *Préface*, É. ALLIEZ, *Les temps capitaux. Récits de la conquête du temps*, Vol. I, du Cerf, Paris, 1991. DRF.
- *Una nuova stilistica*, "Prefazione" a G. PASSERONE, *La linea astratta. Pragmatica dello stile*, Guerini, Milano, 1991. DRF.
- *L'épuisé*, "Prefazione" a S. BECKETT, *Quad et autres pièces pour la télévision*, Minuit, Paris, 1992. IT: *L'esausto*, Nottetempo, Roma, 2015.
- *Lettre-préface*, a Jean-Clet MARTIN, *Variations. La philosophie de Gilles Deleuze*, Payot, Paris, 1993. DRF.
- *Preface* all'edizione americana di *Difference and repetition*, Columbia University Press, New York, 1994. DRF.

CURA EDITORIALE
- *Bergson. Mémoire et vie*, (antologia di testi di H. Bergson), Puf, Paris 1957.

INTERVISTE
- *L'éclat de rire de Nietzsche*, (a cura di Guy Dumur), 'Le nouvel observateur', 5/4/1967. ID.
- *Mystique et masochisme*, (a cura di Madeleine Chapsal), 'La quinzaine littéraire', n° 25, 1967. ID.
- *À propos de l'édition des oeuvres complètes de Nietzsche. Entretien avec Gilbert [sic] Deleuze*, (a cura di Jean-Noël Vuarnet), 'Les lettres françaises', n° 1223, 1968. ID. IT: in *Divenire molteplice* (vedi Libri).
- *Gilles Deleuze parle de la philosophie*, (a cura di Jeannette Columbel), 'La quinzaine littéraire', n° 68, 1969. ID.
- con Michel Foucault, *Les intellectuels et le pouvoir*,' L'arc', n° 49, 1972, riedito 1980. ID. IT: *Gli intellettuali e il potere*, in M. FOUCAULT, *Microfisica del potere*, Einaudi, Torino, 1977 e in AA.VV, Deleuze, Lerici, Cosenza, 1976.
- con Félix Guattari, *Gilles Deleuze, Félix Guattari*, (a cura di M.-A. Burnier), in AA.VV., *C'est demain la veille*, Seuil, Paris, 1973. ID. IT: AA.VV., *Aspettando la rivoluzione*, Guaraldi, Firenze-Rimini, 1975.
- con Félix Guattari, *Sur "Capitalisme et schizophrénie"*, (a cura di Catherine Backès-Clément),' L'arc', n° 49, riedito 1980. PP. IT: in AA.VV: *Deleuze*, Lerici, Cosenza, 1976 e in F. GUATTARI, *Una tomba per Edipo*, Bertani, Verona, 1974.
- con Félix Guattari, *Deleuze et Guattari s'expliquent...*, (a cura di Maurice Nadeau, Raphaël Pividal, François Châtelet, Roger Dadoun, Serge Leclaire, Henri Torrubia, Pierre Clastres e Pierre Rose), 'La quinzaine littéraire', n° 143, 1972. ID. IT: in F. GUATTARI, *Una tomba per Edipo*, Bertani, Verona, 1974.
- con Félix Guattari, *Il linguaggio schizofrenico* (a cura di Vittorio Marchetti), 'Tempi moderni', n° 12, 1972, ID. IT: in F. GUATTARI, *Una tomba per Edipo*, Bertani, Verona, 1974.
- *Trois questions sur "Six fois deux"*, 'Cahiers du Cinéma', n° 271, 1976. PP.
- *À propos des nouveaux philosophes et d'un problème plus général*, supplemento a 'Minuit', n° 24, 5/6/1977, in 'Recherches', n° 30, *Les untorelli*, 11/1977 e in S. BOUSCASSE - D. BOURGEOIS, *Faut-il brûler les nouveaux philosophes?*, Oswald, Paris, 1978, e *Gilles Deleuze contre les "nouveaux philosophes"*, 'Le monde', 19-20/6/1977. DRF. IT: in AA.VV., *I nuovi filosofi*, Lerici, Cosenza, 1978.
- *8 ans après: entretien 1980*, (a cura di Catherine Backès-Clément),' L'arc', n° 49, riedito 1980. DRF.
- con François Châtelet, *Pourquoi en être arrivé là?*, (a cura di J.-P. Gene), 'Libération', 17/3/1980 [su Vincennes].

- con Francois Châtelet e Jean-François Lyotard, *Pour une commission d'enquête*, 'Libération', 17/3/1980 [su Vincennes].
- *'Mille plateaux' ne font pas une montagne, ils ouvrent mille chemins philosophiques*, (a cura di Christian Descamps, Didier Eribon e Robert Maggiori), 'Libération', 23/10/980. PP.
- *La peinture enflamme l'écriture*, (a cura di Hervé Guibert), 'Le monde', 3/12/1981. DRF. IT: *Divenire molteplice* (vedi Libri).
- *Les Indiens de Palestine*, (a cura di Elias Sanbar), 'Libération', 8-9/5/1982. DRF
- *La photographie est déjà tirée dans les choses*, (a cura di Pascal Bonitzer e Jean Narboni), 'Cahiers du cinéma', n° 352, 1983. PP.
- *Cinéma-1, première*, (a cura di Serge Daney), 'Libération', 3/5/1983. DRF.
- *Le philosophe menuisier*, (a cura di Didier Eribon), 'Libération', 3/5/1983.
- *Portrait du philosophe en spectateur*, (a cura di Hervé Guibert), 'Le monde', 6/10/1983, IT: in G. DELEUZE, *Che cos'è l'atto di creazione?*, Cronopio, Napoli, 2003 (vedi Libri). DRF.
- *À gauche sans missiles*, (a cura di Jean-Pierre Bamberger), 'Les nouvelles littéraires', 15/12/1983.
- con Jean-Pierre Bamberger, *Le pacifisme aujourd'hui*, (a cura di Claire Parnet), 'Les nouvelles littéraires', 15-21/12/1983. DRF.
- *Les intercesseurs*, (a cura di Antoine Dulaure e Claire Parnet), 'L'autre journal', n° 8, 1985. PP.
- *Le philosophe et le cinéma*, (a cura di Gilbert Cabasso e Fabrice Revault d'Allonnes), 'Cinéma', n° 334, 1985. PP.
- *Sur le régime cristallin*, 'Hors-cadre', n° 4, 1986, PP.
- *Le cerveau, c'est l'écran*, (a cura di Alain Bergala, Pascal Bonitzer, Marc Chevrie, Jean Narboni, Charles Tesson e Serge Toubiana), 'Cahiers du cinéma', n° 380, 1986, IT: in G. DELEUZE, *Che cos'è l'atto di creazione?*, Cronopio, Napoli, 2003 (vedi Libri), DRF.
- *The intellectual and politics. Foucault and the prison*, (a cura di Paul Rabinow e Keith Gandal), 'History of the present', n° 2, 1986. DRF.
- *Fendre les choses, fendre les mots*, (a cura di Robert Maggiori), 'Libération', 2/9/1986. PP [su Foucault].
- *Michel Foucault dans la troisième dimension*, (a cura di Robert Maggiori), 'Libération', 3/9/1986. PP.
- *Un portrait de Foucault*, (a cura di Claire Parnet), 'L'autre journal', 1986. PP. IT: *Vi racconto Michel Foucault*, 'L'Espresso', 19/4/1987.
- *La vie comme une oeuvre d'art*, (a cura di Didier Eribon), 'Le nouvel observateur', 23/8/1986, rivisto in PP [su Foucault].
- *Signes et événements*, (a cura di Raymond Bellour e François Ewald), 'Magazine littéraire', n° 257, PP.
- *La pensée mise en plis*, (a cura di Robert Maggiori), 'Libération', 22/9/1988. PP.
- *Gilles Deleuze craint l'engrenage*, (a cura di Francis Zamponi), 'Libération', 26/8/1989. DRF.
- *Le devenir révolutionnaire et les créations politiques*, (a cura di Toni Negri), 'Futur antérieur', n°1, 1990. PP.
- con René Scherer, *La guerre immonde*, 'Libération', 4/3/1991. DRF [sulla guerra del Golfo].
- con Félix Guattari, *Secret de fabrication. Deleuze-Guattari: nous deux*, (a cura di Robert Maggiori), 'Libération', 12/9/1991, riedito in R. MAGGIORI, *La philosophie au jour le jour*, Flammarion, Paris, 1994.
- con Félix Guattari, *Nous avons inventé la ritournelle* (a cura di Didier Eribon), 'Le nouvel observateur', 12-18/9/1991. DRF. IT: in *Divenire molteplice* (vedi Libri).
- *Le 'Je me souviens' de Gilles Deleuze*, (a cura di Didier Eribon), 'Le nouvel observateur', n° 1619, 1995.

APPELLI, PETIZIONI
- con Michel Foucault, Denis Langlois, Claude Mauriac, Denis Perrier-Daville, *Questions à Marcellin*, 'Le nouvel observateur', 3/7/1971 [sul caso-Jaubert, giornalista deceduto a seguito di un arresto della polizia, e sul quale già Deleuze aveva scritto un breve comunicato, non rintracciabile, su 'La cause du peuple'].
- con Daniel Defert, *Sulle lettere di H. M.*, 'Groupe d'information sur le prison' (a cura di), *Suicides de prison*, Gallimard, 1973. ID. DRF.
- *Nous croyons au caractère constructiviste de certaines agitations de gauche*, 'Recherches', n° 30/1977, *Les untorelli. L'appel des intellectuels français contre la répression en Italie* [sulla sinistra italiana avversa ai movimenti del '77].
- *Lettera aperta ai giudici di Negri*, 'Repubblica', 10/5/1979. DRF.
- con Pierre Bourdieu, Jérôme Lindon e Pierre Vidal-Naquet, *Adresse au gouvernement français*, 'Libération'. 5/9/1990 [sull'operazione militare Desert Shield].
- *Appel contre les bombardements des digues du Vietnam par l'aviation U.S.*, 'Le monde', 9-10/7/1972.
- *Sale race! Sale pédé!*, "Recherches", n° 12, 'Grande Encyclopédie des Homosexualités-Trois milliards de pervers', 3/1973 [contro il licenziamento di personale omosessuale dalle facoltà universitarie].
- *Plusieurs personnalités regrettent 'le silence des autorités françaises'*, 'Le monde', 4/2/1976 [contro la violazione dei diritti umani in Iran].
- *L'appel du 18 joint*, 'Libération', 18/6/1976 [per la legalizzazione della marijuana].
- (69 firmatari), *Lettre ouverte. À propos d'un procès*, 'Le monde', 26/1/1977, [contro la detenzione preventiva per "attentat à la pudeur sans violence sur des mineurs de quinze ans"].

- *À propos de "L'ombre des anges": des cinéastes, des critiques et des intellectuels protestent contre les atteintes à la liberté d'expression*, 'Le monde', 18/2/1977.
- (80 firmatari) *Un appel pour la révision du code pénal à propos des relations mineurs-adultes*, 'Le monde', 22-23/5/1977 [conosciuto come appello a favore della pedofilia, in realtà richiedeva una riflessione sull'età per cui è legale avere rapporti sessuali per i minorenni e, se maggiorenni, con minorenni].
- *Appel à la candidature de Coluche*, 'Le monde', 19/11/1980.
- *Appeal for the formation of an international commission to inquire about the italian judiciary situation and the situation in italian jails*, 1/1981, citato in A. NEGRI, *Marx oltre Marx*, Feltrinelli, Milano, 1979.
- *Un appel d'écrivains et de scientifiques de gauche*, 'Le monde', 23/12/1981 [a favore di Solidarność e dell'autonomia della Polonia].
- *Appel des intellectuels européens pour la Pologne*, 'Libération', 30/12/1981 [contro la detenzione di militanti in Polonia].
Un million pour la résistance salvadorienne, 'Le matin de Paris', 5/2/1982 [contro l'intervento dell'amministrazione Reagan in El Salvador].
- (20 firmatari), *Des intellectuels préparent un Livre blanc en faveur des inculpés*, 'Le monde', 22/1/1983 [sulle accuse di abusi sessuali da parte del personale del Coral, istituto di minori].
- *Les QHS en Italie: les familles des détenus alertent l'opinion européene*, 'Libération', 6/6/1984 [contro le prigioni speciali per gli accusati di terrorismo].
- *Pour un droit d'asile politique un et indivisible*, 'Le nouvel observateur', n° 1041, 1984.
- (39 firmatari), *La veuve d'Ali Mécili va déposer plainte contre X... pour forfaiture*, 'Le monde', 15/12/1989 [contro l'espulsione e la conseguente assenza del principale sospettato nel processo in corso per l'assassinio di Ali Mécili].

AUDIOVISIVI
- *Spinoza: immortalité et éternité*, Gallimard, Paris, 2001 (2 CD audio).
- *Leibniz: âme et damnation*, Gallimard, Paris, 2003 (2 CD audio)
- *L'abécédaire de Gilles Deleuze-avec Claire Parnet*, Girato nel 1988, Montparnasse, Paris, 2004. Pierre-André Boutang (produzione) Michel Pamart (realizzazione). IT: *Abecedario di Gilles Deleuze*, Derive/Approdi, Roma, 2014.
- *Cinéma*, Gallimard, Paris, 2006 (6 CD audio).

WEB - DOCUMENTI VARI
- webdeleuze.com (corsi universitari).
- La voix de Deleuze en ligne, 2.univ-paris8.fr (corsi universitari).
- bibliofilosofiamilano.wordpress.com/2012/02/29/lezioni-e-corsi-di-gilles-deleuze.
- www.le-terrier.net/deleuze.
- sites.google.com/site/deleuzemedia.

SCRITTI PRIVATI EDITATI
- *Sur les principaux concepts de Foucault*. A Daniel Defert (testo dattilografato, probabile bozza di quello che sarebbe divenuto *Foucault*), 1984. DRF.
- *Désir et plaisir* (scritto nel 1977). A François Ewald, 'Magazine littéraire', n° 325, 1994. IT: 'Futuro anteriore', I, 1995, e in *Divenire molteplice* (vedi Libri).

IN FONDI PRIVATI O UNIVERSITARI - SCRITTI NON EDITATI
- *Lettre à Ferdinand Alquié*, 21/11/1960, feuille 50, Fonds Ferdinand Alquié, Bibliothèque municipale de la ville de Carcassonne.
- *Lettre à Ferdinand Alquié*, 26/12/1951, feuille 59, Fonds Ferdinand Alquié, Bibliothèque municipale de la ville de Carcassonne.
- *Lettre à Ferdinand Alquié*, inizio 1948, Fonds Ferdinand Alquié, Bibliothèque municipale de la ville de Carcassonne.
- *Lettre à Jean Wahl*, 17/7/1972, Fond Jean Wahl IMEC, citata in G. BIANCO, "Journée Jean Wahl", ENS, 16/4/2005.
- *Appel aux travailleurs du quartier contre les réseaux organisés de racistes appuyés par le pouvoir*, citata in D. ERIBON, *Michel Foucault*, Flammarion, Paris, 1989 [contro la violenza anti-algerina].

INDICE

Abelardo, Pietro pg. 40, 57, 90, 122, 154.
Adamo, pg. 18, 102.
Adi, Yasmina pg. 191.
Adorno, Francesco pg. 52, 70, 181.
Adler, Alfred pg. 108.
Agamben Giorgio pg. 8, 22, 195.
Agnelli Caracciolo, Marella pg. 221.
Alain (Émile-Auguste Chartier) pg. 13, 20, 21, 43, 61, 81, 135, 175, 182, 214, 215.
Alighieri, Dante pg. 102.
Allen, Charles Grant pg. 175.
Allen, Woody pg. 112, 113, 169, 213, 214.
Alquié, Ferdinand pg. 23, 25, 48, 49, 51, 56.
Altan, Francesco Tullio pg. 188.
Althusser, Louis pg. 7, 11, 45, 113, 124.
Amir, Ygal pg. 41.
Andler, Charles pg. 30.
Ansbacher, Hans pg. 108.
Arafat, Yasser pg. 32, 175, 227.
Archimede pg. 70.
Arendt, Hannah pg. 102.
Arieti, Silvano pg. 117.
Aristippo, pg. 182.
Aristotele, pg. 30, 53, 54, 65, 79, 81, 85, 143, 143, 154, 169, 181, 216.
Arnaud, Georges pg. 24.
Arnauld, Antoine pg. 81.
Aron, Jean-Paul pg. 23, 36, 40, 46.
Aron, Raymond pg. 210.
Artaud, Antonin pg. 42, 125, 211.
Aspesi, Natalia pg. 221.
Aubral, François pg. 33.
Audouard, Yvan pg. 24.
Augstein, Rudolf pg. 11.
Auslander, Shalom, pg. 115
Averroè pg. 142.
Axelos, Kostas pg. 125.
Ayache, Alain pg. 121.
Azzolini, Giulio pg. 14.
Baader, Andreas pg. 31.
Bachelard, Gaston pg. 17, 24, 65, 66, 112, 151, 158.
Backes-Clément, Catherine pg. 35, 37, 69, 109, 120, 156.
Bacon, Francis pg. 38, 87.
Badham, John pg. 206, 207, 208, 209.
Badiou, Alain pg. 9, 19, 32, 111, 131.
Bair, Deirdre pg. 96.
Balestrini, Nanni pg. 164.
Balzac (de), Honoré pg. 81.
Bamberger, Jean-Pierre pg. 24, 25, 26.
Bandello Matteo pg. 206.
Barbetta, Pietro pg. 118.
Barou, Jean-Pierre pg. 225.
Barre, Raymond pg. 39.
Barrier, Marie-France pg. 34.
Barthes, Roland pg. 6, 9, 38, 88, 134.
Basaglia, Franco pg. 36, 118, 119, 165.
Basaglia-Ongaro Franca pg. 119.
Bataille, Georges pg. 16, 23, 25, 28, 29, 35, 48, 101, 132, 186.
Bateson, Gregory pg. 15, 143.
Bauer, Felice pg. 90.
Baudrillard, Jean pg. 95, 107, 112, 156.

Bauman, Zygmunt pg. 224.
Beaulieu, Alain pg. 51.
Beatles (gruppo musicale), pg. 121.
Bellour, Raymond pg. 19, 38.
Benda, Julien pg. 16, 18, 87, 172, 173.
Bene, Carmelo pg. 9, 38, 39, 42, 128, 154, 158, 159, 203, 204, 205, 206.
Benjamin, Walter pg. 7.
Benoist, Jean-Marie pg. 22, 183.
Bentham, Jeremy pg. 146, 147, 216, 217, 222, 224, 225.
Bentham, Samuel pg. 216.
Berardi, (Bifo) Franco pg. 31, 155, 164, 189.
Bergson, Henry pg. 8, 16, 17, 28, 43, 47, 48, 49, 50, 51, 52, 54, 58, 59, 62, 63, 65, 66, 70, 72, 79, 80, 81, 83, 84, 85, 85, 87, 108, 109, 111, 115, 126, 140, 141, 145, 152, 163, 170, 195, 205, 207, 209.
Berio, Luciano pg. 38.
Bernard, Èmile pg. 81.
Bernardo di Chiaravalle pg. 122.
Berne, Mauricette pg 180.
Berners-Lee, Timothy pg. 219, 220, 222.
Bernstein, Eduard pg. 183.
Berselli, Edmondo pg. 133.
Bianco, Giuseppe pg. 7, 9, 25, 48, 49, 56, 62, 63.
Binoche, Juliette pg. 178.
Bakunin, Michail pg. 30.
Blanc, Louis pg. 172.
Bloch, Joseph pg. 184, 185.
Bo, Carlo pg. 195.
Boccioni, Umberto pg. 87.
Bogart, Humphrey pg. 42.
Bohr, Niels pg. 34.
Bolzano, Bernard pg. 57.
Bonaparte, Napoleone pg. 168.
Bordoni, Carlo pg. 224.
Borges, Jorge Luis pg. 59.
Boringhieri, Paolo pg. 30.
Bost, Jacques-Laurent pg. 96.
Botul, Jean-Baptiste
  vedi Pagès, Frédéric.
Boudon, Raymon pg. 100.
Boulez, Pierre pg. 24, 38.
Boumediene, Houari pg. 193.
Bourdieu, Pierre pg. 9.
Bousquet, Jöe pg. 199.
Boutang, Pierre-André pg. 39.
Boutroux, Émile pg. 87.
Brami, Alexandrine pg. 21.
Brecht, Bertolt pg. 101.
Bréhier, Émile pg. 63, 57, 197.
Brenet, Jean-Baptiste pg. 142.
Brenno pg. 176.
Brentano, Franz pg. 57.
Bresci, Gaetano pg. 217.
Breznev, Leonid Il'ič pg. 163.
Bridoux, André pg. 43.
Brimo, Nicolas pg. 191.
Brod, Max pg. 90.
Bruno, Giordano pg. 30.
Brunet, Jacqueline pg. 40, 212.
Burgess, Antony pg. 136, 201, 202, 203.
Burroughs, William pg. 120.
Butor, Michel pg. 23, 25, 48.
Caffo, Leonardo, pg. 85.

Cage, John pg. 76, 164.
Caligola pg. 131, 132.
Calvesi, Maurizio pg. 87.
Calvino, Giovanni pg. 91, 97.
Camaüer, Odette pg. 23.
Camilleri, Andrea pg. 97.
Campioni, Giuliano pg. 30.
Camus, Albert pg. 25, 27, 78, 96, 189, 216.
Canguilhem, Georges pg. 24, 46, 119, 120.
Cantimori, Delio pg. 30.
Capone, (Al) Alphonse Gabriel pg. 45.
Carrà, Carlo pg. 87.
Carroll, Lewis (Charles Lutwidge Dodgson) pg. 15, 31, 38.
Carrouges, Michel pg. 100, 101.
Cartesio (Descartes, René) pg. 17, 18, 26, 43, 48, 49, 54, 63, 209, 211.
Cassen, Bernard pg. 34. 40, 41, 212.
Cassen, Pierre pg. 34.
Castel, Françoise pg. 36.
Castel, Robert pg. 36, 45, 100, 128, 182.
Castoradis, Cornelius pg. 34.
Cau, Jean, pg. 40.
Cazalis, Anne-Marie pg. 130.
Čechov, Anton pg. 30.
Cerf, Juliette pg. 43.
Charbonnet, Victor pg. 81.
Charcot, Jean-Martin pg. 60.
Châtelet, François pg. 19, 24, 26, 40, 41, 78, 156, 212.
Chaumon, Franck pg. 45.
Chatwin, Bruce pg. 176.
Chesnaux, Jean pg. 31.
Chevalier, Auguste pg. 68.
Chinzari, Stefania pg. 12.
Chirac, Jacques pg. 39, 192.
Chomsky, Noam pg. 40.
Cipolletta, Patrizia pg. 47.
Cixous, Hélène pg. 41.
Clarke, Arthur Charles pg. 145.
Clemenceau, Georges pg. 157.
Clinton, Bill pg. 12, 170.
Clouscard, Michel pg. 46, 111, 131, 132, 133, 136, 138, 151, 186, 201.
Clouzot, Henri-Georges pg. 24.
Cohen-Solal, Annie pg. 66, 122.
Cohn-Bendit, Daniel pg. 66, 121, 122, 132.
Colasanti, Donatella pg. 133.
Colerus, Johannes pg. 169, 199.
Colli, Gorgio pg. 16, 28, 29, 30, 106.
Coluche (Michel Colucci) pg. 31, 32.
Condé, Jean pg. 40.
Constantinescu, Muguras pg. 25.
Contat, Michel pg. 121.
Cooper, Bradley pg. 220.
Cooper, David pg. 45, 94, 117.
Copernico, Niccolò (Mikołaj Kopernik) pg. 10.
Corradi, Enzo pg. 46, 47, 131.
Costantini, Costanzo pg. 96.
Cousin, Victor pg. 141.
Couturier, Jacques pg. 25.
Cratilo, pg. 52.
Cressole, Michel pg. 20, 26, 32, 36, 48, 52, 68, 166, 167.

DEI NOMI CITATI

Croissant, Klaus pg. 31.
Cromwell, Oliver pg. 157, 168.
Cruise, Jean Paul pg. 34.
Curi, Umberto pg. 6.
D'Agostino, Roberto pg. 53, 135.
Dal Lago, Alessandro pg. 166.
Dana, Didier pg. 21.
Daniélou, Jean pg. 25.
D'Annunzio, Gabriele pg. 131, 132.
Darwin, Charles pg. 30.
Daudet, Alphonse pg. 24.
Dawkins, Richard pg. 14.
de Beauvoir, Simone pg. 24, 25, 96, 122, 130, 180, 193, 210.
Debord, Guy pg. 35, 111, 112, 134, 135, 136, 193, 194, 223.
de Castro, Josué pg. 40.
de Caunes, Georges pg. 24.
Defert, Daniel pg. 31, 39.
de Gandillac, Maurice pg. 24, 25, 29, 129.
de Gaulle, Charles pg. 40, 121, 179, 180, 185, 191.
Deshoulières, Valérie pg. 25.
Di Bari, Nicola pg. 177.
Djellali, Ben Ali pg. 31.
Djian, Jean-Michel pg. 40, 212.
de Goncourt, Edmond pg. 102
de La Boétie, Étienne pg. 97, 224.
de Lamennais, Félicité pg. 26.
de La Mettrie, Julien Offray pg. 149.
Delanoë, Bertrand pg. 191.
Delattre, Floris pg. 63.
Delcourt, Xavier pg. 33.
Deleuze, Émilie, pg. 25, 39, 41.
Deleuze, Fanny (Grandjouan) pg. 25, 38, 39, 41.
Deleuze, Julien pg. 25, 41.
Deleuze, Louis pg. 23.
Demant, William pg. 198.
De Musset, Alfred pg. 158.
Denis, Agnès pg. 191.
Deprun, Jean pg. 23.
d'Errico, Matilde, pg. 197.
Derrida, Jacques pg. 16, 21, 26, 29, 35, 42, 155, 186, 187, 227.
De Sade, Donatien pg. 95, 205, 224.
Descartes, René
  vedi Cartesio.
De Sutter, Laurent pg. 6.
Dionigi (Dioniso I) pg. 75.
Doelnitz, Marc pg. 123, 196.
Dollé, Jean-Paul pg. 33.
Domenach, Jean-Marie pg. 31.
Dommergues, Pierre pg. 41.
Dosse, François pg. 9, 21, 23, 25, 26, 28, 32, 33, 36, 48, 113, 155, 165).
Dreyfuss, Alfred pg. 87.
Dostoevskij, Fëdor pg. 30.
Droit, Roger-Pol pg. 42, 175.
Dubarle, Dominique pg. 25.
Duchamp, Marcel pg. 15, 179.
Dubner, Stephen J. pg. 12, 96.
Duhême, Jacqueline pg. 24.
Dufresne, Todd pg. 114.
Duns Scoto, Giovanni pg. 30, 31, 53, 139, 140.
Dupuy, Paul pg. 68.

Eco, Umberto pg. 15, 33, 34, 133, 136, 138, 145, 151, 161, 168, 209.
Eichmann, Adolf pg. 102.
Einaudi, Jean-Luc pg. 191.
Einstein, Albert pg. 15, 83, 84.
Elkaïm, Mony pg. 36.
Eloisa, pg. 90.
Epicuro, pg. 103.
Eraclito, pg. 80.
Eribon, Didier pg. 8, 9, 19, 28, 35, 39, 46, 80, 124, 147, 183.
Euclide pg. 34.
Ewald, François pg. 19, 38, 113.
Fallaci, Oriana pg. 30.
Fallaci, Ugo pg. 30.
Fanon, Frantz pg. 36, 102, 118.
Fassbinder, Rainer Werner pg. 175, 208.
Faucherre, Rémi pg. 40.
Faure, Edgar pg. 40.
Fautrier, Pascale pg. 122, 192.
Ferrarotti, Franco pg. 224.
Ferré, Leo pg. 73.
Ferry, Luc pg. 6, 142.
Feuerbach, Ludwig pg. 63, 135.
Fichte, Johann Gottlieb pg. 31, 66.
Fiori, Simonetta pg. 189.
Flaubert, Gustave pg. 102.
Flinker, Karl pg. 24.
Fo, Dario pg. 40.
Foà, Luciano pg. 30.
Fontana, Alessandro pg. 37, 49, 93, 109, 144.
Forman, Miloš pg. 118.
Fortes, Meyer pg. 104.
Forti, Laura pg. 46, 125.
Forti, Umberto pg. 148, 150.
Foucault, Annick
  vedi Maîtresse Françoise
Foucault, Michel pg. 6, 7, 8, 16, 25, 26, 29, 30, 31, 33, 35, 38, 39, 40, 41, 42, 43, 45, 50, 51, 53, 54, 74, 79, 80, 86, 98, 99, 100, 101, 103, 112, 113, 116, 119, 120, 131, 133, 140, 142, 147, 148, 154, 164, 166, 171, 175, 176, 180, 188, 195, 216, 217, 225.
Francesco di Sales pg. 116.
Francesco (papa) pg. 17.
Frank, Dan pg. 62.
Freccero, Carlo pg. 134.
Freud, Sigmund pg. 17, 19, 43, 45, 53, 60, 69, 79, 90, 92, 93, 99, 104, 108, 110, 113, 114, 124, 129, 142, 144, 174.
Fromanger, Gérard pg. 38.
Fromm, Erich pg. 45, 135.
Furet, François pg. 168.
Galateria, Daria pg. 123.
Galilei, Galileo pg. 209, 215.
Gallerini, Stefano pg. 30.
Galois, Évariste pg. 68.
Gambetta, Léon pg. 152.
Gandal, Keith pg. 6.
Garaudy, Roger pg. 26.
Garin, Eugenio pg. 29, 30.
Gary, Romain pg. 93, 94.
Gatti, Armand pg. 24.
Gauss, Carl Friedrich pg. 68.
Gautheret, Jérôme pg. 97.
Geismar, Alain pg. 121, 132.

Genet, Jean pg. 31.
Gentile, Giovanni pg. 17, 76, 77.
Gentis, Roger pg. 36.
Genton, Robert pg. 6.
Gesù Cristo pg. 18, 19, 75, 100, 151.
Ghira, Andrea pg. 133.
Giesbert, Franz-Olivier pg. 34.
Gilberto, João pg. 76.
Giorgini, Bruno pg. 189.
Girard, René pg. 69.
Giscard d'Estaing, Valéry pg. 39.
Giulio Cesare pg. 131, 132, 139, 142.
Glucksmann, André pg. 33, 168.
Gnoli, Antonio pg. 9.
Godard, Jean-Luc pg. 24.
Goddard, Jean-Christophe pg. 155.
Goffman, Erving pg. 117.
Gramsci, Antonio pg. 30, 102.
Green, André pg. 68.
Green, Julien pg. 97.
Grenouille, Jean Baptiste pg. 131,133.
Gress, Thibaut pg. 41.
Grisoni, Danielle pg. 46, 131.
Gros, Frédéric pg. 45.
Guattari, Félix pg. 5, 8, 11, 18, 20, 21, 23, 25, 26, 27, 28, 31, 32, 33, 34, 35, 36, 37, 38, 44, 45, 47, 48, 50, 58, 60, 61, 68, 69, 89, 90, 91, 93, 94, 97, 100, 103, 104, 106, 109, 110, 113, 116, 117, 119, 120, 121, 122, 124, 125, 127, 130, 134, 137, 138, 143, 144, 146, 155, 156, 157, 159, 160, 164, 165, 169, 173, 176, 181, 182, 183, 184, 186, 189, 193, 201, 203, 210, 211, 216, 217.
Guattari, Émmanuelle pg. 37.
Guérin, Daniel pg. 159.
Gueroult, Martial pg. 48, 49, 62, 63.
Guibert, Hervé pg. 39.
Guichard, Olivier pg. 32.
Guido, Gianni pg. 133.
Guzzanti, Corrado pg. 226.
Halbwachs, Maurice pg. 23.
Halbwachs, Pierre pg. 23.
Hallström, Lasse, pg. 178.
Hahn, Reynaldo pg. 78.
Haraway, Donna pg. 85
Harris, Joanne pg. 178.
Hawking, Stephen pg. 14.
Hegel, Georg Wilhelm Friedrich pg. 20, 26, 43, 46, 53, 54, 56, 74, 91, 97, 142, 143, 152, 171, 209.
Heidegger, Martin pg. 8, 11, 15, 17, 22, 27, 54, 63, 81, 82, 111, 131, 152, 153, 167, 175, 195.
Heisenberg, Werner Karl pg. 10, 14.
Helvétius, Claude-Adrien pg. 149.
Henriot, Émile pg. 123.
Himmler, Heinrich pg. 34.
Hitler, Adolf pg. 93, 175.
Hyppolite, Jean pg. 23, 24, 25, 46, 48, 49, 56.
Hobbes, Thomas pg. 112, 149, 169, 170.
Hocquenghem, Guy pg. 99, 100.
Hölderlin pg. 53.
Hollande, François pg. 191.
Hume, David pg. 16, 17, 25, 26, 28, 47, 48, 50, 51, 52, 55, 57, 58, 59, 60, 62, 63, 64, 65, 66, 67, 72, 73, 76, 79, 81,

82, 85, 87, 94, 102, 103, 103, 104, 105, 113, 115, 124, 125, 126, 130, 136, 138, 140, 141, 142, 144, 146, 148, 149, 150, 151, 152, 154, 163, 195, 202, 205, 207, 208, 210, 215.
Huggan, Graham pg. 176.
Husserl, Edmund pg. 17, 26, 27, 54, 57, 62, 63, 87.
Invernizzi, Gabriele pg. 18.
Izzo, Angelo pg. 133.
Jacobi, Carl pg. 68.
Jackson, George pg. 31.
Jambet, Christian pg. 33.
James, William pg. 8, 17, 65, 110, 112, 113, 119, 151, 181.
Janet, Pierre pg. 60.
Jankélévitch, Vladimir pg. 17, 48, 75.
Jarry, Alfred pg. 15, 81, 97, 125.
Jaruzelski, Wojciech pg. 113.
Jaspers, Karl pg. 29, 138.
Jaubert, Alain pg. 31.
Jefferson, Thomas pg. 168.
Jervis, Giovanni pg. 36.
July, Serge pg. 155.
Kaleka, Gérard pg. 152.
Kafka, Franz pg. 5, 8, 27, 31, 71, 89, 90, 91, 92, 93, 94, 98, 101, 113, 137, 139, 167.
Kant, Immanuel pg. 16, 30, 34, 48, 56, 58, 59, 63, 64, 76, 81, 82, 87, 90, 91, 97, 104, 106, 107, 108, 109, 126, 151, 152, 162.
Kesey, Ken pg. 118.
Kessler, Alice pg. 227.
Kessler, Ellen pg. 227.
Key, Francis Scott pg. 78
Keynes, John Maynard pg. 158.
Kierkegaard, Søren pg. 53, 75, 181.
Kimmel, Jimmy pg. 220.
King, Martin Luther pg. 194.
Klein, Mélanie pg. 93.
Klossowski, Pierre pg. 9, 23, 28, 29, 31, 160, 203.
Kojève, Alexandre pg. 25
Kosakiewicz, Olga pg. 96.
Kosakiewicz, Wanda pg. 96.
Krafft-Ebing (von), Richard pg. 98.
Krusciov, Nikita pg. 189.
Kubrick, Stanley pg. 136, 145, 201, 202.
Labbucci, Adriano pg. 176, 177, 178.
Lacan, Jacques pg. 8, 25, 36, 37, 38, 45, 99, 107, 144, 157.
Lachelier, Jules pg. 141.
Lacoste, Jean pg. 40, 41.
Lacroix, Jean pg. 17, 18, 19, 115.
Lady Gaga pg. 220.
Lafargue, Paul pg. 183.
Lagarde, Yann pg. 33.
Laing, Ronald pg. 45, 94, 117, 118, 119.
Lalande, André pg. 27.
Lallaoui, Mehdi pg. 191.
Lamblin Bienenfeld, Bianca pg. 96.
Lanzmann, Éveline pg. 24.
Lanzmann, Jacques pg. 23.
Lanzmann, Claude pg. 6, 21, 24, 118, 175.
Lapoujade, David pg. 9, 41, 42, 43, 112, 142, 170.
Larcade, Marie pg. 45.
Lardreau, Guy pg. 33.
Lawrence, David Herbert pg. 38, 103.

Lazarus, Sylvain pg. 32.
Le Bon, Sylvie pg. 96.
Leclercq, Stéfan, pg. 48, 51.
Le Goff, Jean-Pierre pg. 155.
Leibniz (von), Gottfried Wilhelm pg. 8, 26, 30, 31, 39, 51, 81, 143, 171, 209.
Leiris, Michel pg. 31.
Lenin, Vladimir Il'ič, pg. 45, 155, 184.
Leopardi, Giacomo pg. 196.
Lerner, Gad pg. 188.
Lévinas, Emmanuel pg. 48
Levitt, Steven David pg. 12, 96.
Levi-Strauss, Claude pg. 104.
Lévy, Bernard-Henri pg. 32, 33, 34, 210.
Lewis, John pg. 124.
Lewis, Paul pg. 222.
Lidz, Theodore pg. 117.
Lindon, Irène pg. 41.
Lindon, Jérôme pg. 41.
Lindon, Mathieu pg. 41.
Linhart, Robert pg. 155.
Linhart, Virginie pg. 40, 41.
Lyon, David pg. 224.
Lyotard, François pg. 26, 29, 35, 42, 133, 157.
Longo, Donato pg. 30.
Lopez, Rosaria pg. 133.
Loriot, Patrick pg. 40.
Lorusso, Francesco pg. 188
Loubière, Paul pg. 40.
Löwith, Karl pg. 29.
Lucas, Jean-Maximilien pg. 169.
Lucrezio (Tito Lucrezio Caro), pg. 16, 28, 48, 156.
Luporini, Cesare pg. 142.
Lutero, Martin pg. 91, 97.
Macron, Emmanuel pg. 21.
Madaule, Jacques pg. 25.
Maggiori, Robert pg. 21, 42.
Magritte, René pg. 86.
'Maîtresse' Françoise pg. 42, 96, 98.
Malaparte, Curzio pg. 157, 158.
Mauriac, Claude pg. 31, 32.
Malebranche, Nicolas pg. 211.
Malle, Louis pg. 178.
Manganaro, Jean-Paul pg. 9, 38, 203.
Manson, Charles pg. 131, 133.
Marcel, Gabriel pg. 29.
Marchetti, Vittorio pg. 125.
Marcuse, Herbert pg. 31, 40, 43, 45, 46, 91, 97, 99, 113, 155.
Marcuse, Ludwig pg. 53.
Marty, Éric pg. 175.
Marx, Karl pg. 11, 30, 31, 33, 34, 39, 45, 53, 63, 74, 110, 112, 124, 131, 132, 133, 134, 155, 161, 168, 173, 174, 183, 184, 185, 186, 187, 189, 190, 193, 213.
Masaniello (Tommaso Aniello D'Amalfi) pg. 168, 169.
Maurras, Charles pg. 18.
Mathieu, Lilian pg. 41.
Mathieu, Vittorio pg. 80.
Matisse, Henri pg. 24.
Mawer, Deborah pg. 84.
Medici, Alessandro pg. 159.
Medici, Lorenzino pg. 159.
Meinhof, Ulrike pg. 31.
Meyer, Lodewijk pg. 199
Meyerson, Émile pg. 27.
Mejat, Guillaume pg. 184.
Melandri, Enzo pg. 9.

Melville, Herman pg. 168.
Mengue, Philippe pg. 9, 23.
Menneas, Franca pg. 188.
Merlin, Pierre pg. 40, 212.
Merleau-Ponty, Maurice pg. 27, 123, 147, 199, 216.
Merlo, Anna Maria pg. 42.
Miller, Henry pg. 115.
Miller, James pg. 119, 120.
Miniati, Arnaldo pg. 30.
Mitterrand, François pg. 31, 113, 121, 122, 164.
Mlodinow, Leonard pg. 14.
Molière (Jean-Baptiste Poquelin) pg. 92.
Molinari, Luca pg. 34.
Montand, Yves pg. 31.
Montinari, Mazzino pg. 16, 29, 30, 106.
Moré, Marcel pg. 25.
Morin, Edgar pg. 17, 18.
Moro, Aldo pg. 164.
Mosè pg. 120, 150.
Moustaki, Georges pg. 177.
Murard, Silvia pg. 189.
Mussolini, Benito pg. 97, 157, 158, 192, 131, 132, 223.
Nadalini, Luciano pg. 34.
Nadeau, Maurice pg. 69.
Negri, (Toni) Antonio pg. 164, 165, 169, 189.
Nemo, Philippe pg. 33.
Nerone, pg. 150.
Newton, Isaac pg. 10, 15.
Nichols, Roger pg. 84.
Niemöller, Martin pg. 101.
Nietzsche, Elisabeth (Förster) pg. 28.
Nietzsche, Friedrich pg. 8, 10, 16, 17, 18, 20, 28, 29, 30, 31, 43, 44, 47, 48, 50, 51, 52, 53, 54, 57, 63, 69, 70, 72, 79, 81, 89, 97, 103, 106, 107, 109, 115, 122, 123, 126, 127, 129, 131,138, 142, 147, 148, 151, 156, 160, 161, 162, 163, 174, 178, 181, 183, 195, 196, 197, 215.
Nissoffo, François pg. 122.
Nitti, Francesco Saverio pg. 30.
Noland, Kenneth pg. 54.
Nomadi (I) - gruppo musicale, pg. 177.
Olivetti, Roberto pg. 30.
Onfray, Michel pg. 9, 175.
Orenstein, Arbie pg. 84.
Orsini, Anna pg. 189.
Orsini, Bruno pg. 119.
Orwell, George pg. 224.
Oury, Jean pg. 36.
Overbeck, Franz pg. 48.
Pagès, Frédéric pg. 34, 90.
Pagliardini, Alex pg. 107.
Pagnol, Marcel pg. 24.
Painter, George Duncan pg. 19, 78.
Palandri, Enrico 31, 42, 44.
Pamart, Michel pg. 39.
Paolo di Tarso pg. 18, 19.
Papi, Giacomo pg. 219.
Papon, Maurice pg. 191, 192.
Paramelle, Françoise pg. 127.
Parmenide, pg. 8, 52, 75.
Parnet, Claire pg. 5, 6, 9, 26, 39, 50, 210.
Pascal, Blaise pg. 17, 25, 125, 182.
Pauls, Alain pg. 6.
Peano, Giuseppe pg. 34.
Pearlman, Leah pg. 222.
Peck, Raoul pg. 189.

Peden, Knox pg. 48.
Péguy, Charles pg. 53, 75.
Peyrol, George
  vedi Badiou, Alain.
Peyrefitte, Alain pg. 121.
Pertini, Sandro pg. 217.
Petrarca, Francesco pg. 80.
Petrucciani, Stefano pg. 189.
Petzet, Heinrich Wiegand pg. 11.
Picasso, Pablo pg. 160.
Piccoli, Michel pg. 178.
Piérot, Jean-Paul pg. 192.
Pierrot, Michelle pg. 225.
Pilsudski, Józef pg. 157.
Pinker, Steven pg. 14.
Pinochet, Augusto pg. 94, 118.
Piperno, Franco pg. 164.
Piro, Sergio, pg. 118.
Pitagora pg. 34, 142.
Platone pg. 7, 8, 20, 30, 43, 50, 52, 53, 54, 65, 75, 76, 81, 100, 181, 216.
Plotino pg. 208.
Polansky, Roman pg. 131.
Polidori, Fabio pg. 9, 20.
Politzer, Georges pg. 45.
Pontalis, Jean-Bertrand pg. 117.
Popper, Karl pg. 12, 13, 16, 61, 152.
Pouillon, Jean pg. 142.
Prevert, Jacques pg. 15.
Prévost, Jean pg. 25.
Proust, Marcel pg. 19, 46, 50, 58, 59, 61, 63, 78, 87, 92, 152.
Pujo, Maurice pg. 40.
Queneau, Raymond pg. 15.
Quine, Willard Van Orman pg. 81.
Rabin, Yitzhak pg. 41.
Rabinow, Paul pg. 6.
Rabouin, David pg. 6.
Ranke, (?) pg. 97.
Ravaisson, Félix pg. 141.
Ravel, Maurice pg. 74, 77, 84.
Ray, Man pg. 15.
Reagan, Ronald pg. 168.
Rebérioux, Madeleine pg. 40, 212.
Reich, Wilhelm pg. 45, 114, 156, 157.
Rella, Franco pg. 46, 99, 101, 125, 127, 142.
Renaut, Alain pg. 6, 142.
Restuccia, Maria Rosaria pg. 50.
Revel, Judith pg. 117.
Rey, Éveline
  vedi Lanzmann, Éveline.
Rezvani, Serge pg. 24.
Ricardo, David pg. 144.
Ricchezza, Giulio pg. 102.
Rickey, Wesley Branch pg. 170.
Rieuwertsz, Jan pg. 199.
Rigoni Stern, Mario pg. 202.
Rinuccini, Alamanno pg. 52.
Roazen, Paul pg. 113, 114.
Robinson, (Jackie) Jack Roosevelt pg. 169, 170.
Robinson, Rachel Annetta Isum pg. 170.
Robveille, Yolande pg. 40.
Roger, Alain pg. 24, 25, 37, 38.
Rollin, Jean pg. 29.
Ronchi, Rocco pg. 7, 8, 9, 51, 75, 76, 78, 172.
Ronfaut, Lucie, pg. 220.
Rosenham, David pg. 117, 118.
Rosenstein, Justin pg. 222.

Rosier, Michèle pg. 26.
Rosset, Clément pg. 49.
Rossi, Ernesto pg. 217.
Rossi, Vasco pg. 107.
Rossini, Stefania pg. 219.
Rothko, Mark pg. 54.
Roudinesco, Élisabeth pg. 45.
Rovatti, Pier Aldo pg. 5, 6, 129.
Russolo, Luigi pg. 87.
Ruyer, Raymond pg. 8.
Rybalka, Michel pg. 14, 187.
Sabatino, Ferdinando pg. 6.
Sacco, Catone pg. 52.
Sacher-Masoch (von), Leopold pg. 37, 38, 46, 85, 94, 97, 98, 113, 125, 137, 156, 193, 224.
Saint-Saëns, Camille pg. 78.
Salvemini, Gaetano pg. 30.
Sanbar, Elias pg. 175.
Sanguineti, Edoardo pg. 15.
Santomassimo, Gianpasquale pg. 30.
Sarkozy, Nicolas pg. 192.
Sartre, Jean-Paul pg. 9, 11, 14, 17, 21, 23, 24, 25, 26, 27, 28, 31, 33, 34, 40, 43, 44, 53, 66, 69, 82, 83, 96, 100, 102, 110, 121, 122, 123, 133, 136, 137, 138, 142, 155, 158, 161, 163, 170, 180, 184, 187, 189, 192, 195, 197, 199, 210, 216.
Satie, Erik pg. 11, 20, 76.
Saunier-Seité, Alice pg. 39, 40, 41.
Savarino, Ida pg. 96.
Scalfari, Eugenio pg. 112, 184.
Scalzone, Oreste pg. 164.
Schelling, Friedrich pg. 141
Schiassi, Silvia pg. 189.
Schmid, Daniel pg. 175.
Schmidt, Conrad pg. 183.
Schopenhauer, Arthur pg. 28, 89, 153, 154, 209, 213.
Schreber, Daniel Paul pg. 211.
Scorza Barcellona, Gaia pg. 222.
Seité, Jerome pg. 41.
Senaldi, Marco pg. 80.
Senofonte, pg. 53, 100, 182.
Serres, Michel pg. 15, 21.
Severini, Gino pg. 87.
Shaftesbury (conte di), Anthony Ashley-Cooper pg. 149.
Shakespeare, William pg. 203, 204, 205, 206.
Sider (Ted) Theodore pg. 85.
Signoret, Simone pg. 31, 189.
Simondon, Gilbert pg. 139, 157, 169.
Smith, Adam pg. 158.
Smith, John Stafford pg. 78.
Socrate pg. 31, 52, 53, 100, 162, 182.
Sollers, Philippe pg. 33.
Solmi, Renato pg. 29.
Solženicyn, Aleksandr pg. 189.
Sorokin, Natalie pg. 96.
Sottsass, Ettore pg. 130.
Soulié, Charles pg. 40.
Spencer, Herbert pg. 30.
Spinella, Mario pg. 158.
Spinelli, Altiero pg. 217.
Spinoza, Baruch pg. 8, 10, 17, 21, 25, 28, 30, 31, 47, 48, 50, 51, 52, 57, 60, 63, 67, 68, 69, 70, 81, 97, 98, 102, 107, 112, 114, 115, 122, 123, 126, 127, 130, 138, 140, 143, 146, 147, 148, 151, 156,
157, 161, 163, 165, 168, 169, 181, 182, 195, 196, 197, 198, 199, 202, 207, 215, 219, 223, 224.
Sulloway, Frank Jones pg. 108.
Süskind, Patrick pg. 131.
Stalin, Iosif pg. 93, 168, 184.
Stekel, Wilhem pg. 97, 113, 114.
Stoici pg. 47, 80, 81, 82, 143, 196, 197.
Strumia, Daniela pg. 134.
Swift, Jonathan pg. 149.
Szasz, Thomas pg. 117, 118.
Szeemann, Harald pg. 100.
Tari, Mariangela pg. 197.
Tate, Sharon pg. 131.
Teeteto, pg. 52.
Terracini, Umberto, pg. 217.
Thoreau, Henry David pg. 168.
Tito Livio pg. 176.
Toffa, Nadia pg. 197.
Togliatti, Palmiro pg. 158.
Tolstoj, Lev pg. 30.
Tommaso d'Aquino pg. 57, 62.
Touraine, Alain pg. 132.
Tournier, Michel pg. 6, 23, 24, 25, 28.
Toscanini, Arturo pg. 84.
Tosquelles, François pg. 36.
Toynbee, Arnold Joseph pg. 176.
Treppiedi, Fabio pg. 9, 140, 141, 152.
Tresmontant, Claude pg. 48.
Uno, Kuniichi pg. 37.
Untersinger, Martin pg. 220.
Vagheggi, Paolo, pg. 159.
Valla, Lorenzo pg. 52.
Varchi, Benedetto, pg. 158.
Vasoli, Cesare pg. 29. 30.
Vattimo, Gianni pg. 129.
Védrine, Louise
  vedi Lamblin Bienenfeld, Bianca
Vercors (Jean Marcel Adolphe Bruller) pg. 41.
Verdi, Giuseppe pg. 27.
Vernant, Jean-Pierre pg. 114.
Verne, Jules pg. 84.
Whitehead, Alfred pg. 8.
Vian, Boris pg. 36, 15, 28, 123.
Vian, Michelle (Leglise), pg. 31.
Vidal-Naquet, Pierre pg. 31, 34.
Virilio, Paul pg. 42.
Virno, Paolo pg. 139.
Volta, Ornella pg. 20.
Vuarnet, Jean-Noël pg. 29, 47, 49.
Wahl, Jean pg. 24, 29, 48, 138.
Wallace, George Corley pg. 194.
Walser, Robert pg. 57.
Warhol, Andy pg. 34
Webern, Anton pg. 54
Winock, Michel pg. 121, 132, 184, 185.
Wittgenstein, Ludwig pg. 209.
Wolff, Georg pg. 11
Wolfson, Louis pg. 117, 120.
von Bülow, Catherine pg. 31.
Zenone di Elea pg. 79.
Zeri, Renato pg. 135.
Žižek, Slavoj pg. 9, 13, 14.
Zylberman, Patrick pg. 189.
Zourabichvili, François pg. 9, 47, 140, 141, 142, 153, 164.
Zuckeberg, Mark pg. 220, 222.

L'ultimo giorno di scuola.
fonte: youtube.com/watch?v=blSyuCVOdFw

Con una dedica speciale al professor Francesco Adorno e ringraziando Chiara per essermi vicina, questo libro è un gesto di riconoscenza nei confronti di Gilles Deleuze che nella sua grande lezione di gioia mi ha insegnato la bellezza (e i guasti) del pensiero.
Ringrazio poi Chiara, Gaia e Davide Blandina con i quali abbiamo fatto i pellegrinaggi nei luoghi parigini dei filosofi e Bianca e Mark Cordovani che si sono uniti al gruppo nei pellegrinaggi a Londra e a Edimburgo. Ringrazio quindi Chiara e Gaia per le foto. Per delle "soffiate" importanti devo poi ringraziare: sul gattino di Gary, Chiara, sui fenicotteri di Carroll e di Bateson, Gaia, sulla poetica dello spazio di Bachelard, Gaia e Mark, sul Thanatos di Recalcati (anche se in senso opposto, critico, ma sempre soffiata è), Davide.

Youcanprint
Finito di stampare nel mese di settembre 2019

www.ingramcontent.com/pod-product-compliance
Lightning Source LLC
Chambersburg PA
CBHW081208170426
43198CB00018B/2887